Berner, Fraefel, Zumsteg (Hrsg.)

Didaktisch handeln und denken

Hans Berner, Urban Fraefel, Barbara Zumsteg (Hrsg.)

Didaktisch handeln und denken

mit Fokus auf angeleitetes und eigenständiges Lernen

h e p der bildungsverlag

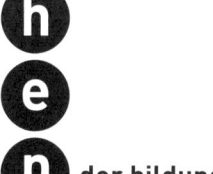

Hans Berner, Urban Fraefel, Barbara Zumsteg (Hrsg.)
Didaktisch handeln und denken
mit Fokus auf angeleitetes und eigenständiges Lernen
Beiträge von Hans Berner, Thomas Birri, Regula von Felten, Urban Fraefel, Petra Hild, Rudolf Isler, Christoph Schmid, Dorothea Tuggener Lienhard, Barbara Zumsteg
ISBN Print: 978-3-0355-1258-8
ISBN E-Book: 978-3-0355-1259-5

Dieses Werk erschien von 2011 bis 2017 in zwei Einzelbänden («Didaktisch handeln und denken 1» und «Didaktisch handeln und denken 2») über die Publikationsstelle der Pädagogischen Hochschule Zürich (Pestalozzianum Verlag).

Fotos: René Rötheli, Baden

Bibliografische Information der Deutschen Nationalbibliothek:
Die Deutsche Nationalbibliothek verzeichnet diese Publikation
in der Deutschen Nationalbibliografie; detaillierte bibliografische
Daten sind im Internet über http://dnb.dnb.de abrufbar.

1. Auflage 2018
Alle Rechte vorbehalten
© 2018 hep verlag ag, Bern
www.hep-verlag.com

Zusatzmaterialien und -angebote zu diesem Buch:
http://mehr.hep-verlag.com/didaktisch-handeln-und-denken

Inhalt

Vorwort 11

Teil 1   Fokus angeleitetes Lernen 15

Kapitel 1   Was sind gute Lehrerinnen und Lehrer?   17

Basics   19

HANS BERNER   Die Suche nach den guten Lehrerinnen und Lehrern 20
Was müssen gute Lehrerinnen und Lehrer wissen und können? 22
Es kommt auf die Lehrerin, den Lehrer an 23

Texte   27

1 Best-Practice-Lehrpersonen in der Deutschschweiz 28
2 Professionelle Kompetenz von Lehrkräften 29
Kommentierte Literaturhinweise 31

Kapitel 2   Unterricht beobachten – Feedback geben – reflektieren   33

Basics   35

HANS BERNER   Unterricht beobachten 36
Feedback geben 38
Reflektieren 41

Texte   43

1 «Glauben wir, was wir sehen, oder sehen wir, was wir glauben?» 44
2 Soziale Wahrnehmung und Wahrnehmungsfehler 47
3 Reflexion des Handelns – eine grundlegende Kompetenz 49
4 Lernen ist nicht Reflex, sondern Reflexion 52
5 Reflexionsfähigkeit und -praxis der Lehrperson 55
Kommentierte Literaturhinweise 57

Kapitel 3   Kompetenzorientiert unterrichten – Lernziele formulieren   59

Basics   61

REGULA VON FELTEN   Was meint Kompetenz? 62
Der Lehrplan 21 63
Von Kompetenzen zu Lernzielen 65
Lernziele präzis formulieren 67
Schülerinnen und Schüler verfolgen eigene Ziele 68

Texte 71

    1 «Wenn man nicht genau weiß, wohin man will,
   landet man leicht da, wo man gar nicht hinwollte.» 72
    2 Merkmale zweckmäßiger Zielbeschreibungen 73

Kapitel 4   Lehren durch Instruieren – Lernen durch Konstruieren   77

Basics   79

URBAN FRAEFEL   Basistechniken 80
Erlernen von Basistechniken 81
Was gehört zu den grundlegenden Techniken des Unterrichtens? 82

Texte   85

    1 Lehren durch Instruktion 86
    2 Darbietung im Unterricht 94
    Kommentierte Literaturhinweise 99

Kapitel 5   Spielphasen planen und begleiten   101

Basics   103

REGULA VON FELTEN
UND DOROTHEA
TUGGENER LIENHARD   Was bedeutet Spielen für Kinder? 104
Zeit zum Spielen 107
Raum zum Spielen 109
Möglichkeiten der Spielbegleitung 110

Texte   113

    1 «Stimulieren» oder «Wachsenlassen»? – eine
   pädagogische Streitfrage zum heutigen Kinderspiel 114
    2 Der Raum als «dritter Erzieher» 117
    Kommentierte Literaturhinweise 121

Kapitel 6   Lernprozesse begleiten   123

Basics   125

URBAN FRAEFEL   Was ist unter «Lernprozessbegleitung» zu verstehen? 126
Die Rahmentheorie: Wissen wird vornehmlich sozial konstruiert 127
Was sind die Merkmale der Lernprozessbegleitung? 128
Scaffolds und Feedbacks in der Übersicht 129
Die Kompetenz des Begleitens von Lernprozessen 131

Texte   133

    1 Adaptiver Unterricht 134
    2 Individuelle Lernbegleitung – Qualitätsansprüche und Indikatoren 136
    3 Fordern und Fördern in der Grundschule 137
    Kommentierte Literaturhinweise 139

Teil 2 Fokus eigenständiges Lernen 141

Kapitel 1 Was ist guter Unterricht? 143

Basics 145

HANS BERNER Eine alte und aktuelle Frage 146
Ein umfassendes Verständnis von gutem Unterricht 147
Unterrichtsgütekriterien-Merkmallisten 148
Was wissen wir über guten Unterricht? 148
Den guten Unterricht gibt es nicht! 149
Guter Unterricht ist niemals starr und dogmatisch 149

Texte 153

1 Was wissen wir über guten Unterricht? 154
2 Merkmale guten Unterrichts nach Andreas Helmke 158
3 Zwei entscheidende Merkmale guten Unterrichts nach Hilbert Meyer 159
4 Die Bedeutung des Kontexts 161
5 Was ist aus der Sicht von Schülerinnen und Schülern gut? 164
Kommentierte Literaturhinweise 165

Kapitel 2 Inhalte auswählen 167

Basics 169

HANS BERNER Denken Lehrerinnen und Lehrer nur an *ihren* Stoff? 170
Zur zentralen Bedeutung der «Was-» und der «Warum-Frage» 171
Kritisch-konstruktive Didaktik als themenorientierter Didaktikansatz 172
Sinnvolle Themen finden – und begründen 174
Themenfrage als eine entscheidende Planungsaufgabe 175
Eine entscheidende Frage zur Themenbestimmung 176

Texte 179

1 Didaktische Rekonstruktion: Fachsystematik und Lernprozesse in der Balance halten 180
2 Themenzentrierte Interaktion (TZI) – die Inhalte bleiben wichtig 186
Kommentierte Literaturhinweise 187

Kapitel 3 In Epochen unterrichten 189

Basics 191

RUDOLF ISLER Was verstehen wir unter «in Epochen unterrichten»? 192
Welche Ziele lassen sich verfolgen, wenn in Epochen unterrichtet wird? 194
Wie Epochen planen – Verbindung zum Planungsinstrument 195
Welche Rolle hat die Lehrperson im Epochenunterricht? 196
Chancen und Grenzen von Unterricht in Epochen 197

Texte		199
	1 In Epochen unterrichten heißt die Schule von innen reformieren	200
	2 Organisationsmodelle des Epochenunterrichts	201
	Kommentierte Literaturhinweise	203

Kapitel 4 — Formen eigenständigen Lernens — 205

Basics — 207

THOMAS BIRRI	**1** Werkstattunterricht	208
	2 Unterricht mit Lernplänen	215
	3 Atelierunterricht respektive Freiwahlunterricht	227
HANS BERNER	**4** Dialogisches Lernen	233
	5 Projektunterricht	239
PETRA HILD	**6** Kooperatives Lernen	246

Kapitel 5 — Beurteilen — 253

Basics — 255

CHRISTOPH SCHMID	Beurteilung des Gelernten und Beurteilen für das Lernen	256
	Beurteilungsfunktionen und Beurteilungsformen	257
	Beurteilungsmaßstäbe	259
	Kompetenzorientierte Beurteilung und Noten	260
	Systematische Beobachtung und verbale Beurteilung	261
	Selbstbestimmung und Lerndokumentationen	262
	Sieben pädagogische Grundsätze zum Schluss	264

Texte — 267

	1 Prüfungssituationen	268
	2 Kompetenzorientierung statt Mängeldiagnosen	270
	Kommentierte Literaturhinweise	272

Kapitel 6 — Zusammenwirken von Fremd- und Selbststeuerung — 273

Basics — 275

BARBARA ZUMSTEG	Verschiedene Bildungsziele erfordern unterschiedliche Unterrichtsmethoden	276
	Der Vielfalt Struktur geben	278
	Dimensionen offenen Unterrichts	280

Texte — 283

	1 Binnendifferenzierung – eine Utopie?	284
	Kommentierte Literaturhinweise	290

Anhang 291

Planungsübersicht 292
Autorinnen und Autoren..296

Vorwort

In seinem 2005 veröffentlichten Bestseller «Teacher Man» schreibt Frank McCourt über seine Erfahrungen als Lehrer in der rauen schulischen Realität von New York. Er erzählt, was er von seinen insgesamt zwölftausend Schülerinnen und Schülern gelernt hat als Lehrer, als Geschichtenerzähler, als Schriftsteller. Am Anfang seiner Lehrerausbildung hatte Frank McCourt ganz klare und einfache Vorstellungen: «Unterrichten stellte ich mir ganz einfach vor: Man erzählt den Schülern, was man weiß, und irgendwann hält man Prüfungen ab und verteilt Noten.»[1] Nach ersten Erfahrungen realisiert er: «Da kommen sie. Und ich bin nicht bereit. Wie könnte ich auch? Ich muss das Lehren erst noch lernen.»[2]

Das Studienbuch «Didaktisch handeln und denken» soll einen Beitrag zu diesem Lernen des Lehrens leisten. Es soll Studienanfängerinnen und Studienanfänger in grundlegende Kompetenzen und Aspekte des didaktischen Handelns und Denkens sowie in Fragen des Berufs einführen. Dieses Buch ist aus der Zusammenführung der beiden Bände «Didaktisch handeln und denken 1» und «Didaktisch handeln und denken 2» entstanden, die von 2011 bis 2017 über die Publikationsstelle der Pädagogischen Hochschule Zürich herausgegeben wurden.

Es wurde für angehende Lehrkräfte aller Schulstufen der obligatorischen Schulzeit in der Schweiz konzipiert und enthält vor allem Beispiele aus diesen Bereichen. Viele der zugrundeliegenden Inhalte lassen sich aber auch auf Schulsysteme anderer Stufen und Länder anwenden.

---

1 McCourt, F. (2006). Tag und Nacht und auch im Sommer. München: Luchterhand, S. 58.
2 Ebd., S. 19.

Jedes Kapitel folgt dem gleichen Aufbau: zu Beginn ein Grundlagenteil, in dem der aktuelle Stand des Wissens kompakt zusammengefasst ist (Basics), gefolgt von einem Teil mit ausgewählten Quellentexten und weiterführenden kommentierten Literaturhinweisen (Texte).

Basics

Eine kompakte Übersicht führt in das Thema ein und resümiert die zentralen Begriffe, Konzepte und Zusammenhänge.

Texte

Dieser Teil umfasst ausgewählte Quellentexte verschiedener Autoren und Autorinnen zu diesem Thema. Zudem enthält er kommentierte Literaturhinweise.

Zu jedem Kapitel stehen unter http://mehr.hep-verlag.com/didaktisch-handeln-und-denken weiterführende Materialien zur Verfügung, wie sie in den beiden ehemaligen Bänden abgedruckt waren. Sie ergänzen das Thema des Kapitels mit Beispielen, weiteren Texten und Konkretisierungen, teilweise spezifisch für einzelne Stufen und Fächer. Eine ausgewogene, vollständige Dokumentation zu den Themen der einzelnen Kapitel ist weder gewollt noch möglich. Die Konzepte und Materialien zeigen vielmehr die Aspekte des Themas und stellen es aus verschiedenen Blickwinkeln dar – zum Teil bewusst widersprüchlich. Diese Breite soll dazu beitragen, sich vielfältig mit dem Thema auseinanderzusetzen, um anschließend mit anderen darüber diskutieren zu können.

Für die vorliegende Neuausgabe wurden alle Kapitel begrifflich angepasst, sodass sie mit der aktuellen Terminologie der Kompetenzorientierung des Schweizer Lehrplans 21 korrespondieren. Ein neues Kapitel «Kompetenzorientiert unterrichten – Lernziele formulieren» ersetzt das ehemalige Kapitel 3 des ersten Bands «Ziele setzen». Abgesehen von diesen Anpassungen und einigen wenigen sprachlichen und formalen Korrekturen wurden keine Änderungen vorgenommen, die Grundlagenteile sowie die abgedruckten Quellentexte entsprechen inhaltlich denjenigen in den beiden ehemaligen Bänden.
Teil 1 des Studienbuchs widmet sich, ausgehend von der Grundfrage «Was sind gute Lehrerinnen und Lehrer?», den Themen «Unterricht beobachten – Feedback geben – reflektieren», «kompetenzorientiert unterrichten – Lernziele formulieren», «Lehren durch Instruieren – Lernen durch Konstruieren», «Spielphasen planen und begleiten» sowie «Lernprozesse begleiten». Teil 2 fokussiert, ausgehend von der Grundfrage «Was ist guter Unterricht?», auf die Themenbereiche «Inhalte auswählen», «in Epochen unterrichten», «selbstständig lernen» durch Unterrichtskonzeptionen wie Werkstattunterricht, Unterricht mit Lernplänen, Atelierarbeit, dialogisches Lernen, Projektunterricht, kooperatives Lernen und schließlich auf die Beurteilung von Lernfortschritten.

Im abschließenden, zusammenfassenden Kapitel 6 von Teil 2 wird die anspruchsvolle Balanceleistung zwischen Instruktion und Konstruktion diskutiert.

Wir bedanken uns bei allen Verantwortlichen und Beteiligten der berufspraktischen Ausbildung an der Pädagogischen Hochschule Zürich, die mit ihren kritisch-konstruktiven Rückmeldungen und Optimierungsvorschlägen einen Beitrag geleistet haben, diese Grundlagen für die berufspraktische Ausbildung in einer Balance zwischen Theoretisch-Anspruchsvollem und Praktisch-Anwendbarem zu halten. Ein besonderer Dank geht an die Autorinnen und Autoren der einzelnen Kapitel und an Andreas Hug und Mathis Kramer-Länger, die für diese Neuausgabe die oben erwähnten begrifflichen Anpassungen vorgenommen haben. Speziell hervorheben möchten wir die Leistung des Fotografen René Rötheli: Aus seiner großen Sammlung konnten wir faszinierende Bilder auswählen, die den anspruchsvollen Prozess des didaktischen Handelns und Denkens von Lehrpersonen symbolisieren.

Im August 2018
Hans Berner und Barbara Zumsteg

Teil 1
Fokus angeleitetes Lernen

Kapitel 1 Was sind gute Lehrerinnen und Lehrer?

Die einfachen Antworten auf die Frage «Was ist eine gute Lehrerin, was ein guter Lehrer?» erfolgen häufig in Form von eher naiven additiven Wunschkatalogen über ideale Lehrpersonen. Aus der Perspektive der Bildungsforschung wird dieses Alltagswissen mit konkreten kritischen Fragen konfrontiert, die mit der umfassenden Frage «Was müssen gute Lehrpersonen wissen und können?» zusammengefasst werden können.

Es ist völlig unbestritten: Effiziente Lehrerinnen und Lehrer, die in der Lage sind, gute Beziehungen zu ihren Schülerinnen und Schülern aufzubauen, haben einen nachhaltigen Einfluss auf das Leben der Lernenden. Empirische Studien beweisen: Es kommt auf die Lehrerin, den Lehrer an! Lehrerinnen und Lehrer haben mit ihren Kompetenzen und ihrem unterrichtlichen Handeln erheblichen Einfluss auf die Lernentwicklung von Schülerinnen und Schülern.

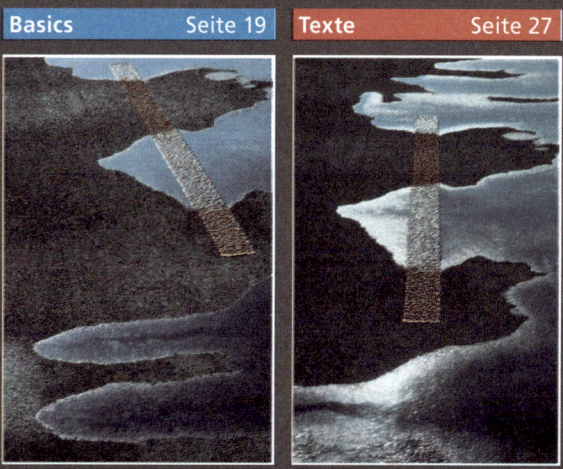

Basics Seite 19
Texte Seite 27

Basics Was sind gute Lehrerinnen und Lehrer?

HANS BERNER

Die Suche nach den guten Lehrerinnen und Lehrern

«Wo ein guter Lehrer am Werk ist, wird die Welt ein bisschen besser»

Diese für Pädagoginnen und Pädagogen ermunternd-hoffnungsvolle Aussage des Kognitionspsychologen und Lehrerbildners Hans Aebli in einem vor mehr als dreißig Jahren durchgeführten Interview hat bis heute ihre Richtigkeit (vgl. Aebli 1983). In einem Artikel mit dem Titel «‹Der gute Lehrer›, ‹die gute Lehrerin› im Spiegel der Wissenschaft» hat sich Franz Weinert, einer der renommiertesten Unterrichtsforscher, auf dieses optimistische Credo bezogen und es als gleichermaßen wahr und weise bezeichnet: Wahr, weil alle unvoreingenommenen Beobachter des Wirkens und der Wirksamkeit von Lehrpersonen Beispiele vor Augen haben, die mit dem pädagogischen Optimismus von Aebli in selbstevidenter Weise übereinstimmen; weise, weil viele Erfahrungen dafür sprechen, dass große Reformen oder neue Technologien die Welt zwar dramatisch verändern, aber ob dadurch auch die Welt für die einzelnen Menschen ein bisschen besser wird, hängt in der Welt der Schule in besonderem Maße vom Wirken einzelner Menschen – guter Lehrerinnen und Lehrer – ab (vgl. Weinert 1996, S. 141).

In der Literatur kommen Lehrerfiguren häufig vor – und es lässt sich nicht verschweigen, dass negative oder bemitleidenswerte Figuren zahlreicher sind. Abschreckende Beispiele finden sich in Friedrich Torbergs «Der Schüler Gerber», in Hermann Hesses «Unterm Rad», in Hermann Burgers «Schilten». Aber es gibt selbstverständlich auch außerordentlich positive Beispiele wie die Ehrerbietung von Albert Camus an seinen Lehrer nach Erhalt des Nobelpreises oder der als «Hommage» an seinen Primarlehrer betitelte Text von Alfred Häsler. Auch in Filmen wird Lehrerfiguren durch bekannte Schauspielerinnen und Schauspieler ein Denkmal gesetzt: Etwa Robin Williams in der Rolle von John Keating im Film «Dead Poets Society» als begeisterter und begeisternder Literaturlehrer in der Welton Academy in Vermont oder Michelle Pfeiffer in der Rolle von LouAnne Johnson im Film «Dangerous Minds» als idealistische Lehrerin in der «Realität» einer Schule in East Palo Alto, Kalifornien.

Im Schweizer Dokumentarfilm «Zum Abschied Mozart» von Christian Labhart wird ein Musiklehrer porträtiert, der sich auf besondere Weise für die Wichtigkeit und den Ernst einer gewählten Sache engagiert. Der hohe Anspruch, mit den Schülerinnen und Schülern einer Neunten bis Zwölften Klasse Mozarts Requiem aufzuführen, erfordert von allen außerordentliche Anstrengungen beim Proben und Höchstleistungen im Konzert. Der Weg zum hohen Ziel einer gelungenen Aufführung ist für die in völlig anderen Freizeitwelten lebenden Schülerinnen und Schüler immer wieder unbequem und hart. Das Engagement und die Begeisterung des Lehrers für die Sache, seine Unnachgiebigkeit und Kompromisslosigkeit faszinieren und irritieren die Schülerinnen und Schüler gleichermaßen. Die Aufführung mit zwei Konzerten in vollen Sälen ist der Lohn für eine beeindruckende Lehrer- und Schülerleistung.

Kapitel 1　　　Was sind gute Lehrerinnen und Lehrer?

Abbildung 1: Aus dem Kinodokumentarfilm «Zum Abschied Mozart» (© Christian Labhart)

Eigentlich sind gute Lehrpersonen ja ganz einfach zu beschreiben …

Gute Lehrpersonen sind pünktlich und zuverlässig, sie sind freundlich gegenüber Schülerinnen und Schülern, Kolleginnen und Kollegen, Eltern und Vorgesetzten, sie sind fleißig, engagiert und belastbar, und sie haben die Belange ihrer Schule, ihrer Klassen und einzelner Schülerinnen und Schüler im Auge. Ihre Fachkompetenz in ihren Unterrichtsfächern ist genauso hoch entwickelt wie ihre didaktisch-methodischen und pädagogisch-erzieherischen Fähigkeiten. Ihr Unterricht ist angemessen anspruchsvoll; die Lernfortschritte ihrer Schülerinnen und Schüler sind beachtlich. Sie bemühen sich darum, eine positive Lernhaltung und ein lernförderliches Klima in den von ihnen unterrichteten Klassen zu schaffen. Kolleginnen und Kollegen übernehmen gerne ihre Klassen. Als Personen erfreuen sie sich einer natürlichen Autorität gegenüber den Schülerinnen und Schülern, sie werden von ihnen geachtet und geschätzt. Sie bilden sich in ihren Fächern und hinsichtlich ihrer pädagogisch-didaktischen Fähigkeiten fort, arbeiten in der Lehrerbildung als Praxislehrpersonen, gehen konstruktiv mit beruflichen Beanspruchungen um und können zu hohe Belastungen erfolgreich abwehren. In Arbeitsgruppen zeigen sie ihre Teamfähigkeit. Sie verstehen es, gegenüber Eltern ein klares, differenziertes Bild ihrer Kinder zu vermitteln und – wo nötig – konstruktive Hinweise zu geben. Sie identifizieren sich mit ihrem Beruf – und können doch gut vom Beruf abschalten (vgl. Terhart 2006, S. 42).

… und wie sieht es in der Wirklichkeit aus?

Aus der Perspektive der Bildungsforschung wird dieses naiv-triviale additive Verfassen von Wunschkatalogen über die ideale Lehrperson mit konkreten kritischen Fragen konfrontiert: Wie sieht es in der Wirklichkeit in den Klassenzimmern aus – und wie in den Lehrerzimmern? Wie weit entspricht der real existierende Lehrkörper auf den verschiedenen Stufen diesem Bild von Lehreridealattributen? Was kennzeichnet erfolgreiche Lehrpersonen in ihrem Denken, Urteilen und Handeln? Wie sieht eigentlich das Aufgabenspektrum aus, das in diesem Beruf möglichst gut bewältigt werden muss? Unter welchen Arbeitsbedingungen kann man überhaupt eine gute Lehrperson sein (vgl. ebd.)? Und weiter: Wie können Lehrpersonen die Lernmotivation der Schülerinnen und Schüler wirksam unterstützen? Welche motivationsfördernden Strategien sind nachhaltig? Wie gelingt es Lehrpersonen, die negativen Folgen von Lehrererwartungen zu vermeiden?

Oder ganz umfassend gefragt: Was müssen gute Lehrpersonen eigentlich wissen und können? Um aufgrund dieser ausgewählten Fragenpalette keine falschen Illusionen zu wecken, muss betont werden, «dass viele solcher Fragen gegenwärtig von der empirischen Bildungsforschung kaum und selten eindeutig beantwortet werden können» (Terhart 2006, S. 42).

Die Suche nach den guten Lehrpersonen – aus der Sicht der empirischen Unterrichtsforschung

In einer frühen Phase der Unterrichtsforschung wurde die Hoffnung gehegt, man könne Eigenschaften erfolgreicher Lehrpersonen wie Charaktermerkmale (beispielsweise Geduld) oder einen ganz bestimmten Führungs- oder Unterrichtsstil identifizieren. Diese Versuche gelten heute als klar gescheitert. Die Aufgaben von Lehrpersonen sind zu heterogen, der kausale Wirkungspfad von einem allgemeinen Persönlichkeitsmerkmal eines Lehrers oder einer Lehrerin bis hin zu den Lernprozessen der einzelnen Schülerinnen und Schüler ist zu weit und zu undurchsichtig. Es ließen sich nur wenige, schwache und zudem triviale Zusammenhänge zwischen Lehrerpersönlichkeit und Schulleistungsunterschieden finden (vgl. Helmke 2004, S. 29 f.).

Was müssen gute Lehrerinnen und Lehrer wissen und können?

Antworten auf die nicht ganz einfache Frage «Was müssen Lehrerinnen und Lehrer heute – und morgen – unbedingt wissen und können?»

In den letzten Jahren wird im deutschsprachigen Raum sowohl auf der bildungspolitischen als auch auf der erziehungswissenschaftlichen Ebene eine intensive Debatte über die Kompetenzen von Lehrpersonen in einem veränderten gesellschaftlichen und schulischen Umfeld geführt. Von verschiedenen Seiten werden Antworten auf die Frage «Was müssen Lehrerinnen und Lehrer heute – und morgen – unbedingt wissen und können?» präsentiert.

In ihren Ende 2004 veröffentlichten diskussionsleitenden Standards für die Lehrerbildung hat die deutsche Kultusministerkonferenz diese Frage pointiert beantwortet: Die Kompetenzen von Lehrerinnen und Lehrern lassen sich mit den vier Haupttätigkeitsfeldern Unterrichten, Erziehen, Beurteilen und Innovieren umschreiben. Lehrerinnen und Lehrer sind Fachleute für das Lehren und Lernen, die ihre Erziehungs- und ihre Beurteilungsaufgabe gerecht und verantwortlich ausüben und ihre Kompetenzen ständig weiterentwickeln. Zur *Unterrichtskompetenz* gehört, dass sie ihren Unterricht fach- und sachgerecht planen und sachlich und fachlich korrekt ausführen; dass sie durch die Gestaltung von Lernsituationen das Lernen von Schülerinnen und Schülern unterstützen und die Lernenden motivieren und befähigen, Zusammenhänge herzustellen und Gelerntes zu nutzen; dass sie die Fähigkeiten von Schülerinnen und Schülern zum selbstbestimmten Lernen und Arbeiten fördern. Zur *Erziehungskompetenz* gehört, dass sie die sozialen und kulturellen Lebensbedingungen von Schülerinnen und Schülern kennen und im Rahmen der Schule Einfluss auf deren individuelle Entwicklung nehmen; dass sie Werte und Normen vermitteln und selbstbestimmtes Urteilen und Handeln von Schülerinnen und Schülern unterstützen sowie Lösungsansätze für Schwierigkeiten und Konflikte in Schule und Unterricht finden. Zur *Beurteilungskompetenz* gehört, dass die Lehrerinnen und Lehrer Lernvoraussetzungen und Lernprozesse von Schülerinnen und Schülern diagnostizieren; Schülerinnen und Schüler gezielt fördern; Lernende und deren Eltern beraten; Leistungen von Schülerinnen und Schülern auf der Grundlage transparenter Beurteilungsmaßstäbe erfassen. Zur *Innovationskompetenz* gehört, dass sich die Lehrpersonen der besonderen Anforderungen des Lehrberufs bewusst sind und dass sie ihren Beruf als ein öffentliches Amt mit besonderer Verantwortung und Verpflichtung und als ständige Lernaufgabe verstehen sowie dass sie sich an der Planung und Umsetzung schulischer Projekte und Vorhaben beteiligen (vgl. KMK 2004, S. 7–13).

Es kommt auf die Lehrerin, den Lehrer an

Keine einfache Aufgabe – kein einfacher Beruf …

Dieses beispielhaft gezeigte Kompetenzenprofil stellt die Lehrpersonen und die Schulleitungen einerseits und die Lehrer- und Lehrerinnenbildung andererseits vor große Herausforderungen. Zusätzlich erschwert wird die aktuelle Situation durch verschiedene berufsspezifische Brennpunkte wie beispielsweise Praxis versus Theorie, Realität versus Idealität, Belastung versus Entlastung. Angesichts dieser Schwierigkeiten ist es nicht weiter erstaunlich, wenn in verschiedenen Forschungsüberblicken diagnostiziert wird, dass wir es bei der pädagogischen Arbeit mit «Unsteuerbarkeit, Undurchschaubarkeit und Ungewissheit des beruflichen Handelns» (Combe & Kolbe 2004) zu tun haben, hervorgerufen durch die Aufgabe selbst, die sich als Gefüge unaufhebbarer Antinomien darstelle, für die Krisenhaftigkeit als Normalfall unterstellt werden müsse, und dass die Tätigkeit der Lehrpersonen als «ein unmöglicher Beruf» bezeichnet wird (vgl. den Sammelband «Der Lehrer – ein (un)möglicher Beruf» von von Carlsburg & Heitger 2005).

… aber man kann ihn bewältigen

Dieser von verschiedenen Wissenschaftlerinnen und Wissenschaftlern gerne gepflegten und publizierten Metaphorik der «Unmöglichkeit» und des «Technologiedefizits» widerspricht Heinz-Elmar Tenorth dezidiert: «Der Beruf der Lehrerin oder des Lehrers bleibt schwierig – aber er ist mit einem professionstheoretisch klar zu bezeichnenden Handlungsrepertoire zu bewältigen, und man kann lernen, die Arbeit besser oder schlechter zu machen, und im Lichte von Kompetenzerwartungen und Standards über ihn sprechen, wie das ja auch geschieht …» (Tenorth 2006, S. 584).

Entscheidend ist die Lehrperson

Die Frage «Kommt es überhaupt auf den Lehrer, die Lehrerin an?» ist nicht nur in der öffentlichen und veröffentlichten Meinung ein Dauerbrenner; auch die Forschung beschäftigt sich seit Langem mit dieser Frage. Forschungsbefunde, aus denen zu entnehmen ist, dass Reichtum und Sozialstatus und nicht der Unterricht die Leistungen der Schülerinnen und Schüler bestimmten (vgl. Woolfolk 2008, S. 3), haben für viele eine in hohem Maße irritierende Wirkung und sorgen für viel Aufsehen. Studien, die überprüften, ob ein Zusammenhang zwischen Lehrerqualifikation und Schülerleistungen besteht, ergaben: «Effiziente Lehrer, die gute Beziehungen zu ihren Schülern aufbauen, haben einen nachhaltigen Einfluss auf das Leben der Schüler. Problemschüler profitierten am meisten von gutem Unterricht» (ebd., S. 5).

Empirische Belege zur Wichtigkeit guter Lehrpersonen

Diese Aussagen werden auch von der umfangreichen OECD-Studie «Teachers matter» aus dem Jahr 2005 bekräftigt: «Eine gut abgestützte Schlussfolgerung ist, dass von allem, was durch die Bildungspolitik beeinflusst werden kann, die *Faktoren betreffend Lehrpersonen und Unterrichten die bedeutendsten Einflüsse auf das Lernen der Schüler und Schülerinnen* haben. Insbesondere besteht ein breiter Konsens, dass ‹Qualität des Lehrens› die bedeutendste einzelne Einflussvariable bezüglich Lernerfolg von Schülerinnen und Schülern ist. Die Effekte unterschiedlicher Lehrqualität sind substanziell. [...] Nach Einschätzung von Sanders und Rivers (1996) sind die Lehrpersoneneffekte groß, und nicht nur das – Schüler und Schülerinnen der effektivsten Lehrpersonen haben viermal höhere Lernerfolge als jene der am wenigsten effektiven Lehrpersonen –, sondern diese Effekte kumulieren sich auch über eine längere Zeit. [...] Gemäß Rockoff (2004), der sich auf sehr reichhaltige Daten von Lehrpersonen über eine Zeit von 10 Jahren bezieht, erklären die Unterschiede zwischen Lehrpersonen bis zu 23 % der Unterschiede von Schüler- und Schülerinnentests» (OECD 2005, S. 26).

Welche empirischen Evidenzen zur Stützung der These «Es kommt auf den Lehrer an!» angeführt werden können und welche Lehrermerkmale sich in bisherigen Studien als Prädiktoren für den Lernerfolg von Schülerinnen und Schülern identifizieren ließen, fasst Frank Lipowsky wie folgt zusammen: «Lehrer haben mit ihren Kompetenzen und ihrem unterrichtlichen Handeln erheblichen Einfluss auf die Lernentwicklung von Schülern. Insbesondere für das Fach Mathematik konnte gezeigt werden, dass das Wissen und die Überzeugungen von Lehrern direkte und auch indirekte Effekte auf Schülerleistungen haben können. Was die Bedeutung des Unterrichts anbelangt, lassen sich die dargestellten Ergebnisse dahingehend deuten, dass nicht nur allgemeine, fachunabhängige Merkmale, wie eine effiziente Klassenführung, für die Lernentwicklung wichtig sind, sondern auch Merkmale, die auf eine vertiefte inhaltliche Auseinandersetzung mit dem Unterrichtsgegenstand hindeuten. Hierzu gehören eine interessante, klare, verständliche und vernetzte Präsentation neuer Inhalte und Konzepte, die Aktivierung des vorhandenen Vorwissens der Schüler, das Evozieren kognitiv anspruchsvoller Tätigkeiten, die Kultivierung eines diskursiven Unterrichtsstils, der Einsatz geeigneter Repräsentationsformen, die Förderung der Bewusstheit für das eigene Lernen sowie die Vermittlung von Strategien zur Strukturierung und Elaboration des Unterrichtsgegenstandes» (Lipowsky 2006, S. 64).

Dilemmata und Komplexität im Lehrberuf

Bei der generellen Frage «Was sind gute Lehrerinnen und Lehrer?» sind viele auf den ersten (Laien-)Blick als einleuchtend erscheinende Pauschalantworten umstritten und werden infrage gestellt. Etwas aber gilt: Gute Lehrerinnen und Lehrer zeichnen sich durch ihre Bereitschaft und Fähigkeit aus, Komplexität zu erkennen – und auszuhalten. Fakt ist: Der Lehrberuf ist durch eine ganze Reihe von Dilemmata geprägt: didaktische, konzeptuelle, pädagogische, kulturelle, politische. Ein klassisches didaktisches Dilemma zeigt sich darin, dass es gilt, die Versuche zum selbstständigen Denken der Schülerinnen und Schüler anzuerkennen, aber trotzdem nicht von der Vermittlung des notwendigen Fachwissens abzuweichen. Eine typische Frage zu einem kulturellen Dilemma lautet, ob sich Lehrpersonen darauf verlassen können, dass die Schülerinnen und Schüler für ihr eigenes Lernen Verantwortung übernehmen (vgl. Woolfolk 2008, S. 440).

Um Komplexität im Lehrberuf, der durch Antinomien geprägt ist, zu erkennen und auszuhalten, müssen Lehrpersonen in der Lage sein – ja sogar Freude daran haben –, sich komplexe Mittel des Verstehens und Handelns anzueignen und ein ausgeprägtes Komplexitätsbewusstsein und Komplexitätsbedürfnis zu entwickeln und zu erhalten. Dazu gehört zwingend auch ein Widerstand gegen Simplifizierungen, gegen vereinfachende Slogans und Rezepte, gegen das Verlangen nach Klarheit und Leichtigkeit, gegen den Wunsch nach Wiederherstellung der «sicheren» Werte, gegen den reaktionären sich barbarisch gebärdenden «Simplismus» unterschiedlichster Provenienz (vgl. Berner 2006, S. 288f.). Eine Schlüsselkompetenz von Lehrpersonen auf dem Weg zur Professionalität ist Reflexionskompetenz. Diese zeigt sich in einem episodischen selbstbezüglich-biografischen Wissen: Angesichts der Tatsache, dass Lehrerhandeln stark in biografisch aufgeschichteten Deutungsbeständen wurzelt, bildet eine fundierte biografische Reflexion einen wichtigen Beitrag gegen ein Ausgeliefertsein in einer als diffus erlebten Praxis (vgl. Combe & Kolbe 2004, S. 835).

Professionelles Handeln statt «Anything goes»

Komplexität darf aber keine Ausrede für ein «Anything goes» sein, mit dem das gesicherte professionelle Wissen immer wieder relativiert wird. Dass der Lehrberuf von Komplexität und Dilemmata geprägt ist, heißt nicht, dass es kein klares Professionswissen gibt. Wie in den meisten Berufen kann eindeutig benannt werden, was falsch bzw. nicht professionell ist und wie es besser zu machen ist. Wie in allen Berufen gibt es im Lehrberuf da und dort unterschiedliche Auffassungen, doch sie sollen professionell diskutiert werden.

Eine Frage noch: Was ist eine schlechte Lehrerin, ein schlechter Lehrer?

Eng verbunden mit der Frage nach den guten Lehrpersonen ist die – in der Literatur dominierende – Frage nach den schlechten. Und erstaunlicherweise können sich sehr viele Menschen bemerkenswert schnell verständigen – denn alle wissen, dass es sie gibt: die wirklich schlechten Lehrerinnen und Lehrer! Und (praktisch) alle kennen eine(n). Wenn man beispielsweise an einem Fest darauf zu sprechen kommt, können alle mit mehr oder weniger drastischen und mehr oder weniger unterhaltsamen Schilderungen etwas zu diesem Thema beitragen: fehlendes oder veraltetes Fachwissen, didaktisch-methodische Unfähigkeit, unfaire Notengebung, autistische Züge im Umgang mit Menschen, Sarkasmus und Zynismus, gegen null tendierendes Engagement für Schülerinnen, Schüler und Schule …

Es ist schon so: Das eigentliche Problem des Schulalltags ist nicht, dass es zu wenige gute Lehrerinnen und Lehrer gibt, sondern zu viele schlechte. Deshalb wäre es für die Qualität der Schule entscheidender, die schlechten Lehrpersonen zu entfernen (Terhart 2006, S. 46).

Eine pointierte Aussage zu diesem Thema stammt von Ottmar Hitzfeld, der vor seiner großen Karriere als Fußballspieler und Fußballtrainer von Beruf Lehrer war: «In meinem Leben hatte ich mehrheitlich gute Lehrer und Trainer – aber natürlich gab es auch schlechte. Von beiden konnte ich profitieren, doch habe ich von den schlechten fast mehr gelernt, da es für mich eindrückliche und abschreckende Erfahrungen waren. Ich wurde dadurch gewarnt und wollte ihre Fehler auf keinen Fall nachahmen» (Hitzfeld zit. in Berner & Isler 2009, S. 25).

Abbildung 2: Ottmar Hitzfeld (© Donat Bräm)

Ein guter Trainer ist ein Fußball-Lehrer

Für Ottmar Hitzfeld ist übrigens absolut klar, dass ein guter Trainer letztlich ein guter Lehrer ist – ein Fußball-Lehrer.

Literatur

Aebli, H. (1983). «Wo ein guter Lehrer am Werk ist, wird die Welt ein bisschen besser» – Hans Aebli zum 60. Geburtstag. Beiträge zur Lehrerbildung, 1 (2), S. 3–13.

Berner, H. (2006). Über-Blicke – Ein-Blicke. Pädagogische Strömungen durch vier Jahrzehnte. Bern: Haupt.

Berner, H. & Isler, R. (2009). Immer noch Lehrer! Portraits und Essays. Bern: Haupt.

Carlsburg, G.-B. von & Heitger, M. (Hrsg.) (2005). Der Lehrer – ein (un)möglicher Beruf. Frankfurt a. M.: Peter Lang.

Combe, A. & Kolbe, F.-U. (2004). Lehrerprofessionalität: Wissen, Können, Handeln. In W. Helsper & J. Böhme (Hrsg.), Handbuch der Schulforschung (S. 833–851). Wiesbaden: VS Verlag für Sozialwissenschaften.

Helmke, A. (2004). Unterrichtsqualität – erfassen, bewerten, verbessern. Seelze: Kallmeyersche Verlagsbuchhandlung.

Lipowsky, F. (2006). Auf den Lehrer kommt es an. Empirische Evidenzen für Zusammenhänge zwischen Lehrerkompetenzen, Lehrerhandeln und dem Lernen der Schüler. Zeitschrift für Pädagogik, Beiheft 51, S. 47–70.

OECD (2005). Teachers matter: Attracting, developing and retaining effective teachers. Paris: OECD Publications.

Rockoff, J. (2004). The Impact of Individual Teachers on Student Achievement: Evidence from Panel Data. American Economic Review, 94 (2), S. 247–252.

Sanders, W. & Rivers, J. (1996). Cumulative and Residual Effects of Teachers on Future Student Academic Achievement. Research Progress Report, University of Tennessee Value-Added Research and Assessment Center, Knoxville, Tennessee.

Kultusministerkonferenz KMK (2004). Standards für die Lehrerbildung: Bildungswissenschaften. Beschluss der KMK vom 16.12.2004. Bonn: Sekretariat KMK.

Tenorth, H.-E. (2006). Professionalität im Lehrerberuf: Ratlosigkeit der Theorie, gelingende Praxis. Zeitschrift für Erziehungswissenschaft, 9 (4), S. 580–597.

Terhart, E. (2006). Was wissen wir über gute Lehrer? Pädagogik, 58 (5), S. 42–47.

Weinert, F. E. (1996). «Der gute Lehrer», «die gute Lehrerin» im Spiegel der Wissenschaft. Beiträge zur Lehrerbildung, 14 (2), S. 141–151.

Woolfolk, A. (2008). Pädagogische Psychologie. München: Pearson Studium.

Texte   Was sind gute Lehrerinnen und Lehrer?

1 Best-Practice-Lehrpersonen in der Deutschschweiz

Diese Studie, finanziert von Avenir Suisse, setzte sich zum Ziel, erfolgreiche Lehrpersonen zu identifizieren. Zu diesem Zweck wurden die Leistungen von dritten Klassen verglichen, wobei Faktoren wie vorteilhafte sozioökonomische Zusammensetzung der Klasse oder großzügige Ressourcen mit statistischen Methoden korrigiert wurden. Die verbleibenden Unterschiede zwischen den Klassen konnten auf den Einfluss der Lehrperson zurückgeführt werden. In der Folge wurden fünfzehn der erfolgreichsten Lehrpersonen befragt, um zu verstehen, was sie anders oder besser machen. Mit dem hier wiedergegebenen Auszug beginnt das abschließende Kapitel «Die gute Lehrerin, der gute Lehrer».

« Die gute Lehrerin, der gute Lehrer
Die Analyse von Best Practice führte unweigerlich zu einem Bild der guten Lehrerin, des guten Lehrers. Ein erster Eindruck entstand, indem die Erklärungen für die Klassenergebnisse von erfolgreichen und weniger erfolgreichen Lehrpersonen verglichen wurden. Verblüffend oft begründeten die erfolgreichen Lehrpersonen die guten Leistungen in Mathematik und Deutsch mit Unterrichtskonzepten, die im Zuge neuer Lernkulturen kaum an erster Stelle stehen. Die guten Leistungen wurden mit der vorhandenen Disziplin im Klassenzimmer erklärt. Üben wurde so häufig erwähnt, dass eine Renaissance der längst überholt geglaubten Paukerschule befürchtet werden musste.

Je länger die Diskussion über erfolgreichen Unterricht anhielt, desto mehr wurde dieser Eindruck korrigiert. Hier handelte es sich um Lehrpersonen, die sehr differenziert und mit meist klaren Vorstellungen über guten Unterricht diskutierten. In der Tat war es für die erfolgreichen Lehrpersonen keine Frage, dass die Lerninhalte eingehend gefestigt werden, dass kleinste Lernschritte immer wieder überprüft werden, dass der Unterricht in hochdeutscher Sprache erfolgt, dass klare Instruktionen und ein klarer Aufbau das A und O im Unterricht sind, dass Fertigkeiten und Automatismen eine Voraussetzung für höhere Verständnisleistungen sind, dass der Unterricht in ruhiger und respektvoller Atmosphäre stattfinden muss, dass Regeln das Zusammenleben erleichtern. Wahrlich keine Schlagwörter, die einem Werbeprospekt einer modernen Privatschule entstammen.

Erfolgreicher Unterricht ist mehr als die viel zitierte Variation der Unterrichtsmethoden. Die Lehrpersonen zeichnen sich eben gerade dadurch aus, dass sie gewisse Erkenntnisse der Lernpsychologie nicht an Unterrichtsmethoden oder Lernformen festbinden. Lernziele werden wenn immer möglich individuell ausgerichtet und vor allem regelmäßig überprüft, auch wenn der Unterricht durch lehrerzentrierte Instruktion erfolgt. Offene Unterrichtsmethoden schließen Strukturen nicht aus, sondern setzen sie voraus. Selbstständiges Lernen entbindet die Lehrpersonen nicht von der Instruktion, sondern verlangt klare Aufträge, Unterstützung und Kontrolle. Kooperatives Lernen findet nicht einfach dann statt, wenn Probleme zu zweit oder in Gruppen gelöst werden, sondern wenn die Kinder mit geschickten Aufgabenstellungen oder Anleitungen zur Kooperation hingeführt werden und eine gewinnbringende Interaktion ausgelöst wird. Die erfolgreichen Lehrpersonen zeigen ein differenziertes Verständnis moderner Unterrichtskonzepte – sind gewissermaßen Realisten, die nicht geneigt sind, pädagogischen Illusionen zu erliegen.

Realitätssinn ist das eine, Optimismus das andere. Erfolgreiche Lehrpersonen wissen, dass sie etwas bewirken können. In der Diskussion verschiedener Erklärungsansätze und Unterrichtskonzepte wird immer wieder das eigene Handeln thematisiert. Unterrichtsmethoden werden mit einer gewissen Distanz diskutiert, ebenso die Rahmenbedingungen. Gleich wie die Anwendung einer Methode nicht automatisch zum Lernerfolg führt, sind schwierige Rahmenbedingungen nicht a priori ein Hindernis für erfolgreichen Unterricht und dementsprechend gute Leistungen. Wichtig ist, wie Lehrpersonen damit umgehen, was sich kaum direkt erfragen oder beobachten lässt. Mithilfe der Delphi-Methode (ein zyklisches Verfahren der Befragung von Experten und Expertinnen) war es aber zumindest möglich, einer Eigenschaft erfolgreicher Lehrpersonen auf die Spur zu kommen:

Sie verfügen über eine aktive, optimistische, zuversichtliche und von Selbstwirksamkeit getragene Berufsauffassung, die ihnen hilft, auch in schwierigen Lagen dezidiert positive Seiten zu sehen. ❯

Auszug aus: Moser, U. & Tresch, S. (2003). Best Practice in der Schule: von erfolgreichen Lehrerinnen und Lehrern lernen. Buchs: Lehrmittelvertrag des Kantons Aargau, S. 137–139
© 2003 Schulverlag plus AG.

2 Professionelle Kompetenz von Lehrkräften

In ihrem Artikel zum Thema professionelle Kompetenz von Lehrpersonen stellen Jürgen Baumert und Mareike Kunter ein Modell professioneller Handlungskompetenz vor, beschreiben Wissen und Können von Lehrpersonen als Kern der Professionalität, resümieren die wichtigsten Befunde der Expertiseforschung und weisen auf den hohen Stellenwert der eigenen schulischen Erfahrungen hin.

❮ **Wissen und Können: Kern der Professionalität**
Es besteht weitgehend Übereinstimmung darüber, dass Wissen und Können – also deklaratives, prozedurales und strategisches Wissen – zentrale Kompetenzen der professionellen Handlungskompetenz von Lehrkräften darstellen.

Hinsichtlich der Topologie von Wissensdomänen hat sich ein Vorschlag von Shulman (1986) weitgehend durchgesetzt: Shulman unterschied zunächst allgemeines pädagogisches Wissen (*general pedagogical knowledge*), Fachwissen (*subject matter content knowledge*), fachdidaktisches Wissen (*pedagogical content knowledge*) und Wissen über das Fachcurriculum (*knowledge of educational context*) sowie erziehungsphilosophisches, bildungstheoretisches und bildungshistorisches Wissen.

Facetten generischen pädagogischen Wissens und Könnens:
1. *Konzeptuelles bildungswissenschaftliches Grundlagenwissen*
    - Erziehungsphilosophische, bildungstheoretische und historische Grundlagen von Schule und Unterricht
    - Theorie der Institution
    - Psychologie der menschlichen Entwicklung, des Lernens und der Motivation

2. *Allgemeindidaktisches Konzeptions- und Planungswissen*
   - Metatheoretische Modelle der Unterrichtsplanung
   - Fachübergreifende Prinzipien der Unterrichtsplanung
   - Unterrichtsmethoden im weiten Sinne
3. *Unterrichtsführung und Orchestrierung von Lerngelegenheiten*
   - Inszenierungsmuster von Unterricht
   - Effektive Klassenführung (*classroom management*)
   - Sicherung einer konstruktiv-unterstützenden Lernumgebung
4. *Fachübergreifende Prinzipien des Diagnostizierens, Prüfens und Bewertens* 〉

Literatur
Shulman, L. S. (1986). Those who understand: knowledge growth in teaching. Educational Researcher, 15 (2), S. 4–14.

Auszug aus: Baumert, J. & Kunter, M. (2006). Stichwort: Professionelle Kompetenz von Lehrkräften. Zeitschrift für Erziehungswissenschaft, 9 (4), S. 469–520, hier: S. 484 f.
© Springer Verlag.

〈 **Wichtigste Befunde der Expertiseforschung**
Die wichtigsten Befunde der Expertiseforschung lassen sich folgendermaßen resümieren:
- Expertise in Professionen ruht auf dem Fundament theoretisch-formalen Wissens, das in der Regel in akademischen Kontexten erworben wird. Im Lehrerberuf ist das konzeptuelle Verständnis des Vermittlungsgegenstandes ein zentrales Moment pädagogischer Könnerschaft. Von praktischer Expertise als wirklichem Können spricht man aber erst dann, wenn das erfahrungsbasierte Wissen und das Fachwissen in neuer Form integriert sind.
- Die Entwicklung von Expertise ist von systematischer und reflektierter Praxis über einen langen Zeitraum hinweg abhängig.
- Während ihrer Entwicklung ist sie auf Vorbilder, Coaching und diskursive Rückmeldung angewiesen.
- Mit wachsender Kompetenz gewinnen Selbstregulationsprozesse an Bedeutung.
- Expertise hängt schließlich von einem Streben nach Selbstvervollkommnung ab, das für die motivationale Dynamik über lange Zeiträume hinweg sorgen kann.

Der hohe Stellenwert der eigenen schulischen Erfahrungen
Angesichts der Stabilität von epistemologischen Überzeugungen und subjektiven Theorien, die sich oftmals gegenüber Interventionen veränderungsresistent erweisen, wurde thematisiert, inwieweit wissens- und lernbezogene Überzeugungen von Lehrkräften bereits im Rahmen der eigenen Schulerfahrungen ausgebildet werden. Allein aufgrund der Länge der eigenen Schulerfahrungen – so eine Vermutung – könnten sich diese Überzeugungssysteme derartig verfestigen, dass die theoretische Beschäftigung und einführende Praxis während der Lehrerausbildung wirkungslos bleiben müssten. 〉

Auszug aus: Baumert, J. & Kunter, M. (2006). Stichwort: Professionelle Kompetenz von Lehrkräften. Zeitschrift für Erziehungswissenschaft, 9 (4), S. 469–520, hier: S. 506
© Springer Verlag.

Kommentierte Literaturhinweise

Baumert, Jürgen & Kunter, Mareike (2006)

Stichwort: Professionelle Kompetenz von Lehrkräften. Zeitschrift für Erziehungswissenschaft, 9 (4), S. 469–520.
In diesem Artikel werden unterschiedliche Positionen dargestellt und danach befragt, welchen Beitrag sie zu einem besseren theoretischen Verständnis der Kernaufgabe von Lehrpersonen leisten, nämlich Unterricht zu erteilen und verständnisvolles Lernen von Schülerinnen und Schülern systematisch anzubahnen und zu unterstützen. Anschließend wird ein allgemeines Modell der Handlungskompetenz von Lehrpersonen vorgestellt, das es erlaubt, empirische Befunde zur Qualifikation, professionellen Kompetenz und Persönlichkeit von Lehrpersonen in ihrer Bedeutung für Unterricht und Lernen zu ordnen und theoriebezogen zu diskutieren.

Berner, Hans & Isler, Rudolf (2009)

Immer noch Lehrer! Portraits und Essays. Bern: Haupt.
In diesem Buch werden zwanzig engagierte Persönlichkeiten, die auf verschiedene Weise einen engen Bezug zu Lehrberufen haben, porträtiert. Es handelt sich um öffentlich bekannte Personen wie Ottmar Hitzfeld oder Ernst Mühlemann und unbekannte Lehrpersonen mit ganz unterschiedlichen Biografien. Sie erzählen von ihrer Faszination für den Lehrberuf, aber auch von Sinnkrisen und Zweifeln, von guten und weniger guten Jahren im Beruf. Das Buch zeigt, dass gute Lehrpersonen mit einer kreativen und authentischen Erfahrung für Kinder und Jugendliche und für die Schule lebenswichtig sind.

Kultusministerkonferenz KMK (2004)

Standards für die Lehrerbildung: Bildungswissenschaften. Beschluss der KMK vom 16.12.2004. Bonn: Sekretariat KMK.
Mit den Standards für die Lehrerbildung hat die Kultusministerkonferenz die Anforderungen definiert, die die Lehrerinnen und Lehrer erfüllen sollen. Die Standards beschreiben Anforderungen an das Handeln von Lehrpersonen. Sie beziehen sich auf Kompetenzen und somit auf Fähigkeiten, Fertigkeiten und Einstellungen, über die eine Lehrperson zur Bewältigung der beruflichen Anforderungen verfügt. Die Aufteilung erfolgt in die vier Kompetenzbereiche Unterrichten, Erziehen, Beurteilen und Innovieren. Diese umfassen insgesamt elf Kompetenzen.

Lipowsky, Frank (2006)

Auf den Lehrer kommt es an: Empirische Evidenzen für Zusammenhänge zwischen Lehrerkompetenzen, Lehrerhandeln und dem Lernen der Schüler. Zeitschrift für Pädagogik, Beiheft 51, S. 47–70.
In diesem Übersichtsbeitrag stellt Frank Lipowsky dar, welche empirischen Evidenzen sich zur Stützung der These «Es kommt auf den Lehrer an!» finden lassen und welche Lehrermerkmale sich in bisherigen Studien als Prädiktoren für den Lernerfolg von Schülerinnen und Schülern identifizieren ließen.

Tenorth, Heinz-Elmar (2006)	**Professionalität im Lehrerberuf: Ratlosigkeit der Theorie, gelingende Praxis.** Zeitschrift für Erziehungswissenschaft, 9 (4), S. 580–597. In diesem Artikel setzt sich der Autor mit der Diagnose auseinander, dass die aktuell in der deutschen Diskussion dominierenden Theorien des Lehrerberufs, der pädagogischen Profession und ihrer Professionalität ihre eigenen gravierenden Schwächen haben. Er tut das in vier Schritten: erstens im Blick auf die Urheber der Behauptung, dass der Lehrerberuf ein «unmöglicher» Beruf sei, zweitens im Blick auf die Annahmen und Unterstellungen über die Kernaufgabe des Bildungssystems und der Lehrer in Professionstheorien und drittens im Blick auf die Annahme, es gebe weder Wissen noch eine Technologie für diese Aufgabe. Im vierten Schritt zieht Tenorth die Schlussfolgerung, dass es keinen Grund gebe, der Metaphorik der «Unmöglichkeit» und des «Technologiedefizits» weiterhin zu frönen: Der Lehrerberuf bleibt schwierig, aber er ist mit einem professionstheoretisch klar zu bezeichnenden Handlungsrepertoire zu bewältigen, und man kann lernen, die Arbeit besser oder schlechter zu machen.
Terhart, Ewald (2006)	**Was wissen wir über gute Lehrer?** Pädagogik, 58 (5), S. 42–47. In seinem Beitrag zur «Pädagogik»-Serie «Bildungsforschung und Schule» gibt Ewald Terhart Antworten auf brisante Fragen wie «Was kennzeichnet erfolgreiche Lehrerinnen und Lehrer?», «Welche Bedingungen braucht eine Lehrperson, um gut sein zu können?», «Was leistet die Lehreraus- und -fortbildung?», «Was soll mit schlechten Lehrpersonen geschehen?».
Weinert, Franz E. (1996)	**«Der gute Lehrer», «die gute Lehrerin» im Spiegel der Wissenschaft: Was macht Lehrende wirksam, und was führt zu ihrer Wirksamkeit?** Beiträge zur Lehrerbildung, 14 (2), S. 141–151. Online unter www.bzl-online.ch. In diesem Artikel beantwortet Franz E. Weinert aus der Sicht der pädagogisch-psychologischen Forschung Fragen wie «Was macht Lehrende wirksam, und was führt zu ihrer Wirksamkeit?», «Gibt es ‹den guten Lehrer›, ‹die gute Lehrerin› überhaupt, und, wenn ja, wodurch lassen sie sich charakterisieren?», «Sind bestimmte Persönlichkeitsmerkmale entscheidend, spielen wirksame Lehrtechniken die dominierende Rolle, oder geht es bevorzugt um die professionalisierte Unterrichtsexpertise?»

Kapitel 2 Unterricht beobachten – Feedback geben – reflektieren

Unterrichtsbeobachtung hat in der Aus- und Weiterbildung von Lehrerinnen und Lehrern einen besonderen Stellenwert – sie bildet einen Königsweg zur Beschreibung und Bewertung des Unterrichts.

Beobachten ermöglicht, die Selbstverständlichkeiten und Besonderheiten des Handelns von Lehrpersonen bewusst zu machen. Über die Bereitschaft des aktiven Beobachtens hinaus braucht es den «fremden», infrage stellenden Blick für das Besondere des Unterrichtsgeschehens und professionelles Wissen über Unterricht.

Beim Feedback sind drei voneinander zu unterscheidende Empfangsvorgänge wichtig: wahrnehmen – interpretieren – fühlen. Wahrnehmen heißt etwas sehen oder hören, interpretieren das Wahrgenommene mit einer Bedeutung versehen, fühlen auf das Wahrgenommene und Interpretierte mit einem eigenen Gefühl antworten.

Reflektieren können ist für Lehrpersonen von entscheidender Bedeutung. Es ermöglicht, sich selbst kritisch zu beobachten, eigene Kräfte und Kompetenzen realistisch einzuschätzen und konstruktive Formen der Bewältigung von Belastungen zu finden. Reflexionskompetenz ermöglicht Verbindungsleistungen zwischen theoretischem Wissen und praktischer Erfahrung: Durch Reflexion kann Theoriewissen eine handlungsbestimmende Kraft entfalten.

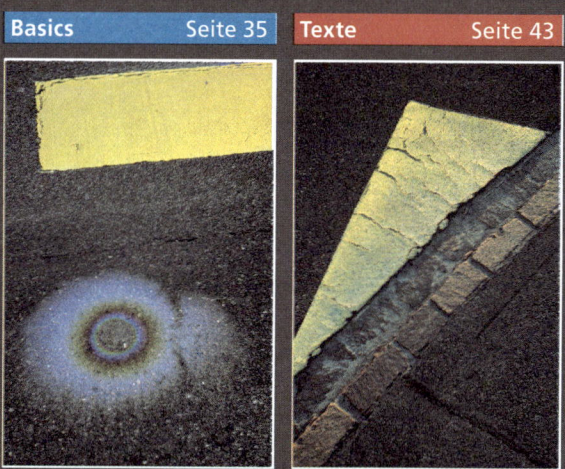

Basics Seite 35
Texte Seite 43

Basics Unterricht beobachten – Feedback geben – reflektieren

HANS BERNER

Differenziertes Nachdenken über Unterricht

In diesem Kapitel geht es um differenziertes Nachdenken über Unterricht – und über sich selbst als Unterrichtende. Es geht also nicht primär um die Schülerinnen und Schüler, sondern um die (angehenden) Lehrpersonen in ihrer Professionalisierung auf ihren Beruf.

Dazu eignen sich drei Formen:
- Beobachten meint Mitstudierende und sich selbst beobachten und beobachten lassen.
- Feedback wird in diesem Kapitel primär verstanden als Feedback von Studierenden untereinander oder von Lehrpersonen respektive Mentorinnen und Mentoren an Studierende. Feedback von Schülerinnen und Schülern gehört dazu. Nicht thematisiert wird in diesem Kapitel individuelles Feedback an Schülerinnen und Schüler, das in Kapitel 6 «Lernprozesse begleiten» wichtig ist.
- Reflektieren bedeutet in diesem Kontext: das eigene und gemeinsame professionelle Nachdenken über Lehren und Unterricht im weitesten Sinne sowie das Ziehen von Konsequenzen aus diesem professionellen Nachdenken.

Unterricht beobachten

Unterrichtsbeobachtung hat in der Aus- und Weiterbildung von Lehrpersonen zweifellos einen besonderen Stellenwert. Für Andreas Helmke ist die Beobachtung der Königsweg zur Beschreibung und Bewertung des Unterrichts. Denn: Keine andere Methode hat ein solches Potenzial für eine differenzierte Unterrichtsbeurteilung, und kein anderes Verfahren kann die Abfolge zeitlicher Sequenzen und Muster so gut berücksichtigen (vgl. Helmke 2009, S. 288).

Freie Unterrichtsbeobachtungen ...

Im Schulfeld hat die Methode einer völlig freien Beobachtung des Unterrichts Tradition. Das Ergebnis dieser Beobachtungen wird in einer narrativen Beschreibung des Unterrichtsverlaufs und einer persönlichen Einschätzung der Qualität vermittelt. Der Vorteil dieser Vorgehensweise liegt auf der Hand: Die Beobachtenden werden nicht eingeengt. Der Nachteil ist ebenso klar: Der Fokus der Beobachtung ist weitgehend subjektiv – ebenso wie die Form der Ergebnisformulierungen (vgl. ebd.).

... und Rating-Verfahren

Am entgegengesetzten Ende des Spektrums bezüglich Strukturiertheit der Unterrichtsbeobachtung finden sich sogenannte Rating-Verfahren, bei denen inhaltliche Kategorien und quantitative Antwortschemata vorgegeben sind. Dieses Werkzeug der Unterrichtsbeobachtung wird für externe Evaluationen von Schulen angewendet und umfasst sowohl einen kategorienbasierten Rating-Bogen mit einzelnen Aussagen als auch einen Anhang, in dem die Bedeutung der Items durch typische Beispiele veranschaulicht wird.

Selbstverständlich gibt es zwischen diesen beiden Polen in Bezug auf Strukturierung verschiedene Zwischenformen: Beobachtungsvorgabe durch Leitbegriffe oder Basisdimensionen, durch die Unterrichtenden im Voraus bestimmte persönlich bedeutsame Beobachtungsschwerpunkte oder zu Ausbildungszwecken festgelegte, besonders zu übende Aspekte. Verbreitet sind auch Checklisten, mit denen ein kleiner ausgewählter Ausschnitt beobachtet wird (z.B. die Häufigkeit der Lehrerfragen oder das Verhältnis von Sprechanteil der Lehrperson und der Schülerinnen und Schüler).

Auftragsbezogenes Beobachten und datengestütztes Reflektieren

Eine besonders geeignete Form der Unterrichtsbeobachtung ist die Methode des auftragsbezogenen Beobachtens und datengestützten Reflektierens, die in vier Schritten die Zusammenarbeit zwischen Studierenden und Praxislehrpersonen strukturiert und eine «reflection-on-action» ermöglicht.

1. *Beobachtungsauftrag erteilen*
   Die Studierenden formulieren für die Praxislehrperson vor dem Unterricht einen Beobachtungsauftrag. Dieser gewährleistet, dass die Praxislehrperson Aspekte im Unterricht fokussiert, die die Studierenden zurzeit beschäftigen. Sind Studierende unsicher, was sie beobachten lassen sollen, unterstützt die Praxislehrperson mit geeigneten Vorschlägen.

2. *Auftragsbezogen beobachten und protokollieren*
   Die Praxislehrperson entscheidet vor der Unterrichtsbeobachtung, wie sich die vereinbarten Aspekte am besten beobachten und festhalten lassen. Während des Unterrichts protokolliert sie, ohne zu werten.

3. *Datengestützt reflektieren*
   Als Grundlage für die Nachbesprechung dient das Beobachtungsprotokoll. Die Studierenden äußern sich zu den erhobenen Daten sowie zu ihren Erlebnissen. Es entwickelt sich ein Gespräch, in dem die Praxislehrperson die Studierenden beim Reflektieren unterstützt. Ziel des Gesprächs ist, dass die Studierenden die Wirkung ihres Handelns wahrnehmen, ihr Vorgehen begründen, Probleme erkennen und Handlungsalternativen in Betracht ziehen.

4. *Reflexion schriftlich festhalten*
   Unmittelbar nach der Nachbesprechung halten die Studierenden die wichtigsten Ergebnisse schriftlich fest. Insbesondere formulieren sie Handlungsvorsätze für den kommenden Unterricht.

   Vgl. von Felten (2011)

Stellenwert des Modelllernens

Seit über dreißig Jahren geht man in der Lernpsychologie davon aus, dass es ein «Modelllernen» gibt, und in vielen Studien ist das Lernen am Modell erforscht worden (vgl. z.B. Bandura 1976). Übertragen auf die Lehrer- und Lehrerinnenbildung, haben Studierende Tausende von Stunden Gelegenheit gehabt, an Modellen (ihren bisherigen Lehrerinnen und Lehrern) zu lernen. Alle angehenden Lehrerinnen und Lehrer haben einen langen Lernprozess hinter sich, bevor sie zum ersten Mal als Lehrperson vor einer Klasse stehen. Das Handeln von angehenden und erfahrenen Lehrpersonen ist (wie in Kapitel 1 dargelegt) in starkem Maße in biografisch aufgeschichteten Deutungsbeständen verwurzelt. Durch aktives Beobachten können den Studierenden Selbstverständlichkeiten und Besonderheiten des schulischen Alltags bewusst werden. Wenn sie erkennen, was sie von ihren Lehrerinnen und Lehrern gelernt haben (und zwar bewusst und unbewusst), können sie ihr eigenes Handeln besser verstehen und weiterentwickeln.

Werkzeuge des Sehens

Wer interessiert und aktiv Unterricht beobachtet, sieht meistens nichts Besonderes, und es kann sein, dass man sich gelegentlich in wenig inspirierende Lektionen aus der eigenen Schulzeit zurückversetzt fühlt. Über die Bereitschaft des aktiven Beobachtens hinaus braucht es den Blick für das Besondere des Unterrichtsgeschehens und professionelles Wissen über Unterricht.
- *«Fremder Blick» für das Besondere des Unterrichtsgeschehens*
  Beobachtende müssen die Bereitschaft und das Interesse haben, alles infrage zu stellen: Muss das so sein? Ist es normal, dass jetzt dies oder jenes getan wird? Wie ginge es mir an der Stelle der Schülerinnen und Schüler?
- *Professionelles Wissen über Unterricht*
  Gefordert ist vielfältiges professionelles Wissen: lernpsychologisches Wissen, Wissen über Aufnehmen, Verarbeiten und Gedächtnis, didaktisches Wissen, Fachwissen zum Inhalt der Lektion, Wissen über Motivation und soziale Prozesse usw. Dieses Wissen vermittelt den Beobachtenden «Werkzeuge des Sehens».

Feedback geben

Nach der Phase des Beobachtens ist es sinnvoll, dass die Hospitierenden ein nützliches und qualitativ hochstehendes Feedback geben. Damit dies weder zu einem kollegialen Schulterklopfen mit undifferenziert lobenden Worten noch zu gegenseitigen Missverständnissen und Verletzungen führt, ist eine Auseinandersetzung mit den Grundlagen eines unterstützenden Feedbacks gefordert.

Die Aussage des Kybernetikers Norbert Wiener: «Ich weiß nicht, was ich gesagt habe, solange ich nicht die Antwort darauf gehört habe» (Wiener, zit. nach Langmaack & Braune-Krickau 2010, S. 148), weist auf die Komplexität zwischenmenschlicher Kommunikation hin – und auf die Bedeutung der Rückkoppelung für unser Lernen und unsere Entwicklung. Ein angemessenes Verhalten gegenüber anderen können wir lernen, wenn wir die Auswirkungen unseres eigenen Verhaltens auf andere beachten und bereit sind, die entsprechenden Signale zu nutzen (vgl. ebd.).

Wichtig ist, unsere inneren Reaktionen auf empfangene Nachrichten zu beachten. Das, was die Nachricht «anrichtet», richtet die Empfängerin oder der Empfänger teilweise selbst an. Die innere Reaktion auf eine Nachricht erweist sich als Produkt der Wechselwirkung zwischen der gesendeten Nachricht und dem momentanen, psychischen Zustand der Empfängerin oder des Empfängers.

Etwas wahrnehmen – etwas interpretieren – etwas fühlen

Nach Friedemann Schulz von Thun (2001) können drei Empfangsvorgänge unterschieden werden:
- *Wahrnehmen* heißt: etwas sehen oder hören (z. B. einen Blick, eine Frage).
- *Interpretieren* heißt: das Wahrgenommene mit einer Bedeutung versehen (z. B. den Blick als abfällig deuten oder die Frage als Kritik auffassen). Diese Interpretation kann richtig oder falsch sein.

- *Fühlen* heißt, auf das Wahrgenommene und Interpretierte mit einem eigenen Gefühl antworten, wobei der eigene seelische Grundzustand mit darüber entscheidet, was für ein Gefühl ausgelöst wird (z. B. Wut angesichts des abfälligen Blicks). Dieses Gefühl unterliegt nicht der Beurteilung «richtig» oder «falsch», sondern ist eine Tatsache.

Ein Beispiel

Eine Frau erzählt ihrem Mann über eigene Pläne. Als er ein wenig die Stirne runzelt, entgegnet sie: «Nun mach doch nicht gleich wieder ein so angewidertes Gesicht.»

Ihre Rückmeldung ist ein Verschmelzungsprodukt aus Wahrnehmung (Stirnrunzeln), Interpretation («Er missbilligt meinen Plan») und eigenem Gefühl (Wut, Enttäuschung).

Innerer Dreischritt: Der Empfänger soll sich im Klaren darüber werden, dass seine Reaktion immer *seine* Reaktion ist – mit starken eigenen Anteilen.

«Ich sehe, wie du die Stirn runzelst.»
«Ich vermute, mein Vorhaben passt dir nicht.»
«Ich bin enttäuscht und verärgert, weil ich mir Unterstützung erhofft hätte.»

Und er (der Empfänger) sieht Ansatzpunkte, diese eigenen Anteile gegebenenfalls zu überprüfen: «Du runzelst die Stirn – passt dir das nicht, was ich vorhabe?»

Jetzt kann er *bestätigen* («Ja, mir kommen gewisse Bedenken, …») oder *korrigieren* («Doch – mir fiel nur gerade ein, dass wir dazu das Auto brauchen und ich noch keinen Inspektionstermin habe») oder auch *sich selbst infrage stellen* («Das Stirnrunzeln war mir gar nicht bewusst – ja, vielleicht bin ich etwas enttäuscht, dass du nicht vorher…»)

Vgl. Schulz von Thun (2001), S. 69–75

Johari-Fenster – ein hilfreiches Instrument

Dieses Instrument verdeutlicht, dass sich Fremd- und Selbstwahrnehmung in weiten Bereichen nicht entsprechen. Das, was eine Person von ihrem Verhalten jeweils wahrnimmt, ist nur ein Bruchteil dessen, was für sie in einer sozialen Situation Bedeutung hat. Anderseits vermögen Drittpersonen nicht zu erkennen, was wir selbst nicht preisgeben wollen.

Mithilfe der Feedbackmethode versuchen wir, das Bild, das wir von uns selbst machen, dank der Wahrnehmung durch Dritte in Bereiche zu erweitern, die uns sonst verborgen blieben.
- Ein Feedback ermöglicht den Vergleich von Selbstbild mit Fremdbild.
- Reflexion dank Feedback ermöglicht Arbeit am «blinden Fleck» und die Vergrößerung des «öffentlichen Bereichs».

Nehmen wir Feedbacks ernst, können wir unser Selbstbild mit fremden Rückmeldungen vergleichen und dadurch erweitern, den «öffentlichen Bereich» auf Kosten des «blinden Flecks» ausdehnen.

Feedback schafft ein vertrauensvolles Klima, was uns erlaubt, mehr von uns preiszugeben und den privaten, anderen nicht bekannten Teil zu verkleinern.

	Selbstwahrnehmung *mir selbst bekannt*	*mir selbst nicht bekannt*
Fremdwahrnehmung *anderen bekannt*	**Öffentlich** Sachverhalte, die offenliegen. Verhalten, das mir und anderen bekannt ist	**Blinder Fleck** Anteile des Verhaltens, die nur die anderen wahrnehmen und die ich nicht kenne
anderen nicht bekannt	**Privat** Bereiche, die wir bewusst verbergen und die von anderen nicht wahrgenommen werden	**Unbewusstes** Dinge, die nicht unmittelbar zugänglich sind, uns und anderen nicht bekannt

Abbildung 3: Johari-Fenster (nach Luft 1989, S. 25)

Der **öffentliche Bereich** umfasst die Aspekte unseres Verhaltens, die uns selbst und den anderen bekannt sind. Hier handeln wir frei und unbeeinträchtigt von Ängsten und Vorbehalten.

Der **private Bereich** umfasst jene Aspekte unseres Denkens und Handelns, die wir vor anderen bewusst verbergen. Durch Sicherheit und Vertrauen zu anderen kann dieser Bereich verkleinert werden.

Vgl. Luft (1989), S. 24–28

Der **blinde Fleck** umfasst den Anteil unseres Verhaltens, den wir selbst wenig, die anderen Mitglieder der Gruppe dagegen recht deutlich wahrnehmen. Es sind die unbedachten und unbewussten Gewohnheiten und Verhaltensweisen, die Vorurteile, Zu- und Abneigungen. Hier können uns die anderen Hinweise geben.

Der **unbewusste Bereich** ist weder uns noch anderen unmittelbar zugänglich. Verborgene Talente und ungenützte Begabungen sind Beispiele hierfür.

Feedback von Schülerinnen und Schülern

Es gibt einen breiten Konsens, dass Unterrichtsfeedback von Schülerinnen und Schülern nützlich und wichtig ist und dass die «Kundinnen und Kunden» der Lehrenden ernst genommen werden und als wichtige Informanten eingeschätzt und geschätzt werden: «Für eine Befragung von Schülern spricht u. a. ihre Langzeiterfahrung mit Schule, Unterricht und Lehrkräften. Schüler kennen Lehrkräfte sowohl im Vergleich mehrerer Fächer als auch im Vergleich über die Schulzeit hinweg. Ihre Aussagen können sich auf Wahrnehmungen über einen längeren Zeitraum und auf die Erfahrungen in unterschiedlichen Situationen stützen» (Ditton 2002, S. 263). Bessoth und Weibel sprechen in ihrem Buch «Unterrichtsqualität an Schweizer Schulen» Klartext: «Die Reputation von Befragungen von Schülerinnen und Schülern ist nach allen vorliegenden Forschungen höher als die Zensurengebung durch die Lehrenden. Das heißt, den Einschätzungen der ‹Klienten› kann mehr Reliabilität (Zuverlässigkeit) und Validität (Gültigkeit) zugebilligt werden als der Notengebung, die ja individuell erfolgt. [...] Obwohl viele Lehrende glauben machen wollen, dass ihre Schülerinnen und Schüler, und insbesondere die ganz jungen, keine konsistenten Urteile über Lehrpersonen und deren Unterricht aufgrund ihrer fehlenden Reife, ihrer mangelnden Erfahrung und Sprunghaftigkeit fällen können, zeigen die bis in die 1920er-Jahre zurückreichenden Forschungen genau das Gegenteil: Die Urteile der Lernenden waren von Jahr zu Jahr stabiler» (Bessoth & Weibel 2000, S. 74).

Selbstverständlich hat Schülerfeedback auch seine Grenzen: Schülerinnen und Schüler können die fachliche und didaktische Kompetenz kaum beurteilen. Es ist zudem oft unklar, welchen Maßstab die Schülerinnen und Schüler anwenden (z. B. den Vergleich mit dem Unterricht anderer Lehrpersonen). Möglich ist auch, dass die Rückmeldungen durch negative oder positive Aufwertungen der Lehrperson verzerrt sind (vgl. Helmke 2009, S. 282 f.).

Reflektieren

Für Weiterentwicklungen im Sinne einer Professionalisierung im Lehrberuf ist es unabdingbar, dass die Lehrerinnen und Lehrer ihr eigenes Handeln immer wieder kritisch hinterfragen und in Verbindung mit neuen Erkenntnissen differenziert reflektieren.

Wir sehen nicht, was wir nicht sehen, und was wir nicht sehen, existiert nicht

Diese Erkenntnis in der Randspalte, die Humberto Maturana und Francisco Varela gegen Ende ihres Buches «Der Baum der Erkenntnis» formuliert haben, hat für den Lehrberuf eine besondere Bedeutung. Auch die weiterführende Erkenntnis von Maturana und Varela, «Tradition ist nicht nur eine Weise zu sehen und zu handeln, sondern auch eine Weise zu verbergen», ist für eine Auseinandersetzung mit pädagogischem Handeln höchst bedeutsam: Tradition steht für die gewohnten subjektiven Alltagstheorien, die einerseits pädagogisches Sehen ermöglichen und andererseits verunmöglichen. «Eine Tradition basiert auf all jenen Verhaltensweisen, die in der Geschichte eines sozialen Systems selbstverständlich, regelmäßig und annehmbar geworden sind. Und da die Erzeugung dieser Verhaltensweisen keiner Reflexion bedarf, fallen sie uns erst auf, wenn sie versagen. An diesem Punkt setzt dann die Reflexion ein» (Maturana & Varela 1987, S. 260f.).

«reflection-in-action» und «reflection-on-action»

In seinen beiden Büchern «The Reflective Practitioner» (1983) und «Educating the Reflective Practitioner» (1987) unterscheidet Donald A. Schön zwei Formen der Reflexion: «reflection-on-action» und «reflection-in-action». Reflection-on-action meint die Fähigkeit, das Handeln im Nachhinein zu reflektieren; reflection-in-action die Fähigkeit, unvorhergesehene Situationen während des Handelns neu zu interpretieren, das heißt, ein «reframing» (Neurahmen) einer Situation während der Aktion zu leisten (siehe Texte 3 zu diesem Kapitel).

Reflexionskompetenz ist ohne Zweifel eine zentrale Kompetenz von Lehrerinnen und Lehrern. Die Kultivierung der Reflexionskompetenz ist im Lehrberuf von entscheidender Bedeutung. Reflexionskompetenz ist hinsichtlich der Persönlichkeitsentwicklung nötig, um sich selbst distanziert und kritisch beobachten zu können, eigene Kräfte und Kompetenzen realistisch einzuschätzen und konstruktive Formen der Bewältigung von Belastungen zu finden. In Bezug auf die berufliche Tätigkeit ermöglicht Reflexionskompetenz Verbindungsleistungen zwischen theoretischem Wissen und praktischer Erfahrung: Durch Reflexion kann Theoriewissen eine handlungsbestimmende Kraft entfalten (vgl. Gudjons 2007, S. 9f.).

Hoher Stellenwert biografischer Reflexionen

Wie im ersten Kapitel hervorgehoben, haben biografische Reflexionen für angehende Lehrerinnen und Lehrer einen sehr hohen Stellenwert. Studien zu beruflichen und berufsbiografischen Entwicklungen zeigen, wie stark das Lehrerhandeln in biografisch aufgeschichteten Deutungsbeständen wurzelt. Um Lehrpersonen nicht einer unwägbaren Praxis auszuliefern, braucht es Reflexivität als Bewusstheit des eigenen Tuns. Reflexionskompetenz im Allgemeinen (und biografische Reflexion im Speziellen) bilden eine Schlüsselkompetenz von Professionalität (vgl. Combe & Kolbe 2004, S. 835). Dass Unterricht durch ein außerordentlich hohes Maß an Komplexität charakterisiert ist, ist eine unbestreitbare Tatsache. Stichworte wie Multidimensionalität, Gleichzeitigkeit, Unmittelbarkeit oder Unvorhersehbarkeit weisen auf diese Komplexität hin. Lehrerhandeln ist immer durch ein beachtliches Maß an Ungewissheit, Undurchschaubarkeit und Unsteuerbarkeit geprägt. Unaufhebbare Antinomien gehören zum Berufsalltag: Als Lehrpersonen muss man oft das eine tun, ohne das andere zu lassen. So ist beispielsweise im pädagogischen Handeln Nähe ebenso wichtig wie Distanz. Und es können unerklärliche Situationen und Reaktionen entstehen, wenn Lehrpersonen Nähe erzwingen, wo Heranwachsende Distanz wünschen. Um solche und ähnliche komplexe Prozesse besser verstehen zu können, braucht es Reflexionskompetenz.

Über pädagogisches Handeln klug nachdenken, um klug handeln zu können

Reflexion meint die Rekonstruktion von Erfahrung. Reflexion ist eine Form von Lernen aus Erfahrung. Sie bedeutet konstruktive Verarbeitung von Erfahrungen. Vorbereitung auf Reflexion ist Vorbereitung auf optimale Auswertung der konkreten Erfahrungen, die man als Lehrerin oder Lehrer macht. Die Professionalität der pädagogischen Berufe zeigt sich nicht an der Form ihres Wissens, sondern im Umgang mit ihrem Wissen – und dieser Umgang ist reflexiv. Walter Herzog, emeritierter Professor für Pädagogische Psychologie in Bern, sieht die Aufgabe einer posttechnokratischen Lehrerbildung nicht im Einschleifen von Fertigkeiten und Gewohnheiten oder in der Indoktrination stereotyper Verhaltensweisen, sondern in der Hilfe, über pädagogisches Handeln klug nachzudenken und klug handeln zu können (Herzog 1995; vgl. hierzu auch die Materialien zu diesem Kapitel unter http://mehr.hep-verlag.ch/didaktisch-handeln-und-denken und den Anhang).

Literatur
Bandura, A. (1976). Lernen am Modell: Ansätze zu einer sozial-kognitiven Lerntheorie. Stuttgart: Klett.
Bessoth, R. & Weibel, W. (2000). Unterrichtsqualität an Schweizer Schulen. Zug: Klett und Balmer.
Combe, A. & Kolbe, F.-U. (2004). Lehrerprofessionalität: Wissen, Können, Handeln. In W. Helsper & J. Böhme (Hrsg.), Handbuch der Schulforschung (S. 833–851). Wiesbaden: VS Verlag für Sozialwissenschaften.
Felten, R. von (2011). Lehrerinnen und Lehrer zwischen Routine und Reflexion. In H. Berner & R. Isler (Hrsg.), Lehrer-Identität – Lehrer-Rolle – Lehrer-Handeln. Baltmannsweiler: Schneider Verlag Hohengehren.
Ditton, H. (2002). Lehrkräfte und Unterricht aus Schülersicht. Ergebnisse einer Untersuchung im Fach Mathematik. Zeitschrift für Pädagogik, 48 (2), S. 262–286.
Gudjons, H. (2007). Beruf: Lehrerin: Wandlungen – Widerspüche – Wunschbilder. Pädagogik, 59 (9), S. 6–10.
Helmke, A. (2009). Unterrichtsqualität und Lehrerprofessionalität. Seelze: Kallmeyer.
Herzog, W. (1995). Reflexive Praktika in der Lehrerinnen- und Lehrerbildung. Beiträge zur Lehrerbildung, 13 (3), S. 253–273.
Langmaack, B. & Braune-Krickau, M. (2010). Wie die Gruppe laufen lernt. Anregungen zum Planen und Leiten von Gruppen (8., vollst. überarb. Auflage). Weinheim: Beltz.
Luft, J. (1989). Einführung in die Gruppendynamik. Frankfurt a. M.: Fischer Taschenbuch Verlag.
Maturana, H. R. & Varela, F. J. (1987). Der Baum der Erkenntnis. Die biologischen Wurzeln des menschlichen Erkennens. Bern: Scherz.
Schön, D. A. (1983). The Reflective Practitioner. How Professionals Think in Action. New York. Basic Books.
Schön, D. A. (1987). Educating the Reflective Practitioner. San Francisco: Jossey-Bass.
Schulz von Thun, F. (2001). Miteinander reden. Reinbek bei Hamburg: Rowohlt.

Texte Unterricht beobachten – Feedback geben – reflektieren

1 «Glauben wir, was wir sehen, oder sehen wir, was wir glauben?»

Im folgenden Text wird der für die Unterrichtsbeobachtung wichtige Prozess der selektiven Wahrnehmung beschrieben, und es wird dargelegt, wie jeder Mensch seine Realität konstruiert.

«Wenn zwei Parteien z. B. in einem Konfliktfall den gleichen Sachverhalt schildern, dann scheinen diese Schilderungen manchmal «Welten» auseinanderzuliegen. Wahrnehmung ist offensichtlich mehr als nur ein «objektives» Registrieren und Verarbeiten dessen, was um uns herum geschieht. Es ist ein Vorgang *im Menschen,* bei dem manche der angebotenen Daten und Fakten ausgeblendet werden und anderes hinzugefügt wird, was wir schon von früher her in uns gespeichert haben.

Damit ist angedeutet, dass sich jeder Mensch *seine eigene «Realität» konstruiert,* sich sein eigenes Bild vom «realen» Geschehen schafft. Man nennt diesen Vorgang *«selektive Wahrnehmung»*: Wir können ein Geschehen in uns und um uns herum immer nur durch unsere Filter hindurch wahrnehmen, die ähnlich wie beim Fotografieren Bildteile ausblenden, erweitern, verkleinern und farblich verändern.

Selektive Wahrnehmung ist einerseits wichtig und notwendig für den Menschen. Angesichts der Unzahl an Informationen um uns herum und angesichts der Komplexität der Umwelt ist Auswahl notwendig, um handlungsfähig zu bleiben. Selektive Wahrnehmung reduziert die Komplexität und gibt uns ein Gefühl von Sicherheit, «richtig» zu handeln. Ohne die Fähigkeit zur selektiven Wahrnehmung würden wir in Informationen ertrinken.

Andererseits bedeutet die Tatsache der selektiven Wahrnehmung, dass sich jeder der begrenzten Gültigkeit seines Bildes von der Realität bewusst sein muss. Niemand sieht die Wirklichkeit objektiv. Er muss sich mit den Bildern anderer auseinandersetzen, wenn er mit diesen zu einem gemeinsamen Handeln kommen will. Er muss sich bewusst sein, dass die andere Sichtweise in der Regel auch Wahrheiten beinhaltet. Ohne Bereitschaft zu diesem Sich-infrage-stellen-Lassen und ohne Toleranz führt selektive Wahrnehmung zum Dogmatismus und zur Borniertheit.

Der Mensch kommt zu seinem Bild von der Realität, indem er Information *aufnimmt, auswählt und interpretiert.* Auf diese drei Aspekte wollen wir im Folgenden etwas näher eingehen. Dabei meinen wir mit Informationen alles, was der Mensch verbal oder nonverbal über seine Sinnesorgane empfangen kann.

Wahrnehmung ist, wie gesagt, mehr als nur das quasi fotografische Registrieren. Das ist nur der erste Teil davon, wobei wir schon bei dieser Analogie im Auge behalten sollten, dass auch ein Kamerafilm nur das deutlich aufzeichnen kann, was u. a. in den Grenzen des Bildausschnittes, der Qualität des Objektivs, der Verschlusszeit der Kamera, der Körnung und Empfindlichkeit des Films und in der ruhigen Hand des Bedieners liegt.

Die Analogie zur menschlichen Aufnahmefähigkeit liegt auf der Hand: Der Qualität des Objektivs könnten Beobachtungsfähigkeit, körperliche und geistige Fähigkeiten entsprechen. Die Lichtwellen repräsentieren die Sprache, in der uns eine Information angeboten wird und deren Vokabeln und Symbole wir kennen müssen. Die ruhige Hand des Kameramannes symbolisiert die Bedeutung der eigenen Ruhe und psychischen Befindlichkeit für unsere Fähigkeit, Information aufzunehmen. Was übersehen wir nicht alles in hektischen oder bedrohlichen Situationen?

Unsere bewusste Wahrnehmung bezieht jedoch selbst bei optimalen Aufnahmebedingungen nur einen Bruchteil der angebotenen Informationen mit ein. «Zum einen Ohr rein, zum anderen raus» ist die volkstümliche Umschreibung dafür. Innere Filter verursachen, dass die meisten von außen angebotenen Informationen die Stufe der bewussten Wahrnehmung nicht erreichen.

Diese Wahrnehmungsfilter bestehen zum einen in den konkreten körperlichen und geistigen (Un-)*Fähigkeiten*, wie sie uns angeboren oder angelernt wurden. Wir können nur bestimmte Frequenzen sehen oder hören. Wir können uns nur in bestimmten Sprachen verständigen. Wir können nur eine bestimmte Zahl von Informationen pro Zeiteinheit aufnehmen. Wir nehmen Dinge rascher wahr, die im Schwerpunkt unserer Aktivitäten liegen. Hier sehen wir mit dem geschulten Blick und besonders wacher Aufmerksamkeit Dinge, die anderen entgehen.

Eine andere Gruppe von wirksamen Filtern bilden unsere *Werte, Normen, Sitten,* die wir im Laufe unseres Lebens gelernt und akzeptiert haben. Man hat gelernt, was «einen angeht» und wo man seine Nase reinsteckt und wo nicht. Man hat seine Regeln für gut und schlecht, richtig und falsch: Vieles davon ist so verinnerlicht, dass wir kaum mehr bemerken, wie stark es unsere Wahrnehmung beeinflusst.

Werte, Normen und Sitten sind im Menschen stark emotional geerdet. Sie sprechen *Gefühle* an und damit eine dritte und gewichtige Gruppe von Wahrnehmungsfiltern: Gefühle wie Angst und Freude, Sympathie und Antipathie, Mut und Verzweiflung, Liebe oder Hass bilden eine wirksame Brille mit einer eigenen Optik und Farbgebung (von Rosarot bis Tiefschwarz …).

Wenn man jemanden mag, dann sieht man sein Tun in einem positiven Licht oder findet jedenfalls rascher Gründe dafür, warum das alles nicht so tragisch sei. Freude über einen Auftrag lässt einen leicht Probleme ungünstiger Vertragsbedingungen «übersehen». Angst kann wach machen oder starr. Häufig führt sie zur Verdrängung, zum Wegschieben oder Verniedlichen der angstauslösenden Information.

Das, was diese Wahrnehmungshürden übersprungen hat, wird weiter verändert: Es wird *interpretiert*. «Ich weiß nicht, was soll es bedeuten …»: Je nach Bedeutung, die ich einer Information gebe, wird meine Handlung anders aussehen.

Zunächst versuchen wir, Informationen in die uns vertrauten *Muster (Erfahrungen, Wertvorstellungen, Regeln und Theorien) einzuordnen.* Es wird gewissermaßen nachgeschaut, ob die Information in ein bekanntes Raster passt. Häufig wird sie so ergänzt oder so beschnitten, dass sie «passend» wird. Selbst Bruchstücke einer Beschreibung werden rasch zu einem Ganzen aufgebaut. Jemand mit schwarzen Haaren und Schnurrbart ist – natürlich ein Südländer. Wie schnell ist jemand aufgrund der ersten Eindrücke eingeordnet und wird dann relativ lange darin festgehalten, auch wenn er sich in der Zwischenzeit geändert hat. Erst wenn offensichtlich die Information von außen nicht mehr mit diesen Mustern der Erfahrung in Übereinstimmung zu bringen ist, beginnt ein – mitunter langer – Lernprozess, um neue Erklärungen und neue Handlungsmuster zu entwickeln.

Unser Vorrat an Mustern hilft uns, Informationen schnell inhaltliche und gefühlsbezogene *Bedeutung und Priorität* zu geben. Die Muster helfen uns, rasch zu erkennen, worum es sich handeln könnte, lang bevor wir alle Informationen haben. Das ist eine Überlebenschance (rasches, entschlossenes Handeln) und eine Gefahr (Fehlreaktion, unangemessene Fortschreibung überholter Erfahrungen) zugleich.

Die inneren Muster verbinden zudem Information mit *Empfindungen:* Etwas wird als schön, gefährlich, gut, hässlich etc. empfunden. Diese Empfindungen haben viel mit unserer Lebensgeschichte zu tun. Sie verbinden die aktuelle Information mit unseren früheren Erfahrungen, Vorstellungen und Urteilen und verändern sie damit. Es erinnert uns (vielleicht sogar unbewusst) jemand an eine Person, die wir von früher her kennen, und schon übertragen wir ähnliche Gefühle und Einschätzungen auf die neue Person.

Schließlich werden den Informationen *Prioritäten* verliehen: Etwas wird als wichtig oder unwichtig, sinnvoll oder unsinnig eingeordnet. Auch hier werden Werte und Normen eine wichtige Rolle spielen. Prioritäten sind jedoch auch stark von unseren *eigenen Interessen und Bedürfnissen geprägt, die wir in Bezug auf eine Situation haben.*

In diesem Sinne ist jeder eingebunden in Gemeinschaften, in Rollen, in Beziehungsgeflechte, aus denen heraus ein gewisser Druck in Richtung gleichgerichteter Wahrnehmung entsteht: Man nimmt wahr, was man wahrnehmen soll und gewohnt ist, wahrzunehmen.

Die hier skizzierten Faktoren und Zusammenhänge, die auf die individuelle «Konstruktion von Realität» einwirken, erinnern uns zunächst daran, dass hinter der Wahrnehmung immer komplizierte psychologische Vorgänge stehen. Ihre Veränderung ist heikel und übersteigt rasch einmal die Fachkompetenz des Laien. Die Tatsache, dass wir immer nur selektiv wahrnehmen, hat eine wichtige Schutzfunktion für den Einzelnen. Er lässt dadurch auch Dinge zugedeckt, die ihn zu sehr ängstigen oder mit denen er nicht recht fertig wird.

• •

Wahrnehmung ist immer ein Prozess, an dem die eigene Person mit ihrer Lebensgeschichte beteiligt ist. In diesem Sinne reagiert der Mensch nicht auf «die Realität», sondern auf sein Bild davon. Dieses Bild ist der entscheidende Anstoß für unsere Reaktionen. Auf dieses Bild hin handeln wir, treten in Kontakt, urteilen und entscheiden. Wir reagieren auf Menschen so, wie wir sie sehen, und nicht darauf, wie sie wirklich sind. ❭

• •

Auszug aus: Langmaack, B. & Braune-Krickau, M. (2000). Wie die Gruppe laufen lernt: Anregungen zum Planen und Leiten von Gruppen (7. Auflage). Weinheim: Beltz, S. 104–107
© Psychologie-Verlags Union, Verlagsgruppe Beltz, Weinheim.

2 Soziale Wahrnehmung und Wahrnehmungsfehler

Unsere Wahrnehmung von Menschen und Sachverhalten ist nicht objektiv. Wir machen uns ein Bild (unser Bild), indem wir aufgrund von Informationen und unseren Wahrnehmungen anderen Menschen Eigenschaften und Absichten zuschreiben. Im folgenden Ausschnitt werden mögliche Wahrnehmungsfehler beschrieben, die für Unterrichtsbeobachtungen und -besprechungen eine besondere Bedeutung haben.

Die Einschätzung «auf den ersten Blick»
Der erste Eindruck bestimmt oft erstaunlich nachhaltig das Bild, das wir uns von Menschen machen. Die äußere Erscheinung des anderen und unsere eigene Spontanreaktion darauf (Sympathie/Antipathie) beeinflussen unsere späteren Wahrnehmungen. So tendiert man z. B. bei Menschen, die einem spontan gefallen, das zu übersehen, was nicht ins positive Bild passt. Leider gilt dies auch für den umgekehrten Fall. *Unsere Wahrnehmung arbeitet selektiv.* Der «erste Eindruck» kann nur schwer korrigiert werden.

Vorgefertigte Bilder (Stereotype)
Unsere Wahrnehmung wird beeinflusst durch vorgefertigte Bilder, die wir in unseren Köpfen haben. Man bezeichnet diese Bilder als Stereotype (griech. *stereotyp*: starr, ständig wiederkehrend). Es handelt sich um *emotional gefärbte Vorstellungen, die sich auf ganze Gruppen (bzw. Klassen) von Menschen beziehen:*
- ein Italiener! (Nationenstereotyp)
- ein Lehrer! (Berufsstereotyp)
- ein Linker! (politisches Stereotyp)

Wenn wir irgendeine Information über einen Menschen besitzen – wir wissen z. B., welchen Beruf er ausübt –, so treten diese Stereotype in Aktion: Wir beginnen den Unbekannten «einzuordnen», wir machen uns ein Bild, wir glauben, etwas über ihn zu wissen.

Der Halo-Effekt
Damit ist gemeint, dass irgendeine hervorstechende «Eigenschaft» einer Person den Gesamteindruck bestimmt. Alles andere wird davon «überstrahlt», es wird nicht mehr bemerkt (griech. *halo* = «Hof» um eine Lichtquelle).
- eine schöne Frau!
- ein erfolgreicher Mann!
- ein schwacher Schüler!

Die Beispiele machen deutlich, wie der Halo-Effekt mit den bestehenden Normen zusammenhängt. Wenn ein Schüler in den «zentralen» Fächern (Sprache, Rechnen) schwache Leistungen erbringt, ist er eben ein «schwacher Schüler». Andere Qualitäten werden dann weniger beachtet.

Der logische Fehler
Er besteht darin, dass wir annehmen, dass *bestimmte Eigenschaften «logischerweise» zusammen auftreten:*
- intelligent, kritisch, ehrgeizig
- dumm, faul, uninteressiert
- höflich, sauber, anständig

Schon ein kurzer Blick auf eine solche «Liste» lässt uns den logischen Fehler erkennen. Trotzdem beeinflusst er unsere Alltagswahrnehmung.

Der Zuschreibungsfehler
Grundsätzlich können wir «Eigenschaften» von Menschen überhaupt nicht beobachten. Was wir tatsächlich sehen, sind Verhaltensweisen in bestimmten Situationen: Wir tendieren aber dazu, aus einzelnen beobachteten Verhaltensweisen Rückschlüsse auf die Person selbst zu ziehen: *Wir schreiben ihr Eigenschaften zu.*
- Einer, den wir bei einer Aggression beobachten, wird für uns *«ein aggressiver Typ».*
- Wir ertappen jemanden bei einer Lüge: *Er ist unehrlich.*

Zuschreibungen prägen unser «Bild vom anderen». Sie beeinflussen aber auch unser Verhalten. Von Zuschreibungen kann abhängen, ob wir mit dem anderen überhaupt etwas zu tun haben wollen oder nicht.

Warum unterliegt die soziale Wahrnehmung so vielen Verzerrungen?
Warum können wir andere Menschen nicht «objektiver» sehen?
Es scheint, dass unser «Bildermachen» von wichtigen Bedürfnissen beeinflusst wird.
1. *Die Bilder sind einfacher als die Realität.* Sie erleichtern dadurch die Orientierung und Entscheidung.
2. *Die Bilder sind dauerhafter als die Wirklichkeit.* Wenn die Menschen «eben so sind, wie sie sind», fällt es uns leichter, ihr Verhalten zu verstehen, als wenn sie sich ändern.
3. *Die Bilder sind einheitlicher, weniger widersprüchlich* als die Realität. Auch dies erleichtert uns die Orientierung und Entscheidung.
4. Bilder (besonders Stereotype) erzeugen Übereinstimmung mit der Gruppe: «WIR» sehen die anderen so oder so.

Wir nehmen Menschen wahr, indem wir uns ein Bild von ihnen machen. Die Bilder sind einfacher, dauerhafter und widerspruchsfreier als die Wirklichkeit. Gemeinsame Bilder stärken den Gruppenzusammenhalt. ›

Auszug aus: Marmet, O. (2000). Ich und du und so weiter. Kleine Einführung in die Sozialpsychologie, Weinheim: Beltz, S. 60–63 ©Verlagsgruppe Beltz, Weinheim.

3 Reflexion des Handelns – eine grundlegende Kompetenz

Im folgenden Ausschnitt fordert Regula von Felten, dass erfolgreiche Lehrerinnen und Lehrer fähig und bereit sein müssen, ihr eigenes Handeln zu reflektieren und zu verändern. Dazu gehört, Routinen zu hinterfragen und sein berufliches Handeln einer reflexiven Rechtfertigung zu unterziehen.

« Reflexion als Mittel, eigenes Handeln zu entwickeln

Eine erfolgreiche Lehrperson verfügt über ausreichendes Wissen und Können, um die Anforderungen des Schulalltags zu erfüllen. Sie kann beispielsweise Lernziele formulieren und begründen, Inhalte sinnvoll strukturieren und verschiedene Lehr-Lern-Arrangements realisieren. Sie versteht es, Schülerinnen und Schüler zu beobachten, ihre Ressourcen und Defizite wahrzunehmen und sie individuell zu begleiten. Sie kennt Möglichkeiten, um ein Gespräch zu eröffnen und zu leiten, Konflikte in der Klasse anzugehen und die Gemeinschaftsbildung zu fördern. Sie kann auf die Vorwürfe eines Vaters an einem Elternabend oder auf die Kritik einer Schülerin angemessen reagieren. Sie weiß, in welchen Situationen sie eine weitere Fachperson beiziehen sollte, und kann alleine und im Team Verantwortung übernehmen. Von ihr wird vieles und ganz Unterschiedliches erwartet.

Nur ein umfangreiches Handlungsrepertoire macht es möglich, die vielfältigen Aufgaben des Lehrberufs zu bewältigen. Trotzdem muss eine Lehrperson stets damit rechnen, dass bisher bewährte Handlungen nicht zum Erfolg führen. Schülerinnen und Schüler, Eltern und Teammitglieder reagieren oft anders als erwartet. Eine Lehrperson sollte daher fähig und bereit sein, ihr eigenes Handeln zu reflektieren und zu verändern.

Probleme, die im Schullalltag auftreten, fordern heraus und bieten gleichzeitig die Chance, Handlungsroutinen aufzubrechen und die eigene Kompetenz zu erweitern.

«So notwendig und sinnvoll Routinen auch sind, sie verleiten dazu, Situationen zu nivellieren, die Sensibilität für Differenzen verkümmern zu lassen, den Blick für die geänderten Verhältnisse zu verlieren und schließlich sein eigenes pädagogisches Konzept nicht mehr infrage stellen zu wollen. Kompetentes Wissen und Handeln muss deshalb auf einer übergeordneten Ebene thematisiert werden. Es muss sich der reflexiven Rechtfertigung stellen» (Plöger 2006, S. 22).

Um die Bedeutung der Reflexion zu begründen, bezieht Wilfried Plöger die Systemtheorie Luhmanns ein und verdeutlicht, dass die Kompetenzen von Lehrpersonen Resultat von Selektions- bzw. Reduktionsprozessen sind. Handlungsroutinen kommen durch Negation anderer Möglichkeiten zustande. Eine Lehrperson hält an einmal Bewährtem fest. Sie kann und will sich nicht jeden Tag neu entscheiden, denn dann wäre sie letztlich handlungsunfähig. Pädagogisches Wissen und Können hat aber immer nur eine vorläufige Gültigkeit und muss als potenziell wandelbar angesehen werden. Eine Lehrperson muss offen bleiben für die vorerst ausgeschlossenen Möglichkeiten und diese wieder in die pädagogische Reflexion einbeziehen (ebd., S. 22ff.).

Steht die Reflexion des eigenen Handelns im Vordergrund, beziehen sich die Argumentationslinien auch häufig auf Donald A. Schöns «Epistemologie der Praxis» (Wittenbruch 2007; von Felten 2005; Altrichter & Lobenwein 1999; Dick 1999; Herzog 1995). Schön zeigt in seinen beiden Werken «The Reflective Practitioner»

(1983) und «Educating the Reflective Practitioner» (1987) auf, wie wichtig es ist, dass Praktikerinnen und Praktiker ihr Handeln aus Distanz betrachten. Befreit von Handlungsdruck, können Probleme überhaupt erst wahrgenommen werden. *«In real-world practice, problems do not present themselves to the practitioner as givens. They must be constructed from the materials of problematic situations which are puzzling, troubling, and uncertain. In order to convert a problematic situation to a problem, a practitioner must do a certain kind of work»* (Schön 1983, S. 40).

Diese Art von Praxisreflexion bezeichnet Schön als «reflection-on-action». Nach dem Unterricht analysieren Lehrpersonen Geschehenes. Sie beziehen bisher unberücksichtigte Aspekte ein, fassen das Problem, betrachten es aus unterschiedlichen Perspektiven und suchen nach möglichen Handlungsalternativen. Schließlich gilt es, neu entdeckte Handlungsmöglichkeiten in der weiteren Praxis zu erproben, ihre Wirkung zu überprüfen und das eigene Wissen und Können auf diese Weise zu erweitern und zu differenzieren.

Um die Fähigkeit zur Reflexion und zur Entwicklung des eigenen Handelns – in eben beschriebenem Sinne – zu erwerben, sieht Schön (1987) ein spezifisches Ausbildungssetting vor. Anhand von Beispielen aus der Ausbildung von Architektinnen und Architekten illustriert er, wie Studierende im reflexiven Praktikum mit ihren Coachs zusammenarbeiten. Begleitet von erfahrenen Praktikerinnen und Praktikern, üben sich Architekturstudierende darin, Probleme in der Praxis zu erkennen, nach adäquateren Handlungsweisen zu suchen und so das eigene Wissen und Können schrittweise zu entwickeln.

Erfolgreiche Praktikerinnen und Praktiker verfügen aber nicht nur über die Fähigkeit, ihr Handeln im Nachhinein zu reflektieren, sie sind auch in der Lage, unvorhergesehene Situationen während des Handelns neu zu interpretieren und geschickt darauf zu reagieren. Schön spricht in diesem Zusammenhang von «reflection-in-action».

«Reflection-in-action has a critical function, ... we may, in the process, restructure strategies of action, understandings of phenomena, or ways of framing problems [...]. Reflection gives rise to on-the-spot experiment. We think up and try out new actions intended to explore the newly observed phenomena, test our tentative understandings of them, or affirm the moves we have intended to change things for the better» (Schön 1987, S. 28).

«Reflection-in-action» meint also ein Neurahmen («reframing») einer Situation während des Handelns. Die Situation erscheint dadurch in neuem Licht und weist der Lehrperson die Richtung für weitere Handlungsschritte. Dieses Im-Austausch-mit-der-Situation-Sein («reflexive conversation») und das unmittelbare Reagieren auf Unerwartetes erfordert Präsenz, Gefühl und Kreativität. Entscheidungen fällt die Lehrperson dabei intuitiv, und es wird ihr im Nachhinein nicht auf Anhieb gelingen, das Geschehen zu erklären. Was nicht heißt, dass das Wissen und Können von Lehrpersonen irrational ist (Dewe, Ferchhoff & Radtke 1992, S. 85).

«Reflection-in-action is a process we can deliver without being able to say what we are doing. Skillful improvisers often become tongue-tied or give obviously inadequate accounts when asked to say what they do. Clearly, it is one thing to be able to reflect-in-action and quite another to be able to reflect on our reflection-in-action so as to produce a good verbal description of it» (ebd., S. 31).

Um Ereignisse im Unterricht klar zu fassen und das eigene Handeln zu begründen, sind daher Phasen der Rechenschaftslegung unabdingbar. In diesen beziehen sich Lehrpersonen auf ihre persönlichen Überzeugungen, was eine gute Schule bzw. guter Unterricht ausmacht, und haben Gelegenheit, diese aufzuarbeiten.»▸

Literatur
Altrichter, H. & Lobenwein, W. (1999). Forschendes Lernen in der Lehrerbildung? Erfahrungen mit reflektierenden Schulpraktika. In U. Dirks & W. Hansmann (Hrsg.), Reflexive Lehrerbildung. Fallstudien und Konzepte im Kontext berufsspezifischer Kernprobleme (S. 169–196). Weinheim: Deutscher Studien Verlag.
Dewe, B., Ferchhoff, W. & Radtke, F. (1992). Das «Professionswissen» von Pädagogen. Ein wissenstheoretischer Rekonstruktionsversuch. In dies. (Hrsg.), Erziehen als Profession. Zur Logik professionellen Handelns in pädagogischen Feldern (S. 70–91). Opladen: Leske + Budrich.
Dick, A. (1999). Vom Ausbildungs- und Reflexionswissen in der LehrerInnenbildung. In U. Dirks & W. Hansmann (Hrsg.), Reflexive Lehrerbildung. Fallstudien und Konzepte im Kontext berufsspezifischer Kernprobleme (S. 149–167). Weinheim: Deutscher Studien Verlag.
Felten, R. von (2005). Lernen im reflexiven Praktikum. Eine vergleichende Untersuchung. Münster: Waxmann.
Herzog, W. (1995). Reflexive Praktika in der Lehrerinnen- und Lehrerbildung, Beiträge zur Lehrerbildung, 13 (3), S. 253–273.
Plöger, W. (Hrsg.) (2006). Was müssen Lehrerinnen und Lehrer können? Beiträge zur Kompetenzorientierung in der Lehrerbildung. Paderborn: Schöningh.
Schön, D. A. (1983). The Reflective Practitioner. How Professionals Think in Action. New York. Basic Books.
Schön, D. A. (1987). Educating the Reflective Practitioner. San Francisco: Jossey-Bass.
Wittenbruch, W. (2007). Stichwort: Reflexives Lernen, Engagement. Zeitschrift für Erziehung und Schule, 1, S. 31–43.

Auszug aus: Felten, R. von (2011). Lehrerinnen und Lehrer zwischen Routine und Reflexion. In H. Berner & R. Isler (Hrsg.), Lehrer-Identität – Lehrer-Rolle – Lehrer-Handeln. Baltmannsweiler: Schneider Verlag Hohengehren © 2011 Schneider Verlag Hohengehren, Baltmannsweiler; Verlag Pestalozzianum, Zürich.

4 Lernen ist nicht Reflex, sondern Reflexion

Dieser Ausschnitt setzt sich mit den Relationen zwischen wissenschaftlichen Erkenntnissen und den subjektiven Theorien von Lehrpersonen und ihrem Handeln auseinander. Der Autor zeigt auf, wie Lehrpersonen sich mithilfe von Reflexion über die eigenen subjektiven Theorien bewusst werden und sie mit handlungsrelevanten Theorien aus der Wissenschaft begründen, überdenken und erweitern können.

❬ «Nichts ist praktischer als eine gute Theorie»
Die Quellenzuschreibung zu dieser listigen Überbrückung des Theorie-Praxis-Grabens reicht von den Philosophen Immanuel Kant und Karl Popper über den Physiker Albert Einstein bis zum Sozialpsychologen Kurt Lewin. Vielleicht stärkt dies noch die universelle Gültigkeit des Bonmots. Wichtiger jedoch als die Herkunft ist die Aussage mit ihrer List: Es wird nicht etwa der Nutzen der Theorie für die Praxis betont, sondern gar die Theorie selbst als praktisch bezeichnet!

Jede Profession verfügt über ihre Berufstheorie und -wissenschaft, und Professionelle können im Unterschied zu angelernten Hilfskräften ihr berufliches Handeln auf diese Berufstheorie beziehen: Der Maler weiß, wie er Wände und Decke im Bad der Altbauwohnung vorbehandeln und streichen muss, damit der schöne Anstrich nicht nach wenigen Monaten blättert. Er verfügt über eine Berufstheorie. Der Hilfsmaler streicht dann die Farbe in diesem oder jenem Kübel nach Anweisung.

Auf Bildung übertragen, heißt das: Die professionelle Lehrperson plant ihr berufliches Handeln in Verbindung der Situation mit relevanter und aktueller Theorie. Sie handelt und reagiert in der Praxis theoretisch fundiert, und sie reflektiert den Lehr-Lern-Prozess theoriegeleitet.

Professionelle Handwerker verfügen über eine differenzierte Berufstheorie, nutzen diese und sind stolz auf sie. Hingegen ist es ernüchternd und auch erschreckend, wie gerade im Bildungsbereich die Berufswissenschaft schlicht kaum zur Kenntnis genommen wird, ja wie es oft gar zum guten Ton gehört, Berufstheorien zu negieren und schlechtzureden.

Die Lern- und Unterrichtsforschung hat im Laufe der letzten Jahrzehnte gesichertes Wissen zu Lernen und Lehren angereichert und stellt dadurch ganz «praktische» Theorien zur Verfügung. [...]

Alle Lehrpersonen handeln auf der Basis von Theorie: ihrer subjektiven Theorie zu Lehren
Subjektive Theorien sind handlungsleitend
Die häufige Gegenüberstellung, ja Abgrenzung von Theorie und Praxis ist wenig nützlich, Theorie und Praxis sind nur scheinbar ein Gegensatz. Zum einen sind Absicht, Entwicklung und Verifizierung jeder wissenschaftlichen Theorie auf eine Praxis bezogen, und zum andern «gibt es kein Alltagshandeln und damit eben auch keine Praxis ohne Theorie: Auch der Alltagsmensch – und damit auch die Alltagslehrperson [Anm. d. V.] – handelt auf der Basis von (subjektiven) Theorien. Er besitzt und benutzt mehr oder minder differenzierte Konzeptsysteme über seine Umwelt und über sich selbst» (Dann 1994).

Bezogen auf das berufliche Handeln von Lehrpersonen, bedeutet dies, dass sie über subjektive Theorien als verdichtete Erfahrung und kumuliertes Wissen verfügen, auf die sie bei der Planung und der Durchführung von Unterricht und beim Nachdenken darüber zurückgreifen.

Was sind denn subjektive Theorien?
In Anlehnung an Dann (1994) können subjektive Theorien wie folgt umschrieben werden:
- Subjektive Theorien sind relativ stabile und strukturierte Kognitionen zur Selbst- und Weltsicht.
- Sie sind teilweise implizit («Selbstverständlichkeiten» und unreflektierte Überzeugungen), teilweise dem Bewusstsein der Handelnden zugänglich.
- Ähnlich wie wissenschaftliche Theorien enthalten subjektive Theorien eine zumindest implizite Argumentationsstruktur (zum Beispiel Wenn-dann-Beziehung) und haben die Funktionen der Situationsdefinition, der Erklärung, der Vorhersage von Ereignissen, der Entwicklung von Handlungsentwürfen und Plänen.
- Darüber hinaus sind subjektive Theorien direkt situativ handlungssteuernd. Zusammen mit anderen Faktoren (z.B. emotionalen) beeinflussen sie so das beobachtbare Verhalten im Rahmen zielgerichteten (Berufs-)Handelns.

Subjektive Theorien steuern auch unbewusst
Die zentralen Berufssituationen von Lehrpersonen, also Unterrichtssituationen, sind hochkomplex, mehrdimensional und mehrdeutig, zum Teil unvorhersehbar und höchst dynamisch.

Ob in diesen dynamischen und komplexen Situationen differenzierte Theoriebestände für bewusste handlungsbezogene Kognitionen verfügbar gemacht werden können, sei hier zumindest infrage gestellt. Wahl (1995) stellt fest, dass es der Lehrperson möglich sein muss, «Situationen sekundenschnell zu identifizieren […] und wirksame Handlungsweisen blitzschnell auszuwählen. […] Wie empirische Untersuchungen zeigen, sind die Prozesse der Situations- und Handlungsauffassung so eng miteinander verbunden, dass die Lehrperson mit der Wahrnehmung der Situation zugleich die besten Lösungsmöglichkeiten sieht.»

Diese auf die aktuelle Situation bezogenen «besten Lösungsmöglichkeiten» stellen nur noch einen Bruchteil des gesamten Theorie- und Erfahrungswissens dar. Nach den Untersuchungen von Wahl «werden pro Situationstyp in der Regel zwischen einer und sechs typischen, das heisst bewährten Lösungen bereitgehalten. Als mathematischer Durchschnittswert ergibt sich 1,502, das heisst, dass pro ‹typische› Situation durchschnittlich ein bis zwei ‹typische› Reaktionen bereitgehalten werden» (ebd.).

Immer noch: Die wirksamste Lehrer- und Lehrerinnenbildung ist die eigene Lernbiografie
Drei bis vier Jahren formaler Ausbildung von Lehrpersonen oder Dozentinnen und Dozenten stehen etwa sechzehn bis zwanzig Jahre Sozialisation in Bildungseinrichtungen gegenüber.

Lehrpersonen lernen das Lehren als Lernende in etwa 18 000 Lektionen. Dabei wird ihre subjektive Theorie zu Lehren aufgebaut. So verwundert es nicht, dass die wohl wirksamste Lehrerinnen- und Lehrerbildung die eigene Lernbiografie ist.

In ihrem Handeln greifen Lehrpersonen also nicht nur auf Wissens- und Erfahrungsbestände zurück, die sie in ihrer Aus- und Weiterbildung erworben haben. Gerade in dynamischen und hochkomplexen Situationen basieren die Reaktionsscripts auf alten und bewährten Mustern, die im Laufe ihrer gesamten Bildungssozialisation aufgebaut wurden. Das hat zur Folge, dass die angewendeten Handlungsscripts oft nicht mit der bewussten Planungsabsicht und den Erklärungs- und Deutungsansätzen übereinstimmen. […]

Lernen ist nicht Reflex, sondern Reflexion: Die Verbindung von Aktion und Reflexion

In Anlehnung an die zentrale These des brasilianischen Pädagogen Paolo Freire (1996) wird Veränderung und damit auch Lernen nur wirksam in der Verbindung von Aktion und Reflexion. Lernen – und damit auch das Lernen zu lehren – ist damit nicht Reflex, sondern Reflexion.

Auf der Ebene der Schülerinnen und Schüler heißt dies, dass besinnungsloses Anhäufen von Wissen ohne situativen Bezug, ohne Be-Deutung, ohne Nach-Denken, ohne intersubjektiven Diskurs wirkungslos bleibt.

Auf der Ebene des Lernens der Lehrpersonen, also in Bezug auf unsere Weiterentwicklung, bedeutet dies, dass in der subjektiven Theorie gefestigte Prinzipien, bewährte Rezepte, automatisiertes Handeln, «1,5 Reaktionsscripts auf Problemsituationen», also die eigene Form der *best practice* permanent hinterfragt, in Bezug gesetzt, überprüft, ergänzt, erweitert oder gar ersetzt werden müssen, oder anders ausgedrückt: Es zeichnet berufliche Professionalität aus, dass die alltäglichen «Reflexe» immer wieder der Reflexion und Veränderung zugeführt werden.

Wirksame Reflexion braucht Bezugssysteme
Wie es bei physikalischen Wellen erst beim Auftreffen auf ein anderes Medium mit unterschiedlichem Wellenwiderstand (z. B. Grenze Luft–Wasser […]) zur Reflexion kommt, benötigt Reflexion des beruflichen Denkens und Handelns Bezugssysteme, die außerhalb der subjektiven Theorien liegen und eine andere «Beschaffenheit» aufweisen. Um den «Berg der Praxis» reflektieren zu können, braucht es den «See der Theorien» als anderes Medium.

Zu wirksamer Reflexion kommen wir also nur,
- indem wir alternative Aktionen in Betracht ziehen,
- uns «praktische und gute» Theorien aus der Berufswissenschaft über Literatur und Weiterbildung aneignen
- und indem wir mit Kolleginnen und Kollegen über deren subjektive Theorien und ihre Bezüge zu wissenschaftlichen Theorien in Austausch treten.

Dank metakognitiver Kompetenz sind wir in der Lage, aus der erweiterten Sicht dieser außerhalb liegenden Referenzpunkte auf unsere Aktionen und unsere subjektive Theorie zu blicken.

Für professionelles Handeln im (Lehr-)Beruf ist theoriegeleitete Reflexion Nutzen und Verpflichtung zugleich. Voraussetzung dafür ist, dass wir offen sind für wissenschaftliche Theorien unseres Berufsfeldes. ❯

Literatur
Freire, P. (1996). Pädagogik der Unterdrückten. Reinbek bei Hamburg: Rowohlt.
Dann, H.-D. (1994). Pädagogisches Verstehen: Subjektive Theorien und erfolgreiches Handeln von Lehrkräften. In K. Reusser & M. Reusser-Weyeneth (Hrsg.), Verstehen. Psychologischer Prozess und didaktische Aufgabe (S. 163–182). Bern: Huber.
Wahl, D., Wölfing, W., Rapp, G. & Heger, D. (Hrsg.) (1995). Erwachsenenbildung konkret. Mehrphasiges Dozententraining. Eine neue Form erwachsenendidaktischer Ausbildung von Referenten und Dozenten. Weinheim: Deutscher Studienverlag.

Auszug aus: Birri, T. (2006). «Nichts ist praktischer als eine gute Theorie». In D. Berlinger, T. Birri & B. Zumsteg, Vom Lernen zum Lehren. Ansätze für eine theoriegeleitete Praxis. Bern: hep (Aus der Praxis für die Praxis, H. 33/34), S. 8–18 (überarbeitet) © hep verlag, Bern.

5 Reflexionsfähigkeit und -praxis der Lehrperson

Im folgenden Ausschnitt werden einige zentrale Erkenntnisse aus einem Forschungsprojekt dargestellt, das sich mit der Analyse der Reflexionsfähigkeit und -praxis der Lehrpersonen beschäftigt. Entstanden ist die Untersuchung im Zusammenhang mit dem Forschungsprojekt «Standarderreichung beim Erwerb von Unterrichtskompetenz im Lehrerstudium und im Übergang zur Berufstätigkeit» (Baer et al. 2005).

«Der Beruf der Lehrperson hat sich in den letzten Jahrzehnten gewandelt. Die traditionelle Rolle der Lehrperson als Informationsvermittlerin ist in den Hintergrund getreten. In der heutigen Zeit sind dank der elektronischen Medien fast alle Informationen dieser Welt per Knopfdruck erhältlich. Die Lehrperson ist damit viel mehr zu einem Wegbegleiter von Kindern und Jugendlichen geworden, der an der Seite steht, anleitet und begleitet (Herz 2004).

Damit haben sich auch die Anforderungen an angehende und praktizierende Lehrpersonen geändert. Als charakteristisch für den Lehrberuf wird die beachtliche Vielfalt von Arbeitsaufgaben gesehen. Die Aufzählung reicht von Unterrichten, Erziehen, Diagnostizieren und Beurteilen, Beraten bis zur Schulentwicklung (Bauer 2002). In Anbetracht der vielfältigen Aufgaben, die eine Lehrperson im täglichen Berufsleben zu bewältigen hat, sollte sie ihre eigenen Handlungen konsequent reflektieren, um sich beruflich weiterentwickeln und sich den praktischen Anforderungen anpassen zu können. Das Handeln der Lehrperson ist damit nicht bloß ein gewohnheitsmäßiges Tun, sondern ein intelligentes Handeln, das durch explizites und implizites Wissen gesteuert ist und sich auf vielfältige Reflexionen abstützt (Messner & Reusser 2000).

Um zu erfahren, ob und inwiefern Lehrpersonen über ihr Handeln und ihren Unterricht reflektieren, wurden junge Lehrpersonen im Berufseinstieg, die ihre Ausbildung an der Pädagogischen Hochschule Zürich (PHZH) absolviert hatten, und erfahrene Lehrpersonen, die für die PHZH als Praktikumslehrpersonen tätig waren, mit verschiedenen Instrumenten befragt. Dabei waren die Aussagen der Lehrpersonen in den mündlichen Interviews besonders aufschlussreich.

Sehr erfreulich sind die positiven Einstellungen, die die Lehrpersonen gegenüber der Reflexion von Unterricht äußern. Die Lehrpersonen sind grundsätzlich der Ansicht, dass die Reflexion ein wichtiger Bestandteil der Lehrerarbeit ist, der zu einer verbesserten Unterrichtsqualität und zur Unterrichtsentwicklung beiträgt. Gemäß den Angaben der Lehrpersonen gehört die Reflexion zu den alltäglichen Arbeiten, und die Reflexion von Unterricht wird regelmäßig und bewusst vorgenommen. Die Aussagen der Lehrpersonen machen jedoch auch deutlich, dass die Reflexion zumeist individuell und wenig strukturiert abläuft. Als Zeitgefäße werden insbesondere Mittagspausen, die Pausen zwischen zwei Unterrichtslektionen oder der Reiseweg vom Schulort nach Hause genutzt. Die Reflexion findet dabei zumeist in Gedanken statt, eine Verschriftlichung oder eine Reflexion auf der Grundlage von schriftlichen Vorlagen wird sehr selten vorgenommen. Als Grund für diese eingeschränkte Reflexionstätigkeit wird von den Lehrpersonen angegeben, dass im Unterrichtsalltag zumeist wenig Zeit für die Reflexion vorhanden ist. Dies einerseits, weil kaum institutionalisierte Gefäße für die Reflexion zur Verfügung stehen, zum anderen, weil der Alltag mit so vielen anderen Aufgaben und Ämtern beladen ist, dass für eine gezielte Reflexion keine Zeit oder Energie mehr aufgewendet werden kann. Viele Lehrpersonen bedauern diesen Zustand und würden sich wünschen, dass vermehrt Möglichkeiten für kollegiales Reflektieren, beispielsweise beim Besprechen von Unterricht oder bei Unterrichtshospitationen, vorhanden wären.

Die Aussagen der Lehrpersonen sind sehr verständlich und nachvollziehbar. Nebst allen anderen Aufgaben noch Zeit und Energie für die individuelle oder kollegiale Reflexion zu finden, ist im Unterrichtsalltag nicht immer leicht. Umso wichtiger ist es, dass sich eine Lehrperson bereits in der Ausbildung Gedanken dazu macht, welche Kriterien, Ziele und Inhalte eine Reflexion umfassen kann und welche Möglichkeiten der Umsetzung in der Berufspraxis bestehen. Denn wie jede andere Kompetenz erfordert auch die Reflexionskompetenz Fähigkeiten und Fertigkeiten, die angeeignet und geübt werden müssen. Nur dann ist es möglich, auch im teilweise hektischen Berufsalltag gezielt, regelmäßig und bewusst zu reflektieren. Damit wird sich nicht nur die Qualität des eigenen Unterrichts verbessern. Die Reflexion kann auch dabei helfen, sich über die Hintergründe und Ziele der eigenen Handlung bewusst zu werden und diese gegenüber Drittpersonen darlegen zu können, sich selber, die eigenen Ansichten und Fähigkeiten besser kennenzulernen und dadurch die Grenzen des eigenen Handelns zu erkennen, neue, erweiterte Sichtweisen einzunehmen und sich dadurch bei der Arbeit längerfristig wohlzufühlen (Dauber 2006). ❯

Literatur

Baer, M., Guldimann, T., Fraefel, U. & Müller, P. (2005). Standarderreichung beim Erwerb von Unterrichtskompetenz im Lehrerstudium und im Übergang zur Berufstätigkeit. Zürich und St. Gallen: Pädagogische Hochschule (Forschungsgesuch zuhanden des Schweizerischen Nationalfonds zur Förderung der wissenschaftlichen Forschung [Projekt Nr. 100013-112467/1]).

Baer, M., Guldimann, T., Kocher, M., Larcher, S., Wyss, C., Dörr, G. & Smit, R. (2009). Auf dem Weg zu Expertise beim Unterrichten – Erwerb von Lehrkompetenz im Lehrerinnen- und Lehrerstudium. Unterrichtswissenschaft, 37 (2), S. 118–144.

Bauer, K.-O. (2002). Kompetenzprofil: LehrerIn. In H.-U. Otto, T. Rauschenbach & P. Vogel (Hrsg.), Erziehungswissenschaft: Professionalität und Kompetenz (S. 49–63). Opladen: Leske + Budrich (UTB).

Dauber, H. & Zwiebel, R. (Hrsg.) (2006). Professionelle Selbstreflexion aus pädagogischer und psychoanalytischer Sicht. Schriftenreihe zur humanistischen Pädagogik und Psychologie. Bad Heilbrunn: Klinkhardt.

Herz, O. (2004). Konzepte für Deutschland VIII: «Im Leben lernen – im Lernen leben». Otto Herz im Gespräch mit Ralf Lilienthal. a Tempo, (8), S. 6–9.

Messner, H. & Reusser, K. (2000). Berufliches Lernen als lebenslanger Prozess. Beiträge zur Lehrerbildung, 18 (3), S. 277–294.

Auszug aus: Wyss, C. (2010). Unterrichts- und Reflexionskompetenz. Eine mehrperspektivische Analyse von Lehrpersonen im Berufseinstieg und erfahrenen Lehrpersonen. Dissertation, Universität Zürich.

Kommentierte Literaturhinweise

Berlinger, Donatus, Birri, Thomas & Zumsteg, Barbara (2006)

Vom Lernen zum Lehren. Ansätze für eine theoriegeleitete Praxis. Bern: hep.
Die Publikation beschreibt die Zusammenhänge zwischen theoretischem Wissen und dem Handeln von Lehrpersonen. Eine Bedingung für die Professionalisierung im Lehrberuf ist die Explizierung der eigenen subjektiven Theorien und die Anreicherung mit handlungsrelevanten Theorien aus der Wissenschaft. Wichtige theoretische Erkenntnisse zu Lehren und Lernen werden in diesem Buch kompakt und verständlich dargestellt und mit Praxisumsetzungen illustriert. Vor diesem Hintergrund können Lehrpersonen ihr Praxishandeln begründet planen, erklären, reflektieren und weiterentwickeln.

Felten, Regula von (2005)

Lernen im reflexiven Praktikum. Eine vergleichende Untersuchung. Münster: Waxmann.
Dieses Buch fragt nach der Wirkung der berufspraktischen Ausbildung. Die Lehrerinnen- und Lehrerbildung sieht das Ziel des Praktikums in der Verbindung von Theorie und Praxis. Untersuchungen zeigen jedoch, dass theoretisches Wissen in herkömmlichen Praktika kaum genutzt wird. Um das Praktikum nicht länger auf die Anwendung von Wissen auszurichten, wurde ein neues Konzept für die Zusammenarbeit von Studierenden und Praxislehrpersonen entwickelt. Es basiert auf Donald Schöns Idee des reflexiven Praktikums und stellt die Reflexion des Handelns ins Zentrum. Die Ergebnisse der vergleichenden Felduntersuchung zeigen, dass das reflexive Praktikum die Reflexion und Entwicklung des Handelns stärker fördert als das herkömmliche Praktikum.

Helmke, Andreas (2017)

Unterrichtsqualität und Lehrerprofessionalität. Diagnose, Evaluation und Verbesserung des Unterrichts (7. Auflage). Seelze-Velber: Klett/Kallmeyer.
In der vollständig umgearbeiteten Neuauflage des 2003 erstmals erschienenen Buches «Unterrichtsqualität erfassen, bewerten und verbessern» setzt sich Andreas Helmke im Kapitel «Diagnose und Evaluation des Unterrichts» (S. 268–303) mit der Frage «Wie kann man die Qualität des Unterrichts erfassen und bewerten?» auseinander. Neben begrifflichen Klärungen und einem Überblick über die Vielfalt von Methoden und Akteuren sind in diesem Kapitel auch ganz konkrete Hilfestellungen für Schülerfeedback und Unterrichtsbeobachtungen zu finden.

Herzog, Walter (1995)

Reflexive Praktika in der Lehrerinnen- und Lehrerbildung. Beiträge zur Lehrerbildung, 13 (3), S. 253–273.
Dieser Artikel ist der Versuch, der wichtigen Debatte um ein Neudenken der schulpraktischen Ausbildung aus einer grundsätzlichen Perspektive eine bestimmte Richtung zu geben. Der Autor nimmt Bezug auf europäische Ansätze im Bereich der Handlungstheorie und auf die amerikanische Diskussion um eine «Epistemologie der Praxis», wie sie vor allem von Donald Schön angeleitet wird.

In Bezug auf reflexive Praktik werden grundsätzliche Fragen gestellt und beantwortet: Wie befähigt man angehende Lehrkräfte zu reflexivem Unterricht? Wie gestaltet man reflexive Praktika? Herzog diskutiert, was in einem reflexiven Praktikum geschieht, und schildert das fragile Verhältnis zwischen Praktikumslehrperson in der Rolle als Coach und Lehrerstudierenden.

Luft, Joseph (1989)	**Einführung in die Gruppendynamik.** Frankfurt a. M.: Fischer (Original: Group Processes: An Introduction to Group Dynamics. Palo Alto: National Press. In dieser Einführung in Elemente, Methoden, Probleme und Anwendungsmöglichkeiten der Gruppendynamik wird in einem Kapitel das berühmt gewordene Johari-Fenster erläutert. Joseph Luft schreibt über das grafische Schema der Wahrnehmung in interpersonalen Beziehungen: «Als Ingham und Luft zum ersten Mal das ‹Johari-Fenster› vorgelegt hatten, mit dessen Hilfe man Beziehungen im Hinblick auf bewusste Wahrnehmung darstellen kann, waren sie überrascht, dass so viele Menschen, Wissenschaftler und Nicht-Fachleute gleichermaßen, dieses Modell benützten und mit ihm experimentierten. Es scheint sich für Spekulationen über zwischenmenschliche Beziehungen als heuristisches Werkzeug anzubieten» (S. 24).
Meier, Albert et al. (2018)	**Schülerinnen und Schüler kompetent führen.** Bern: hep. Reflexionen (über die eigenen Erfahrungen), Feedback (erhalten und geben) sowie Beobachtungen (von Studienkollegen und Studienkolleginnen, aber auch von Routiniers) bilden in diesem Heft die zentralen Instrumente auf dem Weg zu einem fundierten und wissenschaftlich abgestützten – aber auch persönlichen – Führungsverständnis. Die Themen «Führungsverhalten», «Gruppen im Klassenraum» sowie «Regeln, Routinen und Rituale» werden in kurzen Abschnitten erörtert. Biografische Übungen öffnen den Zugang zu den eigenen Überzeugungen und Mustern. Im Berufsfeld wird gehandelt und beobachtet. Anhand von Fragestellungen erarbeiten die Studierenden ihr eigenes, an ihren Ressourcen anknüpfendes Führungskonzept.
Schön, Donald A. (1983)	**The Reflective Practitioner. How Professionals Think in Action.** New York: Basic Books. (1983) Dieses Buch befasst sich mit dem Wissen, das für praktische Tätigkeiten bedeutsam ist. Schön bezeichnet es als «knowing-in-action» und betont, dass Handlungswissen nicht die Folge theoretischer Vorüberlegungen ist, sondern im Handeln selbst liegt. Erfahrene Praktikerinnen und Praktiker zeichnen sich dadurch aus, dass sie unvorhergesehene Situationen im Berufsalltag angemessen wahrnehmen, Probleme erkennen und geschickt darauf reagieren.
Schön, Donald A. (1987)	**Educating the Reflective Practitioner.** San Francisco: Jossey-Bass. In diesem Buch, das als Fortsetzung von «The Reflective Practitioner» gesehen werden kann, beschreibt Schön, wie erfahrene Praktikerinnen und Praktiker Studierende in ihrer Ausbildung begleiten. Die Studierenden sollen im reflexiven Praktikum lernen, ihr Handeln zu überdenken und schrittweise zu entwickeln. Ziel ist, dass sie selbst reflektierende Praktikerinnen und Praktiker werden. Das Buch enthält zahlreiche Fallbeispiele aus unterschiedlichsten Berufsfeldern.
Schulz von Thun, Friedemann (2018)	**Miteinander reden 1. Störungen und Klärungen. Allgemeine Psychologie der Kommunikation (55. Auflage).** Reinbek bei Hamburg: Rowohlt. Dieses 1981 erstmals als Taschenbuch erschienene Buch ist ein Klassiker mit einer Verbreitung in nahezu allen gesellschaftlichen Bereichen und einer Auflage von über einer Million Exemplare. Die Klärung der Psychologie der zwischenmenschlichen Kommunikation enthält Instrumente für die Analyse typischer Störungen von Kommunikationssituationen und Anleitungen zur Selbstklärung, zur Sach- und Beziehungsklärung.

ABL
Kapitel 3 Kompetenzorientiert unterrichten – Lernziele formulieren

Aktuelle Lehrpläne beschreiben nicht mehr Inhalte und Ziele des Unterrichts, sondern die Kompetenzen, die Schülerinnen und Schüler im Laufe der Schulzeit aufbauen sollen. Doch was wird unter Kompetenz eigentlich verstanden? Wie verändert sich der Unterricht, wenn er sich an Kompetenzen orientiert? Und was unterscheidet Kompetenzen von Lernzielen?

Das folgende Kapitel erklärt den Begriff «Kompetenz» und gibt Einblick in den Lehrplan 21, der für die Volksschulen der deutsch- und mehrsprachigen Kantone der Schweiz als Orientierungsrahmen gilt. Zudem machen Beispiele deutlich, wie sich Kompetenzen, Lernziele und Unterricht aufeinander beziehen.

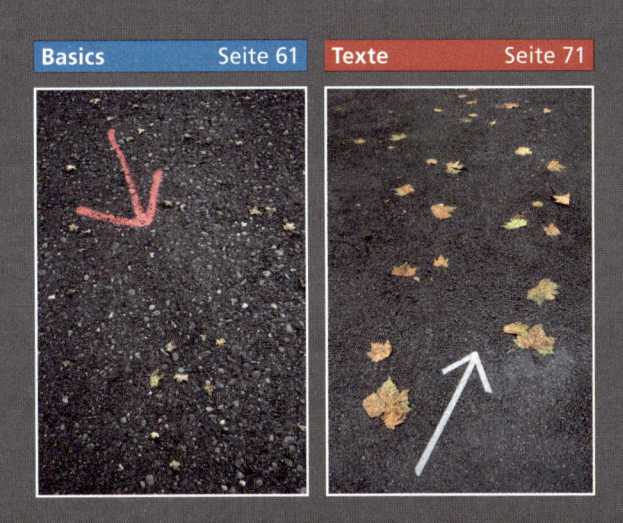

| Basics Seite 61 | Texte Seite 71 |

Basics   Kompetenzorientiert unterrichten – Lernziele formulieren

REGULA VON FELTEN

Was meint Kompetenz?

Der Kompetenzbegriff hat im Zusammenhang mit Bildung und Schule in letzter Zeit hohe Aufmerksamkeit erlangt. In jedem Lehrplan und jedem Weiterbildungsprogramm finden sich Listen von Kompetenzen, die Lernende aufbauen sollen. Während die einen hoffen, die Kompetenzorientierung richte das Lernen stärker auf Handeln aus, beklagen andere, der Begriff werde inflationär verwendet, und tun ihn als Modewort ab. Doch was wird unter Kompetenz eigentlich verstanden? Und wie verändert sich der Unterricht, wenn er sich an Kompetenzen orientiert?

Mögliche Definitionen

Bezeichnen wir im Alltag einen Menschen als kompetent, erachten wir ihn als fähig, uns bezogen auf sein Fachgebiet Auskunft zu geben und darin Aufgaben zu bewältigen. Auch der Kompetenzbegriff in den Erziehungswissenschaften beinhaltet diese beiden Aspekte. Eine häufig verwendete Definition beschreibt Kompetenz «als die Verbindung von Wissen und Können in der Bewältigung von Handlungsanforderungen» (Klieme & Hartig 2008, S. 19). Etwas facettenreicher erklärt Franz Emanuel Weinert (2014) den Begriff. Er versteht unter Kompetenz «die bei Individuen verfügbaren oder durch sie erlernbaren kognitiven Fähigkeiten und Fertigkeiten, um bestimmte Probleme zu lösen, sowie die damit verbundenen motivationalen, volitionalen und sozialen Bereitschaften und Fähigkeiten, um die Problemlösungen in variablen Situationen erfolgreich und verantwortungsvoll nutzen zu können» (Weinert 2014, S. 27 f.). Weinert berücksichtigt in dieser Definition nicht nur Fähigkeiten und Fertigkeiten, sondern auch Emotionen und Kognitionen, die beim Lernen beteiligt sind: Hat das Individuum überhaupt Interesse, ein Problem anzugehen (motivationale Bereitschaft), und den Willen, durchzuhalten (volitionale Bereitschaft), bis eine Lösung gefunden ist? Von einem kompetenten Individuum erwartet Weinert zudem, dass es verantwortungsvoll handelt und fähig ist, sein Wissen und Können in unterschiedlichen Situationen zu nutzen.

Oft wird zur Klärung des Kompetenzbegriffs auch eine Darstellung aus der Unternehmensführung beigezogen: Die Wissenstreppe (vgl. North 2011, S. 36) veranschaulicht, dass Wissen, Können und Wollen Voraussetzungen für kompetentes Handeln sind. Um Wissen zu erlangen, müssen Individuen Informationen verarbeiten, sie mit Erfahrungen verbinden und vernetzen. Können beinhaltet, dass sie ihr Wissen in verschiedenen Situationen zur Anwendung bringen. Kompetent sind sie schließlich, wenn sie engagiert und richtig handeln.

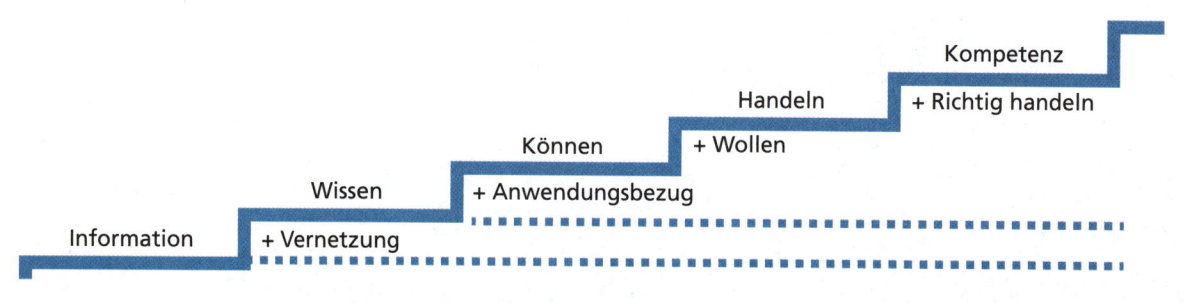

Abbildung 4: Die Wissenstreppe (nach North 2011, S. 36)

Der Lehrplan 21

Der neue Lehrplan 21 (D-EDK 2016) für die deutsch- und mehrsprachigen Kantone der Schweiz ist auf Kompetenzen ausgerichtet. Im Gegensatz zu früheren Lehrplänen sind darin nicht Inhalte und Ziele des Unterrichts festgehalten, sondern Kompetenzen beschrieben, die Schülerinnen und Schüler im Laufe der obligatorischen Schulzeit aufbauen sollen. Der Lehrplan 21 umfasst Kompetenzen zu den sechs Fachbereichen «Sprachen»; «Mathematik»; «Natur, Mensch, Gesellschaft»; «Gestalten»; «Musik»; «Bewegung und Sport» und zu den zwei Modulen «Medien und Informatik» sowie «Berufliche Orientierung». Diese Fach- und Modullehrpläne schließen auch überfachliche – das heißt personale, soziale und methodische – Kompetenzen ein. Außerdem enthält der Lehrplan Leitideen zur Bildung für nachhaltige Entwicklung.

1. Zyklus	2. Zyklus	3. Zyklus
KG / 1.–2. Klasse Primarschule	3.–6. Klasse Primarschule	1.–3. Klasse Sekundarschule

- **Deutsch** (1.–3. Zyklus)
- **Französisch** (2.–3. Zyklus)
- **Englisch** (2.–3. Zyklus)
- **Italienisch** (3. Zyklus)
- **Latein** (3. Zyklus)
- **Mathematik** (1.–3. Zyklus)
- **Natur, Mensch, Gesellschaft** (1./2. Zyklus)
  - **Natur und Technik** (mit Physik, Chemie, Biologie) (3. Zyklus)
  - **Wirtschaft, Arbeit, Haushalt** (mit Hauswirtschaft) (3. Zyklus)
  - **Räume, Zeiten, Gesellschaften** (mit Geografie, Geschichte) (3. Zyklus)
  - **Ethik, Religionen, Gemeinschaft** (mit Lebenskunde) (3. Zyklus)
- **Gestalten:** Bildnerisches Gestalten / Textiles und Technisches Gestalten
- **Musik**
- **Bewegung und Sport**
- **Medien und Informatik**
- **Berufliche Orientierung**
- **Bildung für Nachhaltige Entwicklung**
- **Überfachliche Kompetenzen** Personale · Soziale · Methodische Kompetenzen

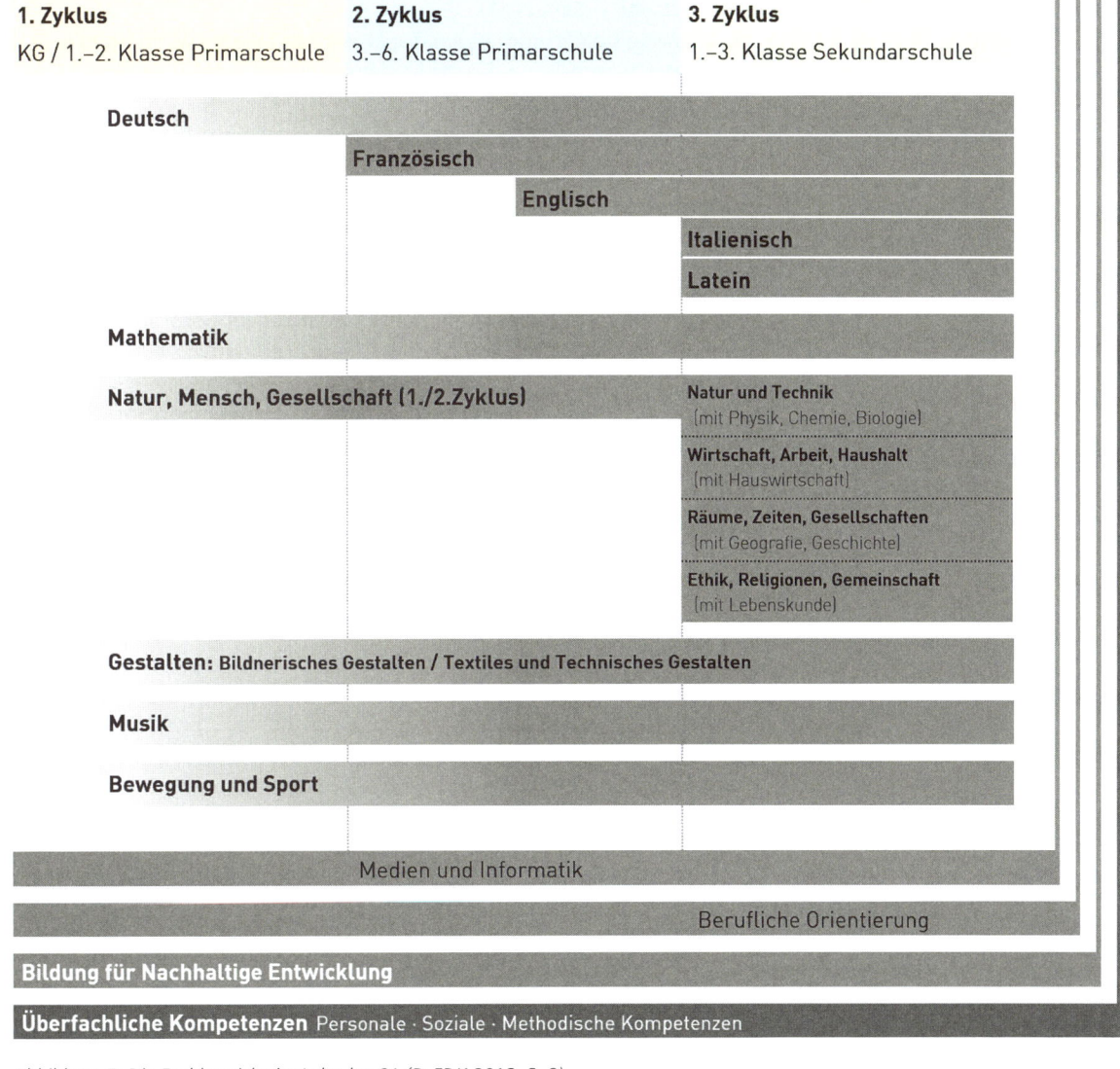

Abbildung 5: Die Fachbereiche im Lehrplan 21 (D-EDK 2016, S. 8)

Kompetenzbereiche, Kompetenzen und Kompetenzstufen

Die Fach- und Modullehrpläne des Lehrplans 21 sind in Kompetenzbereiche unterteilt. Zu jedem Kompetenzbereich sind Kompetenzen aufgeführt, die beschreiben, was Schülerinnen und Schüler am Ende der obligatorischen Schulzeit wissen und können sollten. Die Kompetenzen wiederum sind in Kompetenzstufen unterteilt. Diese bilden den zu erwartenden Aufbau an Wissen und Können ab. Es sind die Vor- und Zwischenstufen auf dem Weg zu einer umfassenden Kompetenz. Für jeden der drei Zyklen der Volksschule (Kindergarten bis Ende 2. Klasse, 3. bis 6. Klasse, 7. bis 9. Klasse) werden zudem Grundansprüche ausgewiesen, die alle Schülerinnen und Schüler erreichen sollen. Die Ausrichtung auf Kompetenzen hat Konsequenzen für das didaktische Denken und Handeln von Lehrpersonen: Im Vordergrund steht, was Lernende nach einer Unterrichtseinheit wissen und können sollen, und nicht die Inhalte, die im Unterricht behandelt werden.

Schülerinnen und Schüler sollen beispielsweise im Fach Deutsch folgende Kompetenz aufbauen (vgl. D-EDK 2016):
- «Die Schülerinnen und Schüler können sich aktiv an einem Dialog beteiligen» (Lehrplan 21: Sprachen > Deutsch > Sprechen > Dialogisches Sprechen; D.3.C.1).

Für die drei Zyklen der obligatorischen Schulzeit werden dazu Kompetenzstufen aufgeführt:
- «Die Schülerinnen und Schüler können ihren Gesprächsbeitrag in einem Gespräch passend einbringen (z. B. auf andere eingehend, nicht verletzend)» (1. Zyklus; D.3.C.1c).
- «Die Schülerinnen und Schüler können ihre Gedanken im Gespräch einbringen, im Austausch verdeutlichen und ihre Meinung mit einem Argument unterstützen» (2. Zyklus; D.3.C.1e).
- «Die Schülerinnen und Schüler können in Mundart und Standardsprache Gesprächsbeiträge und Argumente aufgreifen und ihre eigenen Argumente darauf beziehen» (3. Zyklus; D.3.C.1h).

Kompetenzaufbau über drei Zyklen

Diese drei Kompetenzstufen verdeutlichen den Aufbau des dialogischen Sprechens im Laufe der Schulzeit. Sie sind im Lehrplan 21 zugleich als Grundansprüche ausgewiesen und beschreiben somit Fähigkeiten, die von allen Schülerinnen und Schülern in der Unter-, Mittel- beziehungsweise Oberstufe erreicht werden sollen. Von Kindern wird gegen Ende der 2. Klasse also erwartet, dass sie eigene Beiträge passend in Gespräche einbringen. Gegen Ende der 6. Klasse soll es ihnen zudem gelingen, ihre eigene Meinung mit einem Argument zu stützen. Schülerinnen und Schüler am Ende der 9. Klasse sollen schließlich fähig sein, Argumente von anderen aufzugreifen und mit eigenen Argumenten darauf zu reagieren.

Passende Unterrichtssituationen

Die Aufgabe der Lehrpersonen ist es, Unterrichtssituationen zu schaffen, in denen Lernende Gelegenheit haben, mit anderen zu kommunizieren und ihr Gesprächsverhalten zu entwickeln. Animiert beispielsweise eine Kindergartenlehrperson eine Gruppe von Kindern, über einen Konflikt zu sprechen, trägt sie ebenso zum Aufbau dialogischen Sprechens bei wie eine Sekundarlehrperson, die mit der Klasse eine politische Diskussionssendung verfolgt und mit ihnen analysiert, wie die Beteiligten argumentieren und aufeinander eingehen. Schülerinnen und Schüler, die immer wieder die Möglichkeit haben, an ihrem

Gesprächsverhalten zu arbeiten, haben die Chance, die im Lehrplan festgelegten Kompetenzen zu erreichen.

Querverweise im Lehrplan 21

Die Förderung von Fachkompetenzen bezieht häufig auch überfachliche und fächerübergreifende Kompetenzen ein: Kinder, die Konflikte gemeinsam lösen, vertreten ihren eigenen Standpunkt, «auch wenn dieser im Gegensatz zu vorherrschenden Meinungen/Erwartungen steht» (Lehrplan 21: Grundlagen > Überfachliche Kompetenzen / Personale Kompetenzen; D-EDK 2016, S. 32). Sie müssen jedoch auch «aufmerksam zuhören und Meinungen und Standpunkte von andern wahrnehmen und einbeziehen» (Soziale Kompetenzen, ebd., S. 33). Dabei üben sie, «Sachverhalte sprachlich aus[zu]drücken und sich dabei anderen verständlich [zu] machen» (Methodische Kompetenzen, ebd., S. 34). Die Klasse, die eine politische Diskussion verfolgt, beobachtet nicht bloss Gesprächsverhalten, sondern erlebt auch politische Prozesse und Grundelemente der Demokratie (Lehrplan 21: Grundlagen > Bildung für Nachhaltige Entwicklung, ebd., S. 35). Der Lehrplan enthält zahlreiche Querverweise, die solche Verbindungen zwischen Kompetenzen der verschiedenen Lehrplanteile aufzeigen.

Bereit sein, Kompetenzen anzuwenden

Dass die soziale Situation und die eigene Gefühlslage mitbestimmen, wie kompetent wir handeln, lässt sich ebenfalls an einem der Beispiele veranschaulichen: So ist es denkbar, dass ein Kind schon mehrmals in der Lage war, einen Konflikt im Gespräch zu lösen, dies in einer bestimmten Situation aber gar nicht will. Es bringt zwar nach einem Streit in der Pause den eigenen Standpunkt ein, ist aber weder motiviert noch willig, den anderen Kindern zuzuhören. Schülerinnen und Schüler zeigen nicht in jeder Situation, was sie wissen und können. Das müssen Lehrpersonen in Testsituationen bedenken. Schülerinnen und Schüler können zu müde sein, zu unkonzentriert, zu aufgeregt oder ganz einfach nicht motiviert genug, um ihr Leistungspotenzial zu zeigen.

Von Kompetenzen zu Lernzielen

Kompetenzen und Kompetenzstufen als Orientierungsrahmen

Die Kompetenzen und Kompetenzstufen des Lehrplans 21 bilden den Orientierungsrahmen für den Unterricht an Schweizer Volksschulen. So ist für den Fachbereich Natur, Mensch, Gesellschaft beispielsweise vorgesehen, dass Schülerinnen und Schüler im 1. oder 2. Zyklus folgende Kompetenzstufe erreichen:
- «Die Schülerinnen und Schüler können eigene Interessen für Berufe beschreiben und sich über Traumberufe sowie Rollenbilder austauschen»
(Lehrplan 21: Natur, Mensch, Gesellschaft > 1./2. Zyklus; NMG.6.2c).

Lernziele

Im Hinblick auf konkrete Unterrichtsvorhaben – seien es einzelne Lektionen, Lektionsreihen oder Lernangebote – müssen Lehrpersonen diese Formulierungen aus dem Lehrplan präzisieren. Sie setzen Lernziele, die auf den geplanten Kompetenzaufbau ausgerichtet sind und ihn kleinschrittig beschreiben. Plant eine Lehrperson, dass die Schülerinnen und Schüler über ihre Traumberufe sprechen und sich bei Berufsleuten oder im Internet genauer über diese Berufe informieren, wären folgende Lernziele passend:

- Die Schülerinnen und Schüler können in eigenen Worten beschreiben, was sie an ihrem Traumberuf reizt.
- Die Schülerinnen und Schüler wissen, welche Ausbildungswege zu ihrem Traumberuf führen und was der Berufsalltag beinhaltet, und können andere darüber informieren.
- Die Schülerinnen und Schüler sind in der Lage, drei Gemeinsamkeiten und drei Unterschiede zwischen ihren bisherigen Vorstellungen und dem von ihnen erarbeiteten Wissen über ihren Traumberuf in einer Tabelle darzustellen.

Lernzielformulierungen haben im Hinblick auf die Beurteilung der Lernzielerreichung qualitativen (in eigenen Worten beschreiben, Gemeinsamkeiten und Unterschiede erkennen) und/oder quantitativen Charakter (drei Gemeinsamkeiten und drei Unterschiede nennen).

Fächerübergreifendes Lernen und überfachliche Kompetenzen

Diese Unterrichtseinheit bezieht weit mehr ein als den Aufbau der ausgewählten Kompetenz im Fachbereich Natur, Mensch, Gesellschaft. Wollen Schülerinnen und Schüler von einer Archäologin, einem Tierpfleger, einer Tramführerin oder einem Game-Designer mehr über ihren Traumberuf erfahren, müssen sie sich auf die Gesprächsführung vorbereiten und mit Berufsleuten in Kontakt treten. Dabei entwickeln und verfeinern sie sprachliche Kompetenzen. Suchen sie im Internet nach Informationen zu ihrem Traumberuf, üben sie das Recherchieren und Beurteilen von Quellen. Im Rahmen dieses Auftrags arbeiten Schülerinnen und Schüler also auch am Aufbau folgender Kompetenzen:
- «Die Schülerinnen und Schüler können ein Gespräch vorbereiten und durchführen» (Lehrplan 21: Sprachen > Deutsch > Sprechen, 2. Zyklus; D.3.C.1e).
- «Die Schülerinnen und Schüler können Informationen aus verschiedenen Quellen gezielt beschaffen, auswählen und hinsichtlich Qualität und Nutzen beurteilen» (Lehrplan 21: Medien und Informatik > Medien, 2. Zyklus; MI.1.2e).

Die Lehrperson muss also auch für das Fach Deutsch und den Bereich Medien Lernziele formulieren. Darüber hinaus wird sie auch überfachliche Lernziele setzen. Sie wird überlegen, welche personalen, sozialen und/oder methodischen Kompetenzen Schülerinnen und Schüler aufbauen, während sie sich über Traumberufe kundig machen. Aufschlussreich sind in diesem Zusammenhang wiederum die Querverweise, die im Lehrplan 21 in den Fachbereichslehrplänen jeweils angebracht sind (vgl. hierzu D-EDK 2016, S. 11).

Einbezug von Lehrmitteln

Bei der Planung von Unterricht beziehen Lehrpersonen nicht nur den Lehrplan 21 ein, sie verwenden auch Lehrmittel, die für die verschiedenen Fachbereiche und Zyklen zur Verfügung stehen. Zum Teil sind diese Lehrmittel obligatorisch. Lehrpersonen sind also verpflichtet, sie einzusetzen. Viele neu erschienene Lehrmittel sind auf den Lehrplan 21 ausgerichtet. In den meist separat zur Verfügung stehenden Kommentaren für Lehrpersonen gibt es ebenfalls Hinweise zum Kompetenzaufbau und/oder Lernzielformulierungen, die bei der Planung von Unterricht hilfreich sein können.

Lernziele präzis formulieren

Mit der Ausrichtung auf Kompetenzen geht die Forderung einher, möglichst genau zu beschreiben, was Schülerinnen und Schüler nach einer Unterrichtseinheit können sollen. Diese Forderung ist nicht neu. Dass Zielangaben oft ungenau sind, sich beliebig auslegen lassen und somit wenig Verbindliches über zu erreichende Fähigkeiten und Fertigkeiten aussagen, wurde immer wieder kritisiert. In der Schweiz hatten insbesondere Benjamin Bloom und Robert Mager Einfluss auf die Lernzieldiskussionen (vgl. Herzog 2013, S. 28).

Lernzieltaxonomie

Bloom (1956) entwickelte in den 1950er- und 60er-Jahren eine Lernzieltaxonomie im kognitiven Lernbereich. Sie unterscheidet sechs Stufen mit steigender Komplexität:

- **6. Bewerten:** Sachverhalte oder Lösungen prüfen, beurteilen …
- **5. Synthese:** Elemente verknüpfen, etwas Neues konzipieren …
- **4. Analysieren:** einzelne Elemente erkennen, herausgreifen, vergleichen …
- **3. Anwenden:** Kenntnisse umsetzen, ein Problem lösen …
- **2. Verstehen:** Sachverhalte erklären, in eigenen Worten umschreiben, begründen …
- **1. Wissen:** Gelerntes nennen, beschreiben, skizzieren …

Abbildung 6: Lernzieltaxonomie (nach Bloom 1973, S. 31)

Basale und erweiterte Lernziele

Je nach Lernaufgabe oder Fähigkeiten arbeiten Schülerinnen und Schüler auf einer anderen Stufe dieser Taxonomie und erreichen andere Ziele. Diese Stufen können somit auch eine Differenzierungshilfe bei der Formulierung von Lernzielen sein. Mit Blick auf die Heterogenität ihrer Klasse formulieren Lehrpersonen meist basale und erweiterte Lernziele. Während die basalen Ziele von allen Schülerinnen und Schülern erreicht werden müssen, regen die erweiterten Lernziele zu einer tieferen Auseinandersetzung oder einem nächsten Lernschritt an.

Operationalisierte Lernziele

In den 1960er- und 70er-Jahren forderte Robert Mager (1962), Lernziele zu operationalisieren, das heißt, sie der Beobachtung und Messung zugänglich zu machen. Ein operationalisiertes Lernziel beinhaltet laut Mager drei Angaben (vgl. Mager 1994, S. 21):
1. das beobachtbare Verhalten, das Schülerinnen und Schüler am Ende einer Unterrichtseinheit beherrschen sollen;
2. die Bedingungen, unter denen dieses Verhalten ausgeführt werden soll;
3. einen Bewertungsmaßstab, nach dem entschieden werden kann, ob das Lernziel erreicht wird.

Will eine Lehrperson überprüfen, ob Schülerinnen und Schüler über folgende Kompetenz im Fach Mathematik verfügen, wird sie ein operationalisiertes Lernziel ableiten. Das heißt, sie wird die Form der erwarteten Lösungen und den Schwierigkeitsgrad der Aufgaben festlegen und entscheiden, wie viele Aufgaben in welcher Zeit gelöst werden müssen.
- «Die Schülerinnen und Schüler erkennen in Sachsituationen Proportionalitäten (z. B. zwischen Anzahl Schritten und Distanz)» (Lehrplan 21: Mathematik > Größen, Funktionen, Daten und Zufall, 2. Zyklus; MA.3.C.2e).

Andere Kompetenzen lassen sich weniger genau erfassen, da sich das beobachtbare Verhalten, in dem sie sich zeigen, nicht eindeutig festlegen lässt.
- «Die Schülerinnen und Schüler können Assoziationen zu Musik bilden und mit Bewegung darstellen (z. B. sommerlich, heiter, übermütig, monoton, sehnsüchtig, gefährlich)» (Lehrplan 21: Musik > Bewegen und Tanzen, 2. Zyklus; MU.3.B.1e).
- «Die Schülerinnen und Schüler können sich in eine Geschichte hineinversetzen, neue Welten entdecken und zu eigenen Vorlieben finden (z. B. Kriminalgeschichte, Science Fiction, Comic)» (Lehrplan 21: Englisch 1. Fremdsprache > Lesen, 3. Zyklus; FS1E.2.A.2d).

Wie gut Assoziationen zu Musik passen und wie deutlich sie in der Bewegung zum Ausdruck kommen, ist nicht exakt messbar. Auch die Fähigkeit, sich in Geschichten hineinzuversetzen und eigene Vorlieben zu finden, kann sich unterschiedlich äußern. Das «Kleinarbeiten» (Jank & Meyer 2011, S. 125 f.) solcher Kompetenzen bis hin zu eindeutigen Angaben beobachtbarer Verhaltenselemente ist aufwendig und im Unterrichtsalltag oft nicht realistisch. Lehrpersonen müssen immer abwägen, wann welcher Präzisierungsgrad sinnvoll ist.

Schülerinnen und Schüler verfolgen eigene Ziele

Bloom (1973) unterscheidet Wissen, Verstehen, Anwenden, Analysieren, Verknüpfen oder Bewerten. Mager (1994) leitet an, Lernziele auf der Verhaltensebene zu konkretisieren und festzulegen, wie Leistungserwartungen überprüft werden sollen. Doch weder formale Unterscheidungen noch technische Anleitungen garantieren einen erfolgreichen Unterricht. Lernziele können noch so präzise formuliert sein, sie lassen sich den Schülerinnen und Schülern nicht einfach überstülpen. Schülerinnen und Schüler verfolgen ihre eigenen Ziele.

Entwicklungsorientierung und freie Tätigkeit

In der Kindergartenstufe ist der Unterricht ganzheitlich und entwicklungsorientiert gestaltet. Ein wichtiger Bestandteil sind verschiedene Formen des Spielens. Die Kinder wählen Aktivitäten, initiieren und gestalten ihr Spiel und bestimmen selbst, was sie tun und wie lange sie an einem Ort verweilen. «Ihre Aktivitäten werden dabei in erster Linie von ihren Interessen und der Motivation geleitet, die eigenen Fähigkeiten zu erproben und zu erweitern» (Lehrplan 21: Grundlagen > Schwerpunkte des 1. Zyklus). Würden Lehrpersonen vorab Lernziele vorgeben, wäre diese freie Wahl nicht möglich. Das Vorgehen ist daher während der freien Tätigkeit ein umgekehrtes: Lehrpersonen beobachten, in welche Aufgaben oder Rollen sich Kinder vertiefen, und können so feststellen, welche Kompetenzen sie aufbauen, was sie üben und wie sie sich entwickeln. Eine Lenkung hin zu bestimmten Fachbereichen oder ausgewählten Kompetenzen kann zwar auch in diesen Phasen erfolgen, diese Lenkung ist aber indirekt. Lehrpersonen steuern durch das Spielangebot und die Gestaltung der Lernumgebung, welchen Aktivitäten sich Kinder zuwenden. Sie spielen mit oder bieten für eine Aktivität neues Material an, um das Lernen der Kinder anzuregen.

Selbstbestimmung

Zum Lernen motiviert ist, wer sich als selbstbestimmt und kompetent erlebt und in einer Lerngemeinschaft integriert ist (vgl. Ryan & Deci 2017). Lehrpersonen sollten Schülerinnen und Schüler ermöglichen, «über ihr Lernen und ihr Arbeiten nachzudenken und dieses zunehmend selbstständig und mit mehr Selbstverantwortung zu steuern» (Lehrplan 21: Grundlagen > Schwerpunkte des 2. und 3. Zyklus; D-EDK 2016, S. 49). Der Projektunterricht sieht beispielsweise vor, dass Schülerinnen und Schüler sich eigene Ziele setzen und diese verfolgen. So können sie ihre Interessen einbeziehen und erkennen Neigungen und Begabungen. Im Verlaufe der Schulzeit streben Schülerinnen und Schüler nach immer größerer Autonomie und setzen zunehmend ihre eigenen Prioritäten. Sie identifizieren sich längst nicht mit allen Lernzielen, die ihnen die Schule vorgibt.

Eine Fülle von Kompetenzen

Nehmen wir zum Schluss noch einmal den Lehrplan 21 als Ganzes in den Blick: Die Fachbereiche und Module sind in Kompetenzbereiche unterteilt. Zu jedem Kompetenzbereich sind mehrere Kompetenzen formuliert. Zu jeder dieser Kompetenzen wird wiederum der erwartete Aufbau an Wissen und Können pro Zyklus gestuft beschrieben (Lehrplan 21: Überblick; D-EDK 2016, S. 3–16). Die Fülle von Kompetenzstufenbeschreibungen und Querverweisen im Lehrplan 21 ist nicht einfach zu überblicken. Und doch ist diese Fülle lediglich eine Auswahl von möglichen Kompetenzen, die Schülerinnen und Schüler im Laufe ihrer Schulzeit aufbauen oder aufbauen sollten. Im Lehrplan selbst ist dies festgehalten: «Wie die Kompetenzbereiche ausgerichtet sind, liegt in der fachdidaktischen Tradition und im aktuellen Stand der fachdidaktischen Entwicklung des jeweiligen Fachbereichs begründet» (ebd., S. 10). Es ist auch ungewiss, ob die im Lehrplan 21 aufgeführten Kompetenzstufen die tatsächliche Kompetenzentwicklung von Schülerinnen und Schülern abbilden, denn Längsschnittstudien, die den Aufbau von Kompetenzen erfassen könnten, gibt es kaum (vgl. Herzog 2013, S. 39).

Professionelles Handeln von Lehrpersonen

So gesehen, bietet der Lehrplan 21 Orientierung für die Planung von Unterricht. Wie Schülerinnen und Schüler jedoch Kompetenzen aufbauen, ist komplexer, als dies die Kompetenzstufen beschreiben. Entscheidend ist, wie Lehrpersonen handeln. Nur wer Lernprozesse mitverfolgt, erfährt, wo die einzelnen Schülerinnen und Schüler in ihrer Kompetenzentwicklung stehen. Ausgehend davon, müssen

Lehrpersonen passende nächste Lernziele zusammen mit den Schülerinnen und Schülern festlegen, ihnen entsprechende Lerngelegenheiten bieten und sie beim Lernen unterstützen.

Literatur
Bloom, B. S. (Hrsg.) (1956). Taxonomy of Educational Objectives: The Classification of Educational Goals. Handbook I. Cognitive Domain. New York: David McKay.
Bloom, B. S. (Hrsg.) (1973). Taxonomie von Lernzielen im kognitiven Bereich. Weinheim: Beltz.
D-EDK, Deutschschweizer Erziehungsdirektoren-Konferenz (Hrsg.) (2016). Lehrplan 21. Gesamtausgabe. http://v-ef.lehrplan.ch/container/V_EF_DE_Gesamtausgabe.pdf (7.3.2018).
Herzog, W. (2013). Bildungsstandards. Stuttgart: Kohlhammer.
Jank, W. & Meyer, H. (2011). Didaktische Modelle. Berlin: Cornelsen Scriptor.
Klieme, E. & Hartig, J. (2008). Kompetenzkonzepte in den Sozialwissenschaften und im erziehungswissenschaftlichen Diskurs. In M. Prenzel, I. Gogolin & H. H. Krüger (Hrsg.), Kompetenzdiagnostik (S. 11–29). Wiesbaden: VS Verlag für Sozialwissenschaften.
Mager, R. F. (1962). Preparing Instructional Objectives. Belmont: Fearon Publisher.
Mager, R. F. (1994). Lernziele und Unterricht. Weinheim: Beltz.
North, K. (2011). Wissensorientierte Unternehmensführung – Wertschöpfung durch Wissen. Wiesbaden: Gabler.
Ryan, R. M. & Deci, E. L. (2017). Self-Determination Theory: Basic Psychological Needs in Motivation, Development, and Wellness. New York: The Guilford Press.
Weinert, F. E. (2014). Vergleichende Leistungsmessung in Schulen – eine umstrittene Selbstverständlichkeit. In F. E. Weinert (Hrsg.), Leistungsmessungen in Schulen (3., aktualisierte Auflage, S. 17–31). Weinheim: Beltz.

Texte   Kompetenzorientiert unterrichten – Lernziele formulieren

1 «Wenn man nicht genau weiß, wohin man will, landet man leicht da, wo man gar nicht hinwollte.»

Im Vorwort des Klassikers «Lernziele und Unterricht» weist Robert F. Mager, ausgehend von einer Geschichte, auf die Wichtigkeit von klar erkannten, beschriebenen und kommunizierten Zielen hin. Die Moral der Geschichte ist zugleich die pointierte Kritik an ziellosem Unterricht und die daraus abgeleitete zentrale Forderung an Lehrpersonen aller Stufen: Wenn Lehrerinnen und Lehrer nicht wissen, wohin sie wollen, müssen sie sich nicht wundern, wenn sie ganz woanders hinkommen.

Magers Ziel war, mit seinem Buch Autoren von Unterrichtsprogrammen eine Anleitung zum Beschreiben der Lernziele zu vermitteln – der Titel der amerikanischen Ausgabe hieß «Preparing Instructional Objectives» und wurde im deutschen Sprachraum unter dem Titel «Lernziele und Programmierter Unterricht» veröffentlicht. Nach einer auch unkritischen Lernziel-Euphorie mit dem Höhepunkt in den 1970er-Jahren ist heute unumstritten, dass das Setzen von Lernzielen in Kombination mit der Auswahl von Inhalten und der Berücksichtigung der Lernvoraussetzungen der Lernenden für eine professionelle Unterrichtsplanung hohe Priorität hat.

«Es war einmal ein Seepferdchen, das eines Tages seine sieben Taler nahm und in die Ferne galoppierte, sein Glück zu suchen. Es war noch gar nicht weit gekommen, da traf es einen Aal, der es ansprach: «Psst. Hallo, Kumpel. Wo willst du hin?»
«Ich bin unterwegs, mein Glück zu suchen», antwortete das Seepferdchen stolz.
«Da hast du's ja gut getroffen», sagte der Aal, «für vier Taler kannst du diese schnelle Flosse haben, damit kommst du viel besser voran.»
«Ei, das ist ja prima», sagte das Seepferdchen, bezahlte, zog die Flosse an und glitt mit doppelter Geschwindigkeit von dannen. Bald kam es zu einem Schwamm, der sagte:
«Psst. Hallo, Kumpel. Wo willst du hin?»
«Ich bin unterwegs, mein Glück zu suchen», antwortete das Seepferdchen.
«Da hast du's ja gut getroffen», sagte der Schwamm, «für ein kleines Trinkgeld überlasse ich dir dieses Boot mit Düsenantrieb; damit könntest du viel schneller reisen.»
Da kaufte das Seepferdchen von seinem letzten Geld das Boot und sauste mit fünffacher Geschwindigkeit durch das Meer. Bald traf es auf einen Haifisch, der fragte:
«Psst. Hallo, Kumpel. Wo willst du hin?»
«Ich bin unterwegs, mein Glück zu suchen», antwortete das Seepferdchen.
«Da hast du's ja gut getroffen. Wenn du diese kleine Abkürzung machen willst», sagte der Haifisch und zeigte auf seinen geöffneten Rachen, «sparst du eine Menge Zeit.»
«Ei, vielen Dank», sagte das Seepferdchen und sauste in das Innere des Haifisches.

Die Moral der Geschichte: Wenn man nicht genau weiß, wohin man will, landet man leicht da, wo man gar nicht hinwollte.

Ehe Sie Unterricht planen, ehe Sie über Unterrichtsverfahren, Unterrichtsinhalte oder -materialien entscheiden, müssen Sie wissen, was Sie als Ergebnisse des Unterrichts erwarten. Eine klare Beschreibung der Ziele ist eine solide Grundlage für die Auswahl von Verfahren und Materialien sowie für die Entscheidung über Messverfahren (Prüfungsaufgaben, Tests), mit denen man feststellt, ob der Unterricht erfolgreich war. Dieses Buch handelt von der Beschreibung solcher Unterrichtsziele. Es beschreibt und erläutert ein Verfahren, mit dem solche Zielbeschreibungen entwickelt werden können; es bietet damit zugleich ein Verfahren, sich über eigene Unterrichtsabsichten klar zu werden und diese dann auch anderen mitzuteilen. Das Buch bietet eine Übungsanleitung und schließlich die Gelegenheit, die erworbenen Fertigkeiten zu überprüfen.

Dieses Buch handelt weder davon, wer Unterrichtsziele auswählen soll, noch davon, wie man vorgeht, wenn man Unterrichtsziele auswählt. Dieses sind sicher wichtige Fragen, aber sie sind nicht das Thema dieses Buches.

Es wird vorausgesetzt, dass Sie an der Planung und Entwicklung wirksamen Unterrichts interessiert sind, dass Sie Ihren Schülern gewisse Fertigkeiten und Kenntnisse vermitteln wollen und dass Sie diese so vermitteln wollen, dass Ihre Schüler hinterher das Erreichen dieser Ziele, die Sie oder jemand anders ausgewählt haben, zeigen können. 》

Auszug aus: Mager, R. F. (1994). Lernziele und Unterricht. Weinheim: Beltz, S. Vf. © Verlagsgruppe Beltz, Weinheim.

2 Merkmale zweckmäßiger Zielbeschreibungen

Im folgenden Abschnitt des Buches «Lernziele und Unterricht» beschreibt Robert F. Mager die Eigenschaften zweckmäßiger, eindeutig beschriebener Unterrichtsziele und macht die Unterschiede zwischen Zielbeschreibungen, die mehr oder weniger Deutungen zulassen, bewusst.

《Zielbeschreibungen sind nützliche Werkzeuge für die Planung, Durchführung und Bewertung (Evaluation) von Unterricht. Sie sind nützlich als Hinweise für die Auswahl von Unterrichtsinhalten und Unterrichtsverfahren, die zu erfolgreichem Unterricht führen, sie helfen, den Unterrichtsprozess zu organisieren und die Instrumente zu entwickeln, mit denen ermittelt werden kann, ob der Unterricht erfolgreich war. Wenn· wir diese Zielbeschreibungen den Schülern aushändigen, sind wir in der Lage, die Vergeudung von Arbeitskraft zu vermeiden, die dadurch entsteht, dass wir Schüler nötigen, die wichtigen Ziele des Unterrichts zu erraten.

Aber welches sind die Eigenschaften zweckmäßiger Zielbeschreibungen? Wodurch unterscheidet sich eine brauchbare von einer nicht brauchbaren Beschreibung?

Einfach gesagt, ist eine zweckmäßige Zielbeschreibung eine solche, mit der es gelingt, die Unterrichtsabsichten dem Leser mitzuteilen. Sie ist in dem Umfang zweckmäßig, wie sie anderen ein Bild davon vermittelt, was ein erfolgreicher Schüler sein wird und wieweit dieses Bild mit dem übereinstimmt, was der Autor der Zielbeschreibung im Sinn hat. Die zweckmäßigste Zielbeschreibung ist diejenige, die die größte Anzahl von Entscheidungen über das Erreichen und die Messung der Unterrichtsergebnisse bietet. Nun kann eine beliebige Ansammlung von Wörtern, Bildern und Symbolen benutzt werden, um eine Absicht auszudrücken. Wir suchen hier nach derjenigen Folge von Wörtern und Symbolen, die Ihre Absicht genau so, wie SIE sie meinen, mitteilt. Wenn Sie zum Beispiel anderen Lehrern ein Unterrichtsziel mitteilen, und diese unterrichten dann einige Schüler so, dass diese anschließend etwas können, was genau Ihrer Vorstellung entspricht, dann haben Sie Ihr Ziel richtig mitgeteilt. Wenn Sie aber meinen, dass Sie «sich eigentlich etwas mehr vorgestellt haben» oder dass Sie «das Entscheidende nicht verstanden haben», dann hat Ihre Zielbeschreibung Ihre Absicht nicht angemessen vermittelt, ganz gleichgültig, welche Wörter Sie benutzt haben.

Ein eindeutig beschriebenes Unterrichtsziel ist also eines, mit dem Sie Ihre Absichten erfolgreich mitteilen. Eine gute Zielbeschreibung schließt darüber hinaus eine möglichst große Anzahl möglicher Missdeutungen aus.

Unglücklicherweise gibt es viele schlüpfrige Wörter, die eine Vielzahl von Missdeutungen erlauben. (Wenn Sie schon mal versucht haben, mehr als nur einige wenige Sätze zu schreiben, die sagen, was Sie meinen, dann wissen Sie, wie ermüdend diese kleinen Teufel sein können.) Das heißt nicht, dass solche Wörter nicht für die alltägliche Verständigung recht nützlich sind. Schließlich wollen Sie auch nicht durch ständige Fragen wie «Was meinen Sie damit?» auf die Palme gebracht werden, wenn Sie Dinge sagen wie: «Das ist ein schöner Tag» oder «Ich mag dich wirklich» oder «Mir geht's gut». Aber wenn Sie nur derart unscharfe Begriffe für die Mitteilung bestimmter Unterrichtsabsichten benutzen, dann sind Sie jedem Missverständnis ausgeliefert. Betrachten wir die folgenden Wortfolgen in diesem Licht:

Worte, die viele Deutungen zulassen	*Worte, die weniger Deutungen zulassen*
wissen	schreiben
verstehen	auswendig hersagen
wirklich verstehen	identifizieren
zu würdigen wissen	unterscheiden
voll und ganz zu würdigen wissen	lösen
die Bedeutung von etwas erfassen	konstruieren
	bauen
Gefallen finden	vergleichen
glauben	gegenüberstellen
vertrauen	lächeln
verinnerlichen	

Was meinen wir, wenn wir sagen, wir möchten, dass Schüler etwas wissen? Meinen wir, dass sie etwas auswendig aufsagen, dass sie eine Aufgabe lösen oder dass sie etwas konstruieren? Wenn wir ihnen nur sagen, dass sie etwas «wissen» sollen, so sagt ihnen das wenig, weil dieses Wort viele verschiedene Bedeutungen haben kann. Solange Sie nicht sagen, was Sie mit «Wissen» meinen, und zwar in Begriffen, die sagen, was der Schüler TUN können soll, haben Sie nur sehr wenig gesagt. Also wird eine Zielbeschreibung, die Ihre Absichten am besten mitteilt, das angestrebte Verhalten des Schülers so klar benennen, dass Missverständnisse ausgeschlossen sind.

Wie macht man so etwas? Welche Merkmale tragen dazu bei, dass ein Unterrichtsziel mitteilbar ist und dass seine Beschreibung zweckmäßig ist? Nun, es gibt ein Reihe von Regeln, die zur Beschreibung von Unterrichtszielen herangezogen werden können.

Nach diesen Regeln gibt es drei Merkmale, die dazu beitragen, dass eine Zielbeschreibung eine Unterrichtsabsicht mitteilt. Eine Zielbeschreibung mit diesen Merkmalen beantwortet drei Fragen:
1. Was soll der Schüler tun können? 2. Unter welchen Bedingungen wollen Sie, dass der Schüler es tun kann? 3. Wie gut muss es getan werden?

Die Merkmale sind die folgenden:
1. *Tätigkeit.* Eine Zielbeschreibung sagt immer aus, was der Schüler fähig sein soll zu tun.
2. *Bedingungen.* Eine Zielbeschreibung benennt immer die wichtigen Bedingungen (sofern vorhanden), unter denen die Tätigkeit ausgeführt werden soll.
3. *Kriterien.* Wenn immer möglich, benennt eine Zielbeschreibung die Kriterien für ausreichendes oder akzeptables Verhalten, indem sie aussagt, wie gut dieses Verhalten geäußert werden muss, damit es annehmbar ist.

Zwar ist es nicht immer notwendig, das zweite Merkmal einzubeziehen, und es ist nicht immer praktikabel, das dritte Merkmal zu berücksichtigen. Aber je mehr Sie über diese Merkmale sagen, desto besser wird Ihre Zielbeschreibung das mitteilen, was sie mitteilen soll. Weitere Merkmale könnten in einer Zielbeschreibung berücksichtigt werden, so z.B. die Beschreibung der Schüler, die das Unterrichtsziel erreichen sollen, oder eine Beschreibung des Unterrichtsverfahrens, mit dem das Ziel erreicht werden soll. Zwar sind dies wichtige Bestandteile bei der Planung von Unterricht, aber in der Zielbeschreibung haben sie keinen Platz. Warum nicht?

Weil sie die Zielbeschreibung überhäufen; sie wird schwerer lesbar und verständlich. Eine Zielbeschreibung muss zweckmäßig und klar sein; wenn Sie sie mit allen möglichen Dingen befrachten, wird sie ihren Zweck nicht mehr erfüllen (Tausende und Abertausende solcher Zielbeschreibungen wurden geschrieben…, aber niemals benutzt).

Es wäre auch möglich, darauf zu bestehen, dass Zielbeschreibungen eine ganz bestimmte starre Form haben. (Ich besichtigte einmal eine Schule, in der von den Lehrern erwartet wurde, dass sie ihre Zielbeschreibungen in ein vom Schulleiter gedrucktes Formular eintrugen. Dieses Formular hatte jeweils im Abstand von 5 cm eine Linie, die bedeutete, dass jede Beschreibung in diesen Raum passen musste. Wundert es Sie, dass die Lehrer dieser Idee recht feindlich gegenüberstanden?) Aber wir suchen nicht nach Zielbeschreibungen, die eine bestimmte Größe oder Form haben – wir suchen nach Zielbeschreibungen, die klar sind, die aussagen, was wir über unsere Unterrichtsabsichten aussagen wollen, und zwar so bestimmt wie möglich. Das ist alles. Jedermann also, der behauptet, dass eine Beschreibung von Unterrichtszielen nicht mehr als einen bestimmten Raum einnehmen darf, oder der behauptet, dass in ihr bestimmte Wörter benutzt werden müssen oder nicht benutzt werden dürfen, sollte daran erinnert werden, dass es bei der Zielbeschreibung auf den Mitteilungswert ankommt. Ist der vorhanden – in Ordnung; wenn nicht – Papierkorb. Sie arbeiten nicht an einer Zielbeschreibung, um irgendwelche Vorstellungen von «gutem Aussehen» zu erfüllen; Sie arbeiten so lange daran, bis Ihre Unterrichtsabsichten dadurch mitgeteilt werden – und Sie schreiben so viele Zielbeschreibungen, wie Sie benötigen, um all Ihre Unterrichtsabsichten, die Ihnen wichtig genug sind, zu beschreiben. ›

Auszug aus: Mager, R. F. (1994). Lernziele und Unterricht. Weinheim: Beltz, S. 19–22 © Verlagsgruppe Beltz, Weinheim.

Kapitel 4 Lehren durch Instruieren – Lernen durch Konstruieren

Lernen soll grundsätzlich verstanden werden als persönliche und aktive Konstruktion von Wissen und Bedeutung. Dies gelingt am besten, wenn tief verstandenes und vernetztes Wissen und Können aufgebaut werden kann.

Um dies zu ermöglichen, braucht es instruktionale Anleitung und Unterstützung: Lehrpersonen erklären beispielsweise einen komplizierten Sachverhalt, lesen eine spannende Geschichte vor, zeigen, wie man den Zirkel oder die Laubsäge gebraucht, führen ein physikalisches Experiment durch, visualisieren ein mathematisches Problem wie einen Bruch und vieles mehr.

Auch wenn die Instruktion optimal gestaltet ist, bauen Lernende ihr eigenes Wissen und Können auf, das kein Abbild der Instruktion ist. Zwischen den Lernenden treten Unterschiede auf, abhängig von Vorwissen und Motivation.

In diesem Kapitel werden Formen der Instruktion sowie deren Gelingensbedingungen und Grenzen vorgestellt. Es gehört zur Kompetenz einer Lehrperson, Formen der Instruktion professionell zu gestalten und zu kultivieren – und zwar unabhängig von den jeweiligen Lehr- und Lernarrangements. Weil diese Formen der Instruktion unverzichtbare Elemente für das Unterrichten sind, werden sie im Folgenden «Basistechniken» genannt.

Neben den stark durch die Lehrperson gesteuerten Formen der Instruktion braucht es aber auch Formen im Unterricht, die den Selbstkonstruktionen der Lernenden mehr Freiraum geben und höhere Anteile an Selbststeuerung ermöglichen. Diese Unterrichtsformen werden in Teil 2 dieses Buches fokussiert. Entscheidend ist: Instruktion und Konstruktion sollen nicht gegeneinander ausgespielt, sondern beide Ansätze sollen integriert und je nach den angestrebten Zielen professionell eingesetzt werden.

| **Basics** Seite 79 | **Texte** Seite 85 |

Basics   Lehren durch Instruieren – Lernen durch Konstruieren

URBAN FRAEFEL

Basistechniken

Was sind Basistechniken?

Basistechniken sind Handlungen wie zum Beispiel Anweisungen geben, etwas vortragen, Dinge erklären, Aufträge erteilen, Fragen stellen, Medien einsetzen usw. Sie kommen im Unterricht regelmäßig vor und gehören zum Grundrepertoire jeder Lehrperson. Basistechniken sind weder an Unterrichtsstile noch an Methoden gebunden und sind auf allen Stufen und in allen Fächern wichtig. Sie sind charakteristisch für den Lehrberuf und bilden – oberflächlich betrachtet – das Gerüst der Lehrtätigkeit.

Wozu sind die Basistechniken nötig?

Das Beherrschen der Basistechniken ist aus zwei Gründen sehr wichtig:
- *Die Lehrperson ist entlastet,* wenn grundlegende Prozesse professionell gehandhabt werden und quasi automatisiert ablaufen. Sie kann sich dann anderem zuwenden, was in der jeweiligen Situation vordringlich ist: ein Gespräch mit einer Schülerin oder einem Schüler, die Frage eines Kindes oder eines Jugendlichen, die Konzentration auf den Lerninhalt usw.
- *Der Unterricht wird flüssiger,* wenn grundlegende Abläufe funktionieren. Die Anweisungen sind klar, die Schülerinnen und Schüler wissen, was die Lehrperson meint, die Erklärungen sind verständlich, die Schrift ist lesbar usw.
- *Die verfügbare Lernzeit wird besser genutzt,* denn unproduktive Wartezeiten, Missverständnisse und Verflachungen des Unterrichts werden vermieden, und die Aufmerksamkeit ist stärker auf das Wesentliche gerichtet.

Was wissen Berufsanfängerinnen und -anfänger über das grundlegende Handlungsrepertoire?

Lernen am Modell in der eigenen Schulzeit als Schülerin oder als Schüler
Die erste und grundlegendste Quelle für elementares Handeln von Lehrpersonen ist die eigene Erfahrung als Schülerin oder als Schüler. Die mindestens 10000 durchlebten Schulstunden boten reichlich Gelegenheit, durch Beobachtung zu lernen. Schülerinnen und Schüler wissen, wie Lehrpersonen Stunden beginnen, wie sie für Aufmerksamkeit sorgen, wie sie Aufträge erteilen oder Gespräche führen. Sie konnten den Lehrpersonen beim Referieren, beim Erklären und im Umgang mit Medien zuschauen. Kurzum: Praktisch jede Tätigkeit von Lehrpersonen im Klassenzimmer ist von Schülerinnen und Schülern schon tausendfach beobachtet worden.

Ein kulturell geteiltes Verständnis von «normalem» Verhalten im Unterricht
Jenseits der individuellen Erfahrungen aus der Schulzeit gibt es in einem Kulturraum auch einen stillschweigenden Konsens über viele Aspekte von Unterricht. So wissen zum Beispiel viele Kinder, dass man in der Schule die Hand heben soll, wenn man etwas sagen will, oder dass Lehrpersonen das Recht haben, andere beim Sprechen zu unterbrechen, aber nicht umgekehrt. Auch die typischen Aktivitäten von Lehrpersonen sind vielen Schülerinnen und Schülern, Schulbesucherinnen und -besuchern, Schulbehörden und den Lehrpersonen selbst bekannt, und von Schülerinnen, Schülern und Lehrpersonen wird erwartet, dass sie diese Rollenerwartungen weitgehend erfüllen (vgl. z.B. Stigler & Hiebert 1999).

Weiterentwicklung intuitiven Handlungswissens

Es ist erstaunlich, dass angehende Lehrpersonen bereits über stabiles intuitives Handlungswissen verfügen, das automatisiert angewendet wird. Darin liegt aber auch ein Problem. Handlungsmuster von Lehrpersonen können mitunter störend, unangemessen oder kontraproduktiv sein. Angehende Lehrpersonen müssen bereits intuitiv vorhandene Muster bewusst wahrnehmen und gezielt durch professionellere Basistechniken ersetzen, falls die spontan eingesetzten Handlungsmuster unangemessen sind.

Erlernen von Basistechniken

Wie wird das grundlegende Handlungsrepertoire aufgebaut?

Eingeübtes, rezepthaftes und routinemäßiges Handeln ist vor allem bei wiederkehrenden Abläufen des Unterrichtsalltags sinnvoll – mehr noch: Es ist hier absolut notwendig. Eine Vielfalt von solide eingeübten Basistechniken lässt Variationen zu und bildet die Grundlage des Handwerks von Lehrpersonen.

Lernen durch Beobachtungen

Grundlegende Handlungsmuster können durch Beobachten und Imitieren von guten Beispielen ein Stück weit erlernt werden, aber auch durch kritisches Betrachten von weniger gelungenen Sequenzen anderer Lehrpersonen – im Unterricht oder auf Video. Wichtig ist, die eigene Aufmerksamkeit genau auf die meist automatisch ablaufenden Handlungsroutinen zu richten.

Lernen von empirischen Befunden und Erfahrung erfolgreicher Lehrpersonen

Man kann von Erfahrungen anderer lernen: Es gibt sehr viele Forschungsbefunde, die belegen, welche Techniken erfolgreicher sind und welche nicht. Das gesicherte Wissen über erfolgreiches Handeln kann nachgelesen werden (vgl. z. B. Hattie 2009; Rosenshine & Stevens 1986). Eine weitere Quelle sind Berichte erfolgreicher Lehrpersonen (Expertenlehrpersonen). Auch wenn deren Muster nicht immer generalisierbar sind, geben sie gute Hinweise für erfolgreiches Handeln.

Üben durch Planung und Durchführung von Unterrichtssequenzen

Unterricht in Praktika ist ideal zum Einüben und Verbessern von Basistechniken. Versuche dürfen misslingen. Wichtig ist dabei, dass das eigene Handeln planmässig eingeübt wird. Auch scheinbar einfache und banale Abläufe müssen genau durchdacht, geplant und in der Klasse wiederholt durchgeführt werden. Das Einüben ist effizienter, wenn die Sequenzen kurz sind und die Lehrperson sich ganz besonders auf eine Technik konzentriert.

Lernen von Feedbacks

In Praktika ist das Einholen von Feedbacks zu grundlegenden Lehrtechniken besonders einfach. Je genauer die Beobachtenden wissen, was beabsichtigt wird, desto präziser können sie hinschauen und eine Rückmeldung geben.

Üben durch Microteaching

Ein bewährtes Verfahren zum Einüben von Lehrpersonenhandlungen ist das Microteaching: Kurze, speziell vorbereitete und ausgewählte Unterrichtssequenzen werden auf Video aufgezeichnet, und anschließend wird gemeinsam analysiert, was gelungen ist und was verbessert werden sollte.

Was können Basistechniken nicht?

Basistechniken sind Handlungsroutinen für häufig wiederkehrende «Standardsituationen». Reflexartige Handlungsroutinen sind dann problematisch, wenn die Lehrperson auf die individuellen Bedürfnisse eines Kindes eingehen soll, wenn es um Fragen der Beziehung geht, wenn ein unerwartetes Ereignis eintritt oder wenn es ein neuartiges Problem zu lösen gilt. Hier muss die Lehrperson imstande sein, sich der neuen Situation anzupassen, das heißt, «adaptiv» zu handeln.

Lernbegleitung: Nicht nur eine Technik, sondern eine Kompetenz!

Das Begleiten von Lernprozessen wird in diesem Teil noch nicht besprochen. Es ist eine wichtige und anspruchsvolle Tätigkeit, die man nicht auf ein paar Techniken reduzieren kann. Es handelt sich um eine *zentrale Kompetenz von Lehrpersonen,* die fundiertes fachliches, didaktisches, psychologisches und diagnostisches Wissen voraussetzt. Davon wird in Kapitel 6 ausführlich die Rede sein.

Was gehört zu den grundlegenden Techniken des Unterrichtens?

Das grundlegende Handlungsrepertoire von Lehrpersonen lässt sich in vier Bereiche zusammenfassen.

Steuerungstechniken

Aufmerksamkeit herstellen – Aufträge erteilen – Übergänge gestalten – Lektionen beenden

Unabhängig von der jeweiligen Unterrichts- und Lernform muss die Lehrperson jederzeit in der Lage sein, das Geschehen nötigenfalls direkt zu steuern. Beim *Herstellen von Aufmerksamkeit* unterbricht sie alle Arbeits- und Kommunikationsprozesse, um die Schülerinnen und Schüler auf eine einzige Sache zu fokussieren: auf eine Mitteilung, ein Objekt, ein Medium, einen Input usw. Zudem muss die Lehrperson potenzielle Störungen minimieren, sodass die Aufmerksamkeit überhaupt möglich ist.

Das *Erteilen von (mündlichen) Aufträgen* ist eine der häufigsten Tätigkeiten von Lehrpersonen: Voraussetzung ist die ganze Aufmerksamkeit, um die nachfolgenden Handlungen in Gang zu setzen. Wenn Aufträge nicht verstanden sind, werden ganze Unterrichtsphasen sinnlos.

Schließlich das *Gestalten von Übergängen*: Schleppende, unklare Übergänge sind unproduktiv, schmälern die Konzentration, verringern die tatsächliche Lernzeit der Schülerinnen und Schüler und wirken sich ungünstig auf das Unterrichtsklima aus. Daher ist das souveräne Anleiten von Übergängen besonders wichtig. Wenn die Lehrperson einen Übergang einleitet, sollen die Schülerinnen und Schüler sich etwas anderem zuwenden: Prozesse werden unterbrochen, und das Interesse der Schülerinnen und Schüler wird auf etwas anderes gelenkt. Verbunden ist damit oft auch Bewegung – Platzwechsel, Ändern der Sozialform, Wegräumen oder Bereitstellen von Lehrmitteln und Material. Je flüssiger Übergänge funktionieren, desto weniger werden die Lernprozesse gestört.

Ein besonderer Übergang ist das *Beenden einer Lektion* oder einer längeren Arbeitsphase. Ein ruhiger, bewusst gestalteter, konzentrierter Abschluss verhindert das Ausfransen von Lektionen in der Unruhe des Zusammenräumens oder in der Hektik noch schnell eingebrachter Aufträge (Hausaufgaben usw.).

Instruktionstechniken

Kurzvortrag und Input – Vorzeigen – Erzählen und Vorlesen – Erklären
Eine seit je zentrale Aufgabe von Lehrpersonen ist das «Lehren», wie die Berufsbezeichnung «Lehrer» bzw. «Lehrerin» ja sagt. Damit ist gemeint, dass die Lehrperson anderen Menschen Inhalte und Fertigkeiten beibringt, die diese noch nicht kennen oder können. Das kompetente, sachkundige und geschickte Vermitteln von Lerninhalten ist eine der wichtigsten Basistechniken. Daran werden Lehrpersonen immer wieder gemessen. Befragungen von Schülern und Schülerinnen zeigen regelmäßig, dass das «Erklären können» aus Schülersicht eine der wichtigsten Kompetenzen von Lehrpersonen ist (vgl. z. B. Freitag 1998).

Im *Kurzvortrag oder Input* präsentiert die Lehrperson den Schülerinnen und Schülern Sachverhalte und Zusammenhänge. Schülerinnen und Schüler brauchen Informationen von Menschen, die kundiger sind als sie. Das schließt natürlich nicht aus, dass Schülerinnen und Schüler viele Dinge auch selbst entdecken, erforschen und erarbeiten können; davon wird in späteren Kapiteln noch ausführlich die Rede sein. Hier aber geht es um den simplen Sachverhalt, dass Kinder und Jugendliche etwas von der Lehrperson erfahren wollen, und dieses Bedürfnis muss eine Lehrperson professionell befriedigen können. Die Lehrperson soll Schülerinnen und Schülern ihr Wissen nicht verweigern, sondern es bereitwillig teilen. Es ist aber bewusst von einem *kurzen* Vortrag die Rede, denn Lehrpersonen dürfen den Kindern nicht die Zeit stehlen mit langfädigen Ausführungen (vgl. Grell & Grell 2005).

Das gilt sinngemäß auch für das *Vorzeigen* von Abläufen, Techniken und sogar Gedankengängen, auch «Modellieren» genannt («Modeling», vgl. Collins, Brown & Newman 1989). Das Vorzeigen muss zwingend das Nachmachen nach sich ziehen, darf also die Aktivität der Schülerinnen und Schüler nicht behindern oder gar ersetzen (vgl. Aebli 1983).

Im *Erzählen und Vorlesen* schwingt hingegen stärker das Erlebnismäßige und die affektive Tönung mit; oft steht das Schildern eines Geschehens im Vordergrund (vgl. Aebli 1983). Gutes Erzählen und Vorlesen kann den Spannungsbogen auch über eine längere Zeit halten.

Das *Erklären* schließlich gehört zu den identitätsstiftenden Tätigkeiten des Lehrberufs; es ist die instruktionale Basistechnik schlechthin, im Sinne des plausiblen, gut nachvollziehbaren Darstellens eines Sachverhalts oder Zusammenhangs. Oft merken Lehrpersonen unvermittelt, dass etwas nicht verstanden wurde, oder sie werden von Schülerinnen und Schülern gefragt; dann müssen sie die Dinge erklären können – spontan und bisweilen unvorbereitet und gleichwohl kurz, präzis, einleuchtend und nötigenfalls variantenreich.

Mediale Techniken

Präsentationsmedien – Printmedien
Lehrpersonen müssen das Lehren und Lernen medial unterstützen können. Mediales Methoden-Know-how bei Inputs und Erklärungen ist unabdingbar. Zum Grundrepertoire an klassischen *Präsentationsmedien* gehören die Wandtafel bzw. das Whiteboard, der Hellraumprojektor und das Video. Zunehmend wichtig ist ein kompetenter und methodisch überlegter Umgang mit Computer und Beamer, während manche traditionellen Medien wie Dias, Schulwandbild oder Moltonwand an Bedeutung verlieren.

Trotz eines breiten Angebots an Lernmaterialien produzieren Lehrpersonen immer wieder Texte, Übungsblätter, Zusammenfassungen usw. selbst und greifen inhaltlich und formal intuitiv auf Vorbilder aus der eigenen Schulzeit zurück.

Hier geht es darum, einen überlegten und kritischen Umgang mit übernommenen oder selbst produzierten *Printmedien* zu finden.

Mediale Lernangebote für Schülerinnen und Schüler, zum Beispiel Lernsoftware, zählen hier nicht zu den Basistechniken. Sie werden in Fachdidaktiken und der ICT-Ausbildung thematisiert.

Moderationstechniken

Begrüßen und sich vorstellen – Fragen stellen – Beiträge sammeln – Gespräche leiten
In allen unterrichtlichen Settings muss die Lehrperson moderieren können, das heißt: Gespräche initiieren, steuern, in Gang halten und auch beenden. Gewisse Gesprächssituationen sind sehr unterrichtsspezifisch und kommen in anderen Lebenssituationen nicht in dieser Form vor. Hier gibt es einige Grundtechniken, die es zu beachten gilt, wenn Gespräche produktiv sein sollen, etwa bei der Wartezeit nach dem Stellen einer Frage oder beim Quittieren der Äußerung eines Schülers oder einer Schülerin, um nur zwei Beispiele zu nennen.

Zeitplanung: Keine Basistechnik, die geübt werden muss!

Die Zeitplanung lernen Lehrpersonen nach Versuch und Irrtum. Je länger eine Lehrperson unterrichtet hat, desto präziser spürt sie, wie viel Zeit eine bestimmte Tätigkeit braucht, zum Beispiel eine Einführung, eine Übungsphase oder eine Werkstatt. Lehrpersonen lernen *on the job,* wie gegebene Zeitgefäße optimal strukturiert werden. Berufseinsteigerinnen und -einsteiger schätzen den Zeitbedarf ungefähr ab, doch ist es ihr Privileg, sich in der Zeitplanung zu verschätzen. Es wäre unfair, von ihnen immer stimmige Prognosen über den Zeitaufwand zu erwarten.

Handlungsrepertoire erweitern

Das Beherrschen von Basistechniken ist eine grundlegende Voraussetzung, aber nicht Garantie für guten Unterricht. Zur Unterrichtskompetenz gehört auch, zu wissen, wann welche Basistechnik einzusetzen ist und wann nicht. Zudem kann sich das Handlungsrepertoire von Lehrpersonen mit zunehmender Unterrichtserfahrung ständig erweitern; die Techniken des Unterrichtens verfeinern sich, der Handlungsspielraum wird größer, das Handeln variantenreicher und adaptiver.

Literatur
Aebli, H. (1983). Zwölf Grundformen des Lernens. Eine Allgemeine Didaktik auf psychologischer Grundlage. Stuttgart: Klett.
Collins, A., Brown, J. S. & Newman, S. E. (1989). Cognitive Apprenticeship: Teaching the Crafts of Reading, Writing, and Mathematics. In L. B. Resnick (Hrsg.), Knowing, Learning, and Instruction. Hillsdale N. J.: Erlbaum.
Freitag, M. (1998). Was ist eine gesunde Schule? Einflüsse des Schulklimas auf Schüler- und Lehrergesundheit. Weinheim: Juventa.
Grell, J. & Grell, M. (2005). Unterrichtsrezepte. Weinheim: Beltz.
Hattie, J. (2009). Visible learning: a synthesis of over 800 meta-analyses relating to achievement. Oxon: Routledge.
Rosenshine, B. & Stevens, R. (1986). Teaching Functions. In M. C. Wittrock (Hrsg.), Handbook of Research on Teaching. New York: Macmillan.
Stigler, J. W. & Hiebert, J. (1999). The Teaching Gap: Best Ideas from the World's Teachers for Improving Education in the Classroom. New York: Free Press.

Texte   Lehren durch Instruieren – Lernen durch Konstruieren

1 Lehren durch Instruktion

Oder: Instruktion kann mehr als «Einfüllen von Wissen in Schülerköpfe»

«Instruktion gilt heute vielfach als unfein, wenig schülerorientiert, ja autoritär. Aber das ist völlig falsch. Instruktion ist ein unverzichtbares Element gerade von selbst gesteuertem Unterricht, der Schüler ernst nimmt. Herbert Gudjons zeigt, wie man Instruktion und selbstständiges Lernen integriert.

Instruktion – Abkehr vom selbst gesteuerten Lernen?

Wer die Unterrichtsentwicklung der letzten Jahre (Bastian 2007) aufmerksam verfolgt, kann angesichts des Heftthemas «Lehren durch Instruktion» eigentlich nur den Kopf schütteln. Auf den ersten Blick scheint das selbstorganisierte Lernen der Schüler und Schülerinnen, wie es in allen neueren didaktischen Konzepten betont wird – ein krasser Widerspruch zum Lernen durch Lehrerinstruktion zu sein. Wenn unter Lehrerinstruktion das dominierende, alles beherrschende Merkmal der Lehrerrolle verstanden wird, ist das auch richtig: Der gesamte Ablauf des Lehr-Lern-Prozesses wird dann in zentraler Weise durch die Lehrkraft gesteuert, wobei Effektivität der Vermittlung disziplinärer Lernziele das entscheidende Kriterium für den Unterrichtserfolg ist (vgl. Wiechmann 2006, S. 265).

In der Tat findet sich dieses Verständnis von Instruktion in zahlreichen neueren empirischen Forschungsarbeiten zur Wirksamkeit von Unterrichtskonzepten (Helmke & Weinert 1997; Reinmann-Rothmeier & Mandl 1998, 2001; Steiner 1997, 2001; Helmke 2004). Auch in aktuellen schulpädagogischen Handbüchern und Sammelwerken taucht der Begriff «direkte Instruktion» als Unterrichtsmethode auf (z.B. Wiechmann 2006; ähnlich Grell 2002). Allerdings sind diese Arbeiten weit davon entfernt, Unterricht schlicht mit Instruktion gleichzusetzen. Und das ist gut so. Es kommt vielmehr darauf an, sowohl praktisch-organisatorisch wie unterrichtstheoretisch den Zusammenhang «zwischen Instruktionsunterricht und selbst gesteuertem Lernen» herzustellen (Jürgens 2006, S. 281).

Das bedeutet: Auch und gerade in einem Konzept von Unterricht, welches das Lehren des Lehrers als Zurverfügungstellen und Arrangieren von Lernsituationen begreift, ist das Element der Instruktion unverzichtbar. Aber Instruktion eben nur als Element, als untergeordnetes Merkmal der Lehrerrolle. So wird aus dem Horrorbegriff Instruktion mit seinem leicht autoritären Beigeschmack ein sinnvoller, zu kultivierender Bestandteil des Unterrichts.

Verschiedene Arten von Instruktion

Anleitungen und Informationen.
Zunächst kann instruieren (entlehnt vom lat. *instruere*) etymologisch wörtlich bedeuten: herrichten, ausrüsten, unterweisen. Eine Instruktion ist demnach zunächst einmal eine *anleitende Unterweisung.* Solche Handlungsanleitungen sind auch für das selbstständige Lernen der Schüler und Schülerinnen notwendig, z.B. um einen chemischen Versuch gefahrlos durchzuführen, eine Erkundung außerhalb der Schule ohne Leerlauf zu machen, die Bibliothek sinnvoll zu nutzen oder im Internet zweckmäßige Recherchen zu unternehmen.

Oft gehören zu solchen Instruktionen auch inhaltliche Informationen, z.B. wenn Schülerinnen und Schüler sich selbstständig mit der deutschen Aufrüstung vor dem 2. Weltkrieg beschäftigen, ist es zweckmäßig, dass die Lehrkraft mit einem Lehrervortrag beginnt zum Versailler Vertrag, den Reparationsleistungen, Gebietsabtretungen u. a. m., ohne die Hitlers Begründung der Aufrüstung nicht verständlich wäre.

Instruktionen als Handlungsanleitungen und Instruktionen als Informationsvermittlung hängen auch dann zusammen, wenn die Lehrkraft den Schülern die wichtigsten Phasen eines eigenständigen Forschungs- und Entdeckungsprozesses für ihre anschließende selbstständige Arbeit erklärt, z.B. am biologischen Thema «ökologisches Gleichgewicht zwischen Wölfen und Wild» (relevante Elemente identifizieren, Hypothesen entwickeln, Informationen einholen, Hypothesen prüfen, abschließende Bewertung der Hypothese usw.) (Gudjons 2007, 95f.).

Auf die Wichtigkeit der *Formulierung von Instruktionen* hat Helmke in PÄDAGOGIK Heft 6/2007, S. 44ff. unlängst aufmerksam gemacht. Hier deshalb nur eine kurze Zusammenfassung: Instruktionen müssen klar sein, d. h. verständlich, prägnant, kohärent (ohne Brüche) und fachlich korrekt. Ausgesprochen störend und mit negativer Wirkung auf die Schüler sind z.B. Unsicherheits- und Vagheitsausdrücke («Was weiß ich, ich sag mal, irgendwie, also keine Ahnung, gewissermaßen» u. a. m.), im Nirwana endende Sätze, vom Hölzchen aufs Stöckchen kommen, Füllwörter wie «okay?, oder?, Hm ..., hm ..., hm ..., halt, ne?» u. a. m.

Als minimale Hilfe der Formulierung bietet sich das «Hamburger Verständlichkeitskonzept» (Langer, Schulz von Thun & Tausch 2002) an:
Die Lehrkraft achtet auf
1. Einfachheit (kurze, klare Sätze, Fachwörter erklären, geläufige Wörter benützen)
2. Kürze/Prägnanz (aufs Wesentliche konzentrieren, Langatmigkeit vermeiden)
3. Ordnung/Gliederung (sichtbarer roter Faden, Haupt- und Nebeninformationen unterscheiden, kein Datenmüll, Übersichtlichkeit)

Die bisher beschriebenen einfachen Instruktionselemente sind sicher nicht umstritten. Doch die Komplexität des Instruktionsbegriffs steigert sich im Folgenden.

Der große Naturwissenschaftsdidaktiker Martin Wagenschein interpretierte in den 1960er-Jahren Unterricht noch als «Verstehen lehren», als Wechselspiel von Instruktion und selbstständigem Forschen, wobei der Lehrer das Verstehen der Schüler strukturiert und ihre Denkprozesse systematisiert. In den 1970er- und 1980er-Jahren setzte die empirische Unterrichtsforschung dann den Akzent auf ein stark instruktionsbasiertes Lernen kognitiver Inhalte (Steiner 1997). Dieses Konzept fasst das instruktionsorientierte Verständnis von Unterricht schärfer, bis es dann im «Instructional design» einen vorläufigen Höhepunkt erreicht (Schnotz 2006, S. 152).

Instruktion als «begleitende Verstehenskontrolle»

In diesen neueren Forschungen zum instruktionsbasierten Lernen wird Wissenserwerb als Prozess betrachtet, der aus den Komponenten Verstehen, Speichern, Abrufen und Anwenden besteht (Steiner 1997, S. 280). Ausgefeilte Instruktionsmethoden stehen im Mittelpunkt eines solchen Lernprozesses und sollen entsprechende Lernleistungen auslösen, aufrechterhalten und abschließen – das Ganze so effizient wie möglich. Ich möchte allerdings darauf aufmerksam machen, dass es sich bei diesem Verständnis von Instruktion um relativ begrenzte kognitive Lernleistungen handelt! Diese Lernleistungen beziehen sich auf den Aufbau von sog. deklarativem Wissen (Fakten- und Sachwissen) bzw. den Erwerb von konzeptuellem Wissen (Schemata, Netzwerke, mentale Modelle). «Es ist in jedem Fall der Lehrer, [...] der die entsprechende Organisation der aufzubauenden Wissensstrukturen oder mentalen Modelle kennt und den Aufbauprozess entsprechend plant, leitet und evaluiert»! (ebd., S. 298). Er soll den Verstehensprozess im Unterricht sorgfältig begleiten und kontrollieren, durch begriffliche Zwischenergebnisse festigen (die er von den Lernenden verbindlich formulieren lässt!), notwendige Wiederholungsschlaufen einziehen und durch «comprehension monitoring» (Kontrolle des eigenen Lernens durch die Schüler) einer bloß additiven Verarbeitung des Materials zugunsten einer integrativen Behandlung vorbeugen. Das Ganze wird «begleitende Verstehenskontrolle» genannt (ebd., S. 299).

Natürlich engt das die Freiräume der Lerner für selbstorganisiertes Lernen erheblich ein. Aber kein Mensch wird bestreiten, dass diese Art von Instruktionsunterricht bei begrenzten Inhalten und Zielen effektiv und sinnvoll ist (Schnotz 2006). Auch hat sich inzwischen herumgesprochen, dass «in aller Regel ein Mindestmaß an Fremdsteuerung erforderlich (ist), damit der Lernende Fähigkeiten zur selbstständigen Steuerung und Kontrolle seines Lernens erwerben kann.» (Reinmann-Rothmeier & Mandl 1998, S. 464). Jeder Lerner braucht zum selbstgesteuerten Lernen elaborierte kognitive Strukturen (z.B. das Prinzip des Dreisatzes verstanden zu haben), deren Erwerb sich durch das im Folgenden beschriebene «Instructional design» durchaus erleichtern lässt.

Instructional design – Garant für effektiven Unterricht?
Das umfassendste Konzept von Instruktion liegt in Modellen des «Instructional design» vor (Grell 2002 nennt es «direktes Unterrichten»). Ausgehend vom Instruktionsprinzip des österreichisch-amerikanischen Psychologen und Pädagogen David Ausubel (1974) mit seinem Konzept des «sinnvollen, rezeptiven Lernens», muss der zu erwerbende Lerninhalt nicht vom Lernenden selbst entdeckt werden, sondern wird in bereits fertiger Form dargeboten. Wissenserwerb ist von außen zu planen, anzuleiten und zu steuern.

Hintergrund ist dafür die moderne Instruktionspsychologie: Um Wissen zu vermitteln, übernehmen Lehrende den aktiven Part, Lernende eher den passiven. In der Anlage von Lehr-Lern-Prozessen ist dann systematisch-schrittweise vorzugehen. Im Mittelpunkt steht eine Auffassung von Lernen, «die den Prozess des Wissenserwerbs als einen streng regelhaft ablaufenden Prozess der Informationsverarbeitung interpretiert, der sich eindeutig beschreiben und damit auch erfolgreich steuern lässt» (Reinmann-Rothmeier & Mandl 2001, S. 606). Die im Lehrplan festgehaltenen Inhalte sind möglichst systematisch darzubieten und zu organisieren.

Die Unterrichtsplanung nach dem Instructional design ergibt eine stark technologische Lehrstrategie, wie die folgenden fünf Komponenten einer instruktionspsychologisch fundierten Didaktik es zeigen (Leutner 2001, S. 268):
1. Beschreibung des gewünschten *Soll- oder Zielzustandes* einer Person (oder Klasse), bezogen auf ein bestimmtes Wissensgebiet.
2. Beschreibung *zielrelevanter Ist-Zustände* der Schüler und Schülerinnen vor Beginn der Instruktion.
3. Explikation des Prozesses für den *Übergang vom Ist- in den Soll-Zustand*. Dazu muss man den angestrebten Lernprozess analysieren und die passenden methodischen Schritte auswählen.
4. Spezifikation derjenigen *instruktionalen Bedingungen,* die geeignet sind, den Übergang zu fördern. Hier geht es also um ein konkretes Instruktionsdesign.
5. Spezifikation von Verfahren zur Evaluation und Beurteilung des Lernerfolgs.

Direktes Unterrichten
Wie weit sich der Instruktionsunterricht bis heute gehalten hat, zeigt das engagierte Plädoyer Jochen Grells (2002, S. 35 ff.) für dieses Modell. Konsequent fällt er die Vorentscheidung: «Deine Aufgabe als Lehrer ist es, den Schülern etwas beizubringen» (ebd., S. 40). Erster Schritt dazu ist die *Demonstration und Präsentation* des Unterrichtsstoffes. Zweiter Schritt: *Üben unter Anleitung.* «Man stellt eine Frage oder Aufgabe, sie wird von den Schülern beantwortet. Man gibt dem Schüler Feedback. Man stellt eine neue Frage usw.» (ebd., S. 42). «Mit diesen Lehrerfrage-Schülerantwort-Feedback-Sequenzen wird so lange weitergeübt, bis alle Schülerinnen und Schüler den Lernstoff beherrschen» (ebd., S. 42). Dritter Schritt ist das *selbstständige Üben.* Erst wenn alle Schüler sicher geworden sind, dürfen sie ohne Lehrerlenkung weiter üben.

Im Mittelpunkt des Instructional design stehen Elemente wie Wiederholung des zurückliegenden Stoffes, explizite Angabe der Ziele einer Stunde, Anknüpfung an das Vorwissen, kleinschrittiges Vorgehen mit vielen Übungsgelegenheiten, klare und deutliche Instruktionen, aktive Übung und ständige Kontrolle des Verstehensprozesses. Aber Grell wehrt sich auch gegen jede Verabsolutierung dieses Ansatzes und gegen jeden Dogmatismus im einseitigen Gebrauch dieser Methode. Andreas Helmke (2004, S. 70) kommentiert dies denn auch mit dem Satz: «Was Grell [...] zum direkten Unterrichten [...] sagt, [...] gehört zum Treffendsten, was ich zu dieser Frage seit Langem gelesen habe.»

Auch wenn es in die Landschaft des selbstorganisierten Lernens nur schwer passt: Es wäre zu billig, das Instructional design einfach mit Begriffen wie autoritär, reaktionär, anachronistisch, schülerfeindlich, militaristisch, Drill, mechanisches Lernen, absolute Lehrerdominanz u. a. m beiseitezuwischen. Immerhin geht es um raschen und ökonomischen Wissenserwerb! Empirische Forschungen (Helmke & Weinert 1997, S. 136; Helmke 2004, S. 70) haben belegt, dass dieses Modell, besonders für jüngere oder leistungsschwächere Schüler, in «harten» Fächern (z. B. Mathematik) und für eingegrenzte Stoffvermittlung durchaus effektiv und außerdem theoretisch gut abgesichert ist.

Aber wir schlagen uns dennoch nicht auf die Seite des Instructional design ...

Kritik des Instructional design
- Zunächst ist die starke *Lehrerzentrierung* dieses Modells auffällig (zum Folgenden: Reinmann-Rothmeier & Mandl 2001, S. 612 f.). Deutlich ist die Konzentration auf den Primat und die Optimierung der Instruktion und die Art und Weise, wie Unterricht geplant, organisiert und gesteuert werden muss, damit Lernende die präsentierten Wissensinhalte in ihrer wesentlichen Systematik verstehen und sich diese zu eigen machen. Die Rolle des Lehrenden besteht also im Wesentlichen in der Funktion eines *didactic leader* (ebd., S. 607), der die Wissensinhalte präsentiert, erklärt, die Lernenden anleitet und ihre Lernfortschritte überwacht. Eine eigene Strukturierung des Lernstoffes durch die Lernenden ist nicht erforderlich.
- Es fehlen immer noch hinreichend differenzierte, überzeugende *empirische Befunde* für den Denkansatz des Instructional design, vor allem für die erhoffte *allgemeine* Überlegenheit einer streng rationalen Gestaltung der Lehr-Lern-Prozesse. Das Verfahren, Ganzheiten in elementare Teile und Sequenzen zu zerlegen und getrennt zu vermitteln, ist ein reduktionistisches Verfahren und sehr problematisch, weil Lerninhalte von der gesamten Wissensstruktur (Schlagwort moderner Didaktik: vernetztes Lernen!) und nicht von isolierten Teilen dieser Struktur («Häppchen-Didaktik») abhängig sind.

- Der Primat der Instruktion bedingt in der Regel eine weitgehend *passive Haltung* der Lernenden, die in einer eher rezeptiven Rolle gesehen werden. Dies wiederum reduziert die Eigeninitiative und Selbstverantwortung für das Lernen, was die Wahrscheinlichkeit erhöht, dass sich die Lernenden demotiviert oder bestenfalls extrinsisch motiviert fühlen: Der Lehrer wird's schon richten ...
- Das allein nach sachlogischen und systematischen Gesichtspunkten geordnete und aufbereitete Wissen hat mit den komplexen und wenig strukturierten Anforderungen und Erfahrungen in Alltagssituationen meist nur wenig gemeinsam. Der Lebensalltag ist eben nicht so schön systematisch angeordnet, wie man das gelernt hat. «Träges Wissen», das in *Alltagssituationen* kaum zur Anwendung kommt, aber brav gelernt wurde, ist die Folge. Lernen findet weitgehend losgelöst von den realen Kontexten des Lebens statt. Erworbenes Wissen kann nur schwer auf neue Situationen angewendet werden.
- Das auch als «expository learning» bezeichnete «design» zielt auf dosiertes, *reproduktives Wissen* und *automatisierte Fähigkeiten.* Das genügt in der heutigen differenzierten Wissensgesellschaft aber nicht mehr.
- Terhart (1989, S. 139) vergleicht Direct instruction bissig mit einer in schnellem Tempo voranschreitenden «*Quiz-Veranstaltung».*
- Schließlich sehen selbst die ursprünglichen Vertreter der Direct instruction ihr Konzept inzwischen erheblich kritischer (Rosenshine & Meister 1994), weil Lehrerlenkung, Faktenanhäufung und rezeptive Lernhaltung der Schüler zu stark im Mittelpunkt stehen.

Was kann man dennoch aus dem Instructional design für den Umgang mit dem instruktionalen Element in der Didaktik lernen?

Drei didaktische Grundorientierungen
Sehr bekannt sind inzwischen die drei von Reinmann-Rothmeier und Mandl (1998, S. 474 ff.) entwickelten didaktischen Grundorientierungen, die den Lehrern unterschiedliche Verbindungen von Instruktion und selbstständigem Lernen eröffnen. Ich ordne diesen drei didaktischen Grundorientierungen die bisher beschriebenen Instruktionsweisen zu.

- Erstens: *Systemvermittelnde Lernumgebungen*
Dieser Typus ist das «engste» Modell. Hier geht es um die Vermittlung fertiger Systeme von Wissensbeständen. Die Lernenden erwerben vorwiegend Faktenwissen, wobei sie stark von außen angeleitet und auch kontrolliert werden. Der Unterricht lebt weitgehend von der Instruktion, wobei den Lernenden systematisch aufbauend Informationen dargeboten werden, um das festgelegte Instruktionsziel zu erreichen.
Ganz klar: Hierher gehört das Instructional design, das wir inzwischen ausführlich kennengelernt haben. Auch viele der heute über moderne Medien (Computer, CD/DVD, Internet usw.) beziehbaren Lernprogramme sind eindeutig in diese Kategorie einzuordnen. Aber auch ganz kurzfristige Instruktionen durch die Lehrkraft (z.B. ein nur wenige Minuten dauernder, in sich geschlossener Lehrervortrag) wären hier zuzuordnen, sofern sie Informationen zu notwendigen Wissensbeständen präsentieren.

- Zweitens: *Adaptive Lernumgebungen*
  Der Begriff adaptiv meint, dass sich die gesamte Gestaltung der Lernumgebung stark an die Bedürfnisse, Vorkenntnisse, Fertigkeiten, Stärken und Schwächen der Lernenden anpasst. Die Lernenden sind aktiv und werden von einer Lernumgebung unterstützt, die ihnen Fach- und Faktenwissen, aber auch strategisches Wissen und Können vermittelt. Die Lernumgebung ist also offener als im ersten Modell, nicht ausschließlich aus dem «System» des Stoffes abgeleitet und baut auf Elemente eigentätigen Lernens.
  Die Instruktionen der Lehrkraft sind ausdrücklich unterstützend, dosiert, durchaus aber auch lenkend. Die Funktion des Lehrenden ist die des «facilitators», der den Wissenserwerb durch geeignete Instruktionen und Schritte erleichtert, sparsam und stets an der Selbststeuerungsfähigkeit der Lerner ausgerichtet.

- Drittens: *Problemorientierte Lernumgebungen*
  Es ist das offenste Modell. Kerngedanke ist hier das Konzept des explorativen Lernens: Die Lernenden sind aktiv und erarbeiten sich selbst neues Wissen, wobei die Lernumgebung ihnen geeignete Probleme anbietet. Mit möglichst wenig Anleitung und Steuerung von außen erwerben sie Problemlöse- und Selbststeuerungskompetenzen. Lernende setzen sich selbst intensiv mit neuen Inhalten auseinander. Zunehmend übernehmen sie Verantwortung für den Verlauf und das Ergebnis des Lernens.
  Selbstverständlich sind auch hier gelegentlich Instruktionen nötig. Und zwar in der Form von (streng funktional ausgerichteten und damit begrenzten!) Handlungsanweisungen und unbedingt notwendigen inhaltlichen Informationen. Aufgabe der Lehrenden ist es, Probleme und «Werkzeuge» zur Problembearbeitung zur Verfügung zu stellen und auf eventuelle Bedürfnisse der Lernenden entsprechend zu reagieren. Aber erkennbar ist doch der weitgehende Verzicht auf Instruktionen.

Als entscheidendes *Fazit* aller drei Modelle ist festzuhalten: «Lernen ohne jegliche instruktionale Unterstützung ist in der Regel ineffektiv und führt leicht zur Überforderung. Lehrende können sich deshalb nicht darauf beschränken, nur Lehrangebote zu machen, sie müssen den Lernenden auch anleiten und insbesondere bei Problemen gezielt unterstützen» (Reinmann-Rothmeier & Mandl 2001, S. 628). Die Effekte einer solchen unterstützenden Kontrolle (nicht aber eines dominanten Lehrerverhaltens mit autoritärem Kontrollstil!) zeigten in einer empirischen Studie an 1200 Grundschulkindern im Mathematikunterricht, «dass die Schüler unter unterstützender Kontrolle gute mathematische Leistungen erzielen, eine positive Einstellung zum Lernen entwickeln, im Unterricht aktiv mitarbeiten und vergleichsweise wenig Prüfungsangst haben» (ebd., S. 629).

Verbindung von Instruktion und Konstruktion im Lernprozess
Zwei Extreme – Instruktion («Einfüllen von Wissen in Schülerköpfe») und Konstruktion («alles Lernen ist radikal und immer Selbstkonstruktion von Bedeutungen») – gegeneinander auszuspielen, ist nicht hilfreich. Ein pragmatisches Konzept wird beide Ansätze integrieren. Dies geschieht im sog. *«wissensbasierten Konstruktivismus»:* Hier wird nämlich Lernen «als eine persönliche Konstruktion von Bedeutungen interpretiert, die allerdings nur dann gelingt, wenn eine ausreichende Wissensbasis zur Verfügung steht. Zu deren Erwerb kann jedoch auf

instruktionale Anleitung und Unterstützung nicht verzichtet werden» (Reinmann-Rothmeier & Mandl 2001, S. 626). Das bedeutet: Es ist nicht möglich und sinnvoll, ständig fertige Wissenssysteme zu vermitteln, auf immer gleichen didaktischen Vermittlungswegen zu arbeiten, das Lernen im Gleichschritt anzustreben, ohne Spielräume für die Eigenaktivität der Lernenden zu öffnen. Genauso wenig möglich und sinnvoll ist es, allein den Konstruktionsleistungen der Lernenden zu vertrauen, immer nur problemorientierte, offene Lernumgebungen anzubieten.

Es geht also nicht um ein theoretisches oder praktisches Entweder-oder, sondern um «eine Balance zwischen expliziter Instruktion durch den Lehrenden und konstruktiver Aktivität durch den Lernenden» (ebd., S. 627). Immerhin gilt: Wer nichts weiß, der kann auch nichts neu konstruieren ... Ein Gesamtkonzept des Unterrichts wird je nach didaktischem Ziel der Lehrkraft in unterschiedlichen Phasen das jeweils angemessene Modell der drei Lernumgebungen einsetzen. Keines wird verabsolutiert.

Instruktion und Konstruktion verbinden – praktisch
Ein schönes Beispiel für eine solche Integration sind die neuen *medialen Lernangebote,* die computerbasiert offene Lernangebote mit instruktionalen Komponenten verbinden. Weidenmann (1996, S. 333) beschreibt ein Lernsystem zur beruflichen Bildung, bei dem auf dem PC im ersten Fenster kontinuierlich (eher lehrgangs- und instruktionsorientiert) eine Fallsimulation aus dem beruflichen Alltag dargestellt wird; im zweiten Fenster können die Lerner dazu vielfältige Informationen, «Werkzeuge», Arbeitstechniken etc. abrufen, die sie zur Bearbeitung des Falles benötigen oder die hilfreich sind.

Ein anderes Beispiel ist der *Cognitive-Apprenticeship-Ansatz,* der sich vor allem in den USA bewährt hat und sich großer Beliebtheit erfreut (Reinmann-Rothmeier & Mandl 1998, S. 488f.). Die Grundidee ist einfach: Nach dem Modell der Handwerkslehre erwerben die Lernenden (neben inhaltlichem) vor allem strategisches Wissen (Findetechniken zur Problemlösung, aber auch Kontroll- und komplette Lernstrategien). «Das Grundprinzip ist: Ein Experte macht modellhaft etwas vor; die Lerner versuchen probeweise das, was ihnen vorgemacht wird, nachzumachen» (Peterssen 1999, S. 54). Instruktion und Eigentätigkeit sind verbunden: Die Lehrkraft macht ihr Vorgehen an einem authentischen Problem vor und verbalisiert die dabei ablaufenden Prozesse und Aktivitäten. Sie entwickelt also durch Instruieren (Vormachen) ein spezifisches Modell, an dem sich die Lerner unterstützt durch den Lehrer dann eigentätig erproben. Die Unterstützung des Lehrers wird mit zunehmendem Können der Lerner allmählich ausgeblendet (*fading*). Am Ende steht ein gemeinsamer Rückblick, der die Lerner anregt, die eigenen Problemlöseprozesse mit denen anderer Lerner und dem Ursprungsmodell zu vergleichen. Dabei kann der Lehrer Videomitschnitte zu Hilfe nehmen, problematische Abschnitte wiederholen, Abläufe grafisch darstellen, korrigieren usw. Später wird der ursprüngliche Problemkontext verlassen und das Gelernte auf andere Bereiche selbstständig übertragen und angewendet. So können Problemlösungsmodelle in unterschiedlichsten Fächern erarbeitet werden.

Wem diese Beispiele zu komplex sind, kann sich an viel einfacheren Verfahren innerhalb des offenen Unterrichts orientieren, in denen Instruktionen (schriftlich und mündlich) mit selbstständigem Arbeiten verbunden werden, z. B. der Wochenplanarbeit, Stationenlernen, Erkundungen, Projektarbeit, Schülerpräsentationen und anderem mehr. ❯

Literatur

Ausubel, D. P. (1974). Psychologie des Unterrichts. 2 Bde. Weinheim: Beltz.

Bastian, J. (2007). Einführung in die Unterrichtsentwicklung. Weinheim: Beltz.

Grell, J. (2002). Direktes Unterrichten. Ein umstrittenes Unterrichtsmodell. In J. Wiechmann (Hrsg.), Zwölf Unterrichtsmethoden. Vielfalt für die Praxis (3. Auflage, S. 35–49). Weinheim: Beltz.

Gudjons, H. (2007). Frontalunterricht – neu entdeckt. Integration in offene Unterrichtsformen (2., durchgesehene Auflage). Bad Heilbrunn: Klinkhardt (UTB).

Helmke, A. (2004). Unterrichtsqualität erfassen, bewerten, verbessern (3. Auflage). Seelze: Kallmeyer.

Helmke, A. & Weinert, F. E. (1997). Bedingungsfaktoren schulischer Leistungen. In Enzyklopädie der Psychologie, Themenbereich D: Praxisgebiete, Serie I: Pädagogische Psychologie, Bd. 3: Psychologie des Unterrichts und der Schule, hrsg. v. F. E. Weinert (S. 71–176). Göttingen: Hogrefe.

Jürgens, E. (2006). Offener Unterricht. In K.-H. Arnold, U. Sandfuchs & J. Wiechmann (Hrsg.), Handbuch Unterricht (S. 280–284). Bad Heilbrunn: Klinkhardt.

Langer, I., Schulz von Thun, F. & Tausch, R. (2002). Sich verständlich ausdrücken. München: Reinhardt.

Leutner, D. (2001). Instruktionspsychologie. In D. Rost (Hrsg.), Handwörterbuch Pädagogische Psychologie (2. Auflage, S. 267–276). Weinheim: Beltz.

Peterssen, W. H. (2001). Kleines Methoden-Lexikon (2. Auflage). München: Oldenbourg.

Reinmann-Rothmeier, G. & Mandl, H. (1998). Wissensvermittlung: Ansätze zur Förderung des Wissenserwerbs. In Enzyklopädie der Psychologie, Themenbereich C: Methodologie und Methoden, Serie II: Kognition, Bd. 6: Wissen, hrsg. v. F. Klix und A. Spada (S. 457–500). Göttingen: Hogrefe.

Reinmann-Rothmeier, G. & Mandl, H. (2001). Unterrichten und Lernumgebungen gestalten. In A. Krapp & B. Weidenmann (Hrsg.), Pädagogische Psychologie. Ein Lehrbuch (4., vollständig überarbeitete Auflage, S. 613–656). Weinheim: Beltz PVU.

Rosenshine, B. & Meister, C. (1994). Direct instruction. In T. Husén & T. N. Postlethwaite (Hrsg.), The International Encyclopedia of Education, Bd. 3 (S. 1524–1530). Oxford: Pergamon.

Schnotz, W. (2006). Pädagogische Psychologie. Workbook. Weinheim: Beltz PVU.

Steiner, G. (1996). Lernverhalten, Lernleistung und Instruktionsmethoden. In Enzyklopädie der Psychologie, Themenbereich D: Praxisgebiete, Serie I: Pädagogische Psychologie, Bd. 2: Psychologie des Lernens und der Instruktion, hrsg. von F. E. Weinert (S. 279–317). Göttingen: Hogrefe.

Steiner, G. (2001). Lernen und Wissenserwerb. In A. Krapp & B. Weidenmann (Hrsg.), Pädagogische Psychologie. Ein Lehrbuch (4., vollständig überarbeitete Auflage, S. 137–205). Weinheim: Beltz PVU.

Terhart, E. (2000). Lehr-Lern-Methoden (3., ergänzte Auflage). Weinheim: Juventa.

Weidenmann, B. (1996). Instruktionsmedien. In Enzyklopädie der Psychologie, Themenbereich D: Praxisgebiete, Serie I: Pädagogische Psychologie, Bd. 2: Psychologie des Lernens und der Instruktion, hrsg. von F. E. Weinert (S. 319–368). Göttingen: Hogrefe.

Wiechmann, J. (Hrsg.) (2002). Zwölf Unterrichtsmethoden. Vielfalt für die Praxis (3. Auflage). Weinheim: Beltz.

Wiechmann, J. (2006). Direkte Instruktion, Frontalunterricht, Klassenunterricht. In K.-H. Arnold, U. Sandfuchs & J. Wiechmann (Hrsg.), Handbuch Unterricht (S. 265–270). Bad Heilbrunn: Klinkhardt.

Auszug aus: Gudjons, H. (2007). Lehren durch Instruktion. Oder: Instruktion kann mehr als «Einfüllen von Wissen in Schülerköpfen». Pädagogik, 59 (11), S. 6–11, hier S. 6–9 © Zeitschrift Pädagogik, Verlagsgruppe Beltz, Weinheim.

2 Darbietung im Unterricht

Tradition, Formen und Grenzen der Darbietung

❰ Ohne Frage ist die Darbietung ein Schlüsselelement beim Instruieren im Unterricht. In der Praxis jedoch wird darbieten, fragend entwickeln, diskutieren u. a. m. oft so vermischt, dass sich ein «Kommunikationsamalgam» ergibt. Der folgende Beitrag liefert daher eine begrifflich klare Abgrenzung und eine inhaltlich präzise Erläuterung der Darbietung als Lehrform – mit ihren Vorteilen und Grenzen.

Darbietung als Präsentation unterrichtlicher Sachverhalte
In jedem Unterricht werden auf unterschiedliche Weise Sachverhalte dargeboten, um Lernsituationen zu schaffen. Wer unterrichtet, trägt oder macht etwas vor, entwickelt etwas an einem Medium oder führt etwas medial vor. Idealtypisch spricht man von vortragenden, vormachenden, vorführenden Unterrichts- oder Lehrformen, die Lehrende dazu benutzen, einen Sachverhalt mit Gesten, Worten oder Bildern darzustellen, um Informationen zu übermitteln, Zuschauer/Zuhörer zu interessieren, sie möglicherweise von einer Sache zu überzeugen oder auch Handlungsanweisungen (z. B. wie man eine Querflöte richtig hält und den Ton bläst) zu geben. Wer darbietet, erwartet, dass seine Zuhörer das Präsentierte aufnehmen und verarbeiten. Terhart (1997) ordnet deshalb den darbietenden Lehrformen rezeptive Lernformen zu.

Darbietende Lehrformen lassen sich auf die Rhetorik als Theorie der überzeugenden Rede zurückführen. Sie dominierten im lehrerzentrierten Unterricht. Gegenwärtig werden sie als einzelne, zeitlich begrenzte Formen bzw. Elemente didaktischen Handelns im Unterricht angesehen. Ungenau ist die Gleichsetzung mit Frontalunterricht oder Direct Instruction [...].

Zur Tradition darbietenden Unterrichtens
Der neuzeitliche darbietende Unterricht hat seinen Ursprung in den didaktischen Empfehlungen des Comenius (1592–1670) zur Führung und Unterrichtung großer Lerngruppen. Sehr bald wurde allerdings die fragend-entwickelnde Lehrform als zweiter didaktischer Typus des Klassenunterrichts entwickelt. Seit der Institutionalisierung der Lehrerbildung um 1800 gehören beide Großformen des Unterrichtens zum Standardrepertoire der Lehrerausbildung. Lehrer sollten als Grundformen der Darbietung z. B. das Vorzeigen, Vorsprechen, Erzählen, Beschreiben, Erklären, Überzeugen gekonnt praktizieren.

Die Reformpädagogen kritisierten um und nach 1900 an dieser Methode, dass sie Lernende von der geistigen Führung abhängig mache und aktive Lernformen verhindere. Sie forderten daher, die lehrerzentrierte Darbietung möglichst durch schüleraktive Arbeits- und Lernformen zu ersetzen. In dominanten Methodenlehren des Unterrichtens setzte sich dann eine Kombination beider didaktischer Richtungen durch. Dabei wurde zu wenig beachtet, dass Darbietungen über die Rezeption des Präsentierten aktives Lernverhalten fördern sollten. Einsiedler hat diesen Aspekt herausgestellt: Zwar müsse man sehen, dass «darbietende Lehrverfahren einen hohen Strukturierungsgrad» haben und deshalb «die Gestaltung des Lehr-Lern-Prozesses überwiegend vom Lehrer aus[gehe]», aber man dürfe nicht übersehen, dass ihre Bedeutung darin liege, wie sie schüleraktivierend eingesetzt würden. Die entsprechende Realisation könne «über die tatsächliche Aktivität in

den Entdeckungsphasen entscheiden» (Einsiedler 1981, S. 117). Folglich muss heute die Bedeutung der Darbietung im Unterricht als schüleraktivierende Methode herausgestellt werden. Darbietende Lehrformen dienen vor allem dazu,
- Probleme zu entwickeln, Aufgaben darzulegen,
- professionell ein fach- oder sachgemäßes Vorgehen zu demonstrieren,
- Lernende für ein Thema/ein Problem zu interessieren und zu eigener Lernarbeit zu motivieren.

Also: Nicht beibringen, sondern anstoßen und aktivieren!

Formen unterrichtlicher Darbietung
Um einen Sachverhalt im Unterricht darzubieten, können Lehrende ihn vortragen, vormachen, vorführen, visualisieren. Die Wahl des Vorgehens hängt ab von den Zielen des Unterrichts, von den Merkmalen des Sachverhalts und von den Lernvoraussetzungen der Schüler. Oft werden Sachverhalte in einer methodischen Mischform präsentiert, die als besonders geeignet für die didaktische Situation eingeschätzt wird. Vortragen, Vormachen, Vorführen bezeichnen traditionelle Formen des Unterrichtens, vom Visualisieren spricht man, wenn Sachverhalte mittels abstrahierender Symbole, z. B. als sog. Mindmap, dargestellt werden (Apel 2002).

Vortragen
Der Lehrvortrag wird im Klassenunterricht eingesetzt, wenn die sprachlich zusammenhängende Vermittlung eines Sachverhalts oder die Entwicklung eines Problems als die am besten geeignete Methode eingeschätzt wird. Lehrvorträge sind geschlossene sprachliche Darstellungen und werden möglichst medial unterstützt. Sie erfordern eine informative, adressatenbezogene Darstellung. Lehrvorträge können auch von Schülern gehalten werden. Im Vordergrund steht das didaktische Ziel, die Aktivität der Lernenden zur Aneignung eines Sachverhalts anzuregen. Wer im Unterricht einen Sachverhalt vorträgt, soll zweierlei anstreben: Informationen vermitteln und zu selbstständigem Lernen anregen, herausfordern, provozieren, also zum Denken anstoßen.

Einige *Beispiele* (zu allen Beispielen Apel 2002): Lehrer Dachs erklärt im Biologieunterricht, wie das Stopfpräparat eines Bussards hergestellt werden kann. Studienrat Spinner erläutert an der Tafel, wie man den Flächeninhalt eines Quadrates auch mithilfe von Vektoren berechnen kann. Zwei Schülerinnen berichten im Kunstunterricht über Installationen, die sie auf einer Ausstellung in der Kunsthalle gesehen haben. Die verschiedenen Funktionen des Vortragens im Unterricht lassen sich so zusammenfassen: Lehrer sollen durch einen sach- und situationsangemessenen Lehrvortrag
- Probleme oder ungelöste Aufgaben in den Erfahrungshorizont Lernender bringen,
- Instruktionen zu richtigem Handeln anbieten,
- einen Sachverhalt lebendig und anschaulich, übersichtlich und strukturiert darstellen,
- Interesse oder Betroffenheit bei den Schülern anstoßen,
- gelegentlich auch die Zuhörenden von einer Sache überzeugen.

Dabei sind mediale Hilfen zu nutzen, um durch die Verbindung von Hören und Sehen die Informationsverarbeitung zu fördern. Die Tafel, Folien, Abbildungen aller Art, Video- und PC-Präsentationen sind entsprechend den didaktischen Zielen

und Bedingungen einzusetzen. Eindeutige Gliederungen, übersichtliche Darstellung, klare Argumentation, redundante Gedankenführung, zwischengeschaltete Zusammenfassungen und eine Schlussbemerkung erleichtern die Informationsaufnahme. Grundsätzlich ist die anregende, abwechslungsreiche, persönlich gestaltete Darbietung ein wichtiges Moment des Lehrvortrags. Generell gilt: Ein erfolgreicher Lehrvortrag erfordert
- inhaltliche Qualität der Präsentation,
- methodische Qualität der Vermittlung,
- geschickten Medieneinsatz und die Beherrschung der unterrichtlichen Situation.

Vormachen

Im Schulunterricht gibt es didaktische Situationen, in denen Vorgänge vorgemacht werden müssen. Das ist der Fall, wenn Wichtiges beispielhaft gezeigt wird und unsachgemäße Ausführung für Schüler schädliche Folgen bewirken kann. Abläufe werden vorgemacht, damit sie von Lernenden nachgemacht werden können. Dabei sollen die Schüler beobachten, die wesentlichen Schritte erkennen, versuchen, sie nachzuahmen, und den Ablauf trainieren, bis die Handlung gekonnt ist und den Vorgaben entspricht.

Jedes Vormachen setzt voraus, dass eine Operation perfekt im Ablauf, sicher in der Darstellung und in der sprachlichen Vermittlung beherrscht wird. In dem sog. «Cognitive Apprenticeship»-Ansatz liegt eine Neuinterpretation dieser traditionellen Lehrform vor. Mittels gekonnter Präsentation und angemessener Interaktion zwischen Lehrenden und Lernenden sollen Lernende durch die Übernahme von Handlungsformen in eine Expertenkultur eingeführt werden. Sie erwerben so rekonstruierend grundlegende Qualifikationen des Handelns, die in ähnlichen Situationen eingesetzt werden können.

Vorzumachen ist im Unterricht, was Schüler sich nicht selbstständig erarbeiten können, was sie so gar nicht sehen oder erfahren können. Allerdings muss jedes Vormachen die Lernenden aktivieren, damit sie durch Nachmachen, Üben und Anwenden einen Lernzuwachs erreichen. Beobachtung allein reicht nicht.

Beispiele: Sportlehrer Hurtig erklärt und zeigt, wie man die Reckstange sicher umgreift oder mit den Füßen den Kletterschluss am Seil sichert. Ein anderer Lehrer zeigt, wie er mit Power-Point eine Präsentation vorbereitet. Wieder ein anderer macht vor, wie man den Geruch von Chemikalien richtig prüft u. a. m.
Als Funktionen des Vormachens sind festzuhalten: Die Schüler sollen lernen,
- dass bestimmte Handlungen auf eine festgelegte Weise auszuführen sind, damit sie allgemein verständlich sind,
- dass sachbezogene Arbeitsschritte sinnvoll sind, damit ein Produkt funktioniert,
- dass sich typische Aktionsformen für bestimmte Operationen als sinnvoll erwiesen haben und dass abweichende Experimente riskant sind,
- dass bestimmte Operationen konzentriert aufgenommen und nachgeahmt werden müssen.

Vormachen heißt nicht nur zeigen, sondern auch das Gezeigte sprachlich kompetent vermitteln. Die didaktische Situation erfordert präzise Handlungsanweisungen, treffende Beschreibungen und klare Erläuterungen. Die methodische Kurzform könnte heißen: «Mache langsam und mit Betonung der Schwierigkeiten vor. Zeige so, dass alle sehen können. Wiederhole denselben Vorgang und gib zutreffende, präzise sprachliche Erläuterungen oder Anweisungen.»

Vorführen
Wer medial einen Vorgang, ein Ereignis, Dokumente oder Probleme präsentiert, nutzt die Grundformen des Vortragens und Vormachens, um mit Medienunterstützung Aspekte der Wirklichkeit zu erschließen. Durch die Vorführung integrieren Lehrende sowohl originale als auch nichtoriginale Wirklichkeit in den Unterricht. Die Vorführung erfordert gekonntes Zeigen und Erklären sowie die professionelle Handhabung der Medien. Sie muss schülerorientiert, sachgemäß und situationsangemessen erfolgen.

Auch diese Lehrform soll didaktische Funktionen erfüllen. Lernende sollen angeregt werden,
- die vielfältige Wirklichkeit genauer als bisher wahrzunehmen,
- Strukturen und Prozesse natürlicher und gesellschaftlicher Vorgänge besser zu verstehen,
- sich intensiver und aufmerksamer mit Sachverhalten zu befassen.

Wer einen Vorgang medial präsentieren will, kann verschiedene Möglichkeiten nutzen.

Beispiele für die Vielfalt der Wirklichkeit: Ein Hauptschullehrer greift die Wirklichkeit einer Bewerbungssituation auf und spielt mit den Schülern Bewerbungsgespräche durch. Schüler erleben in einem Schulmuseum eine historische Schulstunde (Vorführung einer aufgesuchten Wirklichkeit). Lehrerin Tüftler zerlegt Fahrraddynamos, um Stromerzeugung durch Induktion (an einer bereitgestellten Wirklichkeit) vorzuführen. – Ein anderer Lehrer führt die abgebildete Wirklichkeit vor, indem er zum Thema Vulkanismus ein Video vom Ausbruch des Ätna und seinen Folgen zeigt.

Lehrkräfte können unterschiedliche Wirklichkeiten aufgreifen, z. B. soziale Vorgänge wie einen Streit unter Schülern thematisieren, technische Anlagen außerhalb der Schule aufsuchen oder eine transportable Wirklichkeit wie ein Vogelnest in den Unterricht mitbringen. Man kann aber auch die Wirklichkeit in Bild und Ton abgebildet präsentieren, sie in Modellen nachgebildet vorführen oder sie durch Diagramme darstellen. In jedem Fall geht es darum, Sachverhalte durch Medieneinsatz zu veranschaulichen und dadurch die interne Informationsverarbeitung zu fördern.

Visualisieren
Als Visualisieren bezeichnet man eine Methode des abstrahierenden Veranschaulichens, durch die Vorgänge des Denkens und der Wissensstrukturierung sichtbar gemacht werden sollen. Dabei wird versucht, Gedankengänge bzw. Wissensstrukturen durch symbolische Veranschaulichungen vorstellbar zu machen. Visualisierungen sollen im Gegensatz zu bildlicher Veranschaulichung das nicht direkt Sichtbare durch eine symbolische Darstellung vermitteln. Mittel der Visualisierung sind Modelle und Karikaturen, Schemazeichnungen, Tabellen und Diagramme, Begriffsgrafiken und Mindmaps sowie Simulationen. Wie man diese didaktisch sinnvoll und professionell gestaltet, kann man in einschlägigen praxisnahen Veröffentlichungen nachlesen (Apel 2002).

Forschungen zur Bedeutung darbietender Lehrformen
Ergebnisse der Lehr-Lern-Forschung belegen die Bedeutung darbietender Lehrformen für die Aktivierung unterrichtlichen Lernens, wenn Darstellung und Instruktion problem- und schülerorientiert sowie zeitlich begrenzt erfolgen (zusammen-

fassend: Reinmann-Rothmeier & Mandl 2001, S. 625 ff.; sowie Apel 2002, S. 30 ff.). Für ein erfolgreiches Lernen in komplexen Lernumgebungen sind didaktische Anleitung und Präsentation unverzichtbar, wie Stark u. a. (1995) zeigen. Sie fördern die Entwicklung mentaler Modelle und stützen den Erwerb handlungsrelevanten Sachwissens. Auch die sog. Optimalklassenforschung (Weinert & Helmke 1996) führte zu dem Ergebnis, dass eine klar strukturierte Darstellung neben anderen Faktoren der Klassenführung Lernende dazu anregt, sich intensiver um die Lösung des Problems zu bemühen und zu guten Lernergebnissen zu gelangen. Zu einem vergleichbaren Ergebnis kommt Moser bei seiner Reanalyse der schweizerischen TIMSS-Daten: Eine gekonnte Präsentation fördert klar strukturierte Lernsituationen, in denen Lernende mit Aussicht auf Erfolg tätig werden können. Dadurch werden «Interesse und Selbstwirksamkeitsüberzeugung» (Moser 1997, S. 192) der Lernenden gestärkt.

Grenzen darbietender Lehrformen
Schon Einsiedler beschrieb als «Problem der darbietenden Lehrverfahren», «dass bei der Aneinanderreihung von vielen neuen Informationen diese nur in den Kurzzeitspeicher gelangen und nicht genügend Zeit für die Speicherung im Langzeitgedächtnis bleibt» (Einsiedler 1981, S. 118). Wer einen Vorgang gesehen oder gehört hat, beherrscht ihn noch nicht. Lernen erfordert Aktivität zur tieferen Verarbeitung. Man muss etwas ausführen, um es zu können. Deshalb sind darbietende Lehrformen nur unter bestimmten Voraussetzungen sinnvoll: Sie tragen dazu bei, Informationen zu vermitteln, Aufmerksamkeit und Interesse zu wecken und die Urteilsfähigkeit anzuregen. Sie sollen Fragen auslösen, Verständnis für Lerninhalte fördern, Lernaktivität anregen. Denn: Die möglichst selbstständige Aneignung von Wissen und Können ist oberstes Ziel schulischen Lernens. Dann sind darbietende Lehrformen ein unverzichtbarer Teil didaktischer Lernumgebungen. ›

Literatur
Apel, H. J. (2002). Präsentieren – die gute Darstellung. Baltmannsweiler: Schneider Verlag Hohengehren.
Einsiedler, W. (1981). Lehrmethoden. München: Urban und Schwarzenberg.
Moser, U. (1997). Unterricht, Klassengröße und Lernerfolg. In U. Moser, E. Ramseier, C. Keller & M. Huber, Schule auf dem Prüfstand. Eine Evaluation der Sekundarstufe I auf der Grundlage der Third International Mathematics and Science Study (S. 182–214). Chur/Zürich: Rüegger.
Reinmann-Rothmeier, G. & Mandl, H. (2001). Unterrichten und Lernumgebungen gestalten. In A. Krapp & B. Weidenmann(Hrsg.), Pädagogische Psychologie. Ein Lehrbuch (4., vollständig überarbeitete Auflage, S. 601–646). Weinheim: Beltz PVU.
Stark, R., Graf, M., Renkl, A., Gruber, H. & Mandl, H. (1995). Förderung von Handlungskompetenz durch geleitetes Problemlösen und multiple Lernkontexte. Zeitschrift für Pädagogische Psychologie, 27 (4), S. 289–312.
Terhart, E. (1997). Lehr-Lern-Methoden. Weinheim (2. Auflage). Weinheim: Juventa.
Weinert, F. E. & Helmke, A. (1996). Der gute Lehrer. Person, Funktion oder Fiktion? Zeitschrift für Pädagogik, Beiheft 34, S. 223–233.

Auszug aus: Apel, H. J. (2007). Darbietung im Unterricht. Tradition, Formen und Grenzen der Darbietung. Zeitschrift Pädagogik, 59 (11), S. 12–15 © Zeitschrift Pädagogik, Verlagsgruppe Beltz, Weinheim.

Kommentierte Literaturhinweise

Aebli, Hans
(2011)

Zwölf Grundformen des Lernens. Eine Allgemeine Didaktik auf psychologischer Grundlage (14. Auflage). Stuttgart: Klett.
Die «zwölf Grundformen» sind ein Klassiker der Lehrer- und Lehrerinnenbildung. Hans Aebli gelingt es darin, die grundlegenden Tätigkeiten von Lehrpersonen im Unterricht nicht nur methodisch und didaktisch darzustellen, sondern vor allem sie aus lernpsychologischer Perspektive zu begründen. Unterrichtliches Handeln von Lehrpersonen – allgemein als «Lehren» bezeichnet – wird danach befragt, inwieweit es dem Lernen von jungen Menschen dient und wie es gestaltet werden muss, um diese Funktion zu erfüllen. Der erste Teil des Buchs widmet sich grundlegenden Techniken des Lehrens: Erzählen, Referieren, Vorzeigen, Lesen mit Schülern, Schreiben. Sie werden einerseits aus (lern-)psychologischer Sicht betrachtet und andererseits aus didaktischer, mit praktischen Hinweisen zu einem lernfördernden Einsatz der jeweiligen Grundformen.

Apel, Hans Jürgen
(2005)

Präsentieren – die gute Darstellung: vortragen, vormachen, vorführen, visualisieren. Baltmannsweiler: Schneider Verlag Hohengehren.
In Ergänzung zu Texte 2 in diesem Kapitel beschreibt und kommentiert Apel hier die klassischen Präsentationstechniken von Lehrpersonen. Er nimmt dabei verstärkt auch auf Forschungsbefunde Bezug und stellt die Techniken ausführlicher dar.

Eggen, Paul D. &
Kauchak Donald P.
(2006)

Strategies for teachers: teaching content and thinking skills (5. Auflage). Boston: Allyn and Bacon.
Das Buch in englischer Sprache handelt von den zentralen Strategien von Lehrpersonen, mit deren Hilfe sie Inhalte vermitteln und gleichzeitig die Lernfähigkeiten der Kinder fördern. Im Kapitel 2 stellen die Autoren in knapper, gut verständlicher Form die wichtigsten Lehrtechniken vor *(essential teaching skills)*, jeweils mit kurzen Beispielen. Besonders interessant im Zusammenhang mit Basistechniken sind die Ausführungen zu Kommunikation, Organisation, Monitoring, Fragenstellen usw.

Gasser, Peter
(2003)

Lehrbuch Didaktik. Bern: hep.
Peter Gassers «Lehrbuch Didaktik» beschreibt in den Kapiteln 5 bis 7 die Grundformen des Darbietens. In der Einleitung führt er aus, dass man sich mit den Grundformen des Lehrens im Bereich der Lehrmethoden und Unterrichtsverfahren bewege. Die Frage, mit welchen Formen man lehren könne, stehe im Zentrum. Er halte sich an die traditionelle Unterscheidung von «Darbieten» und «Erarbeiten» und gebe in diesem Kapitel einen einführenden Überblick über Grundlagen, Formen und Trainingsthematik im Bereich des Darbietens.

Gipps, Caroline, McCallum, Bet & Hargreaves, Eleanore
(2015)

What makes a good primary school teacher? Expert classroom strategies. London: Routledge/Falmer.
Diese Studie hat das typische (erfolgreiche) Verhalten von Expertenlehrpersonen untersucht. Studien dieser Art gehen so vor, dass sie zuerst erfolgreiche Lehrpersonen auswählen, dann deren besondere Merkmale identifizieren und in einem dritten Schritt Anleitung geben, wie andere Lehrpersonen von den Expertentechniken profitieren könnten. Die benannten Expertenmerkmale sind

breit gefächert; in diesem Zusammenhang sei vorerst nur auf die grundlegenden Techniken verwiesen. Unter den informierenden Lehrstrategien sind u. a. beschrieben: Wissen weitergeben, erklären, Anweisungen geben, Lernstrategien weitergeben, modellieren (erwünschtes Verhalten vormachen), (eine Handlung/Fertigkeit) vorzeigen, Schülerbeispiele produktiv verwenden.

Landolt, Hermann (1996)

Erfolgreiches Lernen und Lehren. Aarau: Verlag für Berufsbildung Sauerländer.
Das Buch bietet im Kapitel «Unterrichtsformen im Überblick» eine Reihe von Kurzporträts von Lehrtechniken, zum Teil mit Checklisten, konkreten Merkmalen und Qualitätskriterien.

Pädagogik

Zeitschrift, seit 1988. Weinheim: Beltz.
Die Zeitschrift erscheint monatlich und stellt sich selbst so dar: «PÄDAGOGIK ist die führende schulpädagogische Fachzeitschrift in Deutschland. PÄDAGOGIK bietet in einem ausführlichen Themenschwerpunkt praxisnahe Informationen und Materialien zur Gestaltung von Unterricht und Schule. PÄDAGOGIK bietet in jedem Heft die Rubriken Bildungspolitik, Pädagogik kontrovers, Rezensionen, einen Serienbeitrag und einen aktuellen Magazinteil.»
Die Zeitschrift wählt immer wieder Schwerpunkte, in denen Problemfelder des Unterrichts aus unterschiedlichen Richtungen, praktisch und theoretisch, beleuchtet werden.

Kapitel 5 Spielphasen planen und begleiten

Kinder spielen – diese Tatsache ist banal und dennoch Gegenstand vieler Diskussionen. So wird im Zusammenhang mit Schule und Unterricht immer wieder nach dem Stellenwert des Spielens für Kinder und Jugendliche gefragt: Wie viel Zeit soll Schülerinnen und Schülern für Spiele zugestanden werden? Welche Bedeutung hat Spielen für das Lernen?

Im Unterricht der Kindergartenstufe hat das Spielen eine lange Tradition und ist fest verankert. Diese gilt es zu bewahren, aber auch weiterzuentwickeln. Ebenso lang ist die Tradition, dass Spielen im Unterricht der Primar- und Sekundarstufe in den Hintergrund tritt bzw. mehrheitlich nur noch in Form von Regelspielen anzutreffen ist. Dies gilt es zu überdenken: Inwieweit hat Spielen auch in den weiteren Schulstufen seine Berechtigung? Welche Spielformen eignen sich für die Mittel- und Oberstufe?

Dieses Kapitel zeigt anhand eines Beispiels, was Spielen für Kinder bedeutet. Zudem enthält es konkrete Hinweise zur Planung von Spielphasen, zur Gestaltung von Spielräumen und zeigt Möglichkeiten der Spielbegleitung durch die Lehrperson auf.

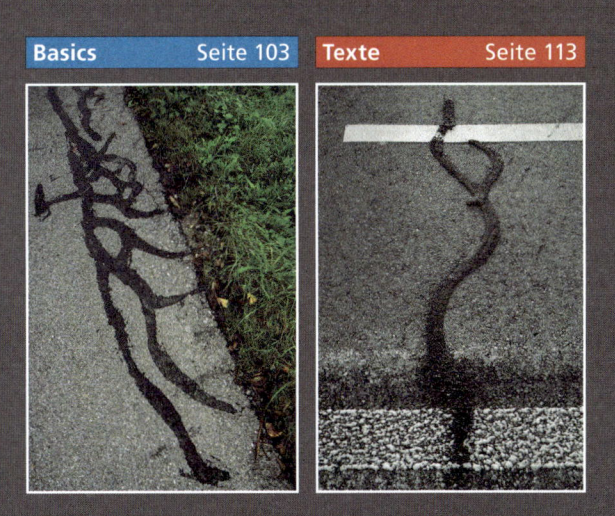

| Basics | Seite 103 | Texte | Seite 113 |

Basics   Spielphasen planen und begleiten

REGULA VON FELTEN UND DOROTHEA TUGGENER LIENHARD

Was bedeutet Spielen für Kinder?

Ein Beispiel

Julia (7 Jahre) und Tim (5 Jahre) spielen mit einer Plastikschlange und einem Plüscheisbären. Julia sagt zu Tim: «Meine Schlange hätte eine Allergie, die Schwarzschlangenkrankheit. Sie wurde von einer schwarzen Schlange gebissen. Du wärst der Arzt. Einverstanden?» Tim antwortet: «Wären wir nicht im Zoo, und dort könnte man eine Schlange berühren? Das habe ich echt schon gemacht.» «Kommt her, hier kann man eine Schlange berühren! Keine Angst, die darf man wirklich berühren», ruft Julia. «Und hier Bärenkrallen, die sind spitzig und gefährlich», ruft Tim. Julia braucht ihre Schlange als Springseil und beginnt zu hüpfen. «Schau mal, Tim, mit dieser Schlange kann man Seil springen.» Dann legt sie sich die Schlange um den Hals. «Ist das nicht gefährlich?», fragt Tim. Julia antwortet: «Nein, das macht man so mit Schlangen, das habe ich schon gesehen. Jetzt würde ein Dieb kommen und will die Schlange rauben. Einverstanden?» «Und ich rufe dann die Polizei», erwidert Tim. «Tim, hilfst du mir, ein Gehege aus Steinen für meine Schlange zu bauen?» Tim und Julia legen Steine im Kreis um die Schlange. Tim holt ein Plastikbecken und stülpt es darüber. «Kann die Schlange so noch atmen?», fragt Tim. Julia antwortet: «Schau hier beim Stein, da kommt noch genügend Luft hinein. Und ich habe einen Schlüssel für das Gehege. Wir schließen es ab, so kann die Schlange nicht gestohlen werden.»
…

Bedeutung und Merkmale des Spiels

Spielen ist für Kinder die wichtigste Beschäftigung in ihrem Alltag. Im Spiel interpretieren sie die Welt und setzen sich handelnd mit ihr auseinander. Das Beispiel von Julia und Tim macht deutlich: Wenn Kinder spielen, erzeugen sie eine Fantasiewelt, in die ihre Erfahrungen aus der realen Welt einfließen. Im Spiel folgen sie ihrer eigenen Zeitlogik, lassen sich von ihren Interessen und Bedürfnissen leiten und beziehen neue Ideen laufend ein. Ihre Spielhandlungen passen sie entsprechend an. Im Vordergrund steht dabei das Ausprobieren und Variieren und somit die Tätigkeit selbst. Rolf Oerter definiert dieses Phänomen in seinem Buch «Psychologie des Spiels» anhand der drei Merkmale «Handlung um der Handlung willen», «Wechsel des Realitätsbezugs», «Wiederholung und Ritual» (Oerter 1999, S. 1–18).

Spiele geben Aufschluss über Wissen und Können

Wer Kinder beim Spielen beobachtet, erfährt, was sie wissen und können. Das einführende Beispiel zeigt: Julia kennt den Begriff «Allergie» und die Funktion eines Schlüssels und kann Seil springen. Sie weiß, dass Schlangenbisse gefährlich sind und dass Schlangenbesitzerinnen und -besitzer ihre Schlange um den Hals tragen. Tim hat schon einmal eine Schlange berührt. Er weiß, dass Bären spitzige, gefährliche Krallen haben und dass Schlangen in einem rundum abgeschlossenen Raum gehalten werden, jedoch Luft brauchen. Es ist ihm auch klar, dass die Polizei benachrichtigt wird, wenn etwas gestohlen wird. Beide Kinder verstehen es, eigene Ideen ins Spiel einzubringen und auf Vorschläge des anderen einzugehen. Zudem können sie ein selbst gewähltes Vorhaben mit Ausdauer verfolgen. (Das Beobachtungsprotokoll beschreibt nur den Anfang des gemeinsamen Spiels. Insgesamt haben Julia und Tim über eine Stunde mit der Schlange und dem Eisbären gespielt.)

Spielformen: Rollen-, Funktions- und Konstruktionsspiel

Typisch für das Spiel von Kindern sind auch die verschiedenen Spielformen, die in der Beschreibung erkennbar sind. Julia und Tim spielen ein Rollenspiel. Darin eingebaut sind noch zwei weitere Spielformen: ein Funktions- und ein Konstruktionsspiel.

Das Rollenspiel: In ihrem Spiel sind Julia und Tim für Tiere verantwortlich. Sie arbeiten im Zoo, schlüpfen also in andere Rollen und reproduzieren Erfahrenes nachahmend. Kinder sind im Rollenspiel bereit, Lebewesen und Gegenstände beliebig umzudeuten (die Schlange wird zum Springseil, ein Plastikbecken zum Terrarium). Um das Spiel voranzutreiben, wechseln Julia und Tim zwischen einer metakommunikativen Ebene *(Wären wir nicht im Zoo, und dort könnte man eine Schlange berühren?)* und dem eigentlichen Spieldialog *(Kommt her, hier kann man eine Schlange berühren)* (vgl. Oerter 1999, S. 103).

Das Funktionsspiel: Julia verwendet die Schlange mitten im Spiel als Springseil. Dieses Spiel entsteht aus Freude an der Bewegung und am Ausprobieren von Gegenständen. Kinder spielen mit allem, was ihnen in die Hände kommt. Dabei lernen sie Materialeigenschaften und die Bewegungsmöglichkeiten des eigenen Körpers kennen und erfahren physikalische Gesetzmäßigkeiten. Funktionsspiele «schaffen ein ‹Grundmaterial› an einfachen sensomotorischen Fähigkeiten und Erfahrungen, auf denen sich komplexere, zielgerichtete Verhaltensweisen aufbauen können» (Schenk-Danzinger 1995, S. 180).

Das Konstruktionsspiel: Die beiden Kinder bauen aus Steinen und einem Plastikbecken ein Terrarium. Während in Funktionsspielen das Ausprobieren im Vordergrund steht und Kinder keine eigentliche Gestaltungsabsicht verfolgen, entstehen in Konstruktionsspielen geplante Gebilde. Gegenstände werden verwendet, um bestimmte Vorstellungen zu realisieren. Im beschriebenen Spiel von Julia und Tim steht das Rollenspiel im Vordergrund. Häufig ist es jedoch auch umgekehrt: Kinder entschließen sich, Zoo zu spielen, und verwenden ihre Energie und Zeit hauptsächlich darauf, eine Zoowelt aufzubauen. Nach einer längeren Bauphase fällt das Rollenspiel dann sehr kurz aus oder gerät ganz in Vergessenheit. In einem Konstruktionsspiel stellen sich Kinder selbst eine Aufgabe, verfolgen also einen Plan und arbeiten auf ein bestimmtes Ziel hin. Dabei gilt es immer wieder auszuhandeln, wie die gemeinsame Welt auszusehen hat. Zur Freude an der Tätigkeit kommt nun das Interesse am Produkt. Solche Konstruktionsspiele verlangen Konzentration und Ausdauer, denn wer ein Werk vollenden will, muss sich einer Aufgabe gegenüber verpflichtet fühlen (vgl. Schenk-Danzinger 1995, S. 181–185).

Spielen – eine Form des Lernens

Kinder erschaffen im Spiel ihre eigene Wirklichkeit. Sie spielen um des Spielens willen, nicht, um zu lernen (vgl. Herzog 2002, S. 495–503). Dennoch versprechen sich Fachpersonen eine große Wirkung vom Spiel und beschreiben dessen Übungs- und Entwicklungsfunktion. Lotte Schenk-Danzinger (1995) beispielsweise sieht das Spiel für die menschliche Entwicklung als ebenso bedeutend an wie das spätere organisierte Lernen in der Schule und als wichtigste Voraussetzung dafür.

Das Spiel bezeichnet sie als «unbewussten Lernvorgang, determiniert einerseits von den Bedürfnissen des reifenden Organismus, andererseits von den Angeboten der Umwelt und von den Aufgaben, die diese stellt» (ebd., S. 173).

Gemäß der klassischen Definition meint Lernen, eigenes Wissen oder Verhalten durch Erfahrungen relativ dauerhaft verändern (vgl. Woolfolk 2008, S. 257). Geschieht das in diesem Spiel? Julia und Tim bearbeiten ihre Erfahrungen und setzen sich mit einem Stück Welt auseinander. Ob sich ihr Wissen und Verhalten dadurch verändert, ist allerdings nicht klar ersichtlich. Deutlich wird jedoch, dass sie ihr Wissen und Können vielfältig einsetzen und Aktivitäten von sich aus ausüben, die Lehrpersonen tagtäglich im Schulalltag durch gezielte Lernanlässe zu initiieren bemüht sind. Julia und Tim sprechen, hören zu, gehen aufeinander ein, formulieren Pläne, realisieren diese und tauchen über längere Zeit in eine Tätigkeit ein. Dabei gelingt es ihnen immer wieder, einzelne Ideen in sinnvolle Handlungsabläufe einzubetten. Sie entwickeln in Ansätzen eine Geschichte, die sie gemeinsam spielen. Dies zeigt: Spielen ist wertvoll, obwohl das Lernen nebenbei geschieht und nur bedingt plan- und steuerbar ist. Im Spiel arbeiten die Kinder an wichtigen Kompetenzen, die Teil der Lehrpläne sind, und dies oft effektiver und ausdauernder als in fremdbestimmten Lernsituationen. Dem Spiel muss deshalb insbesondere in der Bildung von vier- bis achtjährigen Kindern ein angemessener Platz eingeräumt werden – sei es im Kindergarten, in der Unterstufe oder in einer Grund- oder Basisstufe.

Regelspiele in der Mittel- und Oberstufe

Spiele sind auch für Kinder und Jugendliche der Mittel- und Oberstufe wichtig. Das selbstgesteuerte Spielen findet in dieser Altersgruppe allerdings zunehmend oder gar ausschließlich in den Pausen oder in der Freizeit statt. Im Unterricht werden vielfältige Regelspiele bedeutsamer, zum Beispiel Mannschaftsspiele im Sportunterricht, Rollenspiele im Sprachunterricht oder Planspiele im Bereich Natur, Mensch, Gesellschaft (siehe die Materialien zu Kapitel 5: http://mehr.hep-verlag.com/didaktisch-handeln-und-denken). Ob Schülerinnen und Schüler Regelspiele als tatsächliches Spielen empfinden, ist einfach zu erkennen. Besteht der Wunsch, ein bestimmtes Spiel wenn immer möglich zu wiederholen, sind sie dafür intrinsisch motiviert. Die Spielhandlung entspricht ihrem Spielbedürfnis. Sind sie dagegen lustlos dabei, wird das Spiel zur Pflichtübung und verliert seine Funktion. «Befohlenes Spiel ist kein Spiel mehr» (Huizinga 1981, zitiert nach Herzog 2002, S. 502).

Die folgenden Abschnitte geben Hinweise, wie Spielphasen im Unterricht eingeplant und Spielumgebungen gestaltet werden können. Es werden auch Möglichkeiten aufgezeigt, wie Kinder begleitet werden können, wenn ihnen das Spielen weniger leicht fällt als Julia und Tim.

Zeit zum Spielen

Intensives Eintauchen in ein Spiel braucht Zeit. Julia und Tim spielen über eine Stunde mit ihren Tieren. Wie kann nun genügend Zeit für solches Spielen im Unterricht eingeplant werden? Und wie lässt sich das Spiel mit Elementen des systematischen Lernens und ritualisierten Elementen der Unterrichtsgestaltung (Klassenkreis, Znüniessen, Abschlusskreis) verbinden?

Im Kindergarten wird ein Morgen, anders als in vielen Unterstufenklassen, nicht in Lektionen unterteilt, sondern durch die Lehrperson rhythmisiert.

Traditionelle Rhythmisierung eines Morgens

In vielen Kindergärten lässt sich folgende traditionelle Rhythmisierung eines Morgens beobachten. Diese gilt jeweils für die ganze Gruppe.

08.20 Uhr	Auffangzeit/Orientierungsphase Spielen (wird traditionell als «Freispiel» bezeichnet) oder von der Lehrperson zugewiesene Tätigkeiten in der Regel am Tisch
09.00 Uhr	Sammlung im Kreis Geführte Sequenz/Lektion
09.45 Uhr	Ritualisierter Übergang zum gemeinsamen Znüni
10.00 Uhr	Pause im Freien
10.30 Uhr	Eventuell Sammlung im Kreis oder direkt Übergang zum Spielen – je nach Wetter auch Weiterführung der Spiele im Freien
11.30 Uhr	Sammlung im Kreis Kurze geführte Sequenz/Lektion Ritualisierter Abschluss und Verabschiedung der Kinder in die Garderobe

Abbildung 7: Beispiel eines traditionell rhythmisierten Kindergartenmorgens

Ritualisierte Übergänge und Phasen, in denen alle Kinder der Gruppe gemeinsam geführt werden, sind ein Hauptmerkmal einer solchen Rhythmisierung.

Unterrichtselemente als Grundlage für unterschiedliche Rhythmisierungen

Zunehmende Heterogenität der Klassen, neue Anforderungen an die Arbeit im Kindergarten, grundsätzliche Entwicklungen in der Eingangsstufe und Einflüsse spezifischer pädagogischer Ansätze führen dazu, dass Kindergartenlehrpersonen vermehrt nach anderen Formen der Rhythmisierung eines Morgens suchen. Ein möglicher Ansatzpunkt ist die Einführung einer «offenen Znüni-Phase», die es den Kindern erlaubt, innerhalb einer bestimmten Zeitspanne individuell den Znüni zu essen. Zusätzlich können neben dem gemeinsamen Lernen (geführte Sequenz) die Elemente «freie Tätigkeit» (Spielen), «individuelles Lernen» und «Lernen in Gruppen» für die Gestaltung eines Morgens mitgedacht werden. Damit wäre beispielsweise folgende Rhythmisierung vorstellbar:

08.20 Uhr	Parallele Aktivitäten	
	Freie Tätigkeit (Spielen/selbst gewähltes Tun/ eigene Projekte)	Lernen in Gruppen (z. B. DaZ, Sprachtraining) und/oder individuelles Lernen (z. B. Schneideübungen, grafomotorische oder feinmotorische Übungen)
ab 09.00 Uhr «offener Znüni»		
09.45 Uhr	Übergang zum Aufräumen und zur Pause im Freien	
10.15 Uhr	Zusammentreffen in der ganzen Gruppe – Tagesritual der Klasse (z. B. Datum ansehen, Wetter besprechen, Singen, Klassengespräche, Klassenrat usw.)	
	Gemeinsames Lernen (geführte Sequenz) – 10–20 Minuten	
10.45 Uhr	Parallele Aktivitäten	
	Individuelles Lernen (beispielsweise Vertiefungen aus dem gemeinsamen Lernen)	Freie Tätigkeit (Spielen/selbst gewähltes Tun/ eigene Projekte)
11.30 Uhr	Übergang zum Aufräumen und zu einem zweiten Zusammentreffen der ganzen Gruppe – Geschichte, Singen, Spiele und Abschluss und allenfalls Rückblick auf den Morgen	

Abbildung 8: Beispiel eines offener gestalteten Kindergartenmorgens

Je nach Klassenzusammensetzung und Stundenplanvorgaben (z. B. Turnstunden) lassen sich die verschiedenen Unterrichtselemente im Laufe eines Tages oder auch einer ganzen Woche unterschiedlich zusammenstellen. Lehrpersonen können den Unterricht also situationsangepasst rhythmisieren. Wichtig dabei ist, dass für alle Kinder – neben den anderen Unterrichtselementen – genügend Zeit für freie Tätigkeit eingeplant wird. Damit erhalten sie Raum und Zeit für selbstgesteuertes Tun. Dieses Tun kann tradierten Vorstellungen von Spiel entsprechen, durch eine bewusste Auswahl von Materialien können aber auch erweiterte Spielprozesse herausgefordert und individuelle Projekte ermöglicht werden.

Im Unterricht der Primarstufe verschwinden länger dauernde, durch die Kinder gesteuerte Spielphasen in der Regel vollständig, obwohl Untersuchungen in Klassen des 1. bis 4. Schuljahrs, die während des Unterrichts regelmäßig Zeit zum Spielen hatten, zu positiven Ergebnissen führten:
- Kinder, denen Zeit zum Spielen zugestanden wird, verhalten sich sozialer und zeigen geringere Aggressivität.
- Die Arbeitshaltung ist besser als in den Kontrollklassen.
- Die allgemeine Schulzufriedenheit und das Lerninteresse ist höher (vgl. Einsiedler 1999, S. 161 f.).

Angesichts solcher Befunde wäre es wünschbar, auch in den höheren Stufen Zeit zum Spielen einzuplanen und Kinder gewähren zu lassen, wenn sich Spiele spontan entwickeln.

Raum zum Spielen

Nicht nur genügend Zeit ist wichtig, um Spielen zu ermöglichen. Auch der Raum und das Angebot an Spielmaterial beeinflussen das Spiel. Die Spielumgebung sollte daher bewusst gestaltet werden.

Raumgestaltung hat viele Facetten. All diese darzustellen und zu beschreiben, ist in diesem Rahmen nicht möglich. Drei grundlegende Kriterien zur Raumgestaltung geben eine erste Orientierung. Ergänzt werden sie durch konkrete Hinweise, wie Räume für anregende und herausfordernde Rollen-, Funktions-, Konstruktions- und Regelspiele eingerichtet und mit Spielmaterial ausgestattet werden können.

Grundlegende Kriterien zur Raumgestaltung

Kindorientierung und Lebensweltbezug: Räume für Kinder sollen sich an den Bedürfnissen und der Größe der Kinder orientieren. Beim Einrichten der Räume muss immer wieder der Blickwinkel der Kinder eingenommen werden. Kindorientierung meint aber nicht «Verkindlichung» und «Verniedlichung». «Konfektionierte Einheitsräume, thematische Raumelemente [...] sowie vermeintlich kindorientierte Stilelemente» sollten vermieden werden (Franz & Vollmert 2005, S. 76). Eine kindgerechte Einrichtung orientiert sich an der realen Lebenswelt der Kinder und soll keine künstliche und in sich geschlossene Kinder- und Spielzeugwelt sein. Kindern sollen immer auch echte Gegenstände, Werkzeuge und Medien zur Verfügung stehen.

Einfachheit in der Vielfalt: Räume sollen in der Gestaltung auf das Wesentliche reduziert sein und damit die Konzentration und Aufmerksamkeit der Kinder unterstützen. Seien es Spielzeuge, Spiele oder sonstige Materialien, es geht immer um eine bewusste Auswahl und nicht um eine beliebige Sammlung. Dort, wo Vielfalt sinnvoll ist, soll sie strukturiert und in inhaltlich logischen Zusammenhängen präsentiert werden (vgl. ebd., S. 78).

Beständigkeit und Veränderbarkeit: Gut gestaltete Räume geben den Kindern Sicherheit, Orientierung und damit die Freiheit, ihren Interessen und Fragen nachzugehen. Die Beständigkeit darf aber nicht dazu führen, dass sich Räume gar nicht verändern und Gestaltungselemente zu stets gleichbleibenden Dekorationen werden. «Kinder brauchen gestaltbare Räume, die sie sich aneignen und zu eigen machen können» (ebd., S. 80). Werden Räume von Kindern vielfältig und variantenreich bespielt, werden sie sich auch verändern.

Raumgestaltung und Spielformen

Rollenspiele: Sollen vielfältige und variantenreiche Rollenspiele möglich sein, ist die traditionelle Form von fixen Rollenspielecken im Sinne von Familien-/Puppenecke, Marktstand usw. zu überdenken. Eine Alternative dazu ist, dass Materialien (Kleider, Accessoires, passende Hilfsmittel) in einem Rollenspielgestell thematisch geordnet aufbewahrt werden. Damit erhalten die Kinder die Möglichkeit, das für ihr Spiel (Zoo, Feuerwehr, Krankenhaus, Restaurant, Bauernhof usw.) notwendige Material selbst zusammenzustellen, zu erweitern und zu ergänzen. Das Angebot an Materialien muss so breit sein, dass es unterschiedlichen Bedürfnissen und Interessen gerecht wird und Mädchen wie Knaben gleichermaßen anspricht. Wer eine fest eingerichtete Puppenecke beibehalten will, sollte sie mit Materialien wie beispielsweise Kochbuch, Waage, Telefon, Notizzettel und Schreibutensilien anreichern. Solche Gegenstände eröffnen neue Handlungsmöglichkeiten im Spiel und fordern zur Auseinandersetzung mit Symbolen, Zahlen und Schrift heraus (vgl. Neuman & Roskos 1992).

Funktions- und Konstruktionsspiele: Auch beim Raum für Funktions- und Konstruktionsspiele stellt sich die Frage, was räumlich fix eingerichtet werden soll und was sich als mögliches Angebot präsentieren lässt. Ähnlich wie die Rollenspielangebote könnten auch die für Funktions- und Konstruktionsspiele notwendigen Materialien gut sichtbar in Kisten auf Gestellen aufbewahrt werden. Damit erreicht man, dass größere Flächen im Klassenzimmer frei bleiben, die sich für Bewegungs- und größere Konstruktionsspiele anbieten. Wie in der Spielszene von Tim und Julia erläutert, sind die Übergänge zwischen den Spielformen fließend, was zusätzlich dafür spricht, notwendige Materialien in räumlicher Nähe zueinander zu haben.

Regelspiele: Das Angebot an Regel- und Lernspielen ist riesig. Daher ist bei der Auswahl darauf zu achten, dass die Spiele und die darin enthaltenen Materialien Variationsmöglichkeiten zulassen. Diese können von den Kindern wie auch von der Lehrperson erfunden und initiiert werden. Sowohl auf der Kindergarten- und insbesondere auf der Primar- und Oberstufe ist es sinnvoll, die Kinder zum Erfinden eigener Regelspiele zu ermuntern. Dazu braucht es Grundkenntnisse über Aufbau und Ablauf gängiger Regelspiele sowie geeignetes Material, wie Holz, Karton, Spielfiguren, verschiedene Würfel, Karten für Quartette und Dominos.

Für die Auswahl des Spielangebots und die Raumgestaltung allgemein können auch folgende Leitfragen hilfreich sein:
- Welches Angebot/Material muss immer zur Verfügung stehen, und was kann variiert werden?
- Ist die Präsentation der Angebote und Materialien ansprechend, und motiviert sie zum Gebrauch?
- Sprechen die Angebote alle Kinder an (junge, ältere, Knaben, Mädchen …)?
- Fordert das Angebot zum eigenaktiven Tun und variantenreichen Spielen heraus?

Möglichkeiten der Spielbegleitung

Das Spielverhalten von Kindern wird in der Schule durch verschiedene Faktoren beeinflusst. Lehrpersonen lenken Spiele durch ihr Zeit- und Raumangebot zumindest immer indirekt. Wie die bisherigen Ausführungen zeigen, sind genügend Zeit, geeignete Raumgestaltung und anregendes Spielmaterial Voraussetzungen, um vielfältiges Spielen überhaupt zu ermöglichen. Doch wie sollen sich Lehrpersonen während der Spielphasen verhalten? Welche Rolle kommt ihnen zu? Dürfen sie ins Spiel direkt eingreifen und dieses zur Förderung nutzen? Oder müssen sie den Kinderspielen einfach freien Lauf lassen?

Eingreifen kann sinnvoll sein

In unseren Kindergärten galt lange Zeit die Devise, so wenig wie möglich ins Spiel einzugreifen, um die Kinder beim Spielen nicht zu stören. Diese war eine Folge des reformpädagogischen Bildes des Kindes, gemäß dem Entwicklungsvorgänge vor allem von innen her gesteuert sind, und der psychoanalytisch orientierten Spieltheorie, die es als wichtig erachtet, dass Kinder im Spiel ihre Wünsche und Ängste ausleben können (vgl. Flitner 2002, S. 133f., siehe auch Texte 1, S. 116). Inzwischen hat sich eine andere Meinung durchgesetzt: Direktes Eingreifen in ein Kinderspiel kann durchaus sinnvoll sein, weil Kinder dadurch gezielt gefördert werden können. Was Margrit Stamm in ihren Überlegungen zur Frühförderung vertritt, gilt auch für das Spiel: Kinder sollen möglichst früh und provokativ an Lernmöglichkeiten herangeführt werden, wobei die individuellen Bedürfnisse stets mitberücksichtigt werden müssen (vgl. Stamm 2006, S. 172).

Spielbeobachtung und Spielförderung

Grundsätzlich gilt: Lehrpersonen sollten spielenden Kindern stets mit Interesse und Respekt begegnen. Spüren Kinder, dass die Lehrperson ihr Spiel als wertvoll empfindet, spielen sie länger und engagierter (vgl. Johnson, Christie & Yawkey 1987, S. 23–26). Die Hauptaufgabe einer Lehrperson während der Spielphasen ist, einzelne Kinder oder Kindergruppen aufmerksam zu beobachten. Dadurch erfährt sie, was die Kinder thematisieren, wie sie im Spiel handeln und wie sie einander begegnen. Diese Beobachtungen bilden die Grundlage, um zu entscheiden, ob eine Spielintervention überhaupt nötig und sinnvoll ist. Nur wer die Ressourcen und Defizite einzelner Kinder kennt, kann sie individuell fördern. Entschließt sich eine Lehrperson für ein Eingreifen, muss sie dies so dezent tun, dass der «spontane, fantasiebezogene und selbst kontrollierende» Charakter des Spiels (Heimlich 2001, S. 185) nicht verloren geht.

Vier Möglichkeiten der Spielförderung

Konkrete Möglichkeiten, wie Lehrpersonen Kinder im Spiel fördern können, ohne sie der Spielwelt zu entreißen, beschreiben Johnson, Christie und Yawkey (1987, S. 21–44) in ihrem Buch «Play and Early Childhood Development». Sie unterscheiden die vier Möglichkeiten «Parallelspiel», «Mitspielen», «Spieltutoring von außen» und «Spieltutoring von innen» und stützen ihre Empfehlungen mit Forschungsarbeiten zum Spieltraining.

Parallelspiel: Eine Lehrperson kann auf ein bereits laufendes Spiel Einfluss nehmen, indem sie sich neben einem spielenden Kind platziert und mit dem gleichen Material spielt (z. B. *Bauen mit Klötzen*). Solches Parallelspiel fördert die kindliche Ausdauer und regt die Übernahme neuer Spielideen an.

Mitspielen: Eine andere Möglichkeit ist, bei einem Spiel selbst mitzuspielen, das heißt, eine Rolle darin zu übernehmen. Wichtig dabei ist, dass sich die Lehrperson durch das Spielverhalten der Kinder leiten lässt und lediglich versucht, das Spiel durch ihre Impulse zu erweitern.

Spieltutoring von außen: Ein stärkerer Eingriff ist das Spieltutoring von außen. Möchte eine Lehrperson einem Kind, das mit einem Spiel *(einige Kinder spielen Arztpraxis)* liebäugelt, den Einstieg erleichtern, macht sie ihm einen konkreten Vorschlag: *Herr Linder, Sie haben doch in letzter Zeit oft Bauchschmerzen. Wollen Sie nicht zur Ärztin gehen, damit sie Ihren Bauch untersuchen kann?*

Spieltutoring von innen: Diese vierte Form der Spielbegleitung meint eine führende Rolle in einem Spiel übernehmen und dadurch erwünschtes Spielverhalten modellieren. *In der Arztpraxis könnte die Lehrerin selbst einmal die Ärztin spielen und den Kindern vorzeigen, wie die Ärztin einem Patienten begegnet, was sie ihn fragt, wie sie ihn untersucht, welche weiteren Behandlungen sie empfiehlt.*

Eingriff auf der Spielebene

Die vorgestellten Möglichkeiten eignen sich, um die Spielfähigkeiten von Kindern zu fördern. Allen gemeinsam ist, dass nicht auf einer Metaebene – wie sonst üblich – ins Spiel eingegriffen wird. Die Lehrperson sagt nicht: *Baue den Turm doch noch höher! Frag doch die Kinder, ob du mitspielen darfst!* Oder: *Rebecca, du als Ärztin musst doch den Patienten fragen, was er hat?* Sie begibt sich, wenn sie interveniert, auf die eigentliche Spielebene, sodass sie die Kinder nicht aus dem Spiel reißt. Etwas anderes, was Lehrpersonen bei der Spielbegleitung ebenfalls häufig tun, ist, die Rolle einer Fürsprecherin der Realität zu übernehmen. Sie richten sich mit Kommentaren und Fragen aus der Realitätsebene an spielende Kinder, was dazu führt, dass sie den Spielfluss stören oder die Kinder ihr Spiel gar ganz abbrechen. Lehrpersonen sollten dies deshalb ebenfalls unterlassen (vgl. Johnson, Christie & Wardle, 2005, S. 275). Kinder beim Spielen begleiten heißt nicht sie belehren (vgl. Herzog 2002, S. 495–503). Ein Eingriff ins Spiel sollte auch nur so lange andauern, bis eine Maßnahme wirkt. Handeln Kinder im Spiel wie erwünscht, sollte die Lehrperson die Kontrolle über das Spiel wieder ihnen übergeben (vgl. Johnson, Christie & Yawkey 1987, S. 36f.).

Fazit

Spielen Kinder in der Schule, sind Lehrpersonen stets mit im Spiel, sei es indirekt durch zeitliche und räumliche Vorgaben oder direkt durch bewusstes Eingreifen ins Spiel. Lehrpersonen müssen sich aber beim Planen und Begleiten von Spielphasen bewusst sein, dass Spielen «nur auf der Grundlage der Freiwilligkeit» funktioniert (Herzog 2002, S. 502). Ansonsten werden sie leicht zu Spielverderberinnen.

Literatur
Einsiedler, W. (1999). Das Spiel der Kinder. Bad Heilbrunn: Klinkhardt.
Flitner, A. (2002). Spielen–Lernen. Praxis und Deutung des Kinderspiels. Weinheim: Beltz.
Franz, M. & Vollmert, M. (2005). Raumgestaltung in der Kita. München: Don Bosco.
Heimlich, U. (2001). Einführung in die Spielpädagogik. Bad Heilbrunn: Klinkhardt.
Herzog, W. (2002). Zeitgemäße Erziehung. Die Konstruktion pädagogischer Wirklichkeit. Weilerswist: Velbrück Wissenschaft.
Johnson, J. E., Christie, J. F. & Yawkey, T. D. (1987). Play and Early Childhood Development. Glenview: Scott, Foresman and Company.
Johnson, J. E., Christie, J. F. & Wardle, F. (2005). Play, Development, and Early Education. Boston: Pearson Education.
Neuman, S. B. & Roskos, K. (1992). Literacy objects as cultural tools: Effects on children's literacy behaviors in play. Reading Research Quarterly, 27 (3), S. 202–226.
Oerter, R. (1999). Psychologie des Spiels. Weinheim: Beltz.
Schenk-Danzinger, L. (1995). Entwicklungspsychologie. Wien: ÖBV Pädagogischer Verlag.
Stamm, M. (2006). Bildungsraum Grund- und Basisstufe. Theoretische Überlegungen und Perspektiven zum neuen Schuleingangsmodell. Beiträge zur Lehrerbildung, 24 (2), S. 165–176.
Woolfolk, A. (2008). Pädagogische Psychologie. München: Pearson Studium.

Texte   Spielphasen planen und begleiten

1 «Stimulieren» oder «Wachsenlassen»? – eine pädagogische Streitfrage zum heutigen Kinderspiel

Sollen wir Kindern, die spielen, freien Lauf lassen? Oder müssen wir auf ihr Spiel Einfluss nehmen, sie unterstützen und fördern? Im folgenden Ausschnitt aus seinem Buch «Spielen–Lernen» geht Andreas Flitner diesen Fragen nach und nimmt auch persönlich dazu Stellung.

❰ Spielen ist – jedenfalls in seinem Kernbereich – durch Freiheit, Spontaneität und Zwecklosigkeit bestimmt. Deswegen scheint zunächst einmal jede Einbeziehung des Spielens in «Lernprozesse» oder gar der Aufbau eines «Spielcurriculums» ein Widerspruch in sich. Spiele zum Lernen, zur Intelligenzförderung, zum Sozialtraining, zur Traditionsförderung und allen möglichen anderen Zwecken sind keine Spiele mehr. Sie gehören allenfalls noch zu den Randzonen des großen Feldes von Erscheinungen, die wir «Spielen» nennen; in ihrem Kern sind sie didaktische Maßnahmen, Training oder allenfalls Einkleidung des Lernens.

Die kindliche Spielentwicklung möglichst sich selber zu überlassen, die Kinder beim Spielen nicht zu stören und in ihr Spiel so wenig wie möglich, eigentlich nur bei unerträglichem Streit, einzugreifen, galt darum lange als die Hauptdevise für den Kindergarten und für die häusliche Erziehung. Sie wurde unterstützt durch die reformpädagogische Entwicklungspsychologie, welche die Entwicklungsvorgänge im Wesentlichen als von innen her, durch die natürlichen Reifungsprozesse gesteuert ansah. Zumal die Wiener Kinder- und Entwicklungspsychologie, wie sie Karl und Charlotte Bühler begründet haben, ging von dieser Vorstellung einer reifungsbestimmten Entwicklung aus.

Aber auch die psychoanalytisch orientierte Spieltheorie und Spielbeobachtung haben dazu beigetragen, die Kinder so viel wie möglich unbeeinflusst spielen zu lassen. Wenn das Spiel seinen tieferen Sinn gerade darin hat, den Kindern ein freies Feld der Betätigung des Unbewussten und der Fantasiearbeit zu gewähren, sodass sie darin ihre Erlebnisse und tiefen seelischen Spannungen inszenieren und sich Symbole schaffen können für alles das, was sie beschäftigt, dann kann daraus auch nur gefolgert werden, die Kinder müssten ihre Spiele so weit als möglich selber bestimmen und steuern.

Und schließlich hat auch die Erziehungs- und Autoritätskritik der Sechziger- und Siebzigerjahre dazu beigetragen, dass der Selbststeuerung der Kinder so weit als möglich Raum gegeben wird. Diese Argumente zusammen haben dazu geführt, dass das *freie Spiel* in der Kleinkinderpädagogik und im Kindergarten eine zentrale Stelle einnimmt, dass man den Kindern vor allem ausreichend Zeit und einen geschützten Raum für solches freie Spielen bereithalten soll.

So sinnvoll und berechtigt nun Freispielzonen und -zeiten sind, so unzureichend sind doch solche verallgemeinernden Begründungen für das freie Spiel. Wir müssen auch hier genauer hinsehen, differenzierter argumentieren. Freiheit der Entwicklung, Selbststeuerung, Autonomie der Kinder sind gute und auch zeitgemäße Forderungen. Die Pädagogik ist aber gehalten, sie unter die Lupe zu nehmen, ihren Sinn und auch ihre Grenzen genauer kennenzulernen.

Da ist in erster Linie daran zu erinnern, dass diese Freiheit schon dadurch gekennzeichnet ist, dass die Erwachsenen sie schaffen und umzäunen. Das Feld dieser eigenen Bewegung und die Bedingungen, welche die Kinder dort antreffen, entstammen fast gänzlich der Erwachsenenhand. Es ist durch die Lebensweise, durch Architektur und Städtebau, durch Spielmaterialien und Spielbedingungen nach wie vor bestimmt. Auch das Freispiel des Kindergartens ist eine «Veranstaltung» in dem Sinne, dass äußere Bedingungen, die materiellen wie die sozialen Umstände absichtsvoll eingerichtet sind. Man könnte sich ganz andere Rahmenbedingungen denken, z. B. dass nicht Kinder gleichen Alters zusammengruppiert werden, sondern auch größere Kinder mit ihnen dort spielen und kleinere im Säuglings- und Krabbelalter dort mitversorgt werden oder dass Männer und Frauen in etwa gleichem Verhältnis in diesen Einrichtungen wirken oder dass ganz andere Materialien oder räumliche Bedingungen als günstig angesehen werden (Computerspiele, Mickymäuse, Konsumgegenstände, gegen die die Erzieherinnen sich, durchaus mit Gründen, wehren). Erziehungsinstitutionen sind ein Teil der Alters- und Berufsorganisation unserer Gesellschaft, sie sind ein nach bestimmten Erfahrungen ausgestattetes, von Erwachsenen geschaffenes Feld der Betätigung und der Gesellung, ein Feld, das erfahrungsgemäß einen Spiel- und Anregungswert für Kinder hat und das ihnen auch bestimmte Möglichkeiten des sozialen Verhaltens und Austauschens zuspielt. Die Erwachsenen sind also in diesem Feld Mitakteure, als Planende und Vorsorgende, als Berufserzieherinnen, Lehrer oder mitarbeitende Eltern. Gewiss gibt es auch einmal ganz freie Szenen und Möglichkeiten des Spiels. Aber Tom Sawyer und Huckleberry Finn auf ihrer Insel und Pippi Langstrumpf in ihrem eigenen Hause sind doch eher Sehnsuchts- und Projektionsgestalten als Schilderungen realen kindlichen Lebens. Auch sie sind zudem von Erwachsenen für Kinder erdacht.

Mit dieser Überlegung soll gewiss nicht das freie Spiel in seinem Wert geschmälert werden. Von den Argumenten, die zu seiner Einrichtung im Kindergarten geführt haben – der Begründung aus dem Wesen des Spiels als Freiheit, der Begründung aus der *Entwicklungsgesetzlichkeit* und der Begründung aus der *Tiefenpsychologie* –, sind das erste und das letzte meines Erachtens nach wie vor gewichtig. In der Entwicklungspsychologie wird heute anders gedacht und argumentiert: Die Bedeutung der Umgebung, der Personen, die mit den Kindern umgehen, und das Anregungspotenzial, das ihnen geboten wird, werden heute sehr viel höher eingeschätzt als zur Blütezeit der Wiener Psychologie. Wichtig scheint mir nach wie vor, dass wir bisher nur einen kleinen Teil der psychischen Vorgänge kennen, welche die Kinder im Spiel erfahren und durchlaufen. Wichtig scheint mir weiter aus den historischen und kulturvergleichenden Untersuchungen, dass das Spielen gerade für den modernen Menschen und in den technisierten Kulturen einen immer größeren Raum einnimmt und eine zunehmende Bedeutung gewinnt. Je mehr die Kinder freigesetzt sind von der unmittelbaren Teilnahme an den Arbeiten der Gesellschaft und je komplizierter unsere Zivilisation sich den Kindern zeigt und weiter: je mehr sie konfrontiert werden nicht nur mit vorgezeichneten Lebensformen, sondern mit einer Fülle von Angeboten, Eindrücken, Reiseerfahrungen, Menschen anderer Herkunft und anderen Lebenszuschnitts, umso mehr sind sie darauf angewiesen, das alles auf ihre Weise zu verarbeiten. Sie sind angewiesen auf symbolische und inszenierende Aneignung und Bewältigung dieser Vielfalt in ihrem Spiel. Dass Kinder spielen dürfen, dass sie breite Möglichkeiten zur Entfaltung und zur Bereicherung ihres Spiels bekommen, ist gerade auch ein Kennzeichen der modernen Zeit. Nicht nur durch den Verlust vieler alter Spiele nehmen wir das wahr, sondern auch durch eine Vielzahl neuer Spielangebote und Möglichkeiten zur Spielentfaltung, wie sie früher nur wenigen offenstanden.

Diese Ausdehnung der Möglichkeiten gilt sowohl dem «Freispiel» wie den vorgeformten Spielangeboten. Da wir mit unserem absichtlichen Einrichten der Spielbedingungen und mit unserem Beobachten und Verstehen des Spiels immer nur einen Teil von dem erfassen, was die Kinder wirklich beim Spiel erleben, was sie denken und tun, sollten wir auch mit unseren Zuwendungen, unserem Herstellen der Bedingungen und unseren Eingriffen vorsichtig sein. Aber wir kommen nicht daran vorbei, uns zu überlegen, was den Kindern guttut. Wir sind gehalten, die Räume der Kinder abzuschirmen gegen solche Einflüsse, die wir für schlecht und unbekömmlich halten. Und wir bemühen uns, das zu unterstützen, was ihren Spielmöglichkeiten und ihren Entwicklungsbedingungen förderlich ist. Wir kommen also dazu, auch wenn wir die Freiheit der Kinder hochschätzen und den Weg der Kinder zur Selbstständigkeit als eines der wichtigsten Ziele der Erziehung ansehen, immer wieder über die Bedingungen nachzudenken, die wir Erwachsenen in den Feldern des Kinderlebens und den von uns geschaffenen Freiräumen bieten. Kinder suchen sich Aufgaben, sie lassen sich herausfordern durch die Gegebenheit des Materials, sie entwickeln ihre Fantasie, ihre Geschicklichkeit, ihr Kombinationsvermögen und suchen sich den anregenden Schwierigkeitsgrad selber, den sie brauchen. Sie spielen, auch vorgreifend und rückgreifend-regredierend, ihrem Entwicklungsstand und ihren Bedürfnissen entsprechend, viel genauer, als sie es bei Aufgabenstellungen, die von außen kommen, tun könnten.

Das Kind jedoch, das – sich selbst überlassen – seinen Weg als individuelle Leistung aus dem Innersten steuert und alleine findet, ist eine Illusion; ein Trugbild deshalb, weil es in jedem Falle einer bestimmten, einflussübenden Umgebung ausgesetzt ist, bestimmten Bedingungen des Aufwachsens, bestimmten Personen und Eindrücken, die das Kind erreichen und formen. Im Lebensfeld der Kinder sind die Erwachsenen immer als Lenkende und Modellgebende präsent, sie sind verantwortlich auch dann, wenn sie abwesend sind und auch wenn sie sich nicht um die Kinder kümmern. Dieses Feld ist durch soziale Kräfte, durch kulturelle Bedingungen und Gegebenheiten, aber auch durch Konsum, durch Reklame, durch Gewaltausübung und -darstellung u.Ä. mitbestimmt. Es ist immer auch das Feld der Erwachsenen, die auf irgendeine Weise neben sich die Lebensbedingungen der Kinder definieren. [...]❯

Auszug aus: Flitner, A. (2002). Spielen–Lernen. Praxis und Deutung des Kinderspiels. Weinheim: Beltz, S. 133–137 © Verlagsgruppe Beltz, Weinheim.

2 Der Raum als «dritter Erzieher»

Der folgende Quellentext ist ein Ausschnitt aus dem Kapitel über die Reggio-Pädagogik, die ihren Namen von der norditalienischen Stadt Reggio Emilia hat. Bereits 1910 wurden dort kommunale Kindergärten gegründet, deren Ziel es war, Kinder im Vorschulalter zu fördern. Die Autoren bezeichnen die Reggio-Pädagogik eher als «Erziehungsphilosophie» denn als «ausgefeiltes Theoriemodell» (vgl. Knauf, Düx & Schlüter 2007, S. 127). In ihren zentralen Grundannahmen wird vom aktiven, sich selber die Welt erschließenden Kind ausgegangen, das sein Wissen und sein Können selber konstruiert. Insofern liegt es auf der Hand, dass der Raum – neben den Erzieherinnen und den andern Kindern – die Funktion eines «dritten Erziehers» bekommt. Der Text weist darauf hin, dass «Raum» in der Reggio-Pädagogik mehr umfasst als sonst üblich.

«Der Raum als dritter Erzieher ist eine viel zitierte, verschieden interpretierbare und auch missverständliche Metapher (vgl. Beek 2001, S. 197; Dreier 2004, S. 137).

Ist der Raum nach den beiden hauptamtlichen Erzieherinnen in der Gruppe einer reggianischen Einrichtung der dritte Erzieher? Ist er es, weil er Eltern und Kita-Personal den Vortritt lässt oder weil er dem Kind als Selbst-Erzieher und seinen ko-konstruktiven Begleitern folgt?

Wie die erwachsenen Erzieher erfüllt der Raum für Kinder zwei Hauptaufgaben: Er gibt Kindern Geborgenheit (Bezug) und ist zum anderen Herausforderung (Stimulation). Der Raum ist in Reggio Teil des pädagogischen Konzeptes (vgl. Reggio Children 2007, S. 40). Er umfasst allerdings mehr als nur die Räume und die Ausstattung der einzelnen Kindereinrichtung. Zum pädagogisch wirksamen Raum gehört vielmehr auch das ganze von den Kindern (überwiegend zu Fuß) erschließbare Umfeld: die Straßen, Plätze, öffentlichen Gebäude der Stadt ebenso wie die Reste von Natur in der Stadt und an ihrem Rand: Parks, Gärten, Äcker, Wiesen, Teiche und Wasserläufe. Mit ihrer Präsenz im Alltagsleben der Stadt bringen sich Kinder in die Welt der Erwachsenen ein, kommunizieren mit ihr.

Die Öffnung des Kita-Alltags zum Leben in der Stadt und zur Erwachsenenwelt wird durch die Architektur der meisten reggianischen Kindereinrichtungen zum Ausdruck gebracht: Durch große, tief heruntergezogene Fensterflächen werden optische Barrieren zwischen drinnen und draußen abgebaut. «In Reggio sind Kindergärten und Krippen eine Art Aquarium: Man kann jederzeit hinaussehen, und von draußen haben alle Einblick, um zu verstehen, was da drinnen geschieht» (Sommer 1988, S. 379). Auch die Gestaltung des Eingangsbereichs fördert die Öffnung der Einrichtung zum städtischen Umfeld: «Der Eingangsbereich ist die Visitenkarte der Einrichtung […] Alle Besucher sollen sich eingeladen fühlen, das Haus zu betreten» (Krieg 1993, S. 37). Mitarbeiterinnen und Kinder stellen sich hier mit Fotos vor; Wandzeitungen und Projektdokumentationen können auf die Arbeit und das Leben in der Einrichtung neugierig machen. «Die Eingangshalle soll aber nicht nur Informationen vermitteln […] Mit einem Gefühl des Wohlbehagens sollen Kinder wie Erwachsene (Erzieherinnen, Eltern, Großeltern, Bürger, Bürgerinnen und Verantwortliche der Stadt, auswärtige Besucherinnen und Besucher) die Einrichtung betreten und Interesse gewinnen, auch die anderen Räume der Kita aufzusuchen» (Knauf 1995, S. 18). Zu einer solchen aktivierenden Atmosphäre tragen vor allem Bilder und Pflanzen bei.

Auch innerhalb der Einrichtung entwickelt sich ein interaktives, dialogisches Verhältnis zwischen den Kindern (aber auch den Erwachsenen) und dem räumlichen Ambiente. Insofern übernimmt der Raum die Funktion eines «dritten Erziehers» neben den beiden Erzieherinnen, die jeder Gruppe zur Verfügung stehen (vgl. Göhlich 1993, S. 67 ff.). Räume übernehmen somit verschiedene pädagogische «Rollen» in den reggianischen Kindereinrichtungen. Sie sollen
- eine Atmosphäre des Wohlbefindens schaffen, die sowohl Geborgenheit vermittelt als auch aktivierend wirkt;
- die Kommunikation in der Einrichtung stimulieren;
- gegenständliche Ressourcen für Spiel- und Projektaktivitäten bereitstellen;
- Impulse geben für Wahl und Bereicherung von Kinderaktivitäten.

Mit dem Anspruch der reggianischen Kindereinrichtungen, eine Atmosphäre des Wohlbefindens für Kinder (und Erwachsene) zu schaffen, wird Bezug auf die radikale Kindorientierung Janusz Korczaks genommen, der «das Recht des Kindes auf den heutigen Tag» einforderte (vgl. Dreier 2007, S. 131). Daraus ergibt sich die Konsequenz, dass sich Raumgestaltung an den Bedürfnissen der Kinder orientieren muss. Dazu gehört:
- sich zurückziehen zu können, um Geborgenheit, Stille, Alleinsein, Wärme und Nähe eines einzelnen Partners oder weniger Partner zu erfahren;
- Motorik in schnellen Bewegungen erleben zu können;
- Anregungen zum Tätigwerden durch Gegenstände mit Aufforderungscharakter zu bekommen (vgl. Knauf 1995, S. 18);
- durch die Sichtbarkeit der Aktivität anderer zur Kontaktaufnahme, zum Mitmachen oder zum imitativen Handeln eingeladen zu werden;
- die Ästhetik, die Sinnlichkeit des Raumes, insbesondere seine Farbigkeit, seine Proportionierung, die Verknüpfung zu Nachbarräumen, seine abgestuften Helligkeitsgrade, die Materialität seiner Begrenzung und seine gegenständliche Ausstattung, je nach situativ-individueller Stimmungslage einmal als Stimulans, ein anderes Mal als Beruhigung zu erleben (vgl. Knauf 1996, S. 21 ff.);
- Räume durch Mitgestaltung, insbesondere durch die Ausstattung mit eigenen Werken, persönlich und vertraut, gewissermaßen zu etwas Eigenem zu machen.

In Reggio werden verschiedene Mittel genutzt, um diese Bedürfnisse aufzugreifen, zu berücksichtigen und weiterzuentwickeln. Dazu gehört z.B. die räumliche Vielgestaltigkeit der Einrichtungen, in denen sehr unterschiedlich proportionierte und unterschiedlich helle Räume zu verschiedenartigen Tätigkeiten stimulieren. Des Weiteren bedeutsam ist die *klare, aber nicht starre funktionale Akzentuierung der Räume:* Neben der Eingangshalle und den differenzierten Raumkomplexen für die einzelnen Gruppen verfügen die meisten Tageseinrichtungen über ein zentrales großes Forum, die «Piazza», die wie der Marktplatz einer spätmittelalterlichen Stadt Herzstück des Gemeinwesens ist und damit Bedeutung und Lebendigkeit sozialer Bezüge in der Einrichtung konkret zum Ausdruck bringt (so Elena Giacopini auf einem Vortrag am 5.11.1997 in Reggio; vgl. Krieg 1993, S. 37). Ein weiteres wichtiges Charakteristikum in der Raumstruktur reggianischer Einrichtungen ist das Atelier (vgl. Knauf 2004), in dem eine

Werkstattleiterin oder ein Werkstattleiter («atelierista») Kinder beim Ausprobieren und Erweitern der individuellen sinnlichen Ausdrucksmöglichkeiten («die 100 Sprachen der Kinder») unterstützt. Jeder Gruppe ist in der Regel zusätzlich ein «Miniatelier» als Arbeits- und Magazinraum zugeordnet. Entsprechend der besonderen kulturellen und sozialen Bedeutung des Essens speziell in Italien (vgl. Dreier 2007, S. 35) sind die Speiseräume als offene Restaurants gestaltet, die sich oft an die Piazza anschließen, sich aber auch zur Küche hin öffnen. Diese gehört ebenfalls zu den Aktionsbereichen der Kinder, in denen sie etwas ausprobieren, aber auch durch Imitation lernen können.

Die Räume zeichnen sich durch *Offenheit und Transparenz* aus (vgl. Knauf 1995, S. 20f.). Kinder werden aufgefordert, die ganze Einrichtung (und ihr Umfeld) zu erkunden, um durch das Entdecken immer wieder von Neuem Wissbegierde als eine wichtige Grundhaltung zu stabilisieren und um (immer wieder neu) Orte, Partner und Aktivitäten zu finden, von denen sie sich persönlich angesprochen fühlen. Durch Briefkästen für jedes Kind (vgl. Krieg 1993, S. 42) und durch Schlauchtelefone wird die Bereitschaft der Kinder, zu kommunizieren, noch verstärkt.

Als *Ressourcen und Impulse* für das Stimulieren von Kinderaktivitäten werden in den verschiedenen Räumen Geräte (vom Spiegelzelt bis zum Overheadprojektor), von Kindern oder Erwachsenen geschaffene ästhetische Objekte, vor allem aber vielfältige Gebrauchsmaterialien platziert (vgl. Knauf 1995, S. 20ff.; Krieg 1993, S. 45). Alles ist – mit den montessorischen Grundsätzen der «vorbereiteten Umgebung» vergleichbar – offen, zugleich wohl geordnet und ästhetisch ansprechend präsentiert und verfügt damit über einen unmittelbaren Aufforderungscharakter zum Aktivwerden. Die Schönheit der Präsentation enthält zugleich die implizite Aufforderung, mit Materialien und ihren Arrangements sorgfältig und behutsam umzugehen.

Die *Räume werden von den Kindern mitgestaltet:* Die Resultate ihrer Forschungs- und Gestaltungsprozesse sind die wichtigsten Medien zur Ausgestaltung der Räume. Die Räume gewinnen durch die Werke der Kinder ihren spezifischen ästhetischen Charakter und werden dadurch zugleich zu Dokumenten und Spiegeln der Entwicklung der Kinder. Besonders intensiv ist der Mitgestaltungsprozess der Kinder zu Beginn des neuen Kita-Jahres, wenn sie neue Gruppenräume erhalten. Sie überlegen dann, was sie aus ihren alten Räumen mit in die neuen nehmen wollen, um eine Balance zwischen Bewahren und Verändern als Ausdruck ihrer Entwicklung zu finden. ›

Literatur

Beek, A. (2001). Der Raum als 3. Erzieher. PÄD Forum, 29 (3), S. 197–202.
Dreier, A. (2004). Raum als Dritter Erzieher. In S. Lingenauber (Hrsg.), Handlexikon der Reggio-Pädagogik (S. 135–141). Bochum: projektverlag.
Dreier, A. (2007). Was tut der Wind, wenn er nicht weht? Begegnung mit der Kleinkindpädagogik in Reggio Emilia. Berlin: Cornelsen Scriptor.
Göhlich, M. (1993). Reggio-Pädagogik – Innovative Pädagogik heute. Zur Theorie und Praxis der kommunalen Kindertagesstätten von Reggio Emilia (5. Auflage). Frankfurt a. M.: R. G. Fischer.
Knauf, T. (1995). Freiräume schaffen – Spielräume entdecken. Orte für Kinder in Reggio-Emilia. klein & groß, 48 (11–12), S. 18–23.
Knauf, T. (1996). Pädagogik und die Kategorie Raum. In Bundeszentrale für gesundheitliche Aufklärung (Hrsg.), Lernwelten. Zur Gestaltung schulischer Räume (S. 14–30). Bensberg: Thomas-Morus-Akademie.
Knauf, T. (2004). Atelier. In S. Lingenauber (Hrsg.), Handlexikon der Reggio-Pädagogik (S. 9–14). Bochum: projektverlag
Knauf, T., Düx, G. & Schlüter, D. (2007). Handbuch Pädagogische Ansätze – Praxisorientierte Konzeptions- und Qualitätsentwicklung in Kindertageseinrichtungen. Berlin: Cornelsen Scriptor.
Krieg, E. (Hrsg.) (1993). Hundert Welten entdecken. Die Pädagogik der Kindertagesstätten in Reggio Emilia. Essen: Neue Deutsche Schule.
Reggio Children (Hrsg.) (2007). Hundert Sprachen hat das Kind. Das Mögliche erzählen. Kinderprojekte der städtischen Krippen und Kindergärten von Reggio Emilia. Berlin: Cornelsen Scriptor.
Sommer, B. (1988). Dokumentation der Ausstellung und Fachtagung «Reggio: Kleinkindererziehung in Reggio nell'Emilia – Wie Kinder wahrnehmen, denken und gestalten». Berlin: Bezirksamt Schöneberg, Abteilung Jugend und Sport.

Auszug aus: Knauf, T., Düx, G. & Schlüter, D. (2007). Handbuch Pädagogische Ansätze – Praxisorientierte Konzeptions- und Qualitätsentwicklung in Kindertageseinrichtungen. Berlin: Cornelsen Scriptor, S. 140–143 © Cornelsen Verlag Scriptor, Berlin.

Kommentierte Literaturhinweise

Burkhardt Bossi, Carine, Lieger, Catherine & Felten, Regula von (2009)

Spielen als Lernprozess. Planen, begleiten, beobachten. Zürich: Verlag Pestalozzianum.
Die DVD enthält zahlreiche Filmsequenzen, die Kinder beim Spielen in einem Kindergarten zeigen, und eignet sich zur Auseinandersetzung mit dem Thema «Spiel». Angehenden und erfahrenen Lehrpersonen bietet sich die Gelegenheit, Funktions-, Konstruktions- und Rollenspiele von Kindern in aller Ruhe zu beobachten, sich der Bedeutung des Spielens bewusst zu werden und die Aufgabe der Spielbegleitung zu überdenken. Das Begleitheft zur DVD enthält theoretische Ausführungen zum Thema «Spiel» und gibt konkrete Beobachtungsimpulse für die Arbeit mit den Filmsequenzen.

Flitner, Andreas (2002)

Spielen–Lernen. Praxis und Deutung des Kinderspiels. Weinheim: Beltz.
Dieses Buch gibt vielseitige Einblicke ins Thema «Spiel». Es befasst sich mit dem Spiel in der Vergangenheit und dem Spiel heute und fragt nach der Bedeutung des Spiels für die kognitive Entwicklung und für das Sozialverhalten. Außerdem setzt sich der Autor mit pädagogischen Streitfragen auseinander: Stimulieren oder Wachsenlassen, schlechtes und gutes Spielzeug, Kampf- und Kriegsspiele, Mädchen- und Jungenspiele, Spiele ohne Sieger, Computerspiele.

Johnson, James E., Christie, James F. & Wardle, Francis (2005)

Play, Development, and Early Education. Boston: Pearson Education.
Dieses Buch beschreibt, was Spiel ist und welche Bedeutung Spielen für die Entwicklung von Kindern hat. Die Autoren setzen sich mit klassischen Theorien zum Spiel auseinander und fragen danach, wie Persönlichkeit und Umgebung das Spiel beeinflussen. Schließlich geht es um den Stellenwert des Spiels in der frühen Bildung. Dieser Teil befasst sich mit dem Angebot an Spielmaterial, mit Möglichkeiten der Spielbegleitung, mit dem Einsatz von Medien und Technologie und mit der Gestaltung von Spielplätzen.

Kapitel 6 Lernprozesse begleiten

Die Begleitung eines Lernprozesses findet überall statt, wo Menschen von anderen Menschen lernen; sei das eine Mutter mit ihrem Kind, ein Kind, das von einem älteren Geschwister lernt, ein Lehrmeister mit seinem Lehrling, eine Fußballtrainerin mit ihren Spielerinnen usw. Für Lehrpersonen ist die Begleitung der Lernprozesse der Schülerinnen und Schüler eine der faszinierendsten Aufgaben. Gleichzeitig ist sie aber auch eine große Herausforderung, die viel Wissen und Einfühlungsvermögen erfordert, wenn wir das Denken, Erleben und Fühlen von Kindern und Jugendlichen entdecken/erfahren wollen.

Da Kinder und Jugendliche innerhalb einer Klasse unterschiedliche Lernvoraussetzungen mitbringen, muss eine Lehrperson ihre Lernbegleitung individuell anpassen. Dafür braucht sie ihr fachliches Wissen über Struktur und Schwierigkeiten von Aufgaben, und sie muss Sachverhalte auf verschiedene Arten erklären können. Gefordert ist aber auch die Fähigkeit, den individuellen Lernstand eines Lernenden zu erkennen und unterstützend, informativ und wohlwollend Rückmeldungen zu geben.

Eine wichtige Aufgabe der Schule ist es, Kinder und Jugendliche darin zu unterstützen, ihre eigenen Lernprozesse bewusster wahrzunehmen, um sie auch selbst zu steuern und zu gestalten. Dies bedingt neben der Vermittlung von Lernstrategien ein adaptives Methodenrepertoire, das eine gewisse Selbststeuerung durch die Lernenden ermöglicht.

| Basics | Seite 125 | Texte | Seite 133 |

Basics Lernprozesse begleiten

URBAN FRAEFEL

Was ist unter «Lernprozessbegleitung» zu verstehen?

Die Lernprozessbegleitung ist überall zu beobachten, wo Menschen mit und von anderen Menschen lernen.

Im schulischen Kontext bezieht sich Lernprozessbegleitung auf eine *bestimmte Phase des Lernprozesses* von Schülerinnen und Schülern, die im gesamten, vollständigen Lernprozess eingebettet ist. Vereinfacht läuft der Lernprozess aus der Sicht von Lehrpersonen meistens so ab:

Lernprozesse werden initiiert

Durch Problemstellungen, Inputs, Lernzielformulierungen, Aktivitäten, Aufgreifen von virulenten Themen usw. setzen Lehrpersonen einen Prozess in Gang, der neues Lernen ermöglichen und begünstigen soll. Die Schülerinnen und Schüler werden gewissermaßen in ein neues Feld geführt, in dem sie sich zunehmend selbst zurechtfinden sollen.

Lernprozesse werden begleitet – Lernstrategien werden vermittelt

Die Schülerinnen und Schüler sind zu Beginn dieser Phase noch wenig vertraut mit den neuen Herausforderungen und brauchen meist entsprechend viel Unterstützung. Feedbacks zum Stand des Lernprozesses, Hilfe in der Sache und Hinweise zum Vorgehen kommen oft von Lehrpersonen, aber auch von Mitschülerinnen und Mitschülern, Eltern, geeigneten Texten usw. Je vertrauter die Schülerinnen und Schüler mit der neuen Materie werden, desto weniger direkte Unterstützung brauchen sie. Die Lernenden haben sich das Neue zu eigen gemacht, können damit flexibel umgehen und es in anderen Kontexten anwenden.

Lernprozesse laufen aus – Lernprozesse werden evaluiert

In der Regel laufen Lernprozesse einfach aus und machen neuen Herausforderungen Platz. In der Schule indessen werden sie oft systematisch evaluiert und bewertet.

Dieser Normalverlauf insbesondere schulischer Lernprozesse ist treffend beschrieben worden mit dem Rahmenkonzept der «Lehre» analog zur Berufslehre (Cognitive Apprenticeship, vgl. Collins, Brown & Newman 1989).

Im Folgenden geht es um die Phase der Lernprozessbegleitung einschließlich der Vermittlung von Lernstrategien. Besonders in dieser Phase des Lernprozesses findet das Lernen im sozialen Kontext statt – im Kontakt der Lernenden zu Lehrpersonen, anderen Lernenden, zu Eltern, zu Kollegen usw.

Lehrpersonen und Lernende tragen dazu bei, dass die Spanne zwischen dem aktuellen Stand und dem erwünschten Lernstand überwunden wird:

Lernende (v. a. Schülerinnen und Schüler) können ihren Einsatz steigern und wirkungsvollere Strategien anwenden. Möglich, aber in der Regel unerwünscht ist hingegen, dass sie ihre Ziele zurücknehmen, verwässern, herunterspielen oder ganz aufgeben.

Lehrende (v. a. Lehrpersonen) können noch größere Anstrengungen unternehmen, um angemessene, herausfordernde und genaue Lernziele vorzuschlagen, und sie können den Lernenden noch intensiver beistehen mit Feedback und wirkungsvollen Lernstrategien.

Die Rahmentheorie: Wissen wird vornehmlich sozial konstruiert

Die soziale Konstruktion von Wissen wurde maßgeblich von Lew Wygotski (1896–1934) beschrieben. Er stellte fest, dass in der kulturellen Entwicklung eines Kindes alles zuerst auf sozialer Ebene geschieht, bevor es im Innern des Kindes Gestalt annimmt. Alle höheren geistigen Funktionen beruhen gemäß Wygotski auf realen Beziehungen zwischen Menschen (Vygotsky & Cole 1934/1978, S. 57).

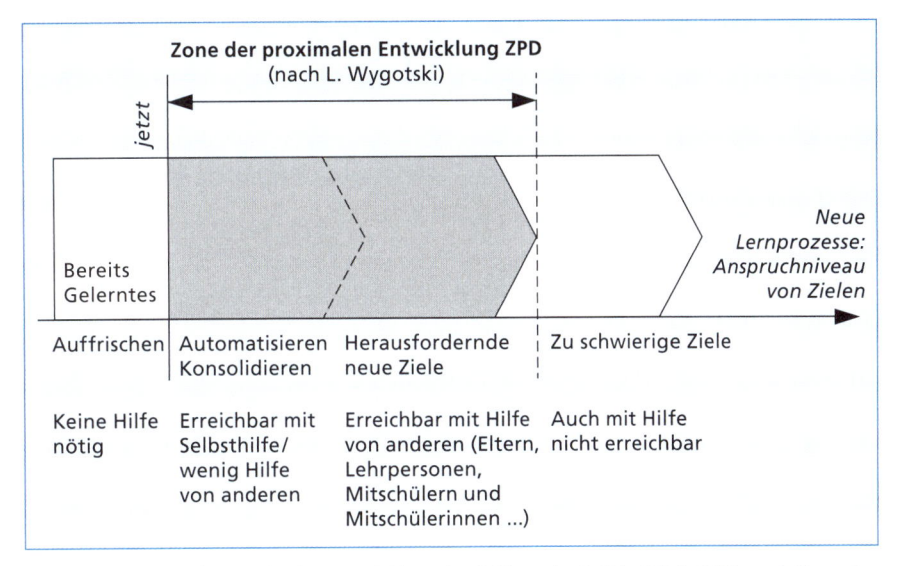

Abbildung 9: Zone der proximalen Entwicklung (nach Vygotsky & Cole 1934, 1978; auch Tharp & Gallimore 1991; Fraefel 2007)

Mit der «Zone der proximalen Entwicklung» hat Wygotski eine einleuchtende Metapher für Lernprozesse im sozialen Kontext geschaffen. Sie wird auch «Zone der nächsten Entwicklung», «Zone des Übergangs» oder «Lernfenster» genannt. Wygotski versteht darunter die Distanz zwischen dem, was ein Kind alleine erreichen kann, und dem, was es unter Anleitung von Erwachsenen oder mit fähigeren Peers meistern kann (nach Vygotsky & Cole 1934/1978).[1]

Lernende und Fortgeschrittene handeln eine Zeit lang gemeinsam. Die erfahreneren Menschen – in der Schule meist Lehrpersonen oder fortgeschrittene Mitschülerinnen und -schüler – ermöglichen mit ihrer Unterstützung etwas, was den Schülern und Schülerinnen alleine nicht möglich ist. Die Schülerinnen und Schüler können ihrerseits Rat annehmen, sich am Vorbild von Fähigeren orientieren, deren Kompetenzen imitierend erwerben oder sich zumindest vergewissern, dass die Fähigkeiten erworben werden können.

---

[1] «…the distance between the actual developmental level as determined by independent problem solving and the level of potential development as determined through problem solving under adult guidance, or in collaboration with more capable peers» (Vygotsky & Cole 1934/1978, S. 86).

Was sind die Merkmale der Lernprozessbegleitung?

Merkmal 1
Lernprozessbegleitung ist individualisiert

Lernprozessbegleitung mit einer großen Gruppe oder der ganzen Klasse ist sehr erschwert, da die Lernenden verschiedene Voraussetzungen und Potenziale haben und daher je andere Unterstützung brauchen. Anders ausgedrückt: Was immer die Lehrperson tut, sie wird nur einen Teil der Lernenden erreichen, nämlich jene, die in ihrer Zone der proximalen Entwicklung angesprochen werden.

Individuelle, parallele Lernprozesse
Grau: je unterschiedliche Zone der proximalen Entwicklung zu einer bestimmten Kompetenz

Individuelle Schülerinnen und Schüler einer Lerngruppe oder Klasse

Unterstützung einer ganzen Gruppe erreicht nicht alle Individuen in ihrer Zone der proximalen Entwicklung

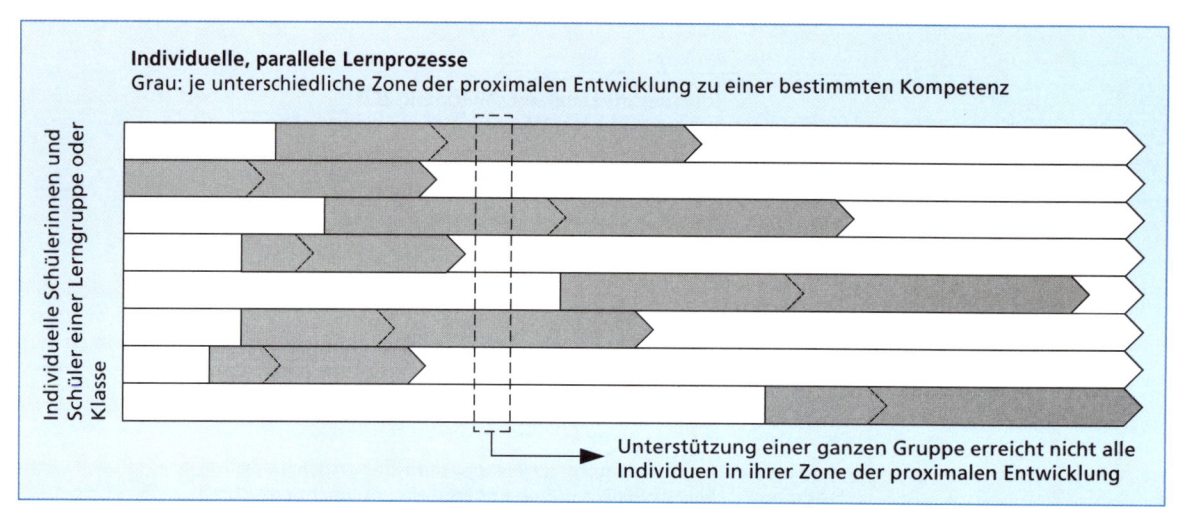

Abbildung 10: Lernprozessbegleitung ist individualisiert

Merkmal 2
Lehrpersonen unterstützen mit Scaffolds und Feedbacks

«Scaffold» heißt eigentlich «Gerüst», also eine unterstützende Maßnahme bei Lernenden, die sich in einem noch wenig bekannten Gebiet bewegen. Scaffolds sind unterstützende Interaktionen in der Zone der proximalen Entwicklung oder anders ausgedrückt: Stützen, die den Schülerinnen und Schülern helfen, den Graben zwischen den aktuellen Fähigkeiten und den angestrebten Lernzielen zu überbrücken[2] (vgl. Wood, Bruner & Ross 1976; Hogan & Pressley 1997). Die Bezeichnung Feedback wird oft gleichbedeutend mit Scaffolds verwendet. Unter «Feedback» versteht man Informationen – meist von Lehrpersonen, Kollegen, Texten, auch von sich selbst – zu Aspekten des Könnens oder Verstehens einer Person (vgl. Hattie & Timperley 2007). Ein Feedback kann eine sachliche Korrektur von Lehrpersonen oder Eltern sein oder der Hinweis eines Kollegen auf bessere Strategien oder ein klärender Text.

Merkmal 3
Wirkungsvolle Lernprozessbegleitung setzt Diagnose des individuellen Lernstands voraus

Hilfreiche Scaffolds setzen voraus, dass die Lehrpersonen eine gute Kenntnis der aktuellen Lernprozesse der Lernenden haben. Nur so können Scaffolds die Lernprozesse optimal unterstützen. Daher sind sie dem jeweiligen Stand, den Schwierigkeiten und den Bedürfnissen der Lernenden angepasst. Dies wird in der Übersicht auf den nächsten beiden Seiten verdeutlicht.

---

2 «Scaffolds [...] are forms of support to help students bridge the gap between their current abilities and intended goals» (Rosenshine & Meister 1992).

Basics   Kapitel 6   Lernprozesse begleiten

Merkmal 4
Lernprozessbegleitung ist unabhängig von Methoden oder Lehr-Lern-Arrangements

Gute, produktive Lernprozessbegleitung kann in jeder Unterrichtsmethode und in jedem Lehr-Lern-Arrangement erfolgen, sofern individuelle Interaktionen unter Schülern und Schülerinnen unterschiedlichen Fortschritts oder mit Lehrpersonen möglich sind. Das ganze methodische Spektrum kann und soll Lernprozessbegleitung zulassen – von direktivem bis offenem Unterricht, von vermittelnden bis entdeckenden Ansätzen.

Scaffolds und Feedbacks in der Übersicht

Wichtig

Wirkungsvolle Scaffolds und Feedbacks treffen genau die richtige Ebene und stellen die richtigen Fragen. Ist dies nicht der Fall, gehen Scaffolds und Feedbacks ins Leere, bleiben ohne Wirkung oder sind sogar kontraproduktiv.

Die folgende Übersicht zeigt die Vielfalt von Scaffolds und Feedbacks. Zum einen kommt es dabei auf die Ebene an – von der Sachebene der konkreten Tipps bis zu Feedbacks zur Person. Zum anderen ändern die Interventionen je nach Zeitpunkt im Lernprozess – vom Nennen passender Ziele bis zum Anwenden des Gelernten. Grundlage ist das Feedbackmodell von Hattie und Timperley (2007).

Im realen Unterricht beschränkt sich die überwiegende Mehrheit aller Feedbacks auf zwei Formen: einerseits Stand, Fortschritt und Probleme bei der Aufgabe (Feld oben Mitte) und andererseits (persönliche) Bemerkungen ohne Informationsgehalt (unterstes Feld). Professionelle Feedbacks hingegen schöpfen alle Phasen und Ebenen des Lernprozesses für produktive Feedbacks aus und fokussieren auch die Ziele und Fortsetzungen (Kolonnen 1 und 3) sowie die Strategien (Zeilen 2 und 3).

	Klären der Ziele geplanter Tätigkeiten	Stand, Probleme und Fortschritt aktueller Tätigkeiten: Diagnose und (evtl.) Intervention in Lernprozess	Ausblick auf spätere Tätigkeiten
	«Wohin?»	«Wie läuft es?»	«Was nachher?»
Ebene der konkreten Aufgabe, Sachebene: Bewältigen der gegenwärtigen Aufgabe	Ist klar, was getan werden soll und wozu?	Bewältigen die Lernenden die Aufgabe? Wo liegt allenfalls das sachliche Problem? Wie kann ich den Lernprozess in Gang halten?	Wie können die Lernenden das Gelernte anwenden bzw. darauf aufbauen? Nächste Schritte?
Mögliche Scaffolds/ Feedbacks	z. B. klären, worin die Aufgabe besteht; warum es sich lohnt, sie zu lösen	z. B. beobachten, wo das konkrete Problem liegt; sachliche Korrekturen anbringen; praktische Hinweise zum Verflüssigen des Lernprozesses	z. B. eine konkrete Aufgabe zeigen, die mit der neuen Fähigkeit bewältigt werden kann
Ebene der aufgabenbezogenen Strategien: Benötigte Strategien, um die Aufgabe zu verstehen und zu bewältigen	Welche Strategien sind hier zu lernen?	Wie wenden die Lernenden beabsichtigte Strategien an? Wie kann ich die Lernenden unterstützen, die Strategien zu optimieren?	Wozu befähigt die gelernte Strategie die Lernenden? Nächste Schritte?
Mögliche Scaffolds/ Feedbacks	z. B. mit Schüler oder Schülerin besprechen, weshalb der Lernprozess wiederholt stockt, und das Finden einer geeigneten Strategie als Ziel formulieren	z. B. ein Vorgehen vorschlagen, wie konkrete Fehler selbst entdeckt und korrigiert werden können	z. B. als nächsten Schritt anregen, die erworbene Strategie anhand eines anspruchsvolleren Problems noch effektiver zu gestalten
Ebene der Selbstregulierungsstrategien: Überwachen, Leiten und Regulieren der eigenen Tätigkeiten	Welche Schritte zu angemessener Selbstregulierung sind zu tun?	Gelingt mehr bzw. angemessene Selbstregulierung? Wie kann ich die Lernenden darin unterstützen?	Wozu befähigen die erworbenen Selbstregulierungsstrategien? Nächste Schritte?
Mögliche Scaffolds/ Feedbacks	z. B. feststellen, dass ein gezielteres, aktives Hilfesuchen erlernt werden sollte	z. B. zeigen, woran erfolgreiches Hilfesuchen meistens scheitert	z. B. gemeinsam herausfinden, was neben erfolgreichem Hilfesuchen noch mehr Selbstständigkeit beim Lernen ermöglicht
Ebene der Person: Feedbacks, die die Person der Lernenden betreffen, verbunden mit Feedback zu Aufgaben oder Strategien	Qualitätskriterium von Feedbacks zur Person: Enthält eine Aussage zur Person der Lernenden auch irgendwelche Informationen, die den Lernenden hilft, es künftig (noch) besser zu machen? z. B. «Das ist sehr gut, und ich finde es toll, dass du mit dieser neuen Strategie das Problem erfolgreich hast lösen können.» Praktisch wirkungslos sind hingegen Feedbacks auf der persönlichen Ebene, wie Lob oder Missbilligung, wenn sie keine konkreten Aussagen zu den jeweiligen Aufgaben oder Strategien enthalten (vgl. Hattie & Timperley 2007).		

Abbildung 11: Phasen und Ebenen von Feedbacks (nach Hattie & Timperley 2007)

Die Kompetenz des Begleitens von Lernprozessen

Professionelle Lernbegleitungskompetenz konstituiert sich aus mehreren anderen Kompetenzbereichen, die sich in dieser komplexen und anspruchsvollen Lehrerinnen- und Lehrertätigkeit überlagern:

Fachdidaktische Kompetenz

- Kenntnis der Sache und der Struktur der Aufgaben
- Kenntnis der Schwierigkeiten
- Kenntnis des Zeitaufwandes
- Vielfältige Erklärstrategien
- Problemlösestrategien

Diagnostische Kompetenz

- Den individuellen Lernstand, die Lernschwierigkeiten, das Lernpotenzial erkennen
- Setzt fachdidaktische Kompetenz voraus

Kommunikative und soziale Kompetenz

- Psychologisches Wissen
- Kenntnisse über Feedbacks
- Setzen von Prioritäten
- Richtiger «Ton»

Kompetenz der Lernprozessbegleitung

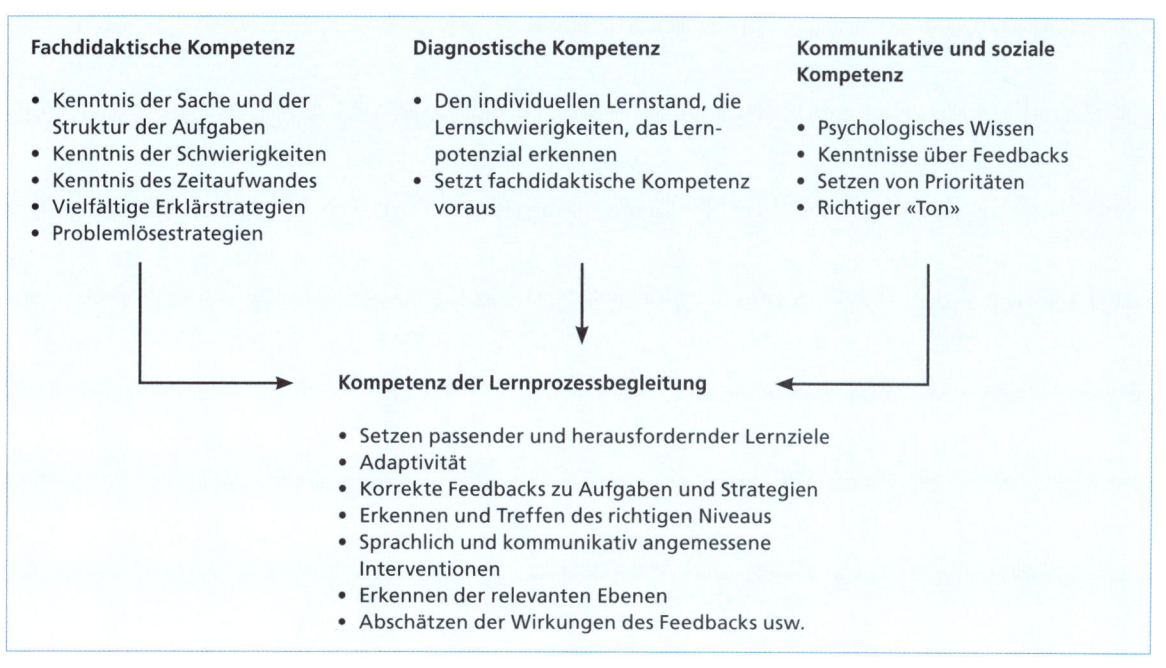

- Setzen passender und herausfordernder Lernziele
- Adaptivität
- Korrekte Feedbacks zu Aufgaben und Strategien
- Erkennen und Treffen des richtigen Niveaus
- Sprachlich und kommunikativ angemessene Interventionen
- Erkennen der relevanten Ebenen
- Abschätzen der Wirkungen des Feedbacks usw.

Abbildung 12: Konstituierung der Lernprozessbegleitungskompetenz aus Teilkompetenzen

Der Erfolg beim Aufbau von Kompetenzen der Lernprozessbegleitung dürfte wesentlich davon abhängen, in welchem Maße die genannten relevanten Teilkompetenzen ausgebildet und verfügbar sind und in welchem Maße die Lehrperson imstande ist, diese je nach Bedarf zu orchestrieren.

Literatur

Collins, A., Brown, J. S. & Newman, S. E. (1989). Cognitive Apprenticeship: Teaching the Crafts of Reading, Writing, and Mathematics. In L. B. Resnick (Hrsg.), Knowing, Learning, and Instruction. Hillsdale N. J.: Erlbaum.
Fraefel, U. (2007). Lernprozesse begleiten. Arbeitspapier. Zürich: PHZH.
Hattie, J. & Timperley, H. (2007). The power of feedback. Review of Educational Research, 77 (1), 81–112.
Hogan, K. & Pressley,M. (Hrsg.) (1997). Scaffolding student learning. Cambridge Massachusetts: Brookline Books.
Rosenshine, B. & Meister, C. (1992). The Use of Scaffolds for Teaching Higher-Level Cognitive Strategies. Educational Leadership, 49 (7), 26–33.
Tharp, R. G. & Gallimore, R. (1991). Rousing minds to life: teaching, learning, and schooling in social context. Cambridge: Cambridge University Press.
Vygotsky, L. S. & Cole, M. (1934/1978). Mind in society: the development of higher psychological processes. Cambridge, Mass.: Harvard University Press (russ. Original 1930).
Wood, D., Bruner, J. S. & Ross, G. (1976). The role of tutoring in problem solving. Journal of Psychology and Psychiatry, 17, 89–100.

Texte   Lernprozesse begleiten

1 Adaptiver Unterricht

«Adaptiver Unterricht ist «das aussichtsreichste unterrichtliche Konzept, um auf die großen und stabilen interindividuellen Unterschiede der Schüler in didaktisch angemessener Form zu reagieren» (Helmke & Weinert 1997, S. 137). Unbestreitbar weisen die Schülerinnen und Schüler in jeder Klasse in ihren kognitiven und emotionalen Merkmalen und Bedürfnissen eine große Heterogenität auf. Die Heterogenität ist ja auch einer der Ausgangspunkte für die Basis- und Grundstufenprojekte. Adaptiv unterrichtende Lehrpersonen bemühen sich darum, ihr Lehren an die Voraussetzungen und den Lernprozess der Lernenden auf Klassenebene und auf Individualebene anzupassen, um die Bildungsziele zu erreichen. Die Beherrschung unterschiedlichster Lehrmethoden ist für adaptiven Unterricht zentral, da die Lehrmethode dem Lernbedürfnis der Lernenden angepasst werden soll. Lernmaterialien, -ziele, -zeiten, -tempi und -medien sowie Schwierigkeitsgrade müssen auf die Schülerinnen und Schüler abgestimmt werden.

Die Lehrperson begleitet die Schülerinnen und Schüler und bietet ihnen ein optimales Lerngerüst, um ihre Unterstützung langsam zurückzuziehen. Der Unterricht kann, beispielsweise mithilfe der erweiterten Lehr-Lern-Formen, in seiner Organisationsform Möglichkeiten zur Adaptivität beinhalten: Gruppenunterricht, Wochenplanunterricht und Stationenlernen, Projekt- oder Planarbeit ermöglichen Binnendifferenzierung. Adaptive Organisation ist insbesondere auch in Formen des freien geleiteten Spiels und in freien/angeleiteten/verbindenden Sequenzen zu finden.

Die Auswahl der adäquaten Unterrichtsmethode setzt eine fundierte Diagnose der Schülerbedürfnisse und der Zone ihrer nächsten Entwicklung voraus. Der Gestaltung der Interaktion zwischen Lehrendem und Lernendem kommt für die Diagnose und die adaptive Begleitung des Lernens eine wichtige Rolle zu. Ebenfalls zentral ist der Einbezug der Motivationslage der Schülerinnen und Schüler, um sie bei der Erreichung der Bildungsziele optimal zu stützen. Wie können sie dabei unterstützt werden, Interesse für den Stoff zu entwickeln und zu behalten? Brauchen sie mehr Autonomie im Lernen, um motiviert zu sein? Benötigen sie mehr Gruppenarbeit, um sich sozial eingebunden zu wissen? Oder muss die Lehrperson ihnen leichtere/schwierigere Aufgaben anbieten, sodass sie sich selbstwirksam fühlen? Gibt es möglicherweise Kinder, die extrinsisch motiviert werden müssen? Brauchen gewisse Kinder eine starke Anleitung durch die Lehrperson?

Als Bedingungen für einen gelingenden Lehr-Lern-Prozess, der anpassungsfähige Übernahmen der Kontrolle von Lehrpersonen und Lernenden ermöglicht, werden von Salonen und Vauras (2006) folgende Merkmale identifiziert: a) äquivalente Symmetrie, in der auf Ausführungen und Tätigkeiten der Lehrpersonen Ausführungen der Lernenden folgen, b) von gegenseitiger Achtung getragene «schwache» Komplementarität, in der die Strukturierung der Lehrperson beim Lernenden zwar Zustimmung bewirkt, jedoch ohne Unterwürfigkeit hervorzurufen, und c) positive oder neutrale affektive Symmetrie, in der affektiv positive oder neutrale Haltungen von Lehrperson und Lernenden einander ergänzen.

Für die adaptive Begleitung der Kinder im Unterricht muss die Lehrperson ihren Unterricht den Bedürfnissen der Schülerinnen und Schüler anpassen, ohne die Bildungsziele aus den Augen zu verlieren. Adaptivität kann durch Unterrichtsorganisation oder durch situationale Anpassungen im Unterricht geleistet werden. Die Schwierigkeiten im Lernen und im Erkenntnisprozess vier- bis achtjähriger Kinder können kognitiver, affektiver oder psychomotorischer Natur sein, diese Ebenen sind eng mit Selbst-, Sach- und Sozialkompetenz verbunden und auch untereinander verstrickt. Die Lehrperson von vier- bis achtjährigen Kindern unterstützt diesen Erkenntnisprozess einerseits durch didaktisches Design, also durch die Inszenierung eines sozialen Lernrahmens, durch das Stellen intelligenter Lernaufgaben und die Auswahl und Bereitstellung von Lehr-Lern-Werkzeugen und das Gewähren von Zeit. Andererseits stellt sie sich als personale Ressource für das Lernen zur Verfügung, indem sie als Expertin für den Inhalt das Lernen anregt, unterstützt und begleitet, als Expertin für das Lernen die Schwierigkeiten der Kinder diagnostizieren kann und den Kindern erfolgreiche Lernerlebnisse ermöglicht und nicht zuletzt als Expertin für pädagogische Interaktion und Begleitung eine hohe Fähigkeit ausweist, adaptiv auf die unterschiedlichen Bedürfnisse der Kinder einzugehen und sie in die Zone ihrer nächsten Entwicklung in den Bildungsbereichen sowie der Sozial-, Selbst- und Sachkompetenz zu begleiten. ›

Literatur
Helmke, A. & Weinert, F. E. (1997). Bedingungsfaktoren schulischer Leistungen. In Enzyklopädie der Psychologie. Themenereich D: Praxisgebiete, Serie I: Pädagogische Psychologie, Bd. 3: Psychologie des Unterrichts und der Schule, hrsg. von F. E. Weinert (S. 71–176). Göttingen: Hogrefe.
Salonen, P. & Vauras, M. (2006). Interaktion zwischen Lernenden und Lehrenden. In M. Baer et al. (Hrsg.), Didaktik auf psychologischer Grundlage. Von Hans Aeblis kognitionspsychologischer Didaktik zur modernen Lehr- und Lernforschung (S. 207–217). Bern: hep.

Auszug aus: Leuchter, M. & Schwerzmann Humbel, P. (2006). Didaktik für den Unterricht mit vier- bis achtjährigen Kindern © Pädagogische Hochschule Zentralschweiz Luzern PHZ, Luzern.

2 Individuelle Lernbegleitung – Qualitätsansprüche und Indikatoren

Indikatoren	Merkmale
Differenzierte Lernangebote 1. **Die Lehrpersonen gestalten Unterrichtssequenzen, die unterschiedliche Lernwege und Anspruchsniveaus berücksichtigen.**	a) Die Lehrpersonen stellen den Schülerinnen und Schülern angepasste Aufgaben mit unterschiedlichen Leistungsansprüchen. b) Die Lehrpersonen schaffen durch die Unterrichtsgestaltung Möglichkeiten, Schülerinnen und Schüler einzeln oder in Gruppen zu unterstützen. c) Die Lehrpersonen ermöglichen den Schülerinnen und Schülern unterschiedliche Lernwege.
Individuelle Förderung 2. **Die Lehrpersonen erfassen die Lernleistungen der einzelnen Schülerinnen und Schüler und unterstützen sie gezielt beim Lernen.**	a) Die Lehrpersonen erfassen regelmäßig die Lernleistungen der Schülerinnen und Schüler. b) Die Lehrpersonen passen die Unterstützung den einzelnen Schülerinnen und Schülern an. Sie gehen konstruktiv auf die Denkwege der Schülerinnen und Schüler ein. c) Die Lehrpersonen geben den Schülerinnen und Schülern differenzierte Rückmeldungen und Hinweise zum weiteren Lernen.
Eigenverantwortliches Lernen 3. **Die Lehrpersonen unterstützen die Schülerinnen und Schüler, Eigenverantwortung für ihr Lernen zu übernehmen.**	a) Die Lehrpersonen führen Lerntechniken ein und leiten die Schülerinnen und Schüler dazu an, Teile ihres Lernprozesses selbstständig zu planen und zu realisieren. b) Die Schülerinnen und Schüler erhalten Impulse, um sich selbstständig mit komplexeren Fragestellungen zu befassen (z. B. Entdecken, Experimentieren, Ausprobieren, praktisches Arbeiten, Fallstudien, Lernaufgaben usw.). c) Regelmäßige Selbstbeurteilungen ermöglichen es den Schülerinnen und Schülern, Verantwortung für das eigene Lernen zu übernehmen und den Lernprozess selbst zu steuern.
Zusammenarbeit in der individuellen Lernbegleitung 4. **Die Schule fördert die Zusammenarbeit in der individuellen Lernbegleitung.**	a) Die Schule sorgt für gute Rahmenbedingungen für die individuelle Lernbegleitung (z. B. Aus- und Weiterbildung, gegenseitiger Austausch, Arbeitsschwerpunkt im Schulprogramm). b) Die Zusammenarbeit im Team erleichtert den Lehrpersonen die individuelle Lernbegleitung der Schülerinnen und Schüler. c) Die Lehrpersonen gestalten die Stufenübertritte sorgfältig.

Auszug aus: Bildungsdirektion Kanton Zürich/Fachstelle für Schulbeurteilung (2017)

3 Fordern und Fördern in der Grundschule

Wie sollte naturwissenschaftlicher Unterricht gestaltet werden?

« Zur unterstützenden Rolle der Lehrkraft in einem konstruktivistisch orientierten Unterricht

Ein Unterricht, wie er in der [Versuchsgruppe] «durchgeführt wurde, ähnelt einem genetisch angelegten Unterricht, in dem Freiräume zum forschenden Lernen und zur Wissenskonstruktion existieren, in dem gleichzeitig aber durch die Gliederung des Unterrichts und durch eine strukturierende Gesprächsführung der Aufbau von adäquaten Vorstellungen durch die Lehrperson unterstützt wird. Bereits in den 1970er-Jahren gab es z. B. von Einsiedler Untersuchungen zur Bedeutung von Strukturierung und Sequenzierung und zur Bedeutung prozessorientierter Lernhilfen im Rahmen gelenkt entdeckender Unterrichtsverfahren. Leider brachen diese Untersuchungsstränge in den 1980er-Jahren ab. Theoretisch eignet sich das bereits von Lew Wygotski (1978) und von Wood, Bruner und Ross (1976) beschriebene Konzept des «scaffolding», um die schwierige Aufgabe der Lehrkraft in einem auf kognitive Konstruktion ausgerichteten Unterricht zu beschreiben. Es wurde im Zusammenhang mit komplexen, anspruchsvollen Lernumgebungen von verschiedenen angloamerikanischen Autoren wieder aufgenommen (Davis & Miyake 2004; Hogan & Pressley 1997; Pea 2004; Reiser 2004). Zum «scaffolding» gehören

- Gliederungsmaßnahmen, welche die Komplexität des Lerngegenstandes reduzieren und den Aufbau adäquater Vorstellungen erleichtern,
- die Auswahl geeigneter Experimente,
- Fokussierungshilfen, welche die Aufmerksamkeit der Schüler auf wichtige Aspekte lenken sollen,
- Impulse, welche Denkanstöße vermitteln, Problematisierungshilfen, welche auf ungelöste Fragen oder Widersprüche aufmerksam machen,
- Aufforderungen zum Mitteilen und Überprüfen von Vermutungen,
- Aufforderungen zum Begründen von Aussagen und zum Reflektieren von Lernwegen,
- Zusammenfassungen und Hervorhebungen wichtiger Schüleräußerungen und
- die Nutzung von Advance Organizers, um die Aufmerksamkeit von Schülern auf wichtige Aspekte zu richten.

Reiser (2004) beschreibt die Rolle der Lehrkraft als delikat, da die Lehrkraft versuchen muss, ein optimales Level an Unterstützung bereitzustellen. Die Aufgabe der Lehrkraft lässt sich dabei auf die Formel bringen: Die Lehrkraft sollte so viel Hilfe wie notwendig und so wenig Hilfe wie möglich anbieten, um forschende Lernprozesse zu ermöglichen und die kognitive Aktivität der Lernenden zu fördern.

Ein auf kognitive Konstruktion ausgerichteter Unterricht, der ein kognitives und motivationales Engagement der Lernenden anstrebt und eigenes Forschen und Entdecken ermöglichen möchte, ist also nur erfolgreich, wenn eine entsprechende Unterstützung durch die Lehrkraft erfolgt. Zu glauben, dass Handeln und Experimentieren der Lernenden allein zu verstandenem Wissen führe und man Kinder unbehelligt forschen lassen sollte, um ihre kognitive Kreativität und ihr Interesse zu fördern, ist naiv.

Der in unserer Studie evaluierte Unterricht ist deshalb nicht nur für die Lernenden anspruchsvoll. Auch von der Lehrkraft erfordert ein solcher Unterricht eine Reihe anspruchsvoller Kompetenzen – sowohl im fachlichen als auch im didaktisch-methodischen Bereich. Die Lehrerbildung in allen Phasen sollte sich hier gefordert sehen. ›

Literatur
Davis, E. & Miyake, N. (2004). Explorations of scaffolding in complex classroom systems. The Journal of the Learning Sciences, 13 (3), S. 265–272.
Hogan, K. & Pressley, M. (1997). Scaffolding scientific competencies within classroom communities of inquiry. In K. Hogan & M. Pressley (Hrsg.), Scaffolding student learning: Instructional approaches and issues (S. 74–107). Cambridge: Brookline Books.
Pea, R. (2004). The social and technological dimensions of scaffolding and related theoretical concepts for learning, education, and human activity. The Journal of the Learning Sciences, 13 (3), S. 423–451.
Reiser, B. (2004). Scaffolding complex learning: The mechanisms of structuring and problematizing student work. The Journal of the Learning Sciences, 13 (3), S. 273–304.
Vygotsky, L. (1978). Mind in society: The development of higher psychological processes. Cambridge: Harvard University Press.
Wood, D., Bruner, J. & Ross, G. (1976). The role of tutoring in problem solving. Journal of Child Psychology and Psychiatry and Allied Disciplines, 17, 89–100.

Auszug aus: Möller, K. (2006). Fordern und Fördern in der Grundschule. Wie sollte naturwissenschaftlicher Unterricht gestaltet werden? In C. Fischer, F. J. Mönks & U. Westphal (Hrsg.), Individuelle Förderung: Begabungen entfalten – Persönlichkeiten entwickeln. Allgemeine Forder- und Förderkonzepte, Münster: LIT, S. 106–123 © LIT Verlag.

Kommentierte Literaturhinweise

Gisbert, Kristin (2004)
Lernen lernen. Lernmethodische Kompetenzen von Kindern in Tageseinrichtungen fördern. Weinheim: Beltz.
Dieser Band stellt die Bedeutung früher Lernprozesse und die Vermittlung lernmethodischer Kompetenzen in den Mittelpunkt frühkindlicher Bildung. Die Autorin beschreibt die lern- und entwicklungspsychologischen Grundlagen für diese Kompetenz, stellt Forschungsergebnisse verständlich vor und zeigt, wie kindliche Lernprozesse im Alltag organisiert und begleitet werden können.

Hengartner, Elmar (Hrsg.) (1999)
Mit Kindern lernen. Standorte und Denkwege im Mathematikunterricht. Zug: Klett und Balmer.
Mit Standortbestimmungen können zu Beginn des Schuljahres vorhandene Fähigkeiten erkannt werden. Offene Aufgaben lassen sich bezüglich des Lernstandes interpretieren, und mit gezielten Erkundungen lassen sich unterschiedliche Rechenstrategien ermitteln. Nützliche Werkzeuge für einen eigenaktiven Mathematikunterricht von der Vorschule bis Ende Primarschulzeit.

Hinnen, Hanna (2016)
Lernen kennenlernen, 6.–9. Klasse, Lernstrategien und Lerntechniken richtig einsetzen (11. Auflage). Zürich: Lehrmittelverlag des Kantons Zürich.

Hinnen, Hanna (2014)
Ich lerne lernen, 3.–5. Klasse, Lernstrategien und Lerntechniken kennenlernen und einüben (8. Auflage). Zürich: Lehrmittelverlag des Kantons Zürich.

Hinnen, Hanna (2014)
Kommentar (für Lehrpersonen) zu «Ich lerne lernen» und «Lernen kennenlernen» (4. Auflage). Zürich: Lehrmittelverlag des Kantons Zürich.
In den Lehrmitteln von Hanna Hinnen finden Lehrpersonen konkrete Hilfestellungen, wie sie mit ihren Schülerinnen und Schülern über das Lernen nachdenken und gezielt Lernstrategien aufbauen können. Das Lehrmittel enthält Beobachtungsaufgaben, Vorgehensweisen und Arbeitsmittel für die Lernenden.

Huser, Joëlle (2018)
Lichtblick für helle Köpfe (7. Auflage). Zürich: Lehrmittelverlag des Kantons Zürich.
Ein Wegweiser zur Erkennung und Förderung von hohen Fähigkeiten bei Kindern und Jugendlichen auf allen Schulstufen mit vielen Beispielen, Beobachtungsbogen, Anregungen für den Unterricht.

Schräder-Naef, Regula (2002)
Lerntraining in der Schule. Voraussetzungen – Erfahrungen – Beispiele. Weinheim: Beltz.
Der Band stellt Erkenntnisse und für das Lerntraining relevante Forschungsergebnisse, beispielsweise zur Lernpsychologie, zu Lernbiografien, zur Hirnforschung, zu Lernmotivation und Informationsmanagement, in allgemein verständlicher Form dar. Er fasst die von Schulen bei der Vermittlung von Lernstrategien und der Durchführung entsprechender Projekte und Kurse gemachten Erfahrungen so wie die Vor- und Nachteile unterschiedlicher Vorgehensweisen zusammen. Mit zahlreichen Beispielen, Kopiervorlagen, Fragebogen usw., die im Unterricht bei der Vermittlung von Lesrnstrategien verwendet werden können. Das Buch richtet sich in erster Linie an Lehrpersonen der Sekundarstufe.

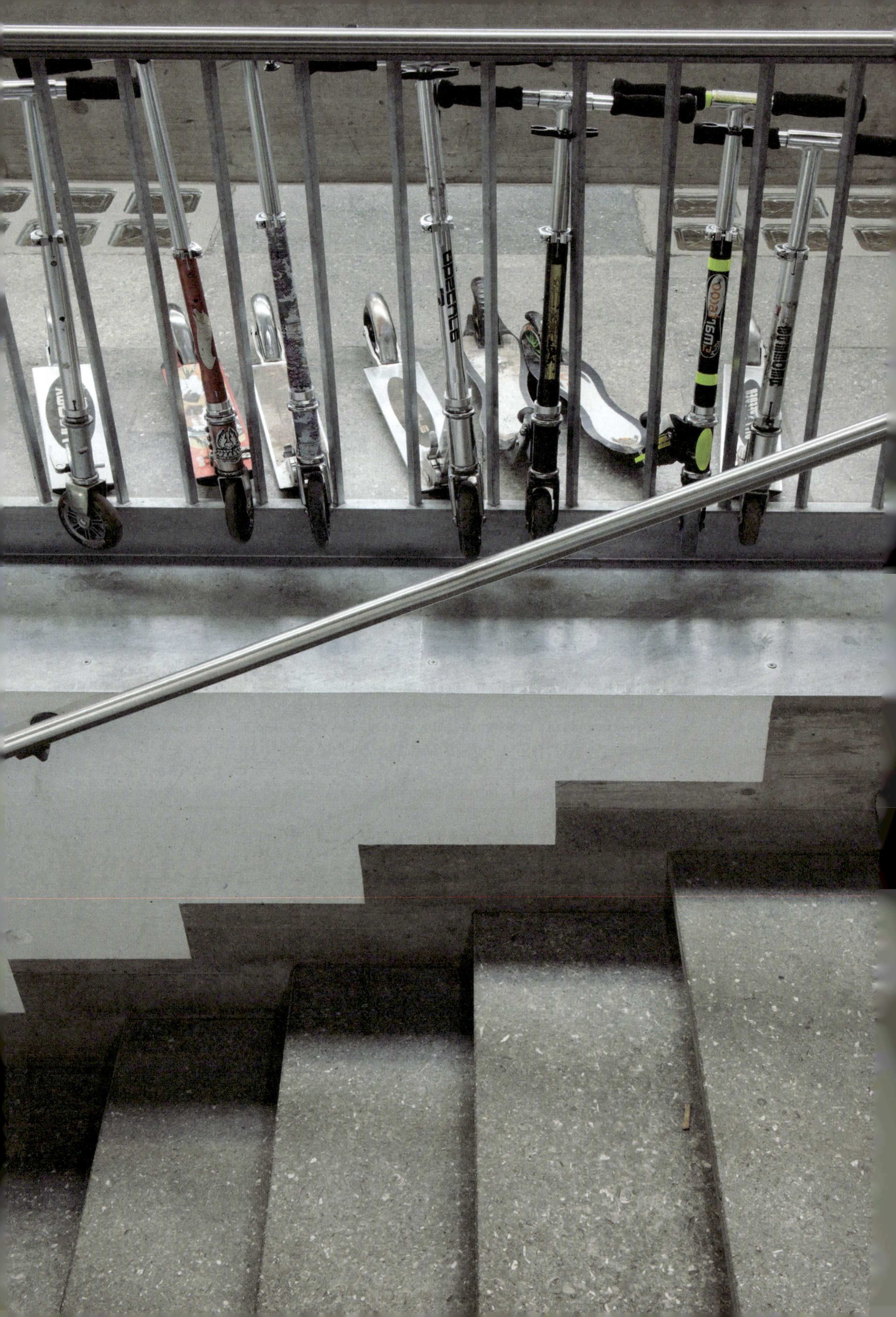

Teil 2
Fokus eigenständiges Lernen

Kapitel 1 Was ist guter Unterricht?

Die Frage «Was ist guter Unterricht?» wird ebenso häufig gestellt wie die Frage «Was ist eine gute Lehrperson?» – und zwar gleichermaßen von pädagogischen Professionals wie von Laien. Offensichtlich ist, dass zwischen Unterrichtsqualität und Lehrerprofessionalität grundlegende Zusammenhänge bestehen. Ebenso offensichtlich ist, dass Laien in bildungspolitischen Diskussionen oder an Elternabenden aufgrund ihrer langjährigen pädagogischen Erfahrung völlig unbelastet von differenzierenden Zusammenhängen ihre Sicht der Dinge bezüglich Unterrichts- und Lehrerqualität behaupten.

Die von allen am Unterrichtsgeschehen Beteiligten so sehr gewünschten klärenden, eindeutigen Antworten zur Frage der Unterrichtsqualität werden durch verschiedene Hindernisse erschwert. Begriffliche Unklarheiten sind offensichtlich. Nachfragen wie «Für welche Schülergruppen oder für welche Ziele ist der Unterricht gut?» weisen auf diese Schwierigkeiten hin. Erschwerend ist auch, dass die Unterrichtsqualitätsfrage durch verschiedene tief verankerte Missverständnisse geprägt ist: Nicht nur Laien sind dezidiert der Meinung, dass innovative Lehr-Lern-Formen per se besser sind. Sie übersehen damit die offensichtliche Tatsache, dass jede Unterrichtsform ebenso meisterhaft wie dilettantisch angewendet werden kann und dass guter Unterricht in einer intelligenten und didaktisch gut begründeten Verknüpfung lehrer- und schülerorientierter Phasen besteht.

Angesichts der Komplexität der Unterrichtsqualitäts- und Lehrerprofessionalitätsfrage ist klar, dass es *den* guten Unterricht nicht gibt, ebenso wenig wie die richtige Unterrichtsmethode. Guter Unterricht folgt niemals starren exklusiven methodischen Prinzipien, sondern basiert auf einem antinomischen Sowohl-als-auch-Verhältnis. Unbestritten ist aber auch, dass es sehr wohl Unterrichtsqualitätsprinzipien gibt, die unbedingt gültig sind – ebenso wie wohlbegründete Standards des Lehrerverhaltens und Merkmale der Expertise von Lehrpersonen.

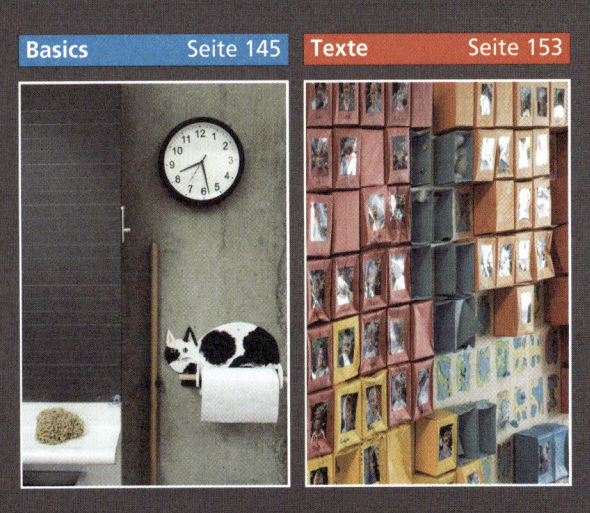

| Basics | Seite 145 | Texte | Seite 153 |

Basics   Was ist guter Unterricht?

HANS BERNER

Eine alte und aktuelle Frage

Der wahre Unterricht erfrischt und erfreut das Herz

In seinem 1850 veröffentlichten Buch postulierte Karl Ferdinand Schnell ganz klare zeitgemäße Vorstellungen von gutem Unterricht: «Je besser der Unterricht beschaffen ist, je geregelter und gründlicher, klarer und folgerechter er ertheilt wird; je mehr Geist und Leben er erzeugt; je mehr Form und Ordnung denselben durchdringt; je mehr Einheit, Maß und Zusammenhang in dem Einzelnen und Ganzen waltet, je mehr und untertheilter endlich die Folge dessen sich die Kinder demselben hingeben: desto wirksamer und heilsamer ist die Lehre und Uebung und alles Lernen, nicht bloß für den Verstand, für den Kopf, für die Intelligenz, für Wissen und Können, sondern auch für Gemüth und Willen, für Gesinnung und Charakter der Schüler, ja selbst für das leibliche Gedeihen, weil Denken, Wissen und Können mit Gemüth und Willen in der engsten Wechselwirkung stehen, weil der wahre Unterricht das Herz erfrischt und erfreut, den Willen stählt und stärkt, und der harmonisch thätige Geist den Leib bildet, erregt, veredelt und verklärt, die Sinne schärft und den ganzen Menschen rührig und rüstig, stark und tüchtig und frei macht» (Schnell 1850, S. 92 ff., zitiert nach Helmke 2009, S. 79). Über gewisse Postulate in diesem Buch mit dem Titel «Die Schuldisciplin – eine Schrift zur Einführung in die Schulerziehung» können wir heute schmunzeln, andere sind – in eine zeitgemäße Sprache übersetzt – überraschend aktuell.

Eine einfache Frage, die nicht ganz so einfach zu beantworten ist

In den vergangenen Jahrzehnten ist die Frage «Was ist guter Unterricht?» immer wieder gestellt und ganz unterschiedlich beantwortet worden. Offensichtlich ist, dass dabei viele Antworten der naheliegenden Gefahr der Banalisierung und Trivialisierung des Wissens über den guten Unterricht erlegen sind. Denn es gibt verschiedene Gründe, dass diese einfache Frage nicht so einfach beantwortet werden kann. Es ist unklar, was mit «gutem Unterricht» gemeint ist: Geht es um die Kompetenz der Lehrperson, die Unterrichtsprozesse, die Unterrichtseffekte oder eine Mischung von all diesen Faktoren? Zudem wird bei der Frage nach der Unterrichtsqualität oft Innovation mit Qualität gleichgesetzt. Häufig werden naiv sogenannte innovative Unterrichtsformen oder -methoden als gut, weil innovativ missverstanden. Aussagen wie «Projektunterricht oder computerunterstützter Unterricht ist gut – Frontalunterricht schlecht» oder «innovative Lehre gleich gute Lehre» werden zwar immer wieder geäußert – aber sie sind und bleiben falsch (vgl. Helmke 2006, S. 42).

Ein umfassendes Verständnis von gutem Unterricht

Ein weiteres Missverständnis: Die Frage nach gutem Unterricht kann nicht einfach mit einer Aufzählung von Gütekriterien beantwortet werden, weil diese Aufzählungen immer eingeschränkt bleiben und durch ihren Auswahlcharakter größere Zusammenhänge ausblenden müssen.

Angebots-Nutzungs-Modell von Unterricht

Im folgenden umfassenden Angebots-Nutzungs-Modell von Unterricht hat Andreas Helmke Faktoren der Unterrichtsqualität in ein Modell der Wirkungsweise und der Zielkriterien des Unterrichts integriert. Dieses Modell umfasst einerseits Merkmale der Lehrperson und des Unterrichts und berücksichtigt andererseits umfassende Faktoren wie Lernpotenzial der Schülerinnen und Schüler, familiäre Merkmale und Kontextfaktoren vom Klassen- und Schulklima bis zu kulturellen Rahmenbedingungen. Angebots-Nutzungs-Modell heißt es deshalb, weil Unterricht als ein Angebot verstanden wird, das von den Schülerinnen und Schülern durch aktive Lernzeit im Unterricht und außerschulische Lernaktivitäten genutzt werden kann.

Lehrperson

Fachliche, didaktische, diagnostische und Klassenführungs-Kompetenz

Pädagogische Orientierung

Erwartungen und Ziele

Engagement

Geduld

Familie

Strukturelle Merkmale (Schicht, Sprache, Kultur, Bildungsnähe), Prozessmerkmale der Erziehung und Sozialisation

Unterricht (Angebot)

Prozessqualität des Unterrichts
• fachübergreifend
• fachspezifisch

Qualität des Lehr-Lern-Materials

Unterrichtszeit

Lernpotenzial

Vorkenntnisse, Sprache(n), Intelligenz, Lern- und Gedächtnisstrategien, Lernmotivation, Anstrengungsbereitschaft, Ausdauer, Selbstvertrauen

Lernaktivitäten (Nutzung)

Aktive Lernzeit im Unterricht

Außerschulische Lernaktivitäten

Wirkungen (Ertrag)

Fachliche Kompetenzen

Fachübergreifende Kompetenzen

Erzieherische Wirkungen der Schule

Kontext

Kulturelle Rahmenbedingungen | Regionaler Kontext | Schulform, Bildungsgang | Klassenzusammensetzung | Didaktischer Kontext | Schulklima Klassenklima

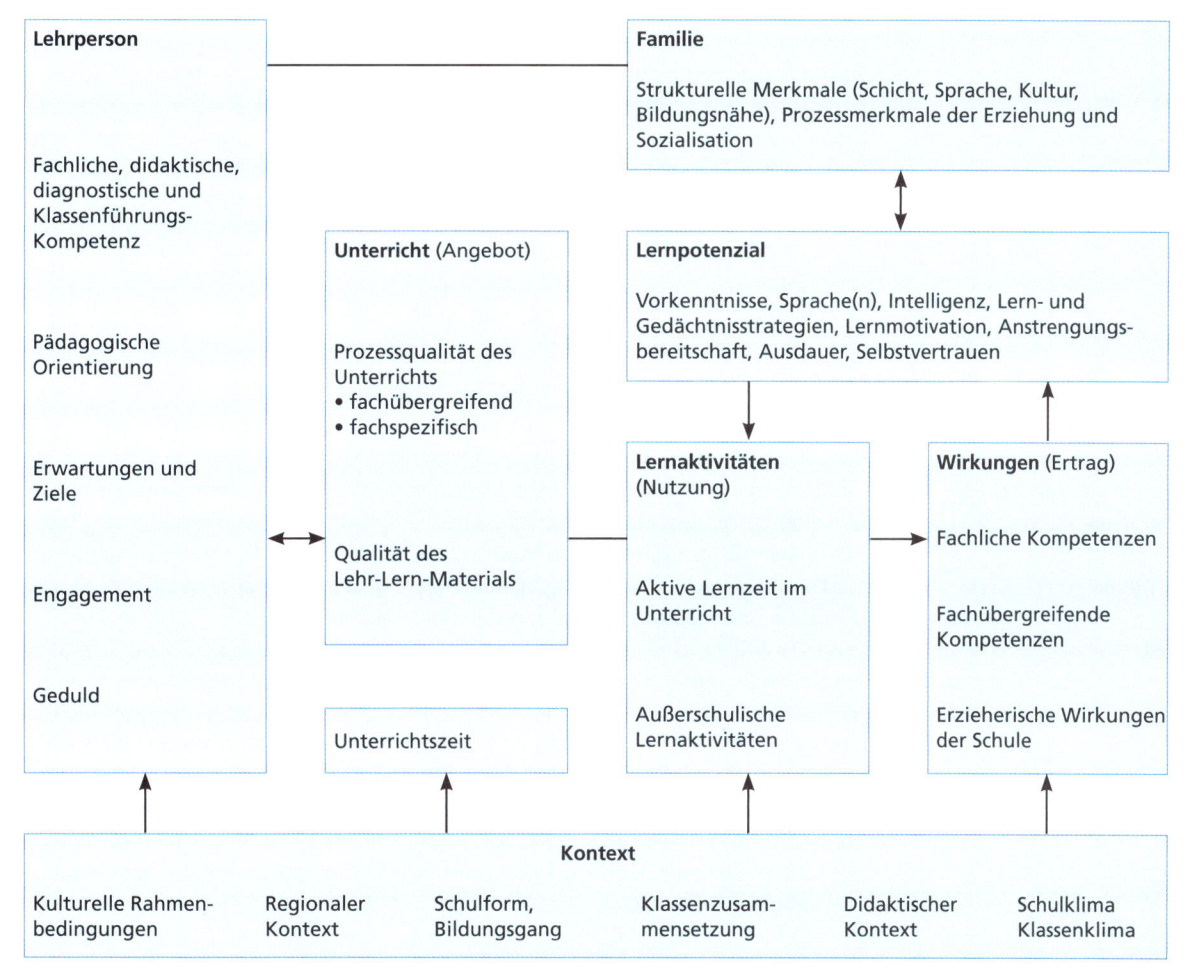

Abbildung 13: Unterrichtsqualität und Lehrerprofessionalität. Diagnose, Evaluation und Verbesserung des Unterrichts (nach Helmke 2009, S. 73)

Unterrichtsgütekriterien-Merkmallisten

Handlungsvorschriften-Listen sind hilfreich, ...

Es gibt mittlerweile verschiedene Versuche, die Frage nach gutem Unterricht mit einer Liste in Form einer überschaubaren Zahl von fachübergreifenden Schlüsselvariablen von gutem Unterricht zu klären. Im deutschsprachigen Raum sind vor allem die Zusammenstellungen von Hilbert Meyer (in seinem erstmals 2004 erschienenen Buch «Was ist guter Unterricht?») und diejenigen von Andreas Helmke verbreitet. Die Liste von Meyer ist aus einer pädagogisch-didaktischen Perspektive verfasst; diejenige von Helmke aus einem psychologischen und empirischen Blickwinkel. Beide Autoren haben sich auf zehn Merkmale guten Unterrichts beschränkt. Im Unterschied zu Meyer räumt Helmke einem ganz bestimmten Merkmal – der Passung – die Sonderstellung eines Metaprinzips ein: «Passung ist aus meiner Sicht das Schlüsselmerkmal. Es stellt die Grundlage für Konzepte der Differenzierung und Individualisierung dar. Man kann Passung auch als Metaprinzip bezeichnen, denn es handelt sich um ein Gütekriterium, das im erweiterten Sinne für alle Lehr-Lern-Prozesse gültig ist. Aus bildungspolitischer Sicht stellt das Gebot der Passung – nichts anderes meint der ‹Umgang mit Heterogenität› – die zentrale Herausforderung dieses Jahrzehntes dar» (Helmke 2006, S. 45).

..., aber nicht ganz unproblematisch

Dass solche Listen nicht ganz unproblematisch sind, hat Helmke selbstkritisch formuliert: «Solche ‹Listen› bergen allerdings die Gefahr, dass sie sich verselbstständigen und – abgehoben von den Bedingungen ihrer Entstehung und von ihrem Geltungsbereich – als ‹Handlungsvorschrift› missverstanden («Genau so muss man unterrichten!») und banalisiert werden» (Helmke 2006, S. 44).

Was wissen wir über guten Unterricht?

Unterrichtsqualität aus allgemeindidaktischer Sicht

Empirische Studien zeigen, dass es Unterrichtsqualitätsmerkmale gibt, die als Fundament für einen guten Unterricht in verschiedenen Fächern und auf unterschiedlichen Schulstufen gewertet werden können. Diese Merkmale sind: effektive Klassenführung, intensive Nutzung der Unterrichtszeit, inhaltlich relevante Rückmeldungen auf der Basis fachdidaktischer Expertise, kooperatives Lernen, Übungen und Wiederholungen, gutes Klassenklima.

Fachdidaktisches Wissen und Können von Lehrpersonen

Zusätzlich zu diesen Merkmalen eines effektiven Unterrichts, die sich auf unterschiedliche Fächer und Schulstufen beziehen, gibt es Befunde, die dem fachdidaktischen Wissen und Können von Lehrpersonen und damit stärker inhaltsbezogenen Dimensionen des Unterrichts ein größeres Gewicht für den Lernerfolg von Schülerinnen und Schülern beimessen. Zwei entscheidende Merkmale sind kognitive Aktivierung und Strukturaufbau der Unterrichtseinheiten (vgl. Lipowsky 2007, S. 26 f.; im Text 1, S. 156 ff., werden die hier genannten Unterrichtsqualitätsmerkmale erklärt).

Den guten Unterricht gibt es nicht!

Bei der umstrittenen Frage «Was ist guter Unterricht?» ist unbestritten, dass es Qualitätsprinzipien des Unterrichts gibt, die unbedingt und fraglos gültig sind. Es existieren wohlbegründete Standards des Lehrerverhaltens und wichtige Merkmale der Expertise von Lehrkräften, über die man sich weitgehend einig ist. Aber: Es gibt nicht *den* guten Unterricht – und es gibt auch nicht *die* richtige Unterrichtsmethode. Wenn man einige kritische Fragen stellt, wird die scheinbare Sicherheit der Antworten offensichtlich – ebenso wie die Notwendigkeit differenzierter und differenzierender Antworten.

Relativierende Fragen sind notwendig

- Wofür ist dieser Unterricht gut?
- Für wen ist dieser Unterricht gut?
- Gemessen an welchen Startbedingungen, ist dieser Unterricht gut?
- Aus wessen Perspektive ist dieser Unterricht gut?
- Wann ist dieser Unterricht gut? (Vgl. Helmke 2004, S. 47)

Ein bestimmter Unterricht kann beispielsweise gut respektive schlecht sein für die schnellen oder langsamen Schülerinnen und Schüler, er kann gut sein für die im kognitiven, affektiven oder motorischen Bereich besonders starken Schülerinnen und Schüler. Er kann gut sein für die Schülerinnen und Schüler, die aufs Gymnasium gehen möchten, oder im Hinblick auf die Zeit nach der Schule.

Guter Unterricht ist niemals starr und dogmatisch

Ein wichtiges Anliegen von Franz Emanuel Weinert war es, bei der Frage nach gutem Unterricht die Wichtigkeit einer Ausgewogenheit oder einer Balanceleistung zu betonen. Guter Unterricht ist aus seiner Sicht niemals dogmatisch, und er folgt niemals starren exklusiven methodischen Prinzipien, sondern er ist in einem antinomischen Sinne als ein Sowohl-als-auch-Verhältnis zu verstehen.

Unterricht ist als Sowohl-als-auch-Verhältnis zu verstehen

- Lernen im Unterricht erfolgt weder ausschließlich rezeptiv noch ausschließlich aktiv-konstruktiv, sondern Lernen kann in vielerlei Gestalt erfolgen: sowohl passiv als auch aktiv, linear-systematisch und multidimensional-unsystematisch, intentional und beiläufig.
- Fehler sollen weder tabuisiert noch kultiviert werden, sondern je nach Fach, Unterrichtskontext, Typ und Schwere des Fehlers toleriert und thematisiert (in Lernphasen) oder korrigiert (in Konsolidierungs- und Übungsphasen) werden.
- Erstrebenswert ist weder eine Maximierung offenen Unterrichts noch direkte lehrergesteuerte Instruktion, sondern eine situationsangemessene, je nach Kompetenzen und Lernzielen unterschiedliche Dosierung beider Unterrichtsformen, die auch den unterschiedlichen Talenten und Präferenzen der Lehrpersonen, ihren Stärken und Schwächen Rechnung trägt.
- Was die Ziele des Unterrichts anbelangt, so ist eine Verabsolutierung der kognitiven Wirkungen ebenso unangemessen wie eine Konzentration auf den sozial-emotional-motivationalen Bereich.

- Die Mischung aus systematischer Wissensbasis und der Verfügbarkeit von Lernstrategien muss passend sein.
- Lehrende sind sowohl Instrukteure und Vermittlerinnen als auch Berater, Mitgestalterinnen, Koproduzenten von Lernprozessen – dies hängt von der Phase des Lernprozesses ab.
- Erwünscht ist weder Unnahbarkeit noch Anbiederung und falsche Kumpelei, sondern Freundlichkeit und Bewusstheit eines klaren Rollenunterschieds und einer selbstverständlichen Führungsrolle der Lehrperson.
- Der Führungsstil soll weder autoritär noch egalitär, sondern autoritativ sein (vgl. auch Meier et al. 2018).
- Aus Sicht der Lehrergesundheitsforschung ist ein Hyperengagement ebenso riskant, wie es Formen des Rückzugs sind; das Optimum liegt in der Mitte (vgl. Helmke 2009, S. 384f.).

Dieses Verständnis von Franz Emanuel Weinert entspricht der in den verschiedenen Kapiteln von «Didaktisch handeln und denken» vertretenen Position: Phasen eines guten lehrerorientierten Unterrichts sind ebenso wichtig wie schülerorientierte oder schülerzentrierte Phasen. Ein bestimmtes Lehr-Lern-Arrangement ist a priori weder gut noch schlecht. Unreflektiert dilettantische Vorgehensweisen sind in jeder Unterrichtsform zu finden – ebenso wie herausragend professionelle. Ein weit verbreiteter Denk- und Argumentationsfehler in der Didaktik besteht darin, dass oft in Dichotomien gedacht, diskutiert und polemisiert wird: lehrerzentrierter versus schülerzentrierter Unterricht, direkte Instruktion versus indirekte Instruktion ...

Es ist nicht weiter erstaunlich, dass ein solches pauschalisierendes Verständnis dankbarer Gegenstand von Karikaturen wird.

Für die Darstellung eines antinomischen didaktischen Sowohl-als-auch-Verständnisses ist die Form von Wertequadraten sehr geeignet (siehe die Wertequadrate in Kapitel 2 dieses Teils, «Inhalte auswählen», und zur Rolle der Lehrperson in Kapitel 4, Basics 5, «Projektunterricht»). Die berühmten Kippfiguren zeigen eindrücklich, dass zwei sehr unterschiedliche Bilder zu erkennen sind. Wer sich nur auf ein Bild fixieren kann und das andere nicht zu sehen vermag, bleibt auf einem Auge blind.

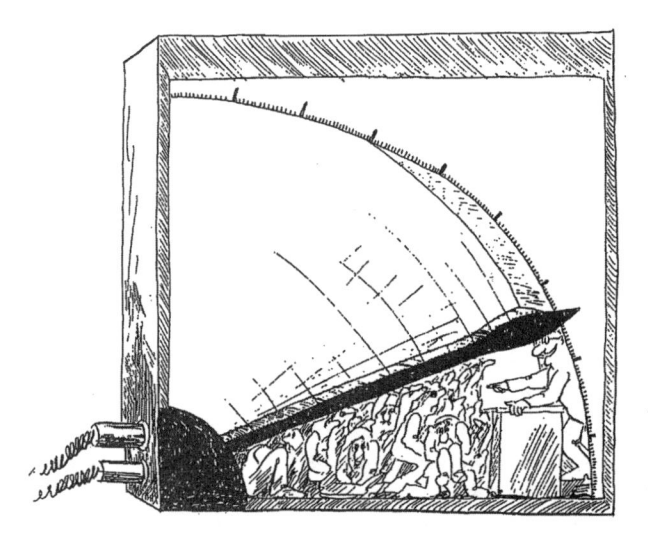

Abbildung 14:
«Keine Aufregung, meine Damen und Herren: der Grenzwert ist noch lange nicht erreicht»
(© Roland Bühs)

Abbildung 15: Ein Selbstporträt von Sara Nader

Am linken Rand sehen Sie ein Selbstporträt der amerikanischen Künstlerin Sara Nader. Oder sehen Sie etwas ganz anderes? Tatsächlich: Die einen sehen kein Gesicht einer Frau, sondern einen Saxofon spielenden Mann! Je nachdem wird auch ein bestimmtes – sehr unterschiedliches – Detail des Bildes sichtbar: das rechte Auge der Frau oder ein auf den Mund des Mannes zufliegender Vogel. Ähnliche Bilder sind allen bekannt – etwa das Bild, das je nach individueller Ansicht die Gesichtszüge einer alten Frau oder eines jungen Mädchens zeigt.

Was geschieht beim Betrachten solcher Bilder? Man fixiert sich auf eine ganz bestimmte Ansicht, eine persönliche Sichtweise. Diese Ansicht prägt sich einem ein, sie wird einem vertraut. Es ist angenehm, etwas Bekanntes und Vertrautes zu sehen. Die andere – fremde – Sichtweise macht Mühe. Man ist gezwungen, vertraute «Denkbahnen» zu verlassen und eine andere «Denkfigur» ins Auge zu fassen. Besonders mühsam wird der Perspektivenwechsel, wenn man nach langem Suchen und eventuellem Abirren endlich sein Bild gefunden hat und sich nicht schon wieder auf etwas Neues – eventuell Verunsicherndes – einlassen möchte (vgl. Berner 1999, S. 250 f.).

Kippfiguren im didaktischen Bereich
Ganz ähnliche Kippfiguren lassen sich auch bei Erziehungs- und Unterrichtsbildern feststellen. Die eigene pädagogische und didaktische Sichtweise, die sich in mehr oder weniger radikaler Abgrenzung von anderen Vorstellungen gebildet hat, erscheint auf einmal als einzig mögliche Sichtweise und wird sich selbst und anderen gegenüber als die Lösung vertreten. Gemeinsam ist: Wie bei den Kippfigurbildern prägt sich die eigene, «richtige» Lösung ein, sie wird zur einzig möglichen Ansicht, oft auch zur absoluten, fundamentalen – oder gar fundamentalistischen – «Wahrheit». Dies ist offensichtlich problematisch und – je nach Absolutheitsgrad – gefährlich, weil bei pädagogischen und didaktischen Sachverhalten häufig nicht eine Beschränkung auf eine Ansicht dem Phänomen angemessen ist, sondern eine Sichtweise, die beide Figuren zu sehen vermag. Und eine Denkweise, die Übertreibungen im Auge zu behalten und als solche zu erkennen vermag.

Solche didaktischen Kippfiguren sorgen nicht nur in Lehrerzimmern immer wieder für mehr oder weniger fruchtbare Diskussionen; manchmal in Ruhe und Gelassenheit, häufiger mit erregten Worten und geröteten Köpfen. Die naheliegende Einschätzung «Wie kann man nur so beschränkt sein!» bezieht sich dabei meistens auf die fremde Sichtweise (vgl. Berner 1999, S. 250–252).

Verbreitete didaktische Kippfiguren

schülerzentrierter Unterricht	lehrerzentrierter Unterricht
stoffzentrierter Unterricht	lebensweltzentrierter Unterricht
offener Unterricht	zielzentrierter Unterricht
enzyklopädisches Lernen	exemplarisches Lernen
autonomes Lernen	heteronomes Lernen
prozesszentriertes Lernen	produktzentriertes Lernen
…	…

(Berner 1999, S. 252)

Wer in schulischen Situationen nicht in der Lage ist, sowohl das eine als auch das andere wahrzunehmen, verkennt die Ambivalenz pädagogischer Situationen. Diese Einäugigkeit führt zu einer unzulässigen Reduktion auf ganz einfache Teilaspekte – und ignoriert aus Unvermögen, Unwissenheit oder Unfähigkeit die erforderliche Komplexität des Ganzen.

Intelligente didaktisch begründete Verknüpfungen statt Monokultur

In seinem Text «Was wissen wir über guten Unterricht?» bilanziert Frank Lipowsky treffend: «Guter Unterricht zeichnet sich also durch eine intelligente und didaktisch begründete Verknüpfung lehrer- und schülerorientierter Phasen aus» (Lipowsky 2007, S. 30). Und Andreas Helmke betont, dass die unterschiedlichen schulischen Ziele ganz unterschiedliche Lehr-Lern-Arrangements erfordern, und folgert einleuchtend: «Jegliche Monokultur, jede Verabsolutierung eines bestimmten Unterrichtsstils ist deshalb unangemessen» (Helmke 2006, S. 44).

Literatur
Berner, H. (1999). Didaktische Kompetenz. Bern: Haupt.
Helmke, A. (2004). Unterrichtsqualität: Erfassen – Bewerten – Verbessern (3. Auflage). Seelze: Kallmeyer.
Helmke, A. (2006). Was wissen wir über guten Unterricht? Über die Notwendigkeit einer Rückbesinnung auf den Unterricht als dem «Kerngeschäft» der Schule. Pädagogik, 58 (2), S. 42–45.
Helmke, A. (2009). Unterrichtsqualität und Lehrerprofessionalität. Seelze: Kallmeyer.
Lipowsky, F. (2007). Was wissen wir über guten Unterricht? Im Fokus: die fachliche Entwicklung. Friedrich Jahresheft 2007, S. 26–30.
Meier, A. et al. (2018). Schülerinnen und Schüler kompetent führen. Aufbau von grundlegenden Führungskompetenzen für Lehrpersonen. Bern: hep.
Meyer, H. (2003). Zehn Merkmale guten Unterrichts. Empirische Befunde und didaktische Ratschläge. Pädagogik, 55 (10), S. 36–43.
Meyer, H. (2011). Was ist guter Unterricht? Berlin: Cornelsen Scriptor.

Texte Was ist guter Unterricht?

1 Was wissen wir über guten Unterricht?

In seinem Text über guten Unterricht mit dem Fokus auf die fachliche Lernentwicklung fasst Frank Lipowsky neuere empirische Forschungsresultate zum Unterricht und zum Lehrerhandeln zusammen. Er zeigt, dass diese Erkenntnisse über die Bedingungen erfolgreichen Unterrichtens vertraute Denkgewohnheiten von Lehrpersonen bestätigen – und revidieren.

‹ Unterrichtsqualität aus allgemeindidaktischer Sicht
Die Zusammenfassung bisheriger Studien lässt einerseits erkennen, dass es einen übergreifenden Konsens an Merkmalen zu geben scheint, die mehr oder weniger als basale Voraussetzungen, quasi als Fundamentum, für einen guten Unterricht in verschiedenen Fächern und auf unterschiedlichen Schulstufen gewertet werden können, und dass es darüber hinaus ein fachspezifisches und möglicherweise auch schulstufen- und schulartenspezifisches Additum an Charakteristika gibt, die sich ebenfalls auf den Schulerfolg von Schülerinnen und Schülern auswirken können.

Effektive Klassenführung
Vergleichsweise robuste Befunde liegen zur Bedeutung einer effektiven Klassenführung vor (vgl. z.B. Helmke, Hosenfeld & Schrader 2002). Eine effektive Klassenführung zeichnet sich durch eine intensive Nutzung der Lernzeit, durch ein geringes Ausmaß an Unterbrechungen und Störungen, durch die Etablierung von Regeln und die vermeintliche Allgegenwärtigkeit der Lehrperson aus. Entsprechend erfolgreiche Lehrpersonen halten den Unterricht im Fluss und zeichnen sich durch ein Mindestmaß an Multitasking aus. Voraussetzungen für eine effektive Klassenführung sind u. a. eine sorgfältige Unterrichtsplanung, die Einführung und Einhaltung eines transparenten Regelsystems und die klare Strukturierung des Unterrichts. Viele der durchgeführten Studien können direkte oder indirekte Zusammenhänge zwischen dem Ausmaß an effektiver Klassenführung und den fachlichen Leistungen von Schülerinnen und Schülern nachweisen.

Intensive Nutzung der Unterrichtszeit
Eng mit einer effektiven Klassenführung hängen eine intensive Nutzung der Unterrichtszeit sowie die klare Strukturierung des Unterrichts zusammen. Eine klare Strukturierung des Unterrichts zeichnet sich durch eine deutliche Sequenzierung des Unterrichts in einzelne Phasen und Schritte, durch klare Aufgabenstellungen und Anforderungen und durch eine verständliche Lehrersprache aus.

Rückmeldungen
In mehreren Studien ließ sich nachweisen, dass erfolgreiche Lehrpersonen häufigere und inhaltlich relevantere Rückmeldungen geben als weniger erfolgreiche Lehrpersonen. Wie andere Merkmale erfolgreicher Lehrpersonen ist diese Eigenschaft vermutlich keine isolierte Fähigkeit, sondern dürfte in enger Verbindung mit der fachdidaktischen Expertise der Lehrpersonen stehen (vgl. Hattie 2003).

Kooperatives Lernen
Die Überlegenheit kooperativen Lernens gegenüber individualisierten Lernformen wurde in zahlreichen Studien empirisch bestätigt (vgl. Slavin 1996). Offenbar

ist kooperatives Lernen in Partner- und Gruppenarbeit insbesondere dann erfolgreich, wenn die individuelle Verantwortlichkeit jedes Gruppenmitglieds gegeben ist, wenn die Lernenden über ausreichende Argumentations- und Kommunikationsfähigkeiten verfügen und wenn sie angeleitet werden, wie sie ihre Arbeitsprozesse inhaltlich strukturieren, steuern und auswerten können (vgl. Johnson & Johnson 2002).

Übungen und Wiederholungen
Übungen und Wiederholungen sind vor allem für den langfristigen kumulativen Lernerfolg von Bedeutung. Welche Merkmale Übungen erfolgreich machen und welche nicht, ist noch vergleichsweise wenig erforscht. Inwieweit es also auf die Häufigkeit, auf die Regelmäßigkeit, auf die Stellung der Übung in der Unterrichtseinheit, auf die Qualität bzw. die Art der Übung und auf die Beziehung zwischen konzeptuellem Verständnis und prozeduralen Fertigkeiten ankommt, ist nicht für alle Fächer ausreichend untersucht. Ergebnisse für das Fach Mathematik deuten darauf hin, dass sowohl prozedurale als auch anspruchsvollere Übungsformen, die vertiefte Einsichten in Strukturzusammenhänge ermöglichen, bedeutsam sind (vgl. Helmke 2003).

Positive Wirkung: Hausaufgaben
Das Thema «Hausaufgaben» wird seit Langem und nicht nur in Deutschland kontrovers diskutiert. Fasst man die Ergebnisse der Forschung zusammen, so ergeben sich vor allem für den Sekundarbereich positive Wirkungen von Hausaufgaben, wobei jedoch weniger die aufgewendete häusliche Zeit als vielmehr der unterrichtliche Umgang und die Qualität von Hausaufgaben entscheidend zu sein scheinen (vgl. Lipowsky et al. 2004; Schnyder et al. 2006).

Gutes Klassenklima
Häufig wird auch dem Klassenklima ein direkter Einfluss auf den Lernerfolg von Schülern unterstellt. Die meisten Studien können einen solchen direkten Zusammenhang jedoch nicht belegen, wenn man gleichzeitig andere Merkmale von Unterricht untersucht (vgl. z.B. Gruehn 2000). Allerdings lässt sich annehmen, dass ein Minimum an Wertschätzung und Respekt und eine positive Lernatmosphäre basale Voraussetzungen dafür sind, dass es überhaupt zu einer inhaltlich vertieften Auseinandersetzung mit dem Unterrichtsgegenstand kommen kann. Insofern sind von klimatischen Aspekten des Unterrichts eher indirekte Wirkungen zu erwarten. Zudem liegen empirische Ergebnisse vor, die darauf schließen lassen, dass klimatische Aspekte für affektive und motivationale Merkmale des Schulerfolgs von erheblicher Bedeutung sind. Kritisch anzumerken ist allerdings, dass der Klimabegriff in der Forschungsliteratur teilweise sehr uneinheitlich verwendet wird.

Merkmale guten Unterrichts aus inhaltlicher Sicht
Die oben dargestellten Merkmale eines effektiven Unterrichts beziehen sich mehr oder weniger auf unterschiedliche Fächer und auf den Unterricht in unterschiedlichen Schulstufen. Sie sind weitgehend unabhängig vom jeweils unterrichteten Inhalt und können daher auch von Personen beurteilt werden, die nicht über eine Lehrbefugnis für das jeweilige Fach verfügen. In den letzten Jahren mehren sich jedoch die Befunde, die dem fachdidaktischen Wissen und Können von Lehrpersonen und damit stärker inhaltsbezogenen Dimensionen des Unter-

richts ein größeres Gewicht für den Lernerfolg von Schülerinnen und Schülern einräumen (vgl. Hill, Rowan & Ball 2005; Hattie 2003). Diese Merkmale effektiven Unterrichts lassen sich jedoch in der Regel nur von fachdidaktisch geschulten Experten beurteilen.

Kognitive Aktivierung
Als eine Basisdimension von Unterrichtsqualität wird die kognitive Aktivierung der Lernenden betrachtet. Kognitive Aktivierung meint in Abgrenzung zu anderen Basisdimensionen von Unterrichtsqualität, wie Schülerorientierung und Klassenführung, die Anregung der Lernenden zu einem vertieften fachlichen Nachdenken über den Unterrichtsinhalt (vgl. zusammenfassend Lipowsky 2006). Die kognitive Aktivierung der Lernenden lässt sich nicht direkt, sondern nur indirekt erfassen. So kann angenommen werden, dass z. B. Mathematikunterricht dann kognitiv aktivierend ist, wenn die Schülerinnen und Schüler auf einem anspruchsvollen Niveau fachlich miteinander interagieren, wenn sie herausfordernde Aufgaben bearbeiten, wenn sie Meinungen und Konzepte austauschen und miteinander vergleichen, wenn sie Lösungswege und Ergebnisse begründen und sich aktiv mit inhaltlichen Fragen am Unterricht beteiligen. Die Lehrperson übernimmt in einem solchen Unterricht keine passive Rolle, im Gegenteil: Sie konfrontiert die Lernenden mit herausfordernden Aufgabenstellungen, provoziert kognitive Konflikte, hebt Unterschiede in Ideen und Positionen hervor, regt die Lernenden an, sich aufeinander zu beziehen, und initiiert Gelegenheiten, um über den eigenen Lernprozess nachzudenken. Ein solches Lehrerverhalten setzt fachdidaktisches Wissen und Können und eine hohe Flexibilität im Denken voraus. Auch dieses Merkmal erfolgreicher Lehrer lässt sich nicht ohne ein Minimum an fachdidaktischer Expertise beurteilen, denn kognitive Aktivierung in Mathematik dürfte anders aussehen als kognitive Aktivierung im Geschichts- oder Sprachunterricht. Die bislang vorliegenden Forschungsbefunde können die positiven Wirkungen eines kognitiv aktivierenden und fachlich anspruchsvollen Unterrichts vor allem für das Fach Mathematik bestätigen: Die Lernfortschritte in einem kognitiv aktivierenden Unterricht sind größer, und die Schülerarbeiten offenbaren ein höheres Abstraktionsniveau (vgl. Klieme, Schümer & Knoll 2001; Hattie 2003; Shayer & Adhami 2006).

Strukturaufbau der Unterrichtseinheiten
Der Unterricht erfolgreicher Lehrpersonen zeichnet sich ferner durch die Fokussierung auf die inhaltlich relevanten Aspekte und durch eine hohe inhaltliche Kohärenz aus. Erfolgreiche Lehrpersonen sind in der Lage, wichtige und unwichtige Informationen zu trennen und die relevanten Elemente des Unterrichtsgegenstands zu einem kohärenten Ganzen zusammenzufügen. Damit ist also der Strukturaufbau ganzer Unterrichtseinheiten gemeint. ›

Literatur

Gruehn, S. (2000). Unterricht und schulisches Lernen. Münster: Waxmann.

Hattie, J. (2003). Teachers make a difference. What is the research evidence? Australian Council for Educational Research Annual Conference on Building Teacher Quality, 2003. Verfügbar unter: research.acer.edu.au/research_conference_2003/4/ [11.06.2018].

Helmke, A. (2003). Unterrichtsqualität erfassen, bewerten, verbessern. Seelze: Kallmeyer.

Helmke, A., Hosenfeld, I. & Schrader, F.-W. (2002). Unterricht, Mathematikleistung und Lernmotivation. In A. Helmke & R. S. Jäger (Hrsg.), Das Projekt MARKUS – Mathematik-Gesamterhebung Rheinland-Pfalz. Kompetenzen, Unterrichtsmerkmale, Schulkontext (S. 413–480). Landau: Verlag Empirische Pädagogik.

Hill, H. C., Rowan, B. & Ball, D. (2005). Effects of teachers mathematical knowledge for teaching on students achievement. American Educational Research Journal, 42 (2), S. 371–406.

Johnson, D. W. & Johnson, R. T. (2002). Cooperative teaching methods. A meta-analysis. Journal of Research in Education, 12 (1), S. 5–24.

Klieme, E., Schümer, G. & Knoll, S. (2001). Mathematikunterricht in der Sekundarstufe I. Aufgabenkultur und Unterrichtsgestaltung. In Bundesministerium für Bildung und Forschung (Hrsg.), TIMMS – Impulse für Schule und Unterricht. Forschungsbefunde, Reforminitiativen, Praxisberichte und Video-Dokumentation (S. 43–57). München: Medienhaus Biering.

Lipowsky, F. (2006). Auf den Lehrer kommt es an. Empirische Evidenzen für Zusammenhänge zwischen Lehrerkompetenzen, Lehrerhandeln und dem Lernen der Schüler. In C. Allemann-Ghionda & E. Terhart (Hrsg.), Kompetenzen und Kompetenzentwicklung im Lehrerberuf: Ausbildung und Beruf. 51. Beiheft der Zeitschrift für Pädagogik (S. 47–70). Weinheim: Beltz.

Lipowsky, F., Rakoczy, K., Klieme, E., Reusser, K. & Pauli, C. (2004). Hausaufgabenpraxis im Mathematikunterricht. Ein Thema für die Unterrichtsqualitätsforschung? In J. Doll & M. Prenzel (Hrsg.), Studien zur Verbesserung der Bildungsqualität von Schule. Lehrerprofessionalisierung, Unterrichtsentwicklung und Schülerforderung (S. 250–266). Münster: Waxmann.

Schnyder, I., Niggli, A., Cathomas, R., Trautwein, U. & Lüdtke, O. (2006). Wer lange lernt, lernt noch lange nicht viel mehr. Korrelate der Hausaufgabenzeit im Fach Französisch und Effekte auf die Leistungsentwicklung. Psychologie in Erziehung und Unterricht, 53 (2), S. 107–121.

Shayer, M. & Adhami, M. (2006). Fostering cognitive development through the context of mathematics. Result of the GAME project. Educational Studies in Mathematics, 64 (3), S. 265–291.

Slavin, R. E. (1996). Sucess for all. Lisse: Swets & Zeitlinger.

Auszug aus: Lipowsky, F. (2007). Was wissen wir über guten Unterricht? Im Fokus: die fachliche Entwicklung. Friedrich Jahresheft 2007, S. 26–28.
Online-Text www.ganztaegig-lernen.org

2 Merkmale guten Unterrichts nach Andreas Helmke

Die folgenden zehn fachübergreifenden Merkmale bilden für Andreas Helmke den Kern «guten» Unterrichts. Es ist ein Versuch, die Wirksamkeit des Unterrichts auf eine überschaubare Zahl von Schlüsselvariablen in Form einer Liste zurückzuführen.

10 Unterrichtsgütekriterien

1. Effiziente Klassenführung und Zeitnutzung
Notwendige Voraussetzung für erfolgreiches und anspruchsvolles Unterrichten; Etablierung und Einhaltung verhaltenswirksamer Regeln; Prävention von Störungen durch Strategien der Aufmerksamkeitslenkung; im Falle von Störungen diskret undramatische, Zeit sparende Behebung.

2. Lernförderliches Unterrichtsklima
So viele nicht mit Leistungsbewertung verbundene Lernsituationen wie möglich, so viele Leistungssituationen wie nötig; freundlicher Umgangston und wechselseitiger Respekt; Herzlichkeit und Wärme; entspannte Atmosphäre, Lachen; Humor; Toleranz gegenüber Langsamkeit; angemessene Zeit, auf Schülerantworten zu warten.

3. Vielfältige Motivierung
Thematisierung unterschiedlicher lernrelevanter Motive (intrinsische Lernmotivation: Sach- und Tätigkeitsinteresse; extrinsische Lernmotivation: Akzentuierung der Wichtigkeit und Nützlichkeit des Lernstoffs und Anknüpfung an die Lebenswelt der Schülerinnen und Schüler); Anregung des Neugier- und Leistungsmotivs; Motivierung durch Lernen am Modell: Engagement, Freude am Fach und am Unterrichten («enthusiasm») der Lehrperson.

4. Strukturiertheit und Klarheit
Angemessenheit der Sprache (Wortschatz, Fachsprache); Lernerleichterung durch strukturierende Hinweise (Vorschau, Zusammenfassung, «advance organizer»); fachlich-inhaltliche Korrektheit; sprachliche Prägnanz: klare Diktion, angemessene Rhetorik, korrekte Grammatik, überschaubare Sätze; akustische Verstehbarkeit: angemessene Artikulation und Modulation, Lautstärke, Dialekt.

5. Wirkungs- und Kompetenzorientierung
Fokus auf den Erwerb fachlicher, überfachlicher und nichtfachlicher Kompetenzen als primäres Bildungsziel; empirische Orientierung: Fokus auf nachweisliche und nachhaltige Wirkungen (künftig: Orientierung an den Bildungsstandards); Nutzung aller diagnostischen Möglichkeiten für regelmäßige Standortbestimmung.

6. Schülerorientierung, Unterstützung
Lehrkräfte als fachliche und persönliche Ansprechpartner; die Schülerinnen und Schüler werden ernst genommen: Sie können in angemessenem Rahmen mitbestimmen und werden zum Unterricht befragt («Schülerfeedback»).

7. Förderung aktiven, selbstständigen Lernens
«Guter Unterricht ist ein Unterricht, in dem mehr gelernt als gelehrt wird» (Franz Emanuel Weinert); unterrichtliche Angebote für selbstständiges, eigenverantwortliches Lernen; vielfältige Sprech- und Lerngelegenheiten für möglichst alle Schülerinnen und Schüler einer Klasse; Spielräume statt Engführung, authentische Fragen statt Pseudofragen.

8. Angemessene Variation von Methoden und Sozialformen
Schüler-, fach- und lernzielangemessene Variation von Unterrichtsmethoden und Sozialformen; sowohl zu geringe («Monokultur») als auch zu starke Variation ist problematisch.

9. Konsolidierung, Sicherung, intelligentes Üben
Vielfalt an Aufgaben, die nicht bloß mechanisch, sondern «intelligent» geübt werden; Bereitstellung unterschiedlicher Transfermöglichkeiten; aber auch: Beherrschung von «basic skills», automatisierten Fertigkeiten (Grundwortschatz, Grundrechenarten) als gedächtnispsychologische Voraussetzung für die Beschäftigung mit anspruchsvollen Aufgabenstellungen.

10. Passung
Variation der fachlichen und überfachlichen Inhalte, Anpassung der Schwierigkeit und des Tempos an die jeweilige Lernsituation und die Lernvoraussetzungen der Schüler(gruppen); sensibler Umgang mit heterogenen Lernvoraussetzungen und Schülermerkmalen, besonders im Hinblick auf Unterschiede im sozialen, sprachlichen und kulturellen Hintergrund sowie im Leistungsniveau.

Zusammengefasster Text aus: Helmke, A. (2010). Unterrichtsqualität und Lehrerprofessionalität. Diagnose, Evaluation und Verbesserung des Unterrichts. Seelze: Klett/Kallmeyer. www.unterrichtsdiagnostik.info

3 Zwei entscheidende Merkmale guten Unterrichts nach Hilbert Meyer

Klare Strukturierung des Unterrichts und ein hoher Anteil echter Lernzeit sind gemäß Hilbert Meyer die entscheidenden und empirisch bestätigten Merkmale guten Unterrichts. Im Folgenden wird stichwortartig zusammengefasst, wie sich diese beiden Merkmale zeigen und welche didaktisch-methodischen Möglichkeiten zur Verbesserung bestehen.

1. Klare Strukturierung des Unterrichts
Definition: Unterricht ist dann klar strukturiert, wenn das Unterrichtsmanagement funktioniert und wenn sich ein für Lehrpersonen und Schülerinnen und Schüler gleichermaßen gut erkennbarer «roter Faden» durch die Stunde zieht. Dieses Merkmal bezieht sich auf alle Dimensionen des unterrichtlichen Handelns (Inhalts-, Ziel-, Sozial-, Prozess-, Handlungs- und Raumstruktur des Unterrichts).

Eine klare Strukturierung zeigt sich ...
- in der verständlichen Lehrer- und Schülersprache
- in der klaren Definition der Rollen der Beteiligten
- in der Konsequenz, mit der sich die Lehrperson an die eigenen Ankündigungen hält
- in der Klarheit der Aufgabenstellung
- in der deutlichen Markierung der einzelnen Unterrichtsschritte
- in der klaren Unterscheidung von lehreraktiven und schüleraktiven Unterrichtsphasen
- in der geschickten Rhythmisierung des Unterrichtsablaufs und im Einhalten von Pausen
- am Einhalten von Regeln und am Einsatz von Ritualen
- in einer zum Ziel, zum Inhalt und zu den Methoden passenden Raumregie

Didaktisch-methodische Möglichkeiten sind ...
- intelligente Unterrichtsvorbereitung
- informierende Unterrichtseinstiege
- Entroutinisierung der Fragetechniken
- Arbeit mit Unterrichtsritualen
- Freiräume

2. Hoher Anteil echter Lernzeit
Definition: Die «echte Lernzeit» («time on task») ist die von Schülerinnen und Schülern tatsächlich aufgewendete Zeit für das Erreichen der angestrebten Ziele.

Ein hoher Anteil echter Lernzeit zeigt sich, wenn ...
- die Mehrzahl der Schülerinnen und Schüler aktiv bei der Sache ist
- die Schülerinnen und Schüler sich nicht durch Kleinigkeiten ablenken lassen
- keine Langeweile herrscht
- inhaltlich reiche Arbeitsergebnisse, die der Aufgabenstellung genügen, entstehen
- die Einzelstunden, die Tages- und Wochenplanungen einem eigenen, didaktisch begründeten Rhythmus folgen
- es nur wenige Disziplinstörungen gibt
- gewährte Freiheit nicht missbraucht wird
- die Lehrperson nicht abschweift
- die Lehrperson die Schülerinnen und Schüler nicht beim Lernen stört

Didaktisch-methodische Möglichkeiten sind ...
- Pünktlichkeit
- Auslagerung von «non-instructional activities» aus dem Unterricht
- Gewährung von Freiräumen
- Langsamkeits- und Schnelligkeitstoleranz
- Bewegungsübungen: «warming-ups and cooling-downs»

Zusammengefasster Text aus: Meyer, H. (2003). Zehn Merkmale guten Unterrichts. Empirische Befunde und didaktische Ratschläge. Pädagogik, 55 (10), S. 36–43, und Meyer, H. (2011). Was ist guter Unterricht? Berlin: Cornelsen Scriptor.

4 Die Bedeutung des Kontexts

Unterrichtsqualität hängt entscheidend vom Kontext ab: vom historischen und kulturellen, vom regionalen, kommunalen und schulischen Kontext (Schulart, Bildungsgang, Einzugsgebiet der Schule) und in besonderem Maße von der Klasse, ihrer Zusammensetzung und ihren Voraussetzungen. Der folgende Ausschnitt aus einem Text von Andreas Helmke thematisiert die Bedeutung des Klassenkontexts (Fähigkeits- und Vorkenntnisniveau der Klasse, Schichtzusammenhang).

« Der Klassenkontext

Es wird oft nicht deutlich genug gesehen, dass Unterricht unter Bedingungen stattfindet, die sich Lehrkräfte in vieler Hinsicht nicht aussuchen und die sie nicht gestalten können. Nur eine überholte statische Sichtweise behandelt den Unterricht und seine Qualität ausschließlich als «unabhängige» Variable. In Wirklichkeit stehen Unterrichtsqualität und Klassenkontext in einem dynamischen Verhältnis zueinander: Die Unterrichtsqualität ist Ursache (z. B. für den Leistungsfortschritt der Klasse) und Wirkung (abhängig z. B. vom gegebenen Niveau und der Heterogenität der Vorkenntnisse) zugleich. Eine ungünstige Klassenzusammensetzung setzt der Qualität des Unterrichts ebenso Grenzen, wie umgekehrt eine günstige Klassenzusammensetzung die Unterrichtsqualität und -effektivität fördern kann. Um nicht missverstanden zu werden: Auch in «ungünstig» zusammengesetzten Klassen (leistungsschwach, hohe Leistungsstreuung, hoher Anteil von Migranten mit unterschiedlichen Herkunftssprachen und -kulturen) kann qualitativ hochwertiger Unterricht stattfinden – aber er muss eben anders gestaltet sein als z. B. derjenige in leistungsstarken und leistungshomogenen Klassen. Und dafür sind viele Lehrpersonen oft nicht oder nicht genügend ausgebildet. Umgekehrt gibt es gelegentlich sehr günstige Kontexte, deren Potenzial gar nicht ausgeschöpft wird.

Nicht erst seit PISA 2000 wissen wir von der gravierenden Rolle des sozialen Hintergrundes für die schulischen Leistungen – Faktoren, die als Voraussetzungen (in Gestalt einer entsprechenden Klassenzusammensetzung) das Unterrichten und den Lernerfolg ganz erheblich beeinflussen, ohne dass die Schule an diesen Faktoren sehr viel ändern könnte. Diesem Sachverhalt wird in allen neueren Leistungsvergleichsstudien dadurch Rechnung getragen, dass man sich – anders als etwa im britischen Schulsystem, wo die unkorrigierten Werte der mittleren Testleistungen von Schulen veröffentlicht werden, mit gravierenden Folgen für den Status und das Renommee – nicht auf die Mitteilung der von Klassen oder Schulen erzielten Rohwerte beschränkt. Eine Schule im sozialen Brennpunkt einfach mit einer Schule mit ausgeprägt lernförderlichem Umfeld zu vergleichen, wäre wie ein Vergleich von Äpfeln mit Birnen. Angenommen, beide Schulen landen leistungsmäßig im Mittelfeld – dies wäre für die Schule im sozialen Brennpunkt ein großartiger Erfolg, für die gut situierte Schule dagegen eine Enttäuschung.

Fähigkeits- und Vorkenntnisniveau der Klasse

Schulleistungen und andere Zielkriterien sind, wenn man die Situation zu Anfang eines Schuljahres bedenkt (insbesondere bei der Einschulung und immer dann, wenn die Klasse eine neue Lehrkraft erhält), zugleich Eingangsbedingungen für den folgenden Unterricht. Dieser adaptive Aspekt des Unterrichts ist oft nicht bedacht worden, und in empirischen Studien kann er erst dann zutage gefördert werden, wenn zumindest die Zielvariablen (meist: die Schülerleistungen) mindestens zweifach gemessen werden: am Anfang und am Ende des Schuljahres. Das mittlere Fähigkeits- und Vorkenntnisniveau der Schulklasse hat sich in mehreren Studien als das wichtigste Kontextmerkmal herausgestellt. So hat die Münchner Studie (Helmke & Schrader 1993; Helmke, Schneider & Weinert 1986) beispielsweise belegen können, dass das bereichsspezifische Vorkenntnisniveau einer Schulklasse im Fach Mathematik nicht nur die Klassenleistung am Ende des Schuljahres maßgeblich beeinflusst, sondern auch die Qualität des Unterrichts selbst. Dies zeigt die folgende Abbildung. Die Pfeile zeigen Wirkungen zwischen den verschiedenen Variablen an, die Zahlen bezeichnen die Stärke der Wirkung. So hat das Vorkenntnisniveau der Klasse in Mathematik (.55) einen stärkeren Einfluss auf die Leistungen am Ende der 5. Klasse als die individuell unterstützende Kontrolle der Schüler durch die Lehrkraft (.21). An der Abbildung wird aber auch der relativ starke Zusammenhang zwischen Vorkenntnisniveau und Klarheit des Unterrichts (.37) bzw. zwischen Vorkenntnisniveau und Zeitnutzung (.40) deutlich: Je besser die Wissensbasis in Mathematik zu Beginn des Schuljahres, umso besser (also effektiver) kann der Lehrer die Unterrichtszeit nutzen – was wiederum einen positiven Effekt auf die Leistungen am Ende der 5. Klasse hat.

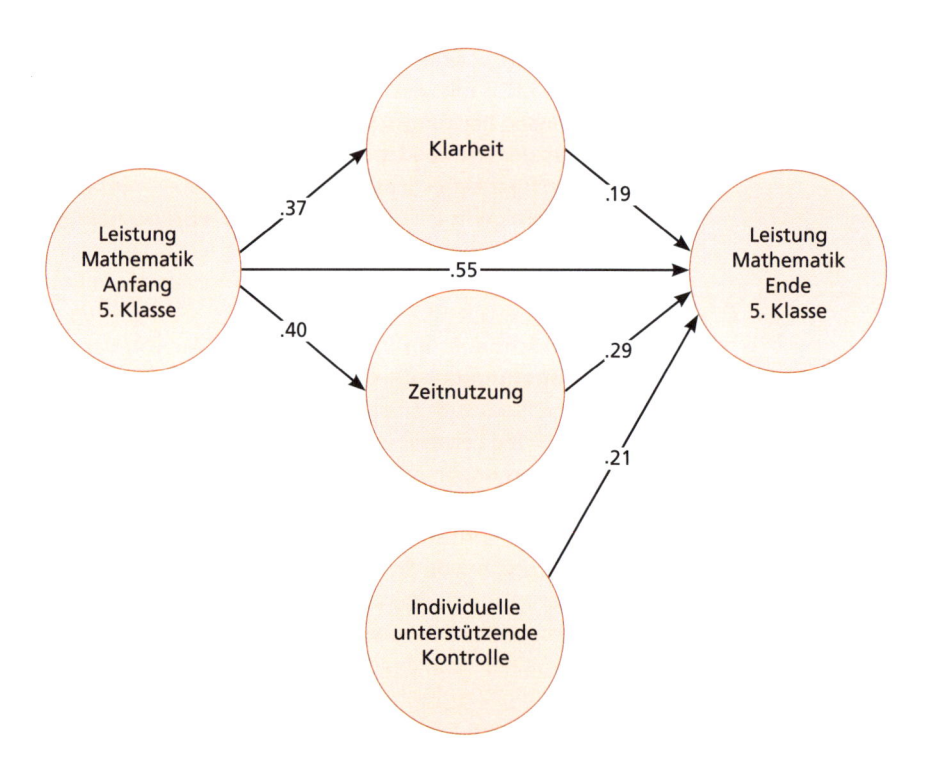

Abbildung 16: Die Rolle des Vorkenntnisniveaus (nach Weinert & Helmke 1987)

Schichtzusammensetzung
Ob man dieses Merkmal ausführlich (wie bei PISA, wo auch nach den Berufen der Eltern gefragt wurde) oder knapp erhebt (im minimalen Falle nur die Frage nach dem häuslichen Buchbestand sowie nach der Schulausbildung der Eltern als Indikator für Bildungsnähe), immer zeigt sich ein ähnliches Bild: Je bildungsnäher die Eltern der jeweiligen Schüler einer Klasse im Durchschnitt sind, desto günstiger die Schulleistung. Die soziale Zusammensetzung einer Klasse macht sich im Niveau und in der Heterogenität des Vorkenntnisniveaus der Klasse bemerkbar, das seinerseits der mächtigste Prädiktor (Schätzer) des Lernfortschritts der Klasse ist. Bekanntlich zeigte PISA 2000, dass in keinem anderen Teilnehmerland die Leistungskluft (z. B. beim Leseverständnis) zwischen Gruppen von Schülerinnen und Schülern aus niedrigen vs. solchen aus hohen sozialen Schichten so eklatant ausfiel wie in Deutschland. Dies sollte als eine besondere Herausforderung auch für die Unterrichtsentwicklung angesehen werden. Gefragt sind wissenschaftlich fundierte und praktisch realisierbare Förderprogramme zu den basalen Kompetenzen; zugleich bedürfen solche Vorhaben einer starken zusätzlichen Unterstützung logistischer, finanzieller und inhaltlicher Art durch Staat und Gemeinden.

Dabei muss allerdings darauf hingewiesen werden, dass «Sozialschicht» eine bildungssoziologische Kategorie ist, die für sich genommen keinen direkten Erklärungswert hat. Das Leistungsniveau eines Kindes (analoge Überlegungen gelten für das Leistungsniveau einer Klasse) ist nicht deshalb niedriger, weil es zur sozial niedrigeren Schicht gehört, sondern weil der kognitive Anregungsgehalt, die Sprachvorbilder der Eltern, die elterlichen Standards und Erwartungen, ihre leistungsbezogenen Erklärungen und Sanktionen und ihr eigenes Engagement für die Schulleistungen des Kindes in niedrigeren sozialen Schichten typischerweise geringer ausgeprägt sind. Darüber hinaus spielt der Sozialstatus bei den Bildungsgangempfehlungen eine bedeutsame Rolle: Schüler mit höherem Sozialstatus erhalten, wie Untersuchungen mehrfach gezeigt haben, bei gleichem Leistungsniveau häufiger die Empfehlung für einen höheren Bildungsgang. ❯

Literatur
Helmke, A., Schneider, W. & Weinert, F. E. (1986). Quality of instruction and classroom learning outcomes. Results of the german contribution to the classroom environment study of the IEA. Teaching and Teacher Education, 2 (1), S. 1–18.
Helmke, A. & Schrader, F.-W. (1993). Was macht erfolgreichen Unterricht aus? Ergebnisse der Münchner Studie. Praxis Schule 5–10, 1/1993, S. 11–13.
Weinert, F. E. & Helmke, A. (1987). Schulleistungen – Leistungen der Schule oder der Kinder? Bild der Wissenschaft, 24 (1), S. 62–73.

Zusammengefasster Text aus: Helmke, A. (2010). Unterrichtsqualität und Lehrerprofessionalität. Diagnose, Evaluation und Verbesserung des Unterrichts. Seelze: Klett/Kallmeyer. www.unterrichtsdiagnostik.info

5 Was ist aus der Sicht von Schülerinnen und Schülern gut?

In einer Untersuchung mit Grundschülerinnen und Grundschülern wurden mit den beiden Erhebungsmethoden offene Fragestellungen und Leitfadeninterviews plausible Hinweise zu zentralen Merkmalen guter Schule erhoben. Manche dieser Schüleransichten korrespondieren eng mit Ergebnissen der Schulforschung zu Effektivität von Schulen oder zur Schulqualität, andere sind spezifisch im «Kinderleben» verankert.

Zehn Merkmale guter Schule aus Schülersicht

1. *Das Lernen hat erste Priorität*
   Der übergeordnete Sinn des Schulbesuchs ist aus Schülerperspektive Lernen. Spiel und Spaß in der Schule haben für die Schülerinnen und Schüler fast ausschließlich eine dem Lernen dienende Funktion.

2. *Guter Unterricht*
   Die Schülerinnen und Schüler nennen Merkmale wie:
   - interessante Themen und Abwechslung haben
   - spielerisch lernen
   - wenn Lehrer so erklären, dass es jedes Kind versteht
   - wenn man draußen ist und alles genau sieht
   - wenn es im Unterricht leise ist
   - wenn die Lehrperson ganz langsam macht

3. *Niveauvoller offener Unterricht*
   Unterricht mit einem hohen Anteil an Schülerselbstständigkeit und Eigenverantwortung (von den Kindern meist Wochenplanunterricht oder Freiwahlarbeit genannt) sowie Projektunterricht.

4. *Gute und nette Lehrerinnen und Lehrer*
   Gute Lehrpersonen sind die, die den Unterricht gut und kindgerecht gestalten. Nett heißt für die Kinder freundlich, verständnisvoll, höflich, witzig.

5. *Sport, Schwimmen, Bewegung*
   Eine gute Schule ermöglicht viel Sport und Bewegung.

6. *Gestaltete Pausenzeiten*
   Pausen sind für die Kinder von großer Bedeutung. Die Wichtigkeit der Pause in der subjektiven Wahrnehmung der Kinder erfordert eine intensive Auseinandersetzung der Lehrpersonen mit Pausen- und Pausenhofgestaltung.

7. *Feste und gemeinsame Unternehmungen*
   Anlässe aller Art wie Ausflüge, Sportturniere, Lesenächte, Exkursionen, Klassenlager gehören für Schülerinnen und Schüler zu einer guten Schule.

8. *Gute Klassengemeinschaft*
   Schülerinnen und Schüler wünschen sich nette Mitschülerinnen und Mitschüler und ein gutes Verhältnis zu ihnen. Dazu gehört die Abwesenheit von Streit und Brutalitäten.

9. *Nicht zu viele Hausaufgaben*
   Durch zu viele Hausaufgaben fühlen sich die Schülerinnen und Schüler unter Druck gesetzt und in ihrer Nachmittagsgestaltung eingeschränkt.

10. *Nicht zu strenge Noten*
    Noten wirken für einen Teil der befragten Schülerinnen und Schüler negativ und belastend – dadurch entsteht der Wunsch nach weniger Notenstrenge.

Zusammengefasster Text aus: Sigel, R. (2001). Qualität in Grundschulen. Ihre Merkmale und Evaluation mittels mehrmethodischer Lehrer-, Schüler- und Elternbefragungen. Bad Heilbrunn: Klinkhardt.

Kommentierte Literaturhinweise

Brophy, Jere (2001)

Teaching. Brussels: International Academy of Education (IAE) Online-Text: www.ibe.unesco.org/publications/EducationalPracticesSeriesPdf/prac01e.pdf.
Diese Broschüre von Jere Brophy fasst auf der Basis von Forschungsresultaten Grundsätze für wirksamen Unterricht in Form von zwölf Prinzipien zusammen.

Friedrich Jahresheft (2007)

Guter Unterricht: Maßstäbe & Merkmale – Wege & Werkzeuge. Herausgegeben von Becker G. et al.
In den vier Teilen «Eigene Kompetenzen entwickeln», «Unterricht verbessern», «Austausch nutzen» und «Den Rahmen klären und gestalten» werden in vierzig Beiträgen pointierte Antworten aus verschiedenen Positionen und Disziplinen zur umfassenden Frage nach gutem Unterricht präsentiert. Die breite Palette der Beiträge reicht von theoretischen und empirisch fundierten Beiträgen (z. B. von Frank Lipowsky «Was wissen wir über guten Unterricht?» oder Ewald Terhart «Was wissen wir über gute Lehrer?») bis hin zu ganz pragmatischen wie «Nützliche Helferlein – Schülerorientiert unterrichten mit Archiven» oder «Lernen in Aktion».

Helmke, Andreas (2017)

Unterrichtsqualität und Lehrerprofessionalität (7. Auflage). Seelze: Kallmeyer.
In seiner vollständig umgearbeiteten Neuauflage des 2003 erstmals erschienenen Buches «Unterrichtsqualität erfassen, bewerten und verbessern» verfolgt Andreas Helmke die mit den drei folgenden Leitfragen beschriebenen Ziele: «Was ist guter Unterricht, und was macht die erfolgreiche Lehrperson aus?», «Wie kann man die Qualität des Unterrichts erfassen und bewerten?» und «Wie lässt sich Unterricht verbessern?». Der Teil, in dem die Bereiche und Merkmale der Unterrichtsqualität präsentiert werden, ist der Schwerpunkt des Buches; der Autor beschreibt ihn als «Beef des Buches». Neben der individuellen Lektüre kann das Buch als sehr geeignetes Arbeitsmaterial für schulinterne Projekte und professionelle Lerngemeinschaften dienen.

Meyer, Hilbert (2016) **Was ist guter Unterricht? (11. Auflage).** Berlin: Cornelsen Scriptor.
In diesem Bestseller zur Grundfrage «Was ist guter Unterricht?» stützt sich Hilbert Meyer, emeritierter Professor für Schulpädagogik an der Carl-von-Ossietzky-Universität Oldenburg, auf zehn aus der aktuellen Unterrichtsforschung abgesicherte Gütekriterien. Meyers Anspruch ist es, mithilfe der vorgestellten Kriterien die Lernleistungen und die sozialen Kompetenzen der Schülerinnen und Schüler zu verbessern. Die Auseinandersetzung mit den einzelnen Gütekriterien kann Berufsanfängern und -anfängerinnen sowie erfahrenen Lehrpersonen helfen, ihren Unterricht zu überprüfen und gezielt weiterzuentwickeln.

Kapitel 2   Inhalte auswählen

Warum werden nicht ganze Schulklassen obligatorisch in Popkonzerte geschleppt, um dann, als Klassenarbeit, die richtige Interpretation der Songs zu erarbeiten? Diese provozierende Frage des Schriftstellers Hans Magnus Enzensberger zielt auf die Wichtigkeit der Auswahl der schulischen Inhalte – ebenso wie die naheliegende Frage: Warum unterrichten wir in der Schule eigentlich Mathematik, Geschichte oder Französisch – und nicht Pokern, Bergsteigen oder Velofahren?

Peter Bichsel hat im Film «Unser Lehrer» im Rückblick auf seine Lehrerjahre seine Unbedarftheit bei der Auswahl der Inhalte radikal kritisiert: In seiner Rolle als Unterhalter fiel ihm mit zunehmender Routine zu jedem Thema ein Scherz und zu jedem Lehrstoff ein Spiel ein. Ihm fiel nicht auf, dass er dadurch das Interesse der Schülerinnen und Schüler nicht auf die Inhalte richtete – sondern auf die Schule und den Lehrer. Damit reduzierte er jedes Problem zu einem Schulstubenproblem – ohne sich zu überlegen, was in einem Inhalt an Interessantem, Herausforderndem, Faszinierendem oder Irritierendem liegt. Mit diesen selbstkritischen Worten ist die zentrale Bedeutung der «Was-Frage» – und der damit verbundenen «Warum-Frage» – gestellt: Welche Themen aus der unerschöpflichen Fülle möglicher Inhalte sollen ausgewählt werden, was soll weggelassen werden – und warum? Von dieser eminent wichtigen Aufgabe können sich die Lehrerinnen und Lehrer aller Stufen nicht durch Floskeln wie «Gemäß Lehrplan!» oder «Wie im Lehrmittel!» entlasten. Ihre wichtige Aufgabe ist und bleibt, Lerninhalte zu überblicken, zu strukturieren, zu analysieren, kritisch zu bewerten, in größere Zusammenhänge zu stellen und auf ihren Bildungsgehalt zu überprüfen.

| Basics | Seite 169 | Texte | Seite 179 |

Basics   Inhalte auswählen

HANS BERNER

Denken Lehrerinnen und Lehrer nur an *ihren* Stoff?

Den Vorwurf der Beliebigkeit und Hilflosigkeit der Schulen bei der Auswahl der Stoffe bringt Bertolt Brecht auf den Punkt: «Ich bin auf die Volkshochschul gegangen. Ich hab geschwankt, was ich lernen soll, Walther von der Vogelweide oder Chemie oder die Pflanzenwelt der Steinzeit. Praktisch gesehn wars gleich, verwenden hätt ich keins können.» Im Roman «Schilten» lässt Hermann Burger seine Lehrer-Hauptfigur in ihrem Schulbericht formulieren: «Typische Lehrer- und Dompteurphrasen: Wir sind mit dem Stoff durchgekommen. Wir gehen an einen neuen Stoff heran. Dieser Stoff macht uns besondere Freude» (Burger 1979, S. 62).

Das Mittelalter sind neun Seiten

Der Kabarettist Gerhard Polt karikiert eine allen Schülerinnen und Schülern bekannte Szene:
«A: Darf der Rudi jetzt mitkommen zum Spielen?
B: Nein! Der muss noch lernen.
A: Was?
B: Das Mittelalter.
A: Das ganze?
B: Genau. Das ganze Mittelalter. Morgen muss er's können.
A: Das Mittelalter sind aber bloß neun Seiten.
B: Kann sein, aber die Kreuzzüge muss er auch noch – und die Päpste!
A: Ach so, die auch. Und die Französische Revolution?
B: Die noch nicht! Jedenfalls noch nicht bis morgen.
A: Gott sei Dank! Die kommt aber bestimmt auch noch daher.» (Polt 2004, S. 270)

Die Gemeinsamkeit dieser literarischen Texte ist eine harsche Kritik an der Stoff-, Inhalts- oder Themenwahl der Lehrerinnen und Lehrer verschiedenster Schulstufen – aber auch eine Kritik an den Lehrplänen und Lehrmitteln.

«Warum müssen wir das lernen?»

Fragen von Schülerinnen und Schülern wie «Sie, warum müssen wir das lernen?» oder «Können wir nicht einmal etwas behandeln, was uns interessiert?» sind angesichts einer verbreiteten Sinn- und Bedeutungslosigkeit schulischer Lernprozesse von der Vor- über die Mittel- bis zur Hochschule nicht überraschend. Ebenso wenig wie die provokative Aussage von Schülerseite: «Lehrer sind wie Dealer, sie denken nur an ihren Stoff!» Aus einer lehrerbildnerischen Perspektive hat der Didaktiker Wolfgang Schulz in einem lyrischen Text mit dem Titel «Studenten ins Stammbuch» geschrieben: «Keine Größe steht mehr einsam, eines haben sie gemeinsam: Goethe, Buddha, Dimitroff – in der Schule sind sie Stoff» (Schulz 1994, S. 103).

Zur zentralen Bedeutung der «Was-» und der «Warum-Frage»

Trotz einer aktuellen Akzentverschiebung von einer reinen Stofforientierung – einem Primat der Inhalte – zu einem Primat der Zielsetzungen im Hinblick auf den Erwerb von Kompetenzen behält die Frage nach der Auswahl der Inhalte und der Abstimmung auf den Unterricht eine unveränderte Wichtigkeit: die Frage, wie aus der unerschöpflichen Fülle von möglichen Inhalten diejenigen ausgewählt werden, die wegen ihres Bildungsgehalts für heute und morgen für die Schülerinnen und Schüler einer ganz bestimmten Klasse behandelnswürdig sind. Die Frage «Welche Inhalte sollen zu den Themen für diese Klasse werden?» hat eine eminente Bedeutung, erfordert die ganze Aufmerksamkeit der Lehrperson und darf nicht durch vorschnelle Antworten wie «Das muss man gemäß Lehrplan durchnehmen» oder «Ich folge nur den Vorgaben des Lehrmittels» eliminiert werden.

Die Menge möglicher Inhalte ist unbeschränkt – die Unterrichtszeit dagegen nicht

Lehrerinnen und Lehrer aller Stufen müssen «Lerninhalte überblicken, strukturieren, umfassend verstehen, gründlich analysieren, kritisch bewerten, in größere Zusammenhänge stellen, auf ihren Bildungsgehalt überprüfen» (Schmid, Wiher & Egloff 1997, S. 5), denn: Die Menge möglicher Inhalte ist unbeschränkt – die Unterrichtszeit dagegen nicht.

Im Planungsinstrument «Unterricht kompetent planen» (Zumsteg et al. 2018) wird den Fragen nach dem «Was» und dem «Warum» – und den damit verbundenen Fragen nach dem «Was nicht» und «Warum nicht» – eine wichtige Bedeutung beigemessen.

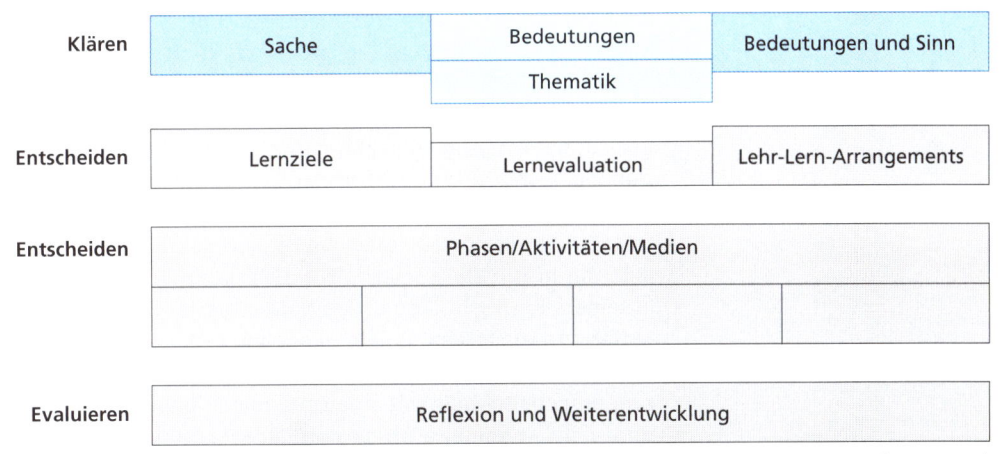

Klären	Sache	Bedeutungen	Bedeutungen und Sinn
		Thematik	
Entscheiden	Lernziele	Lernevaluation	Lehr-Lern-Arrangements
Entscheiden	Phasen/Aktivitäten/Medien		
Evaluieren	Reflexion und Weiterentwicklung		

Abbildung 17: Planungsschritte gemäß «Unterricht kompetent planen» (Zumsteg et al. 2018, S. 4)

Im Klärungsfeld «Sache» geht es darum, nach einem Festhalten des Vorwissens und der Lehrplanbezüge Schwerpunkte auszuwählen und die Sachstruktur zu elaborieren. Im Klärungsfeld «Bedeutungen und Sinn» besteht die Planungsaufgabe darin, je nach Entscheidungsspielraum und Partizipationsmöglichkeiten Bedeutung und Sinn zu finden, zu konstituieren, zu begründen und zu vermitteln. Die Lehrperson hat dabei die wichtige Aufgabe, eine Bedeutungsanalyse des Themas zu leisten – und die Fragen nach der gegenwärtigen und zukünftigen Bedeutung des Themas für die Schülerinnen und Schüler sowie nach der Exemplarität und Repräsentativität des Themas zu klären (vgl. Zumsteg et al. 2018, S. 12–17).

Kritisch-konstruktive Didaktik als themenorientierter Didaktikansatz

Entscheidende Fragen im Klärungsfeld «Bedeutungen und Sinn» basieren auf dem didaktischen Ansatz der kritisch-konstruktiven Didaktik. Dieser Ansatz, der sich von allen didaktischen Modellen am stärksten mit der Frage der Auswahl und Bestimmung der Inhalte auseinandersetzt, wird im Folgenden vorgestellt.

In den 1980er-Jahren hat Wolfgang Klafki aus der bildungstheoretischen Didaktik den Ansatz der kritisch-konstruktiven Didaktik entwickelt. Dabei hat er die unterschiedlichen Kritiken und Forderungen für eine Weiterentwicklung seines didaktischen Ansatzes genutzt.

Ein zeitgemäßes und zukunftsoffenes Bildungsverständnis

Grundlegend für die Neukonzeption waren eine intensive Beschäftigung mit der Kritik am Bildungsbegriff und ein daraus resultierendes zeitgemäßes und zukunftsoffenes Bildungsverständnis: Ein gebildeter Mensch ist nach Klafki jemand, der die drei Grundfähigkeiten Selbstbestimmungs-, Mitbestimmungs- und Solidaritätsfähigkeit optimal entwickelt hat und über sie verfügen kann. Zudem muss er in die Schlüsselprobleme der Gegenwart (wie die Friedens-, Umwelt- oder Ungleichheitsfrage) eingedrungen, für ihre Lösung sensibilisiert sein und sich aktiv darum bemühen (vgl. Klafki 2007, S. 43–81).

Voraussetzungen der kritisch-konstruktiven Didaktik

Die folgenden allgemeinen Voraussetzungen zu Unterricht, Lehren und Lernen dienen der kritisch-konstruktiven Didaktik als Basis:
- Die generelle Zielbestimmung des Unterrichts wird auf der Basis eines emanzipatorischen Bildungsverständnisses darin gesehen, den Lernenden Hilfen zur Entwicklung ihrer Selbstbestimmungs- und Solidaritätsfähigkeit (inklusive Mitbestimmungsfähigkeit) zu geben. Als konstitutive Momente gehören rationale Diskursfähigkeit (Fähigkeit zu Begründung und Reflexion), entwickelte Emotionalität und Handlungsfähigkeit dazu.
- Der Zusammenhang von Lehren und Lernen wird als Interaktionsprozess verstanden. In ihm sollen Lernende sich mit Unterstützung der Lehrenden zunehmend selbstständige Erkenntnisse und Erkenntnisformen, Urteils-, Wertungs- und Handlungsmöglichkeiten zur reflexiven und aktiven Auseinandersetzung mit ihrer historisch-gesellschaftlichen Wirklichkeit aneignen.
- In seinem Kern wird Lernen als entdeckendes bzw. nachentdeckendes, sinnhaftes und verstehendes Lernen anhand exemplarischer Themen aufgefasst.
- Lehren, das Hilfe zu solchen Lernprozessen bildet, muss für Lernende und in zunehmendem Maße mit ihnen zusammen geplant werden.
- Unterricht ist immer auch ein sozialer Prozess. Das sich ohnehin vollziehende funktionale soziale Lernen muss bewusst und zielorientiert in die Unterrichtsplanung einbezogen werden (vgl. Klafki 2007, S. 256–258).

Von der didaktischen Analyse zum Perspektivenschema für die Unterrichtsplanung

Das Strukturmodell der bildungstheoretischen Didaktik – die sogenannte didaktische Analyse – fragte nach der exemplarischen Bedeutung, der Gegenwartsbedeutung, der Zukunftsbedeutung, der Struktur des Inhaltes sowie nach der unterrichtlichen Zugänglichkeit. Das Strukturmodell der kritisch-konstruktiven Didaktik, das sogenannte Perspektivenmodell für die Unterrichtsplanung, hat gegenüber der didaktischen Analyse eine stark veränderte Form. Auffällig ist, dass im Perspektivenschema im Wesentlichen die Grundstruktur der didaktischen Analyse beibehalten wird, dass aber in Bezug auf Form und Gewichtung eine

Anpassung an die veränderten Verhältnisse der didaktischen Theorie und Praxis stattgefunden hat. Analog zu generellen didaktischen Entwicklungen wird beim Perspektivenschema bei der Unterrichtsplanung nicht mehr den Inhalts-, sondern den Zielentscheidungen erste Priorität beigemessen: Es hat eine Verlagerung von einem Primat der Inhalte zu einem Primat der Intentionalität stattgefunden. Gegenüber einer isolierten inhaltlichen Unterrichtsvorbereitung wird neu die Bedeutung der vielfältigen Zusammenhänge zwischen den verschiedenen Dimensionen des Unterrichts betont.

Bedingungsanalyse: Analyse der konkreten, soziokulturell vermittelten Ausgangsbedingungen einer Lerngruppe (Klasse), des/der Lehrenden sowie der unterrichtsrelevanten (kurzfristig änderbaren oder nicht änderbaren) institutionellen Bedingungen, einschließlich möglicher oder wahrscheinlicher Schwierigkeiten bzw. «Störungen»

Begründungszusammenhang

1. Gegenwartsbedeutung

2. Zukunftsbedeutung

3. Exemplarische Bedeutung ausgedrückt in den allgemeinen Zielsetzungen der Unterrichtseinheit, des Projekts oder der Lehrgangssequenz im Hinblick auf den Kompetenzerwerb

Thematische Strukturierung

4. Thematische Struktur einschließlich Teillernziele und soziale Lernziele

5. Erweisbarkeit und Überprüfung

Bestimmung von Zugangs- und Darstellungsmöglichkeiten

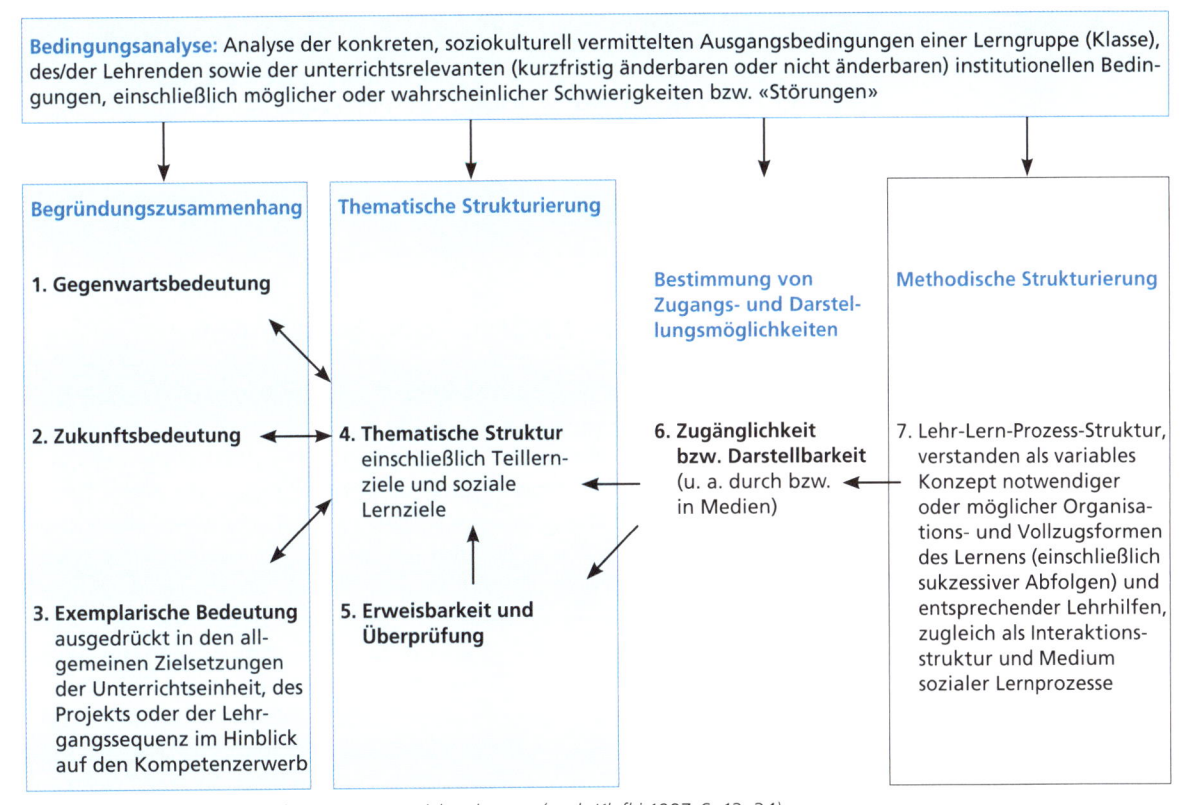

6. Zugänglichkeit bzw. Darstellbarkeit (u. a. durch bzw. in Medien)

Methodische Strukturierung

7. Lehr-Lern-Prozess-Struktur, verstanden als variables Konzept notwendiger oder möglicher Organisations- und Vollzugsformen des Lernens (einschließlich sukzessiver Abfolgen) und entsprechender Lehrhilfen, zugleich als Interaktionsstruktur und Medium sozialer Lernprozesse

Abbildung 18: Perspektivenschema zur Unterrichtsplanung (nach Klafki 1997, S. 13–34)

Didaktische Aufgaben im Begründungs- und Themenfeld

Im Begründungsfeld werden die drei zusammenhängenden Bedeutungsfragen gestellt – und zwar explizit in Bezug auf die Zielsetzungen im Hinblick auf den Kompetenzerwerb. Die erste Frage nach der Gegenwartsbedeutung zielt in einem umfassenden Sinne auf den Zusammenhang von Alltagsleben der Kinder und Jugendlichen und bestimmten gesellschaftlichen Sozialisationsbedingungen. Damit sind die Interessen, Vorurteile, Wertungen, Befürchtungen, Ängste usw. der Kinder und Jugendlichen angesprochen. Diese Fragen haben sich auch die Lehrpersonen zu stellen: Welche Gegenwarts- und Zukunftsbedeutung hat ein ganz bestimmtes Thema für mich als Lehrperson? Welches sind meine eigenen Interessen, Einstellungen, Vorurteile, Befürchtungen? Differenzierte selbstkritische Antworten schaffen eine Basis dafür, dass andere – fremde und befremdende – Perspektiven besser wahrgenommen und nachvollzogen werden können.

Im thematischen Feld geht es um folgende Fragen: Welches ist die Struktur des durch die drei Bedeutungsfragen in die spezifisch pädagogische Sicht gerückten Inhaltes? Welches sind die einzelnen Momente des Inhaltes, und was ist der Zusammenhang dieser Momente; welches ist der größere sachliche Zusammenhang; welches sind allfällige Schwierigkeiten beim Zugang zum Stoff bei den Schülerinnen und Schülern; welches ist der notwendige, festzuhaltende Wissensbesitz? Zusätzlich geht es um den Aspekt der Erweisbarkeit und Überprüfbarkeit des Lernerfolgs. Im Zusammenhang mit der Forderung nach einer Erweiterung des produktorientierten Leistungsbegriffs sind ausschließlich individuelle Leistungsendabrechnungen in Form von benoteten Prüfungen problematisch. Gefordert sind alternative Möglichkeiten wie Schüler-Zwischenrückmeldungen im Sinn von «Beherrsche ich diesen Lernschritt?» oder gemeinsam gelöste und gegenseitig überprüfte Lösungsversuche. Dies verlangt die Befähigung der Schülerinnen und Schüler, ihre individuellen Lernprozesse zu dokumentieren, zu analysieren und zu reflektieren (vgl. Klafki 2007, S. 271–282).

Sinnvolle Themen finden – und begründen

Vernachlässigte Frage nach dem Sinn des Lernstoffs

Es ist eine Tatsache, dass im institutionellen Schulpflichtrahmen zu wenig nach dem Sinn des Lernstoffs gefragt wird und dass ein Teil des schulischen Alltags durch Haltungen wie «Wir müssen bis morgen das ganze Mittelalter können» geprägt ist. Dies ist zum Teil das Resultat eines Misstrauens gegenüber Wahl-, Selbstbestimmungs- und Sinnfindungsmöglichkeiten von Schülerinnen und Schülern. Zum anderen ist es aber auch Ausdruck davon, dass sich die Verantwortlichen zu wenig um die Frage kümmern, wie sich Sinn als Bedeutung, Wichtigkeit (das macht Sinn) von etwas für jemand im menschlichen Leben bildet. Schulische Lernprozesse können nur selten an subjektiv bedeutsamen und auf diese Weise sinnvollen Anliegen anknüpfen (subjektive Sinnvergewisserung). Deshalb ist eine soziale und gesellschaftliche von den Lehrpersonen vermittelte Sinnkonstituierung anhand aktueller Schlüsselprobleme (wie die Friedens-, Umwelt- oder Ungleichheitsfrage) wichtig. Sinn ist gegeben, wenn Schülerinnen und Schülern etwas wichtig gemacht wird. Dies geschieht primär dadurch, dass Lehrpersonen Begeisterung, Engagement und Interesse für ihre Fächer und Themen entwickeln und zeigen.

Sinnvermittlung und Sinnkonstituierung

Neben der personalen Sinnvermittlung sind die kognitive und handlungsorientierte Sinnvermittlung bedeutsam: Sinn kann einerseits durch Begründung und Erläuterung und andererseits durch Handlungszusammenhänge erschlossen werden. Handlungsorientierter Unterricht hat das Ziel, dass die Schülerinnen und Schüler sowohl bei der Planung als auch bei der Durchführung und Analyse der Lern- und Arbeitsprozesse mitgestalten können und mitverantwortlich sind. Last but not least geht es natürlich darum, dass Schülerinnen und Schüler Sinn selbst konstituieren können – und zwar im Rahmen schülerorientierter Lehr-Lern-Arrangements, wie sie in Kapitel 4 von Teil 2 vorgestellt werden (vgl. Bönsch 2002).

Themenfrage als eine entscheidende Planungsaufgabe

Eine entscheidende Bedeutung erhält die Frage nach der Auswahl der Themen und der Abstimmung auf den Unterricht in den verschiedenen Fachdidaktiken. So spielen beispielsweise im Ansatz der didaktischen Rekonstruktion, der in den Natur-Mensch-Gesellschaft-Fachdidaktiken wichtig ist, Fragen nach dem Thema, nach den elementaren Grundideen und der Sachstruktur für den Unterricht eine zentrale Rolle (vgl. Metzger 2010).

Kontrollfragen zu Inhalt und Sinn

Die folgenden Fragen zur Inhaltswahl können als persönliche Kontrollfragen bei der Unterrichtsplanung und -reflexion dienen:
- Habe ich mich an den Kompetenzen des Lehrplans orientiert?
- Was könnte/sollte die Lernenden an diesem Inhalt besonders interessieren?
- Wird das Lernen in der Schule mit dem Lernen außerhalb der Schule verknüpft?
- Wird Lebensnähe und ein Bezug zur eigenen Umwelt hergestellt?
- Habe ich, um auswählen zu können, einen Überblick über den Lerninhalt? Wie kann ich mich weiter darüber informieren? Ist es notwendig, etwas selbst nochmals zu erproben oder zu erfahren?
- Unter welchen Aspekten kann der Inhalt betrachtet werden: geschichtlich, geografisch, biologisch, psychologisch, soziologisch, ökologisch, ökonomisch, emotional, kognitiv, sprachlich, interkulturell, motivational …?
- Wie sind die Beziehungen zwischen den einzelnen Teilen beschaffen? Wie hängen die Einzelaspekte zusammen? Wie kann der Inhalt sachlich richtig, knapp und übersichtlich grafisch oder sprachlich dargestellt werden?
- Wo und wann lässt sich das an diesem Inhalt Gelernte in den folgenden Lernsequenzen fruchtbar verwenden?
- Hilft das Gelernte, das Leben sinnvoller zu gestalten?
- Welche Lehrmittel, Lerneinheiten, Werkstätten usw. gibt es zum Lerninhalt (Thema, Stoff, Gegenstand, Problem)?
- Finden sich in den Lebenswelten der Kinder und Jugendlichen Anknüpfungspunkte?
- Können Schülerinnen und Schüler ihre besonderen Erfahrungen, Kenntnisse und Fertigkeiten in den Unterricht einbringen? (z. B. Kinder aus anderen Kultur- und Sprachbereichen)?
- Wird der Inhalt beiden Geschlechtern gerecht?
- Welche Beziehung habe ich als Lehrperson zu den ausgewählten Lerninhalten?

Vgl. Schmid, Wiher & Egloff (1997), S. 6–8

Eine entscheidende Frage zur Themenbestimmung

In der Denktradition der kritisch-konstruktiven Didaktik lautet die entscheidende Frage zur Themenbestimmung: Welcher Orientierungen, Erkenntnisse und Fähigkeiten bedürfen Heranwachsende, um angesichts ihrer gegenwärtigen und vermutlich zukünftigen geschichtlichen Wirklichkeit Selbstbestimmungsfähigkeit, Mitbestimmungsfähigkeit und Solidaritätsfähigkeit entwickeln zu können?

Gefordert ist eine anspruchsvolle didaktische Vermittlungsleistung zwischen den jeweils aktuellen Interessen und Erfahrungen der Lernenden, ihren gegenwärtigen Problemen im Horizont ihrer Lebenswelt und den darüber hinausreichenden Erfahrungen und Perspektiven der Erwachsenengeneration – dies im Hinblick auf die zukünftigen gesellschaftlichen und individuellen Aufgaben und Möglichkeiten der Heranwachsenden. Der Versuch, dieses didaktische Problem allein durch Orientierung an den Interessen und Erfahrungen der Schülerinnen und Schüler zu lösen, ist ebenso eine Verabsolutierung wie die Festlegung der Thematik des Unterrichts allein aus der Sicht der Lehrerinnen und Lehrer (vgl. Klafki 2007, S. 121).

«Für jedes noch so komplexe Problem gibt es eine ganz einfache Lösung – und die ist falsch», hat Umberto Eco treffend formuliert. Diese pointierte Aussage gilt für einen simplifizierenden schülerzentrierten Ansatz, der die schwierige Frage der Themenbestimmung durch eine ausschließliche Berücksichtigung der Schüleranliegen «löst». Sie gilt ebenso für einen rein lehrerzentrierten Ansatz, der sich auf das Lehrermonopol der Themenauswahl beruft.

Ein antinomisches Verständnis

Sowohl

Lehrerperspektive
Zukünftige notwendige Orientierungen, Erkenntnisse und Fähigkeiten

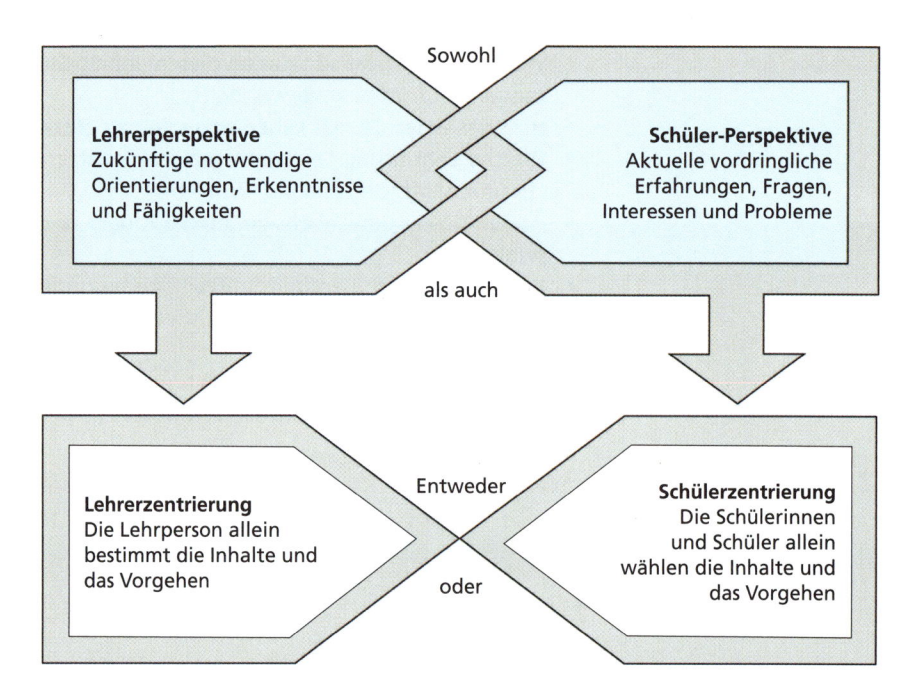

Schüler-Perspektive
Aktuelle vordringliche Erfahrungen, Fragen, Interessen und Probleme

als auch

Entweder

Lehrerzentrierung
Die Lehrperson allein bestimmt die Inhalte und das Vorgehen

Schülerzentrierung
Die Schülerinnen und Schüler allein wählen die Inhalte und das Vorgehen

oder

Abbildung 19: Antinomisches Verständnis der Themenbestimmung im Unterricht

Ein abwägendes «Sowohl-als-auch-Verständnis»	Die in einem positiven Spannungsverhältnis stehenden Perspektiven der Lernenden und der Lehrenden verlangen ein abwägendes «Sowohl-als-auch-Verständnis». Wenn eine Perspektive verabsolutiert und zum alleinigen Orientierungspunkt wird, entsteht eine entwertende Übertreibung, ein «Entweder-oder-Verständnis». Ein besonders problematischer Fall ist das Kippen von einem Extrem ins andere: von einer Position «Ich allein bestimme!» zur diametral entgegengesetzten «Von jetzt an müsst ihr bestimmen, was ihr als wichtig erachtet!». Das verabsolutierende Verständnis, das durch Exklusivität, Unendlichkeit und Totalität charakterisiert wird, kommt im Gewand sprachlicher Formulierungen wie «nur – immer – alles» daher. In diesem Verständnis haben Inklusivität (auch), Endlichkeit (vorläufig) und Partikularität (einiges) keinen Platz mehr. Durch eine Entweder-oder-Haltung werden Lehrpersonen auf einen Schlag von ihrer anspruchsvollen didaktischen Vermittlungsleistung entlastet (vgl. Berner 1999, S. 136 f.). Ein schülerzentriertes Vorgehen der Lehrperson, das sich aus Opposition zur Behandlung junger Menschen als Objekte überfahrender Autorität allein von der Subjekthaftigkeit der Kinder und Jugendlichen steuern lässt (Schulz 1996, S. 11), kann die Bildungschancen der Schülerinnen und Schüler ebenso blockieren wie ein lehrerzentriertes. Die Gefahr eines Rückfalls in eine naive kindorientierte Position ist umso größer, je kleiner die Fähigkeit der Verantwortlichen ist, die praktisch vertretenen pädagogisch-didaktischen Handlungskonzepte lernprozesstheoretisch zu analysieren und zu begründen (vgl. Reusser 1994).

Literatur

Berner, H. (1999). Didaktische Kompetenz. Zugänge zu einer theoriegestützten Planung und Reflexion des Unterrichts. Bern: Haupt.

Bönsch, M. (2002). Begründung und Konzipierung einer Didaktik selbstverantworteten und selbstbestimmten Lernens. In ders. (Hrsg.), Selbstgesteuertes Lernen in der Schule: Praxisbeispiele aus unterschiedlichen Schulformen (S. 7–27). Neuwied: Luchterhand.

Burger, H. (1979). Schilten. Schulbericht zuhanden der Inspektorenkonferenz. Frankfurt a. M.: Fischer.

Klafki. W. (1997). Die bildungstheoretische Didaktik im Rahmen kritisch-konstruktiver Erziehungswissenschaft. In H. Gudjons & R. Winkel (Hrsg.), Didaktische Theorien (9. Auflage, S. 13–34). Hamburg: Bergmann und Helbig.

Klafki, W. (2007). Neue Studien zur Bildungstheorie und Didaktik. Zeitgemäße Allgemeinbildung und kritisch-konstruktive Didaktik (6., neu ausgestaltete Auflage). Weinheim: Beltz.

Metzger, S. (2010). Didaktische Rekonstruktion: Fachsystematik und Lernprozesse in der Balance halten. In P. Labudde (Hrsg.), Fachdidaktik Naturwissenschaft 1.–9. Schuljahr (S. 45–56). Bern: Haupt (UTB).

Polt, G. (2004). Circus Maximus. Frankfurt a. M.: Fischer.

Reusser, K. (1994). Die Rolle von Lehrerinnen und Lehrern neu denken. Kognitionspädagogische Anmerkungen zu einer «neuen Lernkultur». Beiträge zur Lehrerbildung, 12 (1), S. 19–37.

Schmid, C., Wiher P. & Egloff B. (1997). Zielorientierte Unterrichtsplanung ZUP. Zürich: Primarlehrerseminar des Kantons Zürich. Teil 4: Inhalte.

Schulz, W. (1994). Lyrische Notizen. Hamburg: Bergmann und Helbig.

Schulz, W. (1996). Anstiftung zum didaktischen Denken. Weinheim: Beltz.

Zumsteg, B. et al. (2018). Unterricht kompetent planen. Vom didaktischen Denken zum professionellen Handeln. Bern: hep.

Teile dieses Textes basieren auf dem Buch: Berner, H. (1999). Didaktische Kompetenz. Zugänge zu einer theoriegestützten Planung und Reflexion des Unterrichts. Bern: Haupt, S. 115–126, 133–139.

Texte Inhalte auswählen

1 Didaktische Rekonstruktion: Fachsystematik und Lernprozesse in der Balance halten

Im folgenden Text von Susanne Metzger wird das in verschiedenen Fachdidaktiken wichtige Modell der didaktischen Rekonstruktion vorgestellt, und es wird gezeigt, wie eine Sachstruktur des Unterrichts geplant wird, die die Perspektive der Schülerinnen und Schüler einbezieht.

❮ Das Modell der didaktischen Rekonstruktion – Grundlagen

Das Modell der didaktischen Rekonstruktion greift zurück auf den Ansatz der didaktischen Analyse nach Klafki (1969) und auf das Strukturmomentemodell der Berliner Schule (Heimann et al. 1969).

Während die didaktische Analyse nach Klafki einem bildungstheoretischen Ansatz folgt, basiert das Strukturmomentemodell auf einer lerntheoretisch orientierten Didaktik. Für Klafki stellt nicht der fachliche Inhalt selbst, sondern die Bestimmung von dessen Bildungswert den ersten und wichtigsten Schritt bei der Unterrichtsvorbereitung dar. Das heißt insbesondere auch, dass die Entscheidungen über Methoden und Medien den Entscheidungen über inhaltliche Ziele vorausgehen. In der didaktischen Analyse werden Fragen nach dem Sinn- und Sachzusammenhang, der Exemplarität (im Sinne von Wagenschein, 1965), der Gegenwarts- und Zukunftsbedeutung, der Struktur sowie der Anschaulichkeit gestellt. Beim Strukturmomentemodell wird davon ausgegangen, dass die den Unterricht bestimmenden Variablen – also Ziele, Inhalte, Methoden und Medien – zusammenhängen und sich gegenseitig beeinflussen. Zusätzliche Einflussfaktoren stellen die Vorerfahrungen und Voraussetzungen der Schülerinnen und Schüler dar.

Das Modell der didaktischen Rekonstruktion verbindet nun diese beiden Zugänge, indem es sowohl auf die Ideen der Sachanalyse unter didaktischem Aspekt und das Prinzip des Exemplarischen als auch auf die Berücksichtigung der gegenseitigen Abhängigkeit der den Unterricht bestimmenden Variablen aufbaut. Frey (1975) sieht die didaktische Rekonstruktion als in methodischer Hinsicht curricularen Prozess. Das von Kattmann et al. (1997) vorgeschlagene Modell bezieht zusätzlich Überlegungen mit ein, wie die Unterrichtsinhalte so aufbereitet werden, dass sie den Lernenden zugänglich werden. Es geht also klar über die reine Reduktion und Transformation von Wissen hinaus. Vielmehr definiert das Modell der didaktischen Rekonstruktion drei stark miteinander wechselwirkende Teilaufgaben: die fachliche Klärung, das Erfassen der Perspektiven der Lernenden, also von deren Vorstellungen und Interessen, sowie die didaktische Strukturierung, die das sogenannte fachdidaktische Triplett bilden (siehe Abbildung 20). Dabei ist es essenziell, dass die Teilbereiche nicht unverbunden nebeneinanderstehen, sondern die gegenseitige Beeinflussung stets mitberücksichtigt wird.

Fachwissenschaftliche Perspektive
Jede (naturwissenschaftliche) Disziplin genügt einer gewissen Systematik, die sich entweder fachlich oder auch historisch begründen lässt. Eine Eins-zu-eins-Übertragung der Systematik eines Faches auf die Systematik des Unterrichts ist in den seltensten Fällen möglich. Nachdem sich eine Lehrperson selbst mit den fachwissenschaftlichen Vorstellungen und Methoden eines Themas auseinandergesetzt hat, ist es deshalb eine ihrer zentralen Aufgaben, den Inhalt auf das

```
                    ┌─────────────────────────────────────────────────────────┐
                    │ Themenspezifischer und an den Lernenden orientierter    │
                    │ Planungsprozess; Einbezug von fachlichen, zwischen-     │
                    │ und überfachlichen Aspekten; Einbettung der Sachverhalte│
                    │ in lebensweltliche, individuelle, gesellschaftliche,    │
                    │ wissenschaftshistorische, wissenschafts- und erkenntnis-│
                    │ theoretische sowie ethische Zusammenhänge               │
                    └─────────────────────────────────────────────────────────┘
                                  Didaktische Strukturierung
                                             ▲
```

Fachliche Klärung ⟷ **Erfassen von Schülerperspektiven**

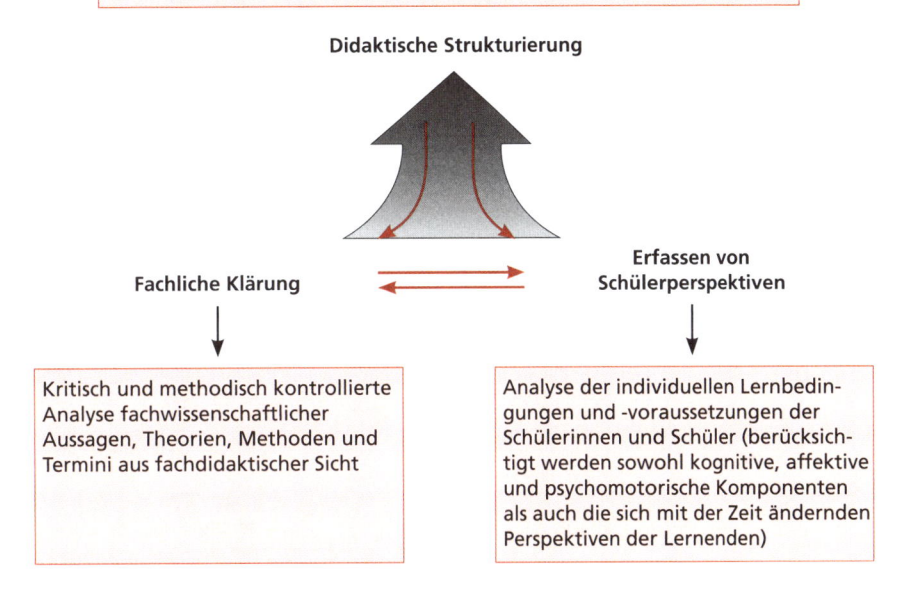

| Kritisch und methodisch kontrollierte Analyse fachwissenschaftlicher Aussagen, Theorien, Methoden und Termini aus fachdidaktischer Sicht | Analyse der individuellen Lernbedingungen und -voraussetzungen der Schülerinnen und Schüler (berücksichtigt werden sowohl kognitive, affektive und psychomotorische Komponenten als auch die sich mit der Zeit ändernden Perspektiven der Lernenden) |

Abbildung 20: Fachdidaktisches Triplett (erweitert nach Kattmann, in Duit, Gropengießer & Komorek 1997, S. 3–18)

geeignete Anforderungsniveau und die Lernfähigkeit der Klasse zu adaptieren. Dieser Prozess und sein Ergebnis werden Elementarisierung oder didaktische Reduktion genannt. Die Elementarisierung beinhaltet drei unterschiedliche Aspekte (nach Bleichroth, 1991):

1. *Aspekt der «Vereinfachung des Inhalts»*
   Zum einen kann der Abstraktheitsgrad verringert werden, indem der Inhalt konkretisiert wird. Zum anderen lässt sich die Komplexität reduzieren, indem die Zahl der Einzelelemente verringert und die wichtigen verbliebenen Elemente stärker in den Vordergrund gerückt werden.

2. *Aspekt der «Bestimmung des Elementaren»*
   Bei naturwissenschaftlichen Inhalten findet sich «das Elementare» – die grundlegende Idee eines Inhalts – meist in einer (allgemeinen) Gesetzmäßigkeit wieder, die unterschiedliche Grade der Allgemeingültigkeit haben und auf unterschiedlichem Niveau formuliert sein kann. Im Zuge der Generalisierung muss also beachtet werden, dass damit auch ein Erhöhen des Niveaus verbunden sein kann, was mit dem Aspekt der Vereinfachung in Einklang gebracht werden muss. Zudem kann die Gefahr der Übergeneralisierung bestehen: Zum Beispiel stimmt die Formulierung «Bei Erwärmung dehnen sich alle Körper aus» für Wasser und Gummi nur bedingt. Wichtig ist, dass für jede Lerngruppe das Elementare neu überdacht und gegebenenfalls neu formuliert werden muss.

3. Aspekt der «Zerlegung des Inhalts in (methodische) Elemente»
Den Ansatzpunkt zur Unterteilung des Inhalts in fassbare, geeignete Unterrichtselemente bilden die Elementaria aus dem zweiten Aspekt. Die Zerlegung erfolgt in Teilschritten, die zum Erreichen der elementaren Inhalte notwendig sind. Für das Finden der methodischen Elemente spielen Faktoren wie Vorkenntnisse und Vorstellungen der Lernenden, Machbarkeit eines Experiments eine Rolle.

Im konkreten Prozess der Elementarisierung sollten die Perspektive der Lernenden («schülergerecht») und die Ziele des Unterrichts («zielgerichtet») berücksichtigt, sollte aber auch auf eine fachliche Richtigkeit («fachgerecht») geachtet werden (siehe Abbildung 21).

schülergerecht → kognitive Struktur
→ Vorwissen
→ (Alltags-)Vorstellungen

fachgerecht → fachliche Richtigkeit auf dem Niveau der Lerngruppe

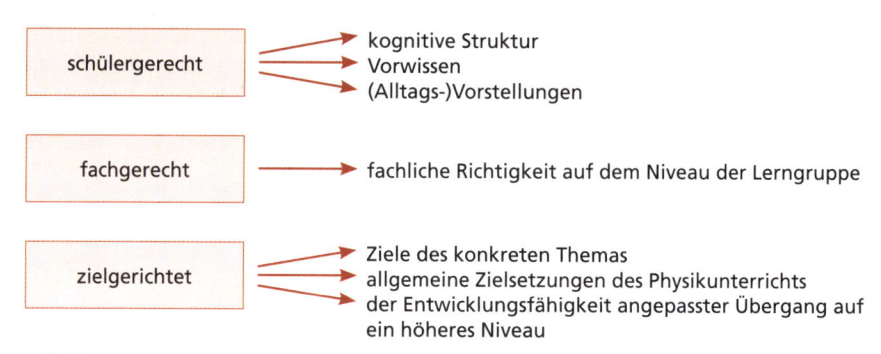

zielgerichtet → Ziele des konkreten Themas
→ allgemeine Zielsetzungen des Physikunterrichts
→ der Entwicklungsfähigkeit angepasster Übergang auf ein höheres Niveau

Abbildung 21: Kriterien der didaktischen Reduktion (nach Metzger in Labudde 2010, S. 45–56)

Perspektive der Schülerinnen und Schüler
Zur Perspektive der Lernenden gehören vor allem ihre Voraussetzungen wie Interesse, Vorstellungen oder individuelle Lernvoraussetzungen.

Dass das Interesse einen positiven Einfluss auf den Lernprozess hat, ist allgemein unbestritten. Deci und Ryan (1993) unterscheiden zwischen individuellem und situativem Interesse. Sowohl das überdauernde Interesse an einem Fach als auch das spontan in gewissen Situationen auftretende Interesse haben einen Einfluss darauf, ob sich Lernende für ein Unterrichtsthema begeistern. Im Rahmen der IPN-Interessenstudie (Hoffmann et al. 1998) konnten für die Physik drei Interessenbereiche identifiziert werden: Physik und Technik («reine» Physik und Technik), Mensch und Natur (Anwendungen der Physik auf die Erklärung von Naturphänomenen und den menschlichen Körper) sowie Gesellschaft (Erörterung der gesellschaftlichen Bedeutung von Physik). Daraus wurden ebenfalls drei Interessentypen konstruiert, wobei sich einer für alle drei Interessenbereiche etwa gleich stark, einer sich hauptsächlich für den Bereich Mensch und Natur und der dritte sich vor allem für den Bereich Gesellschaft, eingeschränkt auch für den Bereich Mensch und Natur interessiert. Die aus den Erkenntnissen abgeleiteten Punkte für einen interessanten naturwissenschaftlichen Unterricht «für alle» sind in Abbildung 22 zusammengestellt. In der internationalen ROSE-Studie wurde das Interesse an Naturwissenschaften erhoben. Für Deutschland und Österreich ergaben sich folgende Ergebnisse (Elster 2007a): Jugendliche sind an humanbiologischen oder medizinischen Themen, vor allem in Kontexten von Problemen Jugendlicher, Gesundheit und Fitness sowie an gesellschaftsrelevan-

Interessanter naturwissenschaftlicher Unterricht

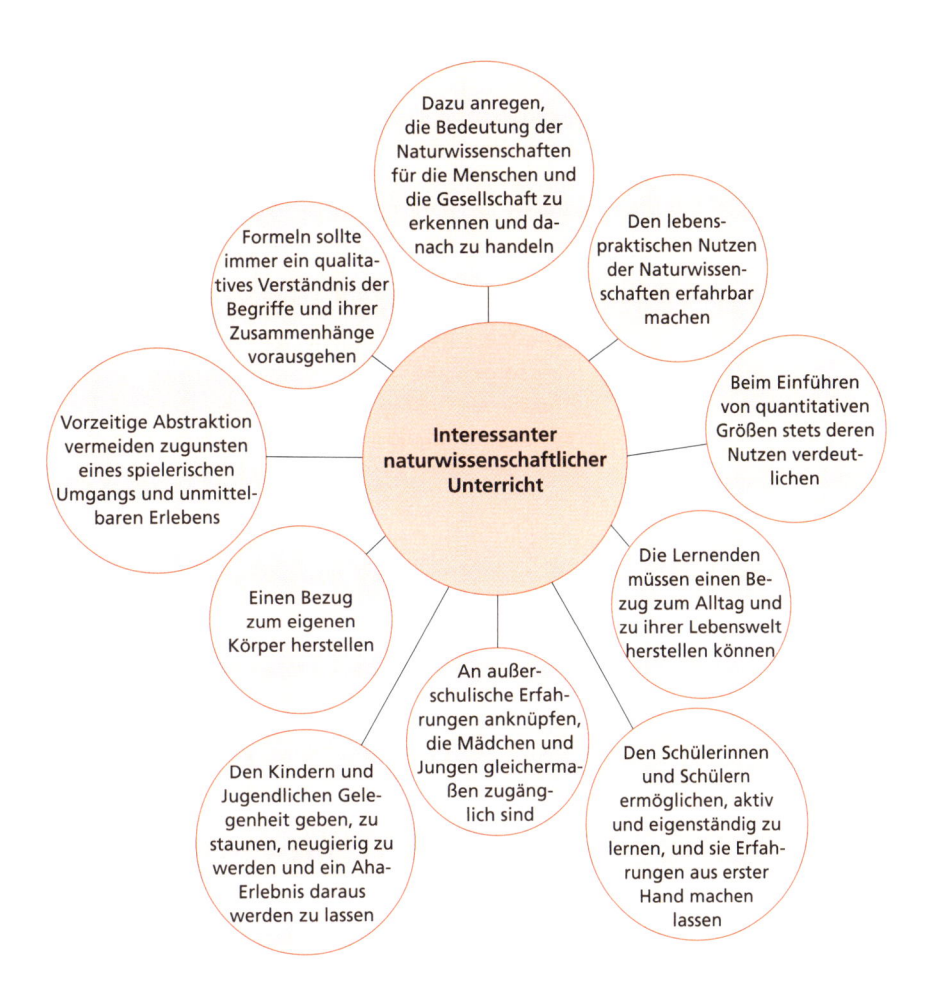

- Dazu anregen, die Bedeutung der Naturwissenschaften für die Menschen und die Gesellschaft zu erkennen und danach zu handeln
- Den lebenspraktischen Nutzen der Naturwissenschaften erfahrbar machen
- Beim Einführen von quantitativen Größen stets deren Nutzen verdeutlichen
- Die Lernenden müssen einen Bezug zum Alltag und zu ihrer Lebenswelt herstellen können
- Den Schülerinnen und Schülern ermöglichen, aktiv und eigenständig zu lernen, und sie Erfahrungen aus erster Hand machen lassen
- An außerschulische Erfahrungen anknüpfen, die Mädchen und Jungen gleichermaßen zugänglich sind
- Den Kindern und Jugendlichen Gelegenheit geben, zu staunen, neugierig zu werden und ein Aha-Erlebnis daraus werden zu lassen
- Einen Bezug zum eigenen Körper herstellen
- Vorzeitige Abstraktion vermeiden zugunsten eines spielerischen Umgangs und unmittelbaren Erlebens
- Formeln sollte immer ein qualitatives Verständnis der Begriffe und ihrer Zusammenhänge vorausgehen

Abbildung 22: Zehn Gesichtspunkte für die Gestaltung eines interessanten naturwissenschaftlichen Unterrichts (nach Häußler, Bünder, Duit & Mayer 1998)

ten Kontexten zu Gefahren und Bedrohungen für Mensch und Natur interessiert. Schülerinnen interessieren sich mehrheitlich für Phänomene, Schüler für Spektakuläres und Horror. Weniger interessiert zeigten sich Jugendliche an Fragen der Nachhaltigkeit und des Umweltschutzes. Des Weiteren ist zu beachten, dass Schülerinnen und Schüler nicht als «leeres Blatt» in der Unterricht kommen. Sie bringen aus ihrem Alltag und ihren (unterrichtlichen) Vorerfahrungen gewisse Vorstellungen mit, die gerade im Bereich der Naturwissenschaften häufig nicht mit den fachlich richtigen Konzepten übereinstimmen. Da neues Wissen stets an die subjektiven Vorstellungen der Lernenden anknüpft, ist es wichtig, diese in die Planung mit einzubeziehen. Darüber hinaus sollte bei der didaktischen Strukturierung eine möglichst optimale Begleitung der Lernprozesse der Schülerinnen und Schüler berücksichtigt werden. Neben der Unterstützung von Konzeptwechseln ist der Einsatz formativer Formen der Beurteilung wichtig.

Didaktische Strukturierung

Methoden und Aussagen der Fachwissenschaften können nicht unverändert und unbesehen in die Schule übernommen werden, das gilt insbesondere für den naturwissenschaftlichen Unterricht der Primar- und Sekundarstufe I. Die Sachstruktur der naturwissenschaftlichen Bezugswissenschaft ist nicht mit der Sachstruktur für den Unterricht zu verwechseln. Die Sachstruktur der Physik zum Beispiel schließt Begriffe und Prinzipien sowie Denk- und Arbeitsweisen der Physik ein. Die Sachstruktur des Unterrichts muss von der Lehrperson konstruiert werden; sie ist in der Regel «einfacher», aber auch vielfältiger, weil die elementaren Ideen in Kontexte eingebettet werden müssen. Die Sachstruktur des Unterrichts muss so geplant werden, dass die Lernwege von den Schülerinnen und Schülern effektiv beschritten werden können. Das bedeutet zum Beispiel, dass es sehr hilfreich ist, sich in die Sichtweise der Lernenden einzudenken und die Naturwissenschaft aus deren Perspektive zu sehen.

Ziele
Die Schülerinnen und Schüler
- kennen die drei Übertragungsmechanismen von Energie in Form von Wärme
- kennen die verschiedenen Möglichkeiten der Isolation
- wissen, welche Materialien gut, welche schlecht isolieren
- …

Die «Sache» (Thema)
Isolation (z. B. als Teil des Themenfeldes Baustelle)

Elementare Grundideen
- Je nach Situation sind Wärmeleitung, Wärmestrahlung oder Wärmeströmung von Bedeutung
- Je mehr Lufteinschlüsse ein Material hat, desto besser isoliert es in der Regel
- …

Sachstruktur/Ideen für den Unterricht
- Beginnen mit Beobachtungen auf der Baustelle: Wofür werden – im Hinblick auf die Isolation – welche Materialien verwendet? Welche Besonderheiten haben sie?
- Modellexperimente zur Isolation mit Baumaterialien
- Recherche der Materialienkennwerte
- …

Schülerperspektiven
Mögliche (Fehl-)Vorstellungen:
- Metall ist immer kälter als z. B. Holz
- Wolle, Federn, Kleidung wärmen, können also auch einen Gegenstand aufheizen

Mögliche Interessen:
- moderne Möglichkeiten der Isolation
- Energiediskussionen
- geeignete Kleidung
- …

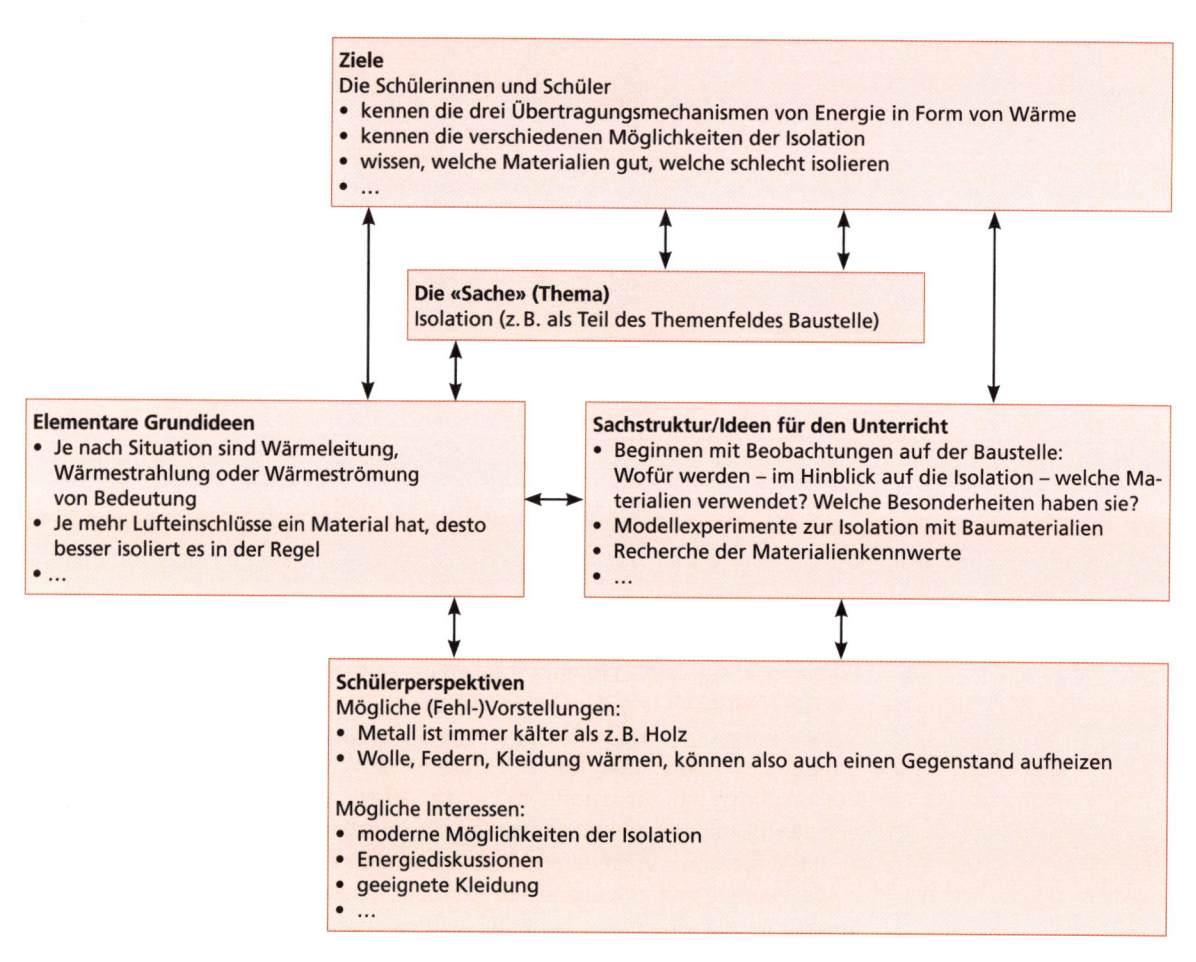

Abbildung 23: Schema zur Planung von Unterricht mithilfe des Modells der didaktischen Rekonstruktion mit Beispielen zum Thema «Isolation» (Metzger in Labudde 2010, S. 45–56)

Das Modell der didaktischen Rekonstruktion kann sehr gut zur Planung von Unterricht verwendet werden. Der Ablauf ist dabei folgender (vgl. Abbildung 23):
- Was ist die «Sache», das Thema? Z.B.: Isolation
- Welche Ziele sollen im Vordergrund stehen? Z.B.: Kennenlernen der verschiedenen Möglichkeiten der Isolation
- Welche elementaren Grundideen sind wichtig? Z.B.: Je mehr Poren bzw. Lufteinschlüsse in einem Material sind, desto weniger gut leitet es die Wärme
- Welche Präkonzepte haben die Schülerinnen und Schüler? Z.B.: «Wolle macht warm, kann also einen Gegenstand aufheizen.»
- Was speziell könnten Schülerinnen und Schüler an diesem Thema interessant finden? Z.B.: Temperaturregulation beim Sport: Welche Kleidung ist geeignet?

Diese Punkte können jeweils schon mit einer Unterrichtsskizze verbunden werden, die Überlegungen zu Methoden und Medien mit einschließt. Der Prozess verläuft natürlich nicht so linear wie oben dargestellt, sondern durchläuft viele Schlaufen, bis die wechselseitigen Zusammenhänge stimmen. Auf jeden Fall sollte aber beachtet werden, dass die Sachstruktur für den Unterricht nicht als Erstes, sondern als Ergebnis der anderen Überlegungen gedacht wird. ❯

Literatur
Bleichroth, W. (1991). Elementarisierung, das Kernstück der Unterrichtsvorbereitung. Naturwissenschaft im Unterricht Physik, 2 (39), S. 4–11.
Deci, E. L. & Ryan, R. M. (1993). Die Selbstbestimmungstheorie der Motivation und ihre Bedeutung für die Pädagogik. Zeitschrift für Pädagogik, 39 (2), S. 223–238.
Elster, D. (2007a). In welchen Kontexten sind naturwissenschaftliche Inhalte für Jugendliche interessant? Ergebnisse der ROSE-Erhebung in Österreich und Deutschland. Plus Lucis, (3), S. 2–8.
Frey, K. (1975). Rechtfertigung von Bildungsinhalten im elementaren Diskurs. Ein Entwurf für den Bereich der didaktischen Rekonstruktion. In R. Künzli (Hrsg.), Curriculumentwicklung. Begründung und Legitimation (S. 103–129). München: Kösel.
Häußler, P., Bünder, W., Duit, R., Gräber, W. & Mayer, J. (1998). Naturwissenschaftsdidaktische Forschung. Perspektiven für die Unterrichtspraxis. Kiel: IPN.
Heimann, P., Otto, G. & Schulz, W. (1969). Unterricht, Analyse und Planung. Hannover: Schroedel.
Hoffmann, L., Häußler, P. & Lehrke, M. (1998). Die IPN-Interessenstudie Physik. Kiel: IPN.
Kattmann, U., Duit, R., Gropengießer, H. & Komorek, M. (1997). Das Modell der Didaktischen Rekonstruktion. Ein Rahmen für naturwissenschaftsdidaktische Forschung und Entwicklung. Zeitschrift für Didaktik der Naturwissenschaften, 3 (3), S. 3–18.
Klafki, W. (1969). Didaktische Analyse als Kern der Unterrichtsvorbereitung. In H. Roth & A. Blumenthal (Hrsg.), Didaktische Analyse. Hannover: Schroedel.
Wagenschein, M. (1965). Die Pädagogische Dimension der Physik. Braunschweig: Westermann.

Auszug aus: Metzger, S. (2010). Didaktische Rekonstruktion: Fachsystematik und Lernprozesse in der Balance halten. In P. Labudde (Hrsg.), Fachdidaktik Naturwissenschaft 1.–9. Schuljahr (S. 45–56). Bern: Haupt.

2 Themenzentrierte Interaktion (TZI) – die Inhalte bleiben wichtig

Im Ansatz der themenzentrierten Interaktion (TZI) nehmen (wie es der Name sagt) die Inhalte oder Themen neben den persönlichen Interessen und den Interaktionsprozessen einen zentralen Stellenwert ein. Das von Ruth Cohn entwickelte gruppenpädagogische Modell zeigt, dass es bei allen Gruppen-Lehr-Lern-Prozessen darum geht, eine Balance zwischen den gewählten Themen, den einzelnen Teilnehmenden und der Gruppe zu finden – und zu behalten.

Die Wichtigkeit des Themas
Im Kapitel «Zur Humanisierung der Schulen: Vom Rivalitätsprinzip zum Kooperationsmodell mit Hilfe der themenzentrierten Interaktion» beschreibt Ruth Cohn die Wichtigkeit des Themas, des sogenannten Es.

« Jeder Lernende erfasst nur ein kleines Stück der unendlich großen Welt. Dies Stückchen Welt, auf das sich eine Person oder Gruppe jeweils konzentriert, ist der Fokus des Gruppeninteresses: das «Es». Im lebendigen Unterricht ist Relevanz, d. h. Bedeutsamkeit des Themas, für jeden und alle die wesentliche Aufgabe; das Es als Fokus der Interaktion ist der Inhalt des stofflich zu Meisternden […]

Die Ausgangsfrage des Lehrers lautet nicht: «Wie motiviere ich die Schüler?», sondern: «Wo und wie leben sie?», «Woran sind sie interessiert?», «Woran liegt mir?», «Wo liegen die Interessen des Gemeinwesens, in dem wir leben, und der Gesellschaft?» […]

Das personalisiert gefasste Thema enthält immer die Frage: «Und was bedeutet mir persönlich diese Fragestellung, diese Sache, diese Aufgabe?» Themenfindung und Themensetzung in Schulen mit vorgegebenen Lehrplänen verlangen die Fähigkeit, den obligatorischen Lernstoff mit den inneren Interessen der Einzelnen und der Klasse zu vereinen.

Zur Form des Themas
Das Thema soll nicht so eng gefasst sein, dass es zu wenig Raum für Assoziationen lässt, und nicht so weit, dass es ins Grenzenlose führt. Wie alle Strukturen muss es Freiheit und Bindung anbieten:
- Das Thema soll konkret genug sein, um Bilder und Gedanken zu stimulieren, doch nicht so scharf umgrenzt, dass es neue Perspektiven der Sache oder einzelne Personen ausschließt.
- Das Thema soll so kurz und klar formuliert sein, dass es leicht im Gedächtnis haften bleibt, doch nicht so banal, dass es langweilt.
- Das Thema soll die Interessen aller Teilnehmer miteinschließen können und, wenn möglich, über sie hinausführen.
- Das Thema soll als Richtungsstütze dienen im Sinn der Zielsetzung des Lehrplans und der von Lehrern und Schülern.

- Das Thema soll dazu dienen, Interessen und Erfahrungen in Verbindung zu bringen.
- Das Thema soll so gesetzt werden, dass konstruktiv weiterführende Gedanken ermöglicht werden, die über das Problem hinausführen und nicht den Horizont einseitig einmauern. ❯

Auszug aus: Cohn, R. (1986). Von der Psychoanalyse zur themenzentrierten Interaktion (7. Auflage). Stuttgart: Klett, S. 166–169.

Kommentierte Literaturhinweise

Achermann, Edwin (2015)

Der Vielfalt Raum und Struktur geben. Unterricht mit Kindern von 4 bis 8 (3. Auflage). Bern: Schulverlag plus.
Dieses Buch zeigt auf, wie Lehrpersonen in Kindergarten, Grund- und Unterstufe den Bedürfnissen, Interessen, Lernweisen und Entwicklungsständen der Kinder gerecht werden können, indem sie geeignete Räume und Strukturen schaffen. Konkrete Umsetzungen illustrieren die Kombination verschiedener Bausteine wie freie Tätigkeit, Thema, Kurs und Plan und dokumentieren in anschaulicher Weise die Auseinandersetzung der Kinder mit ihren Themen und den Anregungen der Lehrperson. Eine integrierte DVD zeigt, wie Lehrpersonen der Grundstufe die beschriebenen Unterrichtsbausteine in ihrem Unterrichtsalltag gestalten und kombinieren.

Bönsch, Manfred (2005)

Begründung und Konzipierung einer Didaktik selbstverantworteten und selbstbestimmten Lernens. In ders. (Hrsg.), Selbstgesteuertes Lernen in der Schule: Praxisbeispiele aus unterschiedlichen Schulformen (2. Auflage) (S. 7–27). Neuwied: Luchterhand.
Im Ansatz einer Didaktik selbstverantworteten und selbstbestimmten Lernens spielt die Konstituierung von Sinn durch Lehrpersonen sowie Schülerinnen und Schüler eine zentrale Rolle. Vor dem Hintergrund der Tatsache, dass Sinnsuche zu einer entscheidenden Kategorie der Lebenssituation gehört, setzt sich Manfred Bönsch für die Erweiterung von Sinn auf Verstehen, Verständigung, gedanklichen Gehalt bis zu allgemeinen Fragen wie Sinn des Lebens, Sinn der Arbeit, Sinn des Leidens ein.

Cohn, Ruth (2016)

Von der Psychoanalyse zur themenzentrierten Interaktion. Von der Behandlung einzelner zu einer Pädagogik für alle (18. Auflage). Stuttgart: Klett.
Mit ihrem Konzept der themenzentrierten Interaktion (TZI) verbindet Ruth Cohn ein umfassendes gesellschaftliches Anliegen: Sie will einer humanisierenden Pädagogik den Weg bahnen, die die Erkenntnis vermittelt, dass nur dann Konstruktives entstehen kann, wenn dem Individuum (das Ich), der Gruppe (das Wir) und der Sache (das Es beziehungsweise das Thema), mit der Ich und Wir jeweils befasst sind, gleichrangige Achtung und Beachtung geschenkt werden. In ihrem Bestseller zeigt Ruth Cohn ganz konkrete Schritte auf, welche dem Ziel, das sie anstrebt, näherführen können. Der Ansatz der TZI hat in der Schweiz eine bestimmte Schule in besonderem Maße geprägt: die École d'Humanité auf dem Hasliberg.

Klafki, Wolfgang (2007)

Neue Studien zur Bildungstheorie und Didaktik. Zeitgemäße Allgemeinbildung und kritisch-konstruktive Didaktik (6. Auflage). Weinheim: Beltz.

In diesen 2007 in einer neu ausgestatteten Auflage erschienenen zehn Studien setzt sich Wolfgang Klafki mit ausgewählten Aspekten einer zeitgemäßen Allgemeinbildung auseinander und stellt den Ansatz einer durch die beiden Adjektive kritisch und konstruktiv charakterisierten Didaktik vor. Die einzelnen Studien bilden Elemente eines Ansatzes einer bildungstheoretisch begründeten kritisch-konstruktiven Didaktik als Teil einer umfassenden Schultheorie. Für die Frage nach der Bedeutung der Themen für schulische Bildungs- und Lernprozesse ist Klafkis Ansatz nach wie vor der bedeutsamste.

Kapitel 3 In Epochen unterrichten

Weshalb werden eigentlich Generationen von Schülerinnen und Schülern jahrelang im 45-Minuten-Takt unterrichtet? Ist der zerstückelte Unterricht, der von den Lernenden permanent verlangt, sich einem Fach zuzuwenden, um es nach einer Dreiviertelstunde wieder zu verlassen, ein Naturgesetz?

Sicher nicht! In Epochen zu unterrichten, ist eine konstruktive Antwort auf diese Frage – eine Antwort mit viel Potenzial für eine kreative und moderne Gestaltung von Schule. Wenn man nur die Oberfläche betrachtet, handelt es sich beim Unterrichten in Epochen zuerst einmal um ein schulorganisatorisches und stundenplantechnisches Verfahren: Während mehrerer Wochen wird jeden Tag mindestens eine Doppelstunde lang das gleiche Thema bearbeitet.

Fasst man jedoch die pädagogischen und didaktischen Möglichkeiten ins Auge, die sich eröffnen, erkennt man im Unterricht in Epochen eine Chance zur Weiterentwicklung schulischen Lehrens und Lernens und damit zur inneren Reform der Schule: Die Auswahl von zentralen übergreifenden Bildungszielen und von exemplarischen Inhalten wird wichtiger als die Lernziele von isolierten Lektionen. Schülerorientierte Lehr-Lern-Arrangements können ihre Wirkung entfalten, weil man lange genug an einer Sache bleibt. Querverbindungen zwischen Fächern und fächerübergreifender Unterricht erhalten erst durch Epochen einen angemessenen Raum im Stundenplan. Insgesamt findet eine Konzentration auf eine Sache und eine Konzentration der Kräfte statt. Und schließlich können sich im Rahmen von Epochen förderliche Sozialkontakte zwischen Lehrenden und Lernenden und innerhalb von Schülergruppen besser entwickeln, weil der Kontinuität des gemeinsamen Arbeitens genug Gewicht gegeben wird.

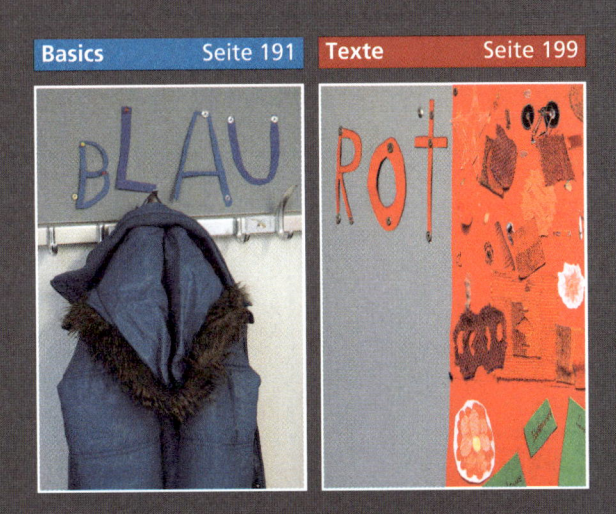

| Basics | Seite 191 | Texte | Seite 199 |

Basics In Epochen unterrichten

RUDOLF ISLER

Was verstehen wir unter «in Epochen unterrichten»?

Alternative zum zerstückelten «Häppchen»-Unterricht

Wird von «in Epochen unterrichten» oder von «Epochenunterricht» gesprochen, versteht man darunter im Prinzip eine Unterrichtsorganisation, bei der ein Fach oder eine Gruppe von Fächern während rund vier Wochen täglich in einer Doppellektion stattfinden (vgl. Kamm 2000). Es wird beispielsweise vier Wochen lang jeden Tag von 8 bis 10 Uhr das Thema «Unser Wald» behandelt, und dazu werden die Deutschstunden und die Natur-Mensch-Gesellschaft-Stunden zusammengezogen. Epochenunterricht ist also zuerst einmal keine Lehr- oder Lernform, sondern eine *Organisationsform.*

Als Organisationsform unterscheidet sich Epochenunterricht von herkömmlichem Unterricht dadurch, dass der zerstückelte Stundenplan – mindestens teilweise – überwunden wird. Der gewohnte 45-minütige Wechselrhythmus der Fächer, der von den Schülerinnen und Schülern bis zu achtmal am Tag verlangt, dass sie sich in ein Fach einlassen, und der sie dazu zwingt, dieses Fach dann wieder zur Seite zu schieben, wenn sie sich (im besten Fall!) gerade richtig eingelassen haben – dieser Ablauf wird aufgebrochen und durch Konzentration ersetzt. In Epochen zu unterrichten, bietet vielfältige pädagogische und didaktische Möglichkeiten. Die intensive Beschäftigung mit einem Fach oder einem bestimmten Thema in mehrwöchig täglich stattfindenden Unterrichtseinheiten ist vor allem dann sinnvoll,

- wenn die Lehrperson einen Akzent auf die Auswahl von Themen mit einem hohen Bildungswert legt, wie das in Kapitel 2 von Teil 2 beschrieben wird,
- wenn sie mit vielfältigen Lehr-Lern-Formen arbeitet, wie sie in Kapitel 4 von Teil 2 beschrieben werden,
- wenn sie fächerübergreifenden Unterricht realisiert
- und wenn sie einen verbindlicheren Kontakt zu den Schülerinnen und Schülern pädagogisch nutzen will.

Die Begriffe «Epochenunterricht» …

Epochenunterricht geht auf schulpädagogische Konzepte des 19. Jahrhunderts, speziell auf den Pädagogen Johann Friedrich Herbart (1776–1841), zurück. Konsequent über die ganze Schulzeit realisiert wird Epochenunterricht heute aber nur in Waldorfschulen (oder: Steiner-Schulen, also Schulen, die sich an der Philosophie und Pädagogik Rudolf Steiners orientieren). Deshalb soll zuerst kurz auf das eigene, ausdifferenzierte und klar abgegrenzte Verständnis von Epochenunterricht in Waldorfschulen eingegangen werden:

- Von der ersten bis zur zwölften Klasse beginnt jeder Tag mit dem zweistündigen Epochenunterricht (auch: Hauptunterricht), der von Klasse 1 bis 8 vom Klassenlehrer, in den oberen Klassen im Fachlehrersystem erteilt wird. Diese *«Morgen»-Epochen* dienen der Wissensvermittlung und sind vor allem den Natur-Mensch-Gesellschaft-Themen und der Kulturgeschichte gewidmet, allenfalls den Fächern Deutsch und Mathematik. Sie werden meist frontal gehalten.
- Epochenunterricht im Sinne Steiners legt Wert auf die Wahl des *richtigen Zeitpunkts für jeden Stoff.* Es wird die – nicht empirisch gesicherte – These vertreten, dass sich die Kulturgeschichte in der individuellen Entwicklung eines

Menschen wiederholt und dass jedes Lebensalter einer bestimmten Epoche der Kulturgeschichte der Menschheit zugeordnet werden kann. Die Zeit der ägyptischen Hochkultur und der griechischen Antike entspricht zum Beispiel dem Mittelstufenalter (4.–6. Klasse), und deshalb werden in diesem Zeitraum die ägyptischen Reiche und die Ilias behandelt.

- Im Epochenunterricht wird an Waldorfschulen *den Schülerinnen und Schülern Zeit gegeben und gelassen,* bevor ein behandelter Stoff überprüft wird. Erst wenn eine weitere Epoche vorbei ist, also nach etwa drei bis vier Wochen, wird eine Kontrolle des Lernerfolgs angesetzt. So sollen Inhalte «absinken» können, und der Stoff soll dadurch zu abrufbarem Wissen werden, das später auf höherem Niveau erinnert, erweitert und verändert werden kann. Das damit realisierte Spiralprinzip des Curriculums entspricht dem Lehrplan der öffentlichen Schule.
- Neben den «Morgen»-Epochen finden oft auch *«Nachmittags»-Epochen* statt, die eher auf Könnensvermittlung ausgerichtet sind. Sie befassen sich mit Kunst und Handwerk und lassen sich oft mit den Themen des Morgens verbinden. Wenn am Morgen die Zahnreihen des Menschen durchgenommen werden, können am Nachmittag Zähne modelliert werden; geht es am Morgen um Optik, wird am Nachmittag eine Camera obscura gebaut.
- Da in den Epochen an Steiner-Schulen ohne Lehrmittel, sondern mit Originaltexten gearbeitet wird, werden *Epochenhefte* wichtige Hilfsmittel dieser Unterrichtsorganisation. In den Epochenheften findet die Verarbeitung und Sicherung des behandelten Stoffes statt, indem Arbeitsschritte und Arbeitsergebnisse – oft sehr kunstvoll – festgehalten werden.

... und «in Epochen unterrichten» oder «Blockunterricht»

Im vorliegenden Zusammenhang der Lehrerbildung sprechen wir eher von «in Epochen unterrichten». Damit meinen wir ganz einfach die besondere Form der Stundenplangestaltung und des Unterrichts, bei der über längere Zeit – also für eine gewisse Epoche – Stunden und allenfalls Fächer zusammengezogen werden und bei der das permanente Nacheinander von Lektionen mit unterschiedlicher Thematik aufgehoben und durch ein konzentriertes Verbleiben bei einem Gegenstand ersetzt wird.

Der Begriff «in Epochen unterrichten» ist also sehr viel offener als «Epochenunterricht» und verweist auf ganz vielfältige Gestaltungsmöglichkeiten. «In Epochen unterrichten» kann an öffentlichen Schulen bezüglich *Thematik, Zeitpunkt, Dauer, Fächerkombination, Sicherung der Arbeitsergebnisse, Überprüfung usw.* sehr kreativ realisiert werden und muss keinesfalls getreu der Vorgaben der Waldorfschulen geschehen. Im Gegenteil, es scheint ja gerade der Vorteil dieser Organisationsform von Unterricht zu sein, dass sie «‹pädagogisch neutral› und damit offen bleibt für unterschiedliche Ziele, Inhalte und Methoden» (Kamm 2000, S. 53).

Gemäss diesem offenen Verständnis ist für viele Lehrpersonen des Kindergartens und der Unterstufe «in Epochen unterrichten» ein Teil des Schulalltags, weshalb Studierende dieser Stufen in ihrer schulpraktischen Ausbildung zumeist damit konfrontiert werden. Auf der Mittelstufe und auf der Oberstufe sind Epochen selten, was nicht zuletzt mit der etwas weniger einfachen Organisierbarkeit zusammenhängt.

Welche Ziele lassen sich verfolgen, wenn in Epochen unterrichtet wird?

Konzentration

Das Postulat der Konzentration ist im europäischen Bildungsraum schon sehr alt. Konzentration bezog sich lange Zeit nur darauf, der Aufspaltung der Lerninhalte entgegenzuwirken. Seit der Zeit der Reformpädagogik (1900–1933), in der erstmals mit größerer Verbreitung in Epochen unterrichtet wurde, rückten neben dem Inhalt die beteiligten Personen – also Lehrende und Lernende – stärker ins Zentrum. Aktuell lassen sich mit Unterricht in Epochen drei sinnvolle Aspekte von Konzentration verfolgen (vgl. Kamm 2000, S. 50 ff.):

- *Eine zeitliche Konzentration:* Die Zeiteinheiten werden beim Unterrichten in Epochen so gebündelt, dass in sich zusammenhängende Zeitblöcke entstehen. Damit einher geht eine Zeitersparnis, weil aufwendige Übergänge wegfallen.
- *Eine inhaltliche Konzentration:* In Epochen unterrichten führt zu einer Fokussierung auf eine Sache (nicht auf ein Fach: siehe Interdisziplinarität!), zu einer Verdichtung in exemplarischen Themen.
- *Eine innerpsychische Konzentration:* In Epochen zu unterrichten, erhöht die Chancen, dass Schülerinnen und Schüler, aber auch Lehrerinnen und Lehrer ihre Energien zentrieren und einer Sache zuwenden.

Inhaltsorientierung

Unterrichtet man entlang einem traditionellen Stundenplan, so eignet man sich leicht den Habitus an, dem vorgegebenen Lehrbuch zu folgen, ohne sich allzu viele Gedanken über die Themen zu machen, die für die eigene Klasse und zum aktuellen Zeitpunkt unserer gesellschaftlichen Entwicklung von zentraler Bedeutung sind. Lehrerin oder Lehrer sein muss jedoch genau das beinhalten. Die Chance von Unterricht in Epochen liegt nun darin, diesen Anspruch einlösen zu können und «*Unterrichtsinhalte von übergreifenden Ideen und Problemzusammenhängen aus* didaktisch aufzubereiten, statt sie additiv aneinanderzureihen» (Kamm 2000, S. 53). Eine engagierte Lehrperson kann vor dem Hintergrund von Lehrplan und offiziellen Lehrmitteln für ihre Epochen exemplarische Inhalte bestimmen, die *für genau die Schülerinnen und Schüler,* die sie unterrichtet, und *für genau den Ort,* an dem sie arbeitet, einen optimalen Bildungswert haben. Epochen erleichtern dieses Anliegen, mit ihnen entsteht erst der Raum für die Fragen nach den Inhalten, wie sie in Kapitel 2 von Teil 2 beschrieben werden.

Interdisziplinarität

In Epochen zu unterrichten, schafft ideale Voraussetzungen für Interdisziplinarität oder fächerübergreifenden Unterricht. Die beschriebene, sorgfältige Auswahl von wichtigen Themen geschieht ja nicht aus einer disziplinären Perspektive, sondern *aus der Perspektive des Generalisten.* Dadurch werden sich *generelle Themen* ergeben, die aus dem Blickwinkel verschiedener Fächer bearbeitet werden können. Idealerweise fließt die Anzahl Stunden, die für die beteiligten Fächer in der Stundentafel vorgesehen sind, in die Epoche ein. So kann zum Beispiel das Thema «Unsere Stadt» oder «Unser Dorf» aus einer historischen, geografischen und politischen Sichtweise behandelt werden. Wenn die Deutschstunden miteinbezogen sind, ergeben sich durch die zusätzliche Zeit vielfältige Möglichkeiten der sprachlichen Verarbeitung.

Lernprozessorientierung

Wenn man über mehrere Wochen mindestens zwei Stunden pro Tag am gleichen Thema arbeitet, bieten sich mehr und wesentlich bessere Möglichkeiten, die Prozesse des Lernens angemessen zu arrangieren. Wenn nur jeweils eine Stunde Zeit ist und das Thema gleich wieder verlassen werden muss, sind die Optionen für Lehr-Lern-Formen eingeschränkt: Frontaler Unterricht plus etwas selbstständige Arbeit oder eine kleine Gruppenarbeit mit kurzer Präsentation werden oft zum permanent wiederholten Normalfall. Elaboriertere Lehr-Lern-Arrangements sind kaum möglich. Anders beim Lernen in Epochen: Entdecken lassen ergibt jetzt Sinn, weil genügend Zeit da ist. Ein Projekt ist durchführbar. Für selbstständiges Festhalten von Arbeitsergebnissen kann Raum geschaffen werden – speziell auch deshalb, weil in Epochen unterrichten immer auch exemplarisch lernen bedeutet. In Epochen unterrichten wird so zu einer idealen Voraussetzung für die Lehr-Lern-Formen in Kapitel 4 von Teil 2.

Beziehung

Wenn in Epochen unterrichtet wird, kann die Beziehung zwischen Lehrenden und Lernenden verbindlicher gestaltet werden. Man sieht sich in längeren Zeitintervallen und immer wieder. Beide Seiten können an einer Sache – sei das nun auf der Inhalts- oder auf der Beziehungsebene – dranbleiben: Was ich gerade gesagt habe, erlangt Bedeutung, weil ich schon in der nächsten Stunde und immer wieder darauf zurückkommen kann. Ein Feedback kann durch ein nächstes ergänzt werden, an das sich alle Beteiligten noch erinnern; ein nicht unterbrochenes Hin und Her wird möglich. Die primäre Bedeutung der Beziehung zwischen Lehrenden und Lernenden, die in neueren Publikationen wieder zunehmend hervorgehoben wird (vgl. z.B. Frick 2006), erfährt durch das Unterrichten in Epochen eine notwendige schulorganisatorische Basis. Die Chance erhöht sich, dass die Lehrperson zu einer biografischen Bezugsperson von Schülerinnen und Schülern wird.

Wie Epochen planen – Verbindung zum Planungsinstrument

Der Lehrplan unterstützt Epochen

Zuerst muss festgehalten werden, dass in Epochen zu unterrichten lehrplankonform ist. Der Lehrplan 21 gibt vor, dass die Lehrerinnen und Lehrer grundsätzlich nach dem Stundenplan unterrichten. In der Folge heißt es: «Sie können aber auch einzelne Fachbereiche abwechslungsweise zu Blöcken gruppieren und Unterrichtsprojekte durchführen. Im Laufe eines Jahres können alle diese Organisationsformen angewendet werden. Die Lehrpersonen achten darauf, dass sie die in den Lektionentafeln vorgeschriebenen Anteile im Laufe des Schuljahres einhalten. Maßgeblich ist die Erreichung der Lernziele» (Bildungsdirektion des Kantons Zürich 2017).

Dieser Passus des Lehrplans ist wichtig, weil er herangezogen werden muss, um gegenüber den Schülerinnen und Schülern, der Schulleitung und vor allem auch gegenüber den Eltern das Unterrichten in Epochen zu legitimieren.

Epochenzeiten im Stundenplan und Elterninformation

Das von den Waldorfschulen durchgehaltene Prinzip, die ersten beiden Stunden morgens für die Epochen zu reservieren, ist sicher eine gute Lösung, in der öffentlichen Schule aber rein stundenplantechnisch kaum durchhaltbar (Einbezug von Fachlehrpersonen, Belegung von Spezialräumen usw.). Ebenfalls als günstig kann es sich erweisen, Nachmittagsstunden für Epochen zu reservieren; dadurch erhält man die Möglichkeit von Exkursionen und Aktivitäten, die außerhalb des Klassenzimmers stattfinden. Epochen müssen nicht im Stundenplan eingetragen sein, aber es ist unerlässlich, nicht nur die Schülerinnen und Schüler, sondern auch die Eltern über die zeitliche Ansetzung der Epochen zu informieren. Zudem braucht es präzise und verbindliche Absprachen mit Kolleginnen und Kollegen.

Das «Planungsinstrument» als Hilfe für die Vorbereitung der Epochen

Da Unterricht in Epochen keine Methode ist, sondern eine Organisationsform, die sich dem Unterricht idealerweise von den Inhalten her annähert, die vermittelt werden sollen, erlangt das Planungsinstrument (vgl. Zumsteg et al. 2018, Anhang) größere Relevanz. Das gilt zuerst einmal für die Felder «Klären» und «Entscheiden»: Wenn man bedenkt, dass für eine Epoche oder einen Block durchschnittlich etwa dreißig Lektionen eingesetzt werden, wird die Frage nach Sinn und Bedeutung der behandelten Themen zentral und ein gründliches Nachdenken über Lernziele im Hinblick auf den Erwerb von Kompetenzen unverzichtbar. Insgesamt liegt es dabei nahe, auf didaktische Ansätze zu rekurrieren, die der Themenwahl große Bedeutung beimessen (z. B. «Kritisch-konstruktive Didaktik als themenorientierter Didaktikansatz», Teil 2, Kapitel 2 / «Dialogisches Lernen», Teil 2, Kapitel 4).

Dann rückt aber auch das Feld «Evaluation» in den Blick, weil vielschichtigere Unterrichtsevaluationen (z. B. Epochenhefte, Projektprodukte, Präsentationen usw.) ins Auge gefasst werden können als die beim herkömmlichen Unterricht üblichen summativen Überprüfungen. Schließlich können «Lehr-Lern-Arrangements» gewählt werden, die in einzelnen Lektionen wenig Sinn ergeben (z. B. Projekte, dialogisches Lernen, entdeckendes Lernen usw.) und dort eher pro forma stattfinden. All diese Planungsschritte wiederum setzen eine Klärung der Bedingungen auf Schüler- und Klassenebene voraus.

Welche Rolle hat die Lehrperson im Epochenunterricht?

Epochen sprechen für schülerorientierte Lehr-Lern-Settings …

Die Diskussion der vergangenen Jahre um eine wissenschaftliche Grundlegung der Lehrerprofession hat nicht zuletzt dazu geführt, dass auch die Wirksamkeit didaktischer Settings genauer erforscht wurde (vgl. Isler 2011, S. 37 f.). Einer der wichtigsten Befunde, der durch verschiedenste Untersuchungen und Metaanalysen erhärtet ist, besagt, dass lehrerorientierte, traditionelle, frontale, instruktive Formen auf der einen Seite und schülerorientierte, reformdidaktisch inspirierte, offenere, nicht instruktive Formen auf der anderen Seite mehr oder weniger die gleichen Erfolge in den *Schulleistungen* erzielen. Das ist von größter Bedeutung, weil gleichzeitig empirisch erhärtet wurde, dass die schülerorientierten Settings im Bereich *überfachlicher Kompetenzen* Vorteile haben. Elemente einer neuen Lehr-Lern-Kultur werden dadurch fast zwingend – und ideal realisieren lassen sich solche Elemente mit Epochen: selbstreguliert und entdeckend lernen, projektartig und prozessorientiert lernen, dialogisch und kooperativ lernen – all das ist ohne die spezielle Organisationsform der Epoche eher schwierig.

... und sind eine Absage an die Lehrpersonen als «Lektionengeber»	Die angesprochenen schülerorientierten Settings machen eine neue Deutung der Lehrerrolle nötig. Lehrerinnen und Lehrer handeln beim Unterrichten in Epochen nicht mehr «vor allem als Loswerder von Lehrstoff, sondern als Lerngerüste, Lernberater und Coachs – als kognitive Lehrmeister ihrer Schüler», und sie spielen «eine zentrale Rolle bei der Ausbildung beweglicher Wissensstrukturen sowie der Lern- und Denkfähigkeiten der Lernenden» (Reusser 1999, S. 13). Sie sind also nicht nur Lektionengeber, sondern Gestalter von Lernumgebungen. Sie arrangieren Situationen, in denen Lernende sich Inhalte in kooperativen Formen und in eigener Aktivität aneignen. Dieser Prozess wiederum erfordert Begleitung. Insgesamt erweitert sich die Lehrerrolle in Richtung Arrangeur, Moderator, kognitives Verhaltensmodell, Lernberater und Coach.

Chancen und Grenzen von Unterricht in Epochen

Geringe Verbreitung und kaum empirische Untersuchungen	Die Chancen von Epochen sind in den bisherigen Ausführungen bereits ausführlich zur Sprache gekommen. Die Grenzen dagegen sind etwas schwieriger auszuloten: Der Lernerfolg bei Unterricht in Epochen wurde bisher empirisch kaum untersucht, und er ist trotz der hier erwähnten «Versprechungen» noch wenig verbreitet. In den USA gibt es zwar seit den 1990er-Jahren in einzelnen Bundesstaaten einen gewissen Schub; so stieg die Zahl der Schulen, die «block-scheduling» praktizieren, in den 1990er-Jahren in North Carolina von 2 auf 65 Prozent. (vgl. Grebe-Ellis 2009, S. 32) Im deutschsprachigen Raum dagegen sind Epochen außerhalb des Waldorflagers kaum realisiert.
	Die wenigen Untersuchungen über Waldorfschulen (vgl. Ulrich 2011, S. 234 ff.) betreffen meistens deren pädagogisches Gesamtkonzept und beziehen sich nur partiell auf den Epochenunterricht. Zudem zeigt sich kein einheitliches Bild. Die Absolventinnen und Absolventen der Waldorfschulen haben zwar viermal häufiger einen Hochschulabschluss als der Gesamtdurchschnitt der Bevölkerung – was sich aber allein schon durch den Status der Eltern erklären lässt. Gleichzeitig schneiden die Waldorfschüler in Querschnitttests eher schlechter ab als der Durchschnitt ihrer Altersgenossen, speziell in Mathematik liegen sie klar unter dem Durchschnitt.
Epochen für Muttersprache und NMG – weniger für Mathematik und Fremdsprachen	Am ehesten lassen die Untersuchungen den Schluss zu, dass Epochen für den Mathematikunterricht nicht unbedingt zielführend sind. Auch bezüglich des Fremdsprachunterrichts sind gewisse Zweifel berechtigt. Für den Unterricht in der Muttersprache dagegen ergeben sich kaum Einwände, weil die Muttersprache in allen Epochen das Verständigungsmedium bleibt und gerade durch die sprachliche Sicherung von Arbeitsresultaten immer involviert ist. In verschiedenen Blogs zu Waldorfschulen spiegelt sich dieser Befund. So schreibt ein Absolvent: «Mir persönlich ging es so, dass ich Inhalte wie Deutsch, Geschichte, Sozialkunde und Geografie in Epochen-Dosierung sehr passend dargeboten fand, während ich mir gerade in […] Mathematik stärkeres kontinuierliches Üben gewünscht hätte» (http://waldorfblog.wordpress.com/2009/10/ [17.4.2018]). Auch die bisher einzige ernsthafte Abgängeruntersuchung über Waldorfschulen (vgl. Barz & Randoll 2007, S. 285 f.) stellt gelegentliche Kritik an der mangelnden Kontinuität der Lernprozesse fest, kommt aber insgesamt zu einer positiven Bilanz bezüglich Lernerfolg und Motivation im Epochenunterricht.

Auch an Sekundarschulen realisierbar

Schließlich bleibt der Einwand vieler Sekundarlehrpersonen an öffentlichen Schulen, dass Unterricht in Epochen kaum organisierbar sei, weil die Zwänge des Stundenplans zu groß seien. Dagegen lässt sich nur argumentieren, dass gut funktionierende Teams, speziell auch Jahrgangsteams, immer Wege finden, ihre pädagogischen Ziele zu realisieren. Auf jeden Fall stellen die institutionellen Voraussetzungen und Zwänge kein unüberwindliches Hindernis dar, wenn ein Team vom Nutzen der Epochen überzeugt ist.

Literatur

Barz, H. & Randoll, D. (Hrsg.) (2007). Absolventen von Waldorfschulen. Eine empirische Studie zu Bildung und Lebensgestaltung. Wiesbaden: VS Verlag für Sozialwissenschaften.

Bildungsdirektion des Kantons Zürich (Hrsg.) (2017). Lehrplan 21, Ergänzende Hinweise zu den Lektionentafeln, Unterrichtsorganisation. http://zh.lehrplan.ch/index.php?code=el101l6 [16.4.2018].

Frick, J. (2006). Die Kraft der Ermutigung. Grundlagen und Beispiele zur Hilfe und Selbsthilfe. Bern: Huber.

Grebe-Ellis, J. (2009). Zeit und Lernen. Epochenunterricht – eine Recherche. Erziehungskunst (Waldorfpädagogik heute) 10, S. 32–33.

Isler, R. (2011). Verborgene Wurzeln aktueller Lehrer-Bilder. In H. Berner & R. Isler (Hrsg.), Lehrer-Identität – Lehrer-Rolle – Lehrer-Handeln. Baltmannsweiler: Schneider Verlag Hohengehren.

Kamm, H. (2000). Epochenunterricht. Grundlagen – Modelle – Praxisberichte. Bad Heilbrunn: Klinkhardt.

Reusser, K. (1999). «Und sie bewegt sich doch» – Aber man behalte die Richtung im Auge! Die neue schulpraxis, Themenheft 1999, S. 11–15.

Ulrich, H. (2011). Rudolf Steiner. Leben und Lehre. München: C. H. Beck.

Zumsteg, B. et al. (2018). Unterricht kompetent planen. Bern: hep.

Rot

Texte   In Epochen unterrichten

Die folgenden Textpassagen stammen aus dem Standardwerk zum Epochenunterricht von Helmut Kamm. Der erste Teiltext postuliert, dass die Schule den stündlichen Wechsel von Fächern aus pädagogischen und didaktischen Gründen überwinden sollte. Der zweite Teiltext deutet an, dass es aus organisatorischen Gründen im Kindergarten und in der Primarschule einfacher ist, in Epochen zu unterrichten, und dass es wegen des Fachlehrersystems kompliziertere Organisationsformen braucht, wenn an Sekundarschulen in Epochen unterrichtet wird.

1 In Epochen unterrichten heißt die Schule von innen reformieren

Lassen Sie sich beim Lesen dieses ersten Teiltextes Ihre eigene Schulzeit durch den Kopf gehen. Wägen Sie die Vorteile und Nachteile ab, die der permanente Wechsel von Fächern hat, und versuchen Sie, sich eine Argumentation zurechtzulegen, wie Sie gegenüber Eltern einen Unterricht in Epochen vertreten würden.

Epoche als Alternative zum «Häppchen»-Unterricht

« Betrachtet man allein den Ablauf eines typischen Schulalltages, den sechs- bis achtfachen Wechsel von Fächern […], wird sich der traditionelle Stundenplan schwerlich als der (Schul-)Weisheit letzter Schluss bezeichnen lassen. Die daraus resultierende Mixtur aus Themen- und Inhaltsfragmenten unterschiedlichster Wissensgebiete, der ständige Zeitdruck auf Lehrer und Schüler, der allzu oft zum Abbruch von Unterrichtsprozessen und damit zu unvollständigen Lernsequenzen führt, lassen die übliche Unterrichtsorganisation (milde gesagt) in einem fragwürdigen Licht erscheinen.

Berücksichtigt man ferner den in den letzten Jahrzehnten vollzogenen Erkenntnis- und Bewusstseinswandel im Hinblick auf einen schülergerechten Unterricht, der die Eigenaktivität des Individuums in das Zentrum von Lernvorgängen rückt und folglich nach Formen offenen Unterrichts verlangt, so muss das starre Zeitraster des Stundenplans schon fast antiquiert erscheinen. Hinzu kommen neue Aufgaben und Anforderungen an die Schule, die im Rahmen des «Häppchen»-Unterrichts kaum bewältigt werden können. An erster Stelle sei hier auf sozialerzieherische Probleme verwiesen, die, insbesondere durch einen tief greifenden Strukturwandel der Familie und die Mediatisierung unserer Lebenswelt bedingt, die Erziehungsfunktion der Schule mehr denn je zuvor herausfordern. Ferner besteht die Notwendigkeit, Fächergrenzen zu sprengen und zu Formen fächerübergreifenden Unterrichts zu gelangen. In der Hektik des 45-Minuten-Taktes können sich weder förderliche Sozialkontakte zwischen Lehrer und Schüler und innerhalb von Schülergruppen entfalten, noch lässt es der kurzatmige Unterrichtstakt zu, Querverbindungen zwischen Fächern herzustellen.

Kurz: Wir brauchen dringend einen anderen Stundenplan, der sich primär an den pädagogischen und didaktischen Zielen von Schule in unserer Zeit ausrichtet und nicht etwa an administrativen und/oder organisatorischen Zwecksetzungen. Der Epochenunterricht stellt eine wesentliche Komponente einer solchen pädagogisch fundierten Unterrichtsorganisation dar. Es handelt sich [...] um eine weitgehend ungenutzte Ressource zur Erneuerung und Weiterentwicklung schulischen Lehrens und Lernens und damit zur inneren Reform der Schule. 〉

Auszug aus: Kamm, H. (2000). Epochenunterricht. Bad Heilbrunn: Klinkhardt, S. 9f.

2 Organisationsmodelle des Epochenunterrichts

Überlegen Sie sich am Beispiel einer ausgewählten Schule, welche Modelle von Epochenunterricht möglich wären, welche Absprachen und Stundenplananpassungen nötig würden und welche Fächerkombinationen sich für einen fächerübergreifenden Epochenunterricht eignen würden. Diskutieren Sie bei Gelegenheit mit Lehrpersonen dieser Schule über die Praktizierbarkeit von Epochenunterricht.

Single-Modell

〈 Am einfachsten lässt sich Epochenunterricht praktizieren, [wenn] mehrere Fächer in der Hand eines Klassenlehrers [liegen]. Anstatt diese Fächer in jeder Woche zu erteilen, kann er in freier Entscheidung die Fachstunden poolen und jeweils ein Fach über den Zeitraum von zwei oder mehr Wochen mit entsprechend erhöhter Stundenzahl unterrichten. Im Interesse eines konzentrierten, ausdauernden, schüleraktiven Arbeitens sollte der Unterricht in Form von Blockstunden [Doppellektionen] durchgeführt werden. [...]

Dieses Epochalisierungsmodell benötigt nahezu keine Absprachen im Kollegium oder sonstigen organisatorischen Aufwand, da es ausschließlich der Entscheidungsfreiheit der einzelnen Lehrperson unterliegt. Dadurch besteht auch in der Planung und Durchführung der Epoche ein hohes Maß an Flexibilität. So ist es beispielsweise möglich, den Epochenunterricht nur mit einzelnen Fächern zu beginnen und die Dauer von Epochen nach dem Fortgang des Unterrichtsprozesses, also nach pädagogisch-didaktischen Gesichtspunkten, auszurichten statt nach starren Zeitplänen. 〉

Fachlehrer-Modell – minimale Epochalisierung

〈 Führen Fachlehrer epochalisierten Unterricht durch, bedarf es fixer Zeitpläne für die Abfolge der Epochenfächer. [...]

Epochenunterricht ist im Fachlehrersystem auf relativ einfache Weise realisierbar, wenn man zwei Lehrer mit unterschiedlichen fachlichen Schwerpunkten in den gleichen Klassen einsetzt (Parallelklassen oder verschiedene Altersstufen [...]) und die Stunden parallel legt. Tauschen die beiden ihre Stunden aus, kann der Unterricht in Form von Doppelstunden epochalisiert werden [hier würde man besser sagen: zu Blöcken zusammengefasst werden]. Die Fächer sollten im Stundenplan möglichst aufeinanderfolgen, um die Blockstunden bilden zu können. 〉

Traditioneller Stundenplan								Stundentausch-Modell (Blöcke, vierzehntägiger oder mehrwöchiger Wechsel)					
		Mo		Di	Mi	Do		Fr	Mo		Di	Mi	Do		Fr
	Klasse	6a	7b			6a	7b		6a	7b			6a	7b	
Stunden															
1															
2		Bio L 1	Ges L 2			Ges L 2	Bio L 1		Bio L 1	Ges L 2			Bio L 1	Ges L 2	
3		Ges L 2	Bio L 1			Bio L 1	Ges L 2		Bio L 1	Ges L 2			Bio L 1	Ges L 2	
4															

Abbildung 24: Stundentauschmodell (nach Kamm 2000, S. 91)

Fachlehrer-Modell – umfassende Epochalisierung

Montag	Dienstag	Mittwoch	Donnerstag	Freitag
Epoche	Epoche	Mathematik	Epoche	Sport
Epoche	Epoche	Mathematik	Epoche	Sport
Sport	Mathematik	Englisch	Musik	Englisch
Englisch	Englisch	Epoche	Religion	Religion
Mathematik	Biologie	Epoche	Englisch	Kunst
Handarbeit	**Mittagspause**	Handarbeit	**Mittagspause**	Kunst
Handarbeit	Englisch	Handarbeit	Mathematik	
	Physik		Epoche	
	Physik		Epoche	

Abbildung 25: Stundenplan einer 6. Klasse in Deutschland (nach Kamm 2000, S. 149)

In die Epoche sind Deutsch, Geschichte und Geografie integriert, die Epoche dauert einige Wochen, und es können ein, zwei oder drei Lehrkräfte an der Epoche beteiligt sein. Die Epochenzeiten bestehen immer aus zweistündigen Blöcken. (In der Schweiz ist die Fächerverteilung meist etwas anders, aber das Prinzip lässt sich einfach übertragen.)

Auszug aus: Kamm, H. (2000). Epochenunterricht. Bad Heilbrunn: Klinkhardt, S. 88, 90 f., 149

Kommentierte Literaturhinweise

Kamm, Helmut (2000)

Epochenunterricht. Grundlagen – Modelle – Praxisberichte. Bad Heilbrunn: Julius Klinkhardt.
Das Buch von Helmut Kamm gibt einen hervorragenden Überblick über Grundfragen, Modelle und Planung von Epochenunterricht. Praxisberichte vermitteln Anregungen für die konkrete schulische Umsetzung. Da das Buch entlang den institutionellen Gegebenheiten von Deutschland geschrieben ist, braucht es für die Schweiz eine Adaption an Verhältnisse, die aber während der Lektüre problemlos geleistet werden kann (betrifft insbesondere die Stundentafeln und das Fachlehrersystem).

Klafki, Wolfgang (2007)

Neue Studien zur Bildungstheorie und Didaktik: Zeitgemäße Allgemeinbildung und kritisch-konstruktive Didaktik (6. Auflage). Weinheim: Beltz.
Diese Publikation von Klafki wurde schon im Kapitel «Inhalte auswählen» (siehe Kapitel 2 in Teil 2) als weiterführende Literatur erwähnt. Im Zusammenhang mit «In Epochen unterrichten» sind es im engeren Sinn die Fragen nach der Gegenwartsbedeutung, der Zukunftsbedeutung und nach der exemplarischen Bedeutung eines Inhaltes. Epochenunterricht rechtfertigt sich kaum, wenn er nicht die epochalen Schlüsselthemen (Klafki) aufgreift; um diese zu bestimmen, ist eine Auseinandersetzung mit den Teilen von Klafkis Publikation hilfreich, in denen die Grundfragen seines Perspektivenschemas erläutert werden. Insbesondere schafft das Buch auch eine gute Grundlage für die Bearbeitung des Planungsinstruments, das für die Epochenplanung zentral ist (siehe Anhang).

Ulrich, Heiner (2011)

Rudolf Steiner. Leben und Lehre. München: C. H. Beck.
Die Publikation von Heiner Ulrich über Steiner und seine Lehre hebt sich von der bekannten Polarisierung zwischen unkritischen Steiner-Biografien und «Kritikerliteratur» ab. Ulrich gibt einen umfassenden, immanent stimmigen Überblick über die Waldorfpädagogik und ordnet den Epochenunterricht in den Gesamtzusammenhang von Steiners anthroposophisch basierter Pädagogik ein. Die Publikation eignet sich für interessierte Lehrerinnen und Lehrer, weil neben einer korrekten Einführung auch in angemessener Breite ein kritischer Blick auf die «Wirklichkeit und Wirkung der Waldorfpädagogik» (S. 230 ff.) geworfen wird.

Wagenschein, Martin (1999)

Verstehen lehren: Genetisch – Sokratisch – Exemplarisch. Weinheim: Beltz (5. Auflage).
Das Buch enthält eine Sammlung von Aufsätzen von Martin Wagenschein. Sie behandeln Fragen aus dem Physikunterricht und lassen in ihrer Gesamtheit sein pädagogisch-didaktisches Konzept erkennen. Wagenschein postuliert, dass schnelles Abarbeiten von großen Stoffmengen zu Halbwissen führt. Um das zu verhindern, ist es wichtig, sich zu beschränken und sich von Grund auf mit beispielhaften Problemen eines Faches zu befassen und dabei sowohl dem Gespräch, als auch der Anschauung und der Erfahrung Raum zu geben. Dieser Ansatz ist für das Lernen in Epochen von Bedeutung, weil hier die Zeit und die Konzentration für solche Lernprozesse gegeben sind. Wagenschein erklärt in seiner Publikation auch, dass man durch die konzentrierte, längere und exemplarische Behandlung von Fragen wie «Warum ändert der Mond seine Form?» nicht Zeit verliert. Es ist auch nicht so, dass man wichtige Inhalte des Faches nicht kennenlernt, denn je tiefer man sich eindringlich und inständig in die Klärung eines geeigneten Einzelproblems eines Faches versenkt, so Wagenschein, desto mehr gewinnt man von selbst das Ganze des Faches.

Kapitel 4   Formen eigenständigen Lernens

In diesem Kapitel werden verschiedene Formen eigenständigen Lernens vorgestellt, deren Möglichkeiten zur Differenzierung aufgezeigt, die Rollen der Lernenden und Lehrenden geklärt und die Voraussetzungen für die Anwendung der jeweiligen Methode skizziert. Weiter wird dargestellt, wie die einzelnen Formen mit Klassenunterricht kombiniert werden können.

Die hier beschriebenen Formen eigenständigen Lernens sind:
- **Werkstattunterricht (Lernstationen)**
- **Unterricht mit Lehrplänen**
- **Atelierunterricht respektive Freiwahlarbeit**
- **Dialogisches Lernen**
- **Projektunterricht**
- **Kooperatives Lernen**

| Basics | Seite 207 |

Basics   Formen eigenständigen Lernens

THOMAS BIRRI

1 Werkstattunterricht

Im Werkstattunterricht arbeiten die Lernenden an differenzierten Arbeitsaufträgen innerhalb eines Themenrahmens. Im Folgenden werden Grundtypen von Lernwerkstätten vorgestellt, Möglichkeiten der Differenzierung aufgezeigt, die Rollen der Lernenden und Lehrenden geklärt und die Voraussetzungen für die Arbeit im Werkstattunterricht skizziert. Weiter wird dargestellt, wie Lernwerkstätten mit Klassenunterricht kombiniert werden können.

Was ist eine Lernwerkstatt?

Beschreibung

Eine Lernwerkstatt ist ein vielfältiges Angebot verschiedener Lernaufgaben (Lernstationen), die von den Schülerinnen und Schülern – abgesehen von Pflichtaufträgen – frei genutzt werden können.
- Die Aufgaben beziehen sich sachlogisch auf ein bestimmtes Thema, müssen aber nicht in einer bestimmten Reihenfolge gelöst werden.
- Eine Werkstatt ist in der Regel fachübergreifend, muss dies aber nicht zwingend sein.
- Eine Werkstatt ermöglicht Differenzierung von Unterricht, dies natürlich bereits über die Wahlmöglichkeit der Schülerinnen und Schüler. Darüber hinaus bieten die Aufgaben unterschiedliche Zugänge (konkrete Erfahrung über verschiedene Sinne, Text, Bild, Tondokument ...) und wählbare Verarbeitungs- und Dokumentationsmöglichkeiten (Zeichnung, Text, kommentiertes Foto, Tondokument ...).
- Die Lehrperson behält die Steuerung, was die Lernziele und das Angebot an Lerninhalten betrifft. Diese Steuerung kann über Pflichtaufgaben verstärkt werden.
- Die Schülerinnen und Schüler entscheiden ...
  ... die Aufgabenreihenfolge, also über ihren Lernweg innerhalb der Werkstatt.
  ... welche Aufgaben sie lösen, welche sie weglassen (Ausnahme: Pflichtposten).
  ... welchen Zugang respektive welche Verarbeitung sie nutzen.
  ... in einem gewissen Rahmen, wie viel Zeit sie zur Bearbeitung einer Aufgabe verwenden.

Ziele und Nutzen

Werkstattunterricht ermöglicht die verstärkte Adaption der Lernziele und Lerninhalte an die Möglichkeiten, die Interessen, die Lernpräferenzen und die Lerntempi der Schülerinnen und Schüler. Damit wird Sachlernen wirkungsvoller. Gleichzeitig werden Selbstkompetenzen aufgebaut, indem immer wieder Entscheidungen gefällt und Lernwege selbstständig beschritten werden. Die Autonomieerfahrung über die Wahlmöglichkeiten stärkt die Motivation.

Die Wahl der Posten im beschränkten Angebot fordert ab und zu Einigungsprozesse, ebenso die Erarbeitung und Einhaltung von Arbeitsregeln. Insofern werden auch soziale Kompetenzen gefördert. Eigentliche Kooperation in Gruppen wird rein organisatorisch dadurch erschwert, dass sich die Lernenden auf individuellen Lernwegen durch die Werkstatt befinden. Aufbau von Sozialkompetenz ist insofern kein ausgesprochener Nutzen des Werkstattunterrichts.

| Grad der Offenheit | Bezogen auf die Dimensionen der Öffnung von Unterricht (siehe Teil 2, Kapitel 6), kann Werkstattunterricht folgendermaßen situiert werden:
- organisatorische Offenheit durch das Wählen der Lernaufgaben und den Lernweg innerhalb der Werkstatt;
- methodische Offenheit durch verschiedene Zugänge und Verarbeitungsformen;
- beschränkte inhaltliche Offenheit durch die Wahl der Lernaufgaben. |

Flexible Öffnung von Unterricht: Werkstattunterricht eignet sich gut für die schrittweise Öffnung von Unterricht, weil die Lehrperson den Grad der Offenheit durch die Gestaltung der Lernanlage vorgängig steuern und weil eine Lernwerkstatt gut mit instruierendem Klassenunterricht kombiniert werden kann.

Grundtypen von Werkstätten

Erfahrungswerkstatt

Wie der Name sagt, ermöglicht eine Erfahrungswerkstatt den Lernenden, vielfältige Erfahrungen im Rahmen eines Unterrichtsthemas zu machen. Die Schülerinnen und Schüler können erkunden, wahrnehmen, erleben, Probleme lösen, eventuell bereits Phänomene verstehen oder sie vorerst in ihrem subjektiven Verständnis erklären, Erkenntnisse thematisch vernetzen usw. Wenn immer möglich, steht die Direktbegegnung mit dem Lerngegenstand im Vordergrund, so zum Beispiel in Themen von Natur, Mensch, Gesellschaft (NMG) und Naturwissenschaften. Im Sprachunterricht, in Geschichte, Geografie u. a. können aber durch Quellentexte, Film- und Tondokumente usw. auch Erfahrungen über mediale Vermittlung ermöglicht werden. Die gewonnenen, reflektierten und dokumentierten Erfahrungen werden in der Folge im Klassenunterricht zusammengeführt und für die Erarbeitung des Themas nutzbar gemacht.

Erarbeitungswerkstatt

Die didaktisch wohl anspruchsvollste Variante ist die Erarbeitungswerkstatt, in der sich die Schülerinnen und Schüler anhand der Lernaufgaben und des zur Verfügung stehenden Materials selbstständig einen Lerninhalt erarbeiten und damit die Lernziele erreichen. Diese Art von Werkstatt muss so aufbereitet sein, dass die subjektiven Erfahrungen und Erkenntnisse der Lernenden mit der fachlichen Richtigkeit verbunden werden müssen und in der Folge das erarbeitete Wissen nachhaltig verankert wird. Das ist eine schöne Herausforderung an die Lehrperson. Ein hoher Anspruch besteht auch an die Selbstständigkeit und Selbstverantwortung der Lernenden.

Vertiefungs- oder Anwendungswerkstatt

Die Vertiefungswerkstatt ist eigentlich die Umkehrung der Erfahrungswerkstatt. Nach der Vermittlung von Übersichtswissen und/oder der theoretischen Grundlagen können die Schülerinnen und Schüler über konkrete Anwendungen und Umsetzungen Erkenntnisse vertiefen, Probleme lösen, Erfahrungen mit der Theorie in Verbindung bringen, Phänomene aufgrund ihres Wissens erklären, Sachverhalte analysieren usw.

Übungs- oder Trainingswerkstatt

Eine Übungs- oder Trainingswerkstatt ermöglicht es, vermitteltes Wissen zu trainieren, zu automatisieren, auswendig zu lernen. Dazu geeignet sind gewisse Themen in der Mathematik (Reihen lernen, Algorithmen vertiefen) oder im Sprachunterricht (Wörter lernen, grammatische Regeln einüben).

Möglichkeiten der Differenzierung im Werkstattunterricht

Interesse und Motivation

Die Frage der Art und der Breite der Differenzierung ist im Vorbereitungsprozess leitend, weil davon sowohl die Auswahl der Lernaufgaben als auch deren Ausgestaltung abhängen. Die Differenzierung des Angebots ist wichtig, weil damit die Verbindung des Lerngegenstands mit den Lernenden und damit Interesse und Motivation gestärkt werden.

Differenzierung

Möglichkeiten der Differenzierung sind:
- unterschiedliche Zugänge zum Lerninhalt (vielsinniges Lernen);
- verschiedene Tätigkeiten und Ausdrucksformen;
- verschiedene Lernstufen wie erfahren, erkennen, entwickeln, erarbeiten, üben, anwenden, übertragen;
- unterschiedliche Lernzielniveaus respektive Schwierigkeitsgrade.

Diagnosekompetenz und Lernsteuerung

Der letzte Punkt der Leistungsdifferenzierung stellt hohe Anforderungen an die Lernsteuerung. Es stellt sich die Frage, ob die Lernenden in der Lage sind, den Anforderungsgrad zu erkennen und sich richtig einzuschätzen, respektive ob die Lehrperson über die diagnostische Kompetenz und gleichzeitig über genug Zeit verfügt, die Lernenden unterstützend zu beraten.

Rollen im Werkstattunterricht und deren Voraussetzungen

Rollenverteilung

Schülerinnen und Schüler können nicht einfach so in Werkstätten arbeiten, Lehrpersonen auch nicht. Die Lernenden müssen sich in einem großen und differenzierten Lernangebot bewegen und sich nützlich entscheiden können. Sie brauchen Selbststeuerungskompetenz und müssen Selbstverantwortung wahrnehmen können. Die Lehrperson steuert in der Vorbereitung die Gestaltung und Strukturierung der Werkstatt. Im Unterricht nimmt sie eine vornehmlich beratende Rolle ein.

Voraussetzungen

Damit diese Rollenverteilung lernwirksam funktioniert, müssen folgende Voraussetzungen vorhanden sein oder geschaffen werden:

Die Lehrperson ...
... ist bereit, einen Teil der Führung an die Lernenden abzugeben, und sieht darin eine große Lernchance;
... kennt die verschiedenen Lerncharaktere und Leistungsniveaus in der Klasse und kann ein entsprechend differenziertes Lernangebot aufbauen;
... kann ein breites Lernangebot organisieren und Arbeitsanweisungen verfassen;
... kann über die Auswahl und die Gestaltung der Lernaufgaben und durch die Pflichtsteuerung das Erreichen der Lernziele im Hinblick auf den Erwerb der Kompetenzen gewährleisten;
... kann eine Werkstatt überlegt und begründet in ihren Gesamtunterricht einbauen;

... kann sich während des Werkstattunterrichts zurücknehmen und den Schülerinnen und Schülern beratend zur Seite stehen, ohne «im Weg zu stehen».

Die Schülerinnen und Schüler ...
... sind schriftliche Arbeitssteuerung gewohnt;
... können entlang ihrer eigenen Interessen entscheiden;
... können selbstständig arbeiten und lernen;
... können ihren Lernerfolg mindestens teilweise selbst überprüfen, ohne «zu mogeln»;
... verfügen über minimale Fähigkeiten der Konfliktlösung;
... können über ihr Lernen nachdenken und Schlüsse ziehen.

Aufbau der Fähigkeiten

Ein Minimum dieser Fähigkeiten muss bereits vor der Arbeit mit Werkstätten über kürzere Selbstlernaufträge oder Vorformen des Werkstattunterrichts aufgebaut sein. Wenn dies fehlt, mündet Werkstattunterricht oft eher ins Chaos: Die Schülerinnen und Schüler lernen nichts. Die Lehrperson lernt, dass selbstständiges Arbeiten, wie vermutet, nicht funktioniert, und die Eltern lernen, dass man in der Schule neuerdings «machen kann, was man will».

Der didaktische Ort einer Werkstatt

Wie bereits unter «Grundtypen» angetönt, kann eine Werkstatt (WS) unterschiedlich mit Klassenunterricht kombiniert werden. Die im Folgenden dargestellten Möglichkeiten können auch noch weiter variiert werden.

Erfahrungswerkstatt	Klassenunterricht	
In der Werkstatt gemachte, reflektierte und dokumentierte Erfahrungen werden im Klassenunterricht zusammengeführt und nutzbar gemacht. Der vermittelnde Unterricht bezieht sich verbindend auf die Vorerfahrungen.		
Klassenunterricht	Anwendungs- und Vertiefungs-WS	
Im Klassenunterricht Gelerntes wird in der Werkstatt angewendet, Phänomene werden auf der erlernten fachlichen Basis erklärt.		
Klassenunterricht	Anwendungs- und Vertiefungs-WS	Klassenunterricht
Anschließend kann nochmals eine Phase Klassenunterricht folgen, in der die in der Anwendung und Vertiefung aufgetauchten Fragen geklärt und erweiterte Erkenntnisse gemeinsam gesichert werden.		
Klassenunterricht	Übungs- und Trainingswerkstatt	
Die im Klassenunterricht aufgebauten Fertigkeiten werden in der Werkstatt geübt und automatisiert.		
Erarbeitungswerkstatt		
Die Lerninhalte werden vollständig im Werkstattunterricht erarbeitet.		

Abbildung 26: Möglichkeiten der Kombination von unterschiedlichen Typen von Werkstätten und Klassenunterricht

Didaktische und organisatorische Merkmale

In allen offenen Unterrichtsformen ist die gute Organisation von entscheidender Bedeutung, damit sich die Schülerinnen und Schüler selbstständig und sicher in der Lernanlage bewegen können und die Lehrperson nicht durch organisatorische Fragen absorbiert ist, sondern als Beobachterin und Lernberaterin wirken kann.

Folgende Aspekte tragen zu einem erfolgreichen Werkstattunterricht bei:

Übersicht schafft Sicherheit

- Ein Werkstattpass stellt die Stationen in einer Übersicht vor. Idealerweise erfahren die Lernenden bereits hier, worum es bei der Aufgabe geht, welche Tätigkeit zur Anwendung kommt, wie viel Zeit ungefähr benötigt wird, welche Sozialform gefordert ist und allenfalls um welchen Schwierigkeitsgrad es sich handelt.
- Für den Werkstattunterricht sind Arbeits- und Organisationsregeln deklariert und klar.
- Der Raum ist übersichtlich gestaltet, die Posten sind leicht auffindbar.
- Es besteht ein Überangebot an Arbeitsposten, damit eine echte Wahl möglich ist. Dazu können Stationen auch doppelt oder mehrfach geführt werden.

Klare und attraktive Aufträge motivieren

- Der Arbeitsauftrag deklariert das Lernziel, beschreibt kurz den Inhalt, führt leitprogrammartig durch die Aufgabe, listet das benötigte Material auf, deklariert die Lernzeit, die Sozialform und allenfalls den Schwierigkeitsgrad.
- Die Materialien sind ansprechend gestaltet, «unverwüstlich» und praktisch aufbewahrt.
- Die Dauer eines Auftrags ist der Leistungs- und Konzentrationsfähigkeit angepasst.

Arbeitsweise klären

- Falls Partner- und Gruppenarbeiten eingesetzt werden, braucht es jeweils Zeit und wohl auch Moderation der Lehrperson, um die Arbeiten zu organisieren.
- Es geht aus dem Arbeitsauftrag hervor, welche Ergebnisse der Selbst- und welche der Fremdkontrolle unterliegen.
- Die Lernenden reflektieren den Arbeits- und Lernprozess einzeln (Lerntagebuch, Werkstattportfolio, metakognitive Aufträge an jeder Lernstation …) und auch im Austausch mit andern, moderiert von der Lehrperson. Schlüsse aus dieser Reflexion fließen allenfalls in die Organisations- und Verhaltensregeln ein.

Planung und Vorbereitung

Verschiebung der Arbeitszeit

Im Gegensatz zum Klassenunterricht, der wenigstens zum Teil auf die vorangehende Lektion Bezug nimmt und damit im Detail von Tag zu Tag vorbereitet wird, muss eine Werkstatt im Gesamten vorher vorbereitet werden. Dies kann gut in der unterrichtsfreien Schulferienzeit geschehen, was zu Entlastung während der Schulwochen führt.

Vorbereitung

Die Vorbereitung geht von den Lernzielen aus, die sich an den Kompetenzen, Kompetenzstufen und entwicklungsorientierten Zugängen des Lehrplans orientieren, und beginnt mit dem Entscheid über die Funktion und damit über den didaktischen Ort der Werkstatt. In der Folge wird das Thema erschlossen, die Aufträge werden skizziert, und das entsprechende Material wird gesammelt. Nach dieser Grobvorbereitung können die Aufträge definitiv ausgearbeitet werden, und der Werkstattpass wird erstellt. Die Art und Weise der Lernreflexion wird festgelegt, und die allfällige Beurteilung von Arbeiten und/oder Prüfungen wird geplant.

In der Materialiensammlung (http://mehr.hep-verlag.com/didaktisch-handeln-und-denken) findet sich eine ausführliche Checkliste zur Vorbereitung einer Werkstatt.

Vorformen und erweiterte Nutzung von Werkstätten

Übungsstationen

Eine Vorform des Werkstattunterrichts sind zum Beispiel Übungsstationen, die parallel zum Klassenunterricht in der Selbstlernzeit während längerer Zeit zur Verfügung stehen (Mathe-Trainer, Übungsblätter, Wortlernkisten, Rechtschreibtraining …). Diese Lernstationen decken ein Thema nicht in derselben Breite und Tiefe ab wie eine Werkstatt, und die Auswahl ist eingeschränkter.

«Postenlauf»

Eine weitere Vorform ist der «Postenlauf». Dabei sind Lernaufgaben in vorgeschriebener Reihenfolge zu lösen, weil sie einem sachlogischen Aufbau folgen. Die Schülerinnen und Schüler lernen dabei, innerhalb der Aufträge selbstständig zu arbeiten, müssen sich aber noch nicht für den Lernweg entscheiden.

Neben ihrer Wirkung im Aufbau von Sachkompetenz können beide Formen dazu dienen, in noch etwas engerem Rahmen die Schülerinnen und Schüler auf Werkstattunterricht vorzubereiten.

Werkstätten in anderen Unterrichtsformen

Thematisch nicht explizit an den kursorischen Klassenunterricht gebundene Werkstätten können auch im Atelierunterricht und in der Arbeit mit individuellen Lernplänen eingesetzt werden. So steht zum Beispiel eine Gedichtwerkstatt, eine Textwerkstatt, eine Mathe-Repetitionswerkstatt, eine Rechtschreibewerkstatt den Lernenden über längere Zeit zur Verfügung. Sie nehmen die Lösung einzelner Aufträge in ihre Arbeitsplanung auf. Dabei können sowohl die Lehrperson als auch die schulische Heilpädagogin oder der schulische Heilpädagoge Einfluss auf die Planung nehmen, je nachdem, an welchen Kompetenzen ein Kind arbeiten und welche Lernziele es verfolgen muss.

Werkstätten sind unterdessen Allgemeingut – sind sie auch allgemein gut?

Risiken

Werkstätten sind schon so etwas wie methodisch-didaktisches Allgemeingut geworden. Auch die Lehrmittelverlage sind kräftig ins Geschäft eingestiegen. Fertige Werkstätten werden kopierbereit angeboten. Die Ausgestaltung bleibt damit oft auch «papieren», das heißt, die Werkstattaufträge sind so angelegt, dass sie mit den zur Verfügung stehenden Kopiervorlagen ohne großen Aufwand eingesetzt werden können. Das geht zulasten der Primärerfahrungen, der Lebendigkeit, der Vielsinnigkeit und damit der Lernwirksamkeit. Was sich in der Folge im Unterricht zeigt, hat mit einer guten Werkstatt, mit den Grundgedanken und Zielen einer «adaptiven Lernumgebung» oft wenig bis nichts mehr zu tun! Eine Lösung dafür ist, die gekaufte «Kopier-Werkstatt» mit Materialien und lebendigeren Arbeitsstationen anzureichern.

Die große Auswahl attraktiver Lernstationen kann zu schnellem Konsum verführen. Die Schülerinnen und Schüler «surfen» über die Werkstatt, statt sich vertieft mit den Lernaufgaben zu befassen. Das meint der böse Spruch «Werkstätten sind die Supermärkte der Schule». Gerade deshalb ist es wichtig, dass sich die Lernaufgaben an den Kompetenzen und Kompetenzstufen des Lehrplans orientieren, ein klares Ziel vorgeben und ein sichtbares Resultat verlangen. Der allfällige «Konsumrausch» muss auch in den begleitenden gemeinsamen Lernreflexionen immer wieder thematisiert werden.

Die unterschiedlichen Arbeitstempi der Lernenden, das Gefühl, die anderen seien schon weiter, kann die Erledigungsmentalität zusätzlich verstärken. Schwächere Schülerinnen und Schüler, auch schwächer bezüglich der Selbstkompetenz, brauchen Unterstützung und Beratung der Lehrperson.

Chancen

Ab und zu zur Abwechslung eine Werkstatt durchzuführen, kann ein Einstieg in die Öffnung von Unterricht sein. Geöffneter oder gar offener Unterricht braucht mehr und ist nicht primär eine Frage der Methodenabwechslung. Geöffneter Unterricht basiert auf einer entsprechenden Grundhaltung, am Verständnis von Lernen und Lehren und wendet sich von der Methodenfrage zur Frage nach durchdachten adaptiven Lernumgebungen, die den Rahmen einzelner Lektionen sprengen.

Wird eine gute Werkstatt didaktisch ergänzend und synergetisch mit anderen Unterrichtsformen kombiniert (z. B. mit kursorischem Klassenunterricht, mit Lernateliers, mit individuellen Lernplänen), wird sie ein lernwirksames Element einer adaptiven Lernumgebung. Im Rahmen einer Werkstatt kann vielsinniges, erfahrungsorientiertes, differenziertes und selbstgesteuertes Lernen realisiert werden.

THOMAS BIRRI

2 Unterricht mit Lernplänen

Im Unterricht mit Lernplänen wird nach einem schriftlichen Arbeitsplan gearbeitet. Der Zeitrahmen dafür kann sehr unterschiedlich sein. Verordnete, geschlossene» Lernpläne sind von der Lehrperson vorgegeben, teiloffene Lernpläne bieten beschränkte Wahlmöglichkeiten. In selbstbestimmten, individualisierten Lernplänen stellen die Lernenden innerhalb eines Angebots ihre Arbeiten selbst zusammen.

Lernpläne – ein weites Feld

Ausweitung des Begriffs

Ein Lernplan ist eine Auflistung der Inhalte, die eine Schülerin oder ein Schüler in einer bestimmten Zeit erarbeiten muss. Verbreitet ist der Begriff «Wochenplan». Dies ist insofern irreführend, als Lernpläne je nach Schulstufe nur für einen Tag, für mehrere Tage oder für mehr als eine Woche ausgelegt sein können.

Lernplankonzepte sind wohl beinahe so vielfältig wie die Lehrpersonen, die sie im Unterricht anwenden. Sie sind unter sich so unterschiedlich, dass man sie eigentlich kaum unter einem Begriff zusammenfassen kann: Ein verordneter, geschlossener Plan liegt konzeptionell näher beim eng geführten Klassenunterricht als bei einem offenen, selbstbestimmten und damit individualisierten Lernplan.

Offene Lernpläne lassen auch inhaltliche Selbstbestimmung im Rahmen eines Angebots zu, während geschlossene Lernpläne oft eine Zusammenfassung der Stillarbeits- und Übungsphasen darstellen.

Historische Anleihen

Unterricht mit Lernplänen (vor allem auch Wochenplanunterricht) wird vorschnell mit reformpädagogischen Konzepten in Verbindung gebracht; so zum Beispiel mit dem Dalton-Plan der amerikanischen Pädagogin Helen Parkhurst (1886–1973) oder dem Jena-Plan des deutschen Pädagogen Peter Petersen (1884–1952). Die eigentliche Verwandtschaft erschöpft sich im Begriff. Konkrete Teilbezüge können hergestellt werden bezüglich schriftlicher Pläne (Dalton-Plan), Verminderung der Segmentierung von Unterricht im 45-Minuten-Takt (Jena-Plan) und anregenden Materialienangebots und Arbeitsateliers bezogen auf offene Lernpläne (Maria Montessori und Célestin Freinet). Je nach Gestaltung der Lernpläne sind allgemeine Aspekte reformpädagogischer Konzepte erkennbar: Verminderung der direkten Fremdsteuerung, freiere Zeiteinteilung, Wahl des Arbeitsorts und der Sozialform bis zu effektiver Selbststeuerung und Mitbestimmung der Lernziele und Inhalte.

Grundtypen von Lernplänen

Der verordnete Lernplan	Der mitbestimmte Lernplan	Der selbstbestimmte Lernplan
Im verordneten oder geschlossenen Lernplan gibt die Lehrperson vor, welche Inhalte respektive Aufgaben in einer bestimmten Zeit erarbeitet werden müssen. Den Schülerinnen und Schülern bleibt die Wahl der Reihenfolge und der Zeiteinteilung. Oft bewegen sich die Aufgabenstellungen in den Bereichen Üben und Anwenden, selten finden sich eigentliche Erforschungs- oder Erarbeitungsaufträge.	Neben den vorgegebenen Aufträgen können die Lernenden Aufgaben auswählen. Dies kann in Form von Wahlpflicht- und/oder frei wählbaren Zusatzaufgaben geschehen. Die Arbeit an selbstbestimmten Lernprojekten kann diese Planform weiter öffnen.	Im selbstbestimmten oder offenen Lernplan wählen die Schülerinnen und Schüler ihre Lernziele und Inhalte innerhalb eines Angebots aus und erstellen in der Folge einen Plan. Die Lehrperson berät sie dabei. Über das feste Angebot hinaus können sich die Lernenden in Projekten auch mit eigenen Forschungsvorhaben beschäftigen. Die Arbeit an diesen Projekten ist jeweils Teil des Plans.

Abbildung 27: Grundtypen von Lernplänen

Der verordnete, geschlossene Lernplan

Definition
Der Plan ist voll!

Die Schülerinnen und Schüler erhalten einen Plan mit Aufgaben aus verschiedenen Fächern, die sie in einem bestimmten Zeitraum abarbeiten müssen. Falls sich die Aufgaben nicht aufbauend bedingen (wie z. B. in Mathematik), können die Lernenden die Reihenfolge wählen und sich selbst die Zeit einteilen. Je nach Raumsituation und Auftrag sind auch der Arbeitsplatz und die Sozialform wählbar. Verordneter Lernplanunterricht ist vorab ein Konzept der Unterrichtsorganisation. Die Selbststeuerung und Mitbestimmung des Lernens ist marginal. Etwas ungeschminkt ausgedrückt: Die Schülerinnen und Schüler dürfen arbeiten, was die Lehrperson will!

Ziele und Nutzen

Durch die Zusammenfassung der Stillarbeits-, Übungs- und Anwendungsphasen sind diese Phasen weniger segmentiert. Dies kann auf der Sachebene vertieftes Lernen ermöglichen, sofern der Effekt nicht durch Erledigungsstress wieder zunichtegemacht wird.

Im Bereich der Selbstkompetenz können Planungsfähigkeit, eigenverantwortliches Handeln, Selbstmotivation und in beschränktem Maß Entscheidungsfähigkeit aufgebaut werden.

Die Sozialkompetenz wird gestärkt durch die Erarbeitung von Regeln für einen etwas offeneren Betrieb und die Einhaltung dieser Regeln. Die Förderung der Sozialkompetenz erfolgt nur, wenn die Aufträge entsprechend angelegt sind. Dabei ist erschwerend, dass die Lernenden grundsätzlich in ihrem Plan allein unterwegs sind und es einer Zusammenarbeit verstärkter und wohl auch angeleiteter Koordination bedarf.

Auf der Ebene der Lehrperson stellt die Arbeit mit verordneten Lernplänen (Wochenplan, Tagesplan ...) einen ersten Schritt dar, Unterricht organisatorisch zu öffnen und die kleinschrittige, direkte Steuerung durch das «Führen an der langen Leine» zu ersetzen.

Grad der Offenheit

Angesichts der beschränkten Mitbestimmung der Lernenden im Bereich der Lernorganisation kann die Arbeit mit verordneten Lernplänen nicht als offener Unterricht bezeichnet werden. Eine Öffnung in der methodischen Dimension kann über Lernziele und Aufgaben erfolgen, die unterschiedliche Lernwege ermöglichen (siehe auch «Dimensionen offenen Unterrichts» in Kapitel 6 von Teil 2).

Verordnete Lernpläne konkret

Mögliche Inhalte

Aufgaben aus den Bereichen «Üben, Anwenden, Übertragen». Besonders geeignet sind Aufgaben aus Fächern mit klar umschriebenen Kompetenzen, Lernzielen und Lernschritten.
Beispiele
- Löse im Mathematikbuch, S. 65, die Aufgaben Nr. 33–37 und 39–42.
- Übe das Diktat nach vorgegebenen Ablauf: Abschreiben ab Halbschrift-Vorlage, schwirige Wörter suchen und üben, Büchsendiktat, Partnerdiktat.
- Letzte Woche haben wir aus verschiedenen Märchen die wiederkehrenden Themen «Kampf gegen das Böse», «Unterwegs sein und sich bewähren» und «Freundschaft» herausgearbeitet. Schreibe nun selbst eine Geschichte, die in der heutigen Zeit spielt und in der diese Elemente vorkommen.
- Führe in der Versuchsreihe zum Thema «Luft» mindestens drei Versuche aus und beschreibe diese nach Anleitung.

Den Klassenunterricht vorbereitende Aufträge: Vorwissen aktivieren, Erkundungen, Beobachtungen, «einleitendes Forschen».
Beispiele
- Tragt zu zweit zusammen, was ihr bereits zum Thema «Wasser» wisst, und zeichnet dazu eine Mindmap.
- Befrage in deinem Bekanntenkreis jemanden, der oder die auf einem Bauernhof aufgewachsen ist, und lass dir erzählen. Schreibe auf, was dich am meisten beeindruckt hat.
- Bestimme im Schulzimmer respektive im Schulhaus Flächen, die kleiner als 1m^2 sind, etwa 1m^2 und die bedeutend größer sind als 1m^2. Schätze zuerst, miss nach und rechne. Erstelle eine Liste.
- Führe drei der Physikversuche aus und erkläre das Phänomen mit dem Wissen respektive der Vorstellung, die du zurzeit hast.

Aufgabenstellungen, die zu selbstständigem Erarbeiten der Lerninhalte führen.
Beispiele
- Studiere den Text über das Rittertum, über Christoph Kolumbus, über ... und beantworte die Fragen auf dem Blatt. Nutze Lexika und Wörterbücher, wenn du etwas nicht verstehst.

Form des Lernplans

Die Form des Lernplans muss von der Lehrperson selbst auf ihren Unterricht abgestimmt werden. Der Lernplan verändert sich mit der laufenden Erfahrung.

Als Elemente im Plan haben sich bewährt:

Fach Auftrag-Nr.	Arbeitsauftrag	Zeit	Sozial- form	Material	Kontrolle *

* Selbst- oder Fremdkontrolle

Beispiel

M1	Löse die Übungsaufgaben zur Division auf dem Arbeitsblatt M1	1 h	EA	AB in M1	SK

In Kindergarten und Unterstufe werden für die Arbeitsbereiche und Tätigkeiten Symbole verwendet, und die Aufträge können bei Bedarf mündlich erläutert werden.

Organisationsmittel

Lernplan
Die Lernenden erhalten ihre Aufträge schriftlich auf einem Lernplan.
Materialgestell
Die Materialien zu den einzelnen Aufträgen sind in beschrifteten Mäppchen oder Schachteln zu finden. Für Arbeiten, die zur Korrektur abgegeben werden müssen, sind ebenfalls beschriftete Schachteln bereitgestellt. Es bewährt sich, den Fächern immer die gleichen Farben zuzuordnen, zum Beispiel Mathematik rot, Deutsch blau usw.
Korrekturblätter
Die Lösungen zur Selbstkontrolle sind in einem Ordner abgelegt. Dieser steht an einem speziellen Korrekturplatz oder kann bei der Lehrperson verlangt werden.

«Hilfe-Karten» oder Wäscheklammern mit Namen
Um «Fragestaus» zu vermeiden, legen die Kinder bei Unklarheiten ihre mit ihrem Namen versehene Karte zuhinterst in die «Hilfe-Kartei», oder sie klippen die Wäscheklammer mit ihrem Namen an eine Kordel.
Kontroll-Liste
Eine Klassenliste mit Spalten für jeden Auftrag ermöglicht den schnellen Überblick über den Arbeitsstand der Klasse. Die Lehrperson sieht so, ob der Plan in der vorgesehenen Zeit bewältigbar ist. Diese Listen haben den Nachteil, die Erledigungsmentalität zu fördern.
Stundenplan
Auf einem Stundenplanformular oder auf einer Stundenplantafel werden jede Woche die einzelnen Lektionen mit ihrem Inhalt bezeichnet. Klassenunterricht und Lernplanunterricht erhalten verschiedene Farben.

Regeln vereinbaren

In der Einführungsphase werden Arbeitsregeln durch die Lehrperson vorgegeben oder mit der Klasse erarbeitet. Diese Regeln werden schriftlich auf einem Plakat festgehalten. Sie umfassen Aspekte der Zusammenarbeit, der Lautstärke, der «Bewegung im Klassenraum», der Verbindlichkeit usw.
Die Regeln werden immer wieder überprüft und angepasst. (vgl. Meier et al. 2018).

Überprüfen der Arbeit

In der Regel überprüfen die Schülerinnen und Schüler ihre Arbeit mittels Selbstkontrolle. Die Lehrperson nimmt in diese Korrekturen sporadisch Einsicht, lässt Arbeiten abgeben und/oder überprüft den Lernfortschritt mittels Prüfungen und Lernkontrollen.

Arbeits- und Lernreflexion

Inhaltsebene
Arbeitsergebnisse aus Aufträgen mit Erkundungs-/Erfahrungscharakter werden am Ende der Planarbeitssequenz in Austauschrunden, im Klassenrat oder im normalen Klassenunterricht ausgetauscht, ausgewertet respektive weitergeführt.
Ebene des Arbeits- und Lernverhaltens
Die Schülerinnen und Schüler berücksichtigen den Erwerb sowohl fachlicher als auch überfachlicher Kompetenzen. Sie beobachten und beurteilen sich nicht nur im Bezug auf das Sachlernen, sondern auch in ihrem Arbeits-, Lern-, und Sozialverhalten. Sie denken über ihr Lernen, ihre Strategien und ihr Verhalten nach (Reflexion, Metakognition) und machen Lernerkenntnisse für andere verfügbar. Mittel dazu sind geeignete Auswertungsbogen, Lernprotokolle, Lerntagebuch oder ein Rückmeldungsheft, in das regelmäßig geschrieben wird. Auch auf dem Arbeitsplan selbst kann Platz für die Reflexion eingebaut werden. Wichtig ist dabei der geleitete Austausch in der Klasse, zum Beispiel im Klassenrat.

Schritte in den Unterricht mit verordneten Lernplänen

Schriftliche Anweisungen

Die Schülerinnen und Schüler lernen, nach schriftlichen Anweisungen zu arbeiten: Bearbeiten von Texten, Erforschen eines Phänomens, Erarbeiten und Erlernen einer Technik, einer Fertigkeit oder Lernen mit Leitprogrammen oder Gestalten einer ganzen Lektion, eines Halbtags nach schriftlicher Anweisung.

Längere Stillarbeitsphasen	Die Stillarbeits- und Übungsphasen mehrerer Lektionen innerhalb eines Faches oder fachübergreifend werden zu einem Block zusammengefasst.
Ausweitung zum Plan	Diese beiden Elemente werden zeitlich ausgeweitet und über eine längere Zeit verteilt: Und schon hat man einen Lernplan.

Innere Differenzierung in verordneten Lernplänen

Auf der Ebene der Lernziele und Inhalte bieten die für die ganze Klasse verordneten Lernpläne keine Möglichkeit der Individualisierung. Natürlich können auf Schülergruppen oder einzelne Lernende zugeschnittene Pläne erstellt werden. Dies ist jedoch sehr zeitaufwendig. Entlastend ist bei diesem Vorgehen, wenn die Arbeitsaufträge von mehreren Parallelklassen-Lehrpersonen mit Unterstützung der schulischen Heilpädagogin, des Heilpädagogen arbeitsteilig vorbereitet werden und die Aufträge dann bezogen auf das Kind nur noch zusammengestellt werden müssen.

Wege zur inneren Differenzierung über offene Lernpläne oder Mischformen sind mit bedeutend weniger Aufwand verbunden (siehe nachfolgende Ausführungen).

Zusammenfassende Wertung des Konzepts

Nutzen	Verordnete, geschlossene Lernpläne bieten eine erste Möglichkeit, den kleinschrittig gesteuerten Unterricht organisatorisch zu öffnen, indem die Schülerinnen und Schüler Planung und Zeitmanagement selbst bewältigen. Sie gewöhnen sich dabei an die Arbeit in größeren Zeiträumen, und die Lehrperson kann sich vermehrt in der Rolle der Lernberatung üben.
Mängel und Risiken	Individualisierter und mitbestimmter Unterricht ist mit dieser Form des Lernplans nicht möglich, und damit ist die Einordnung von «Wochenplanunterricht» (in seiner häufig anzutreffenden Form) in die Begriffe Freiwahlarbeit und offener Unterricht nicht zulässig. Auf eine festgesetzte Zeit verordnete Lernpläne führen oft zu einer Erledigungsmentalität und damit zu wenig vertieftem Lernen. Je länger die Plansequenz dauert, desto deutlicher treten die Leistungsunterschiede zutage: Die einen sind bereits am Mittwoch fertig, die andern auch am Freitag nie. Damit stellt sich innert Kürze das Problem der inneren Differenzierung, was mit offeneren Formen des Plans gelöst werden kann. Die Leistungsdifferenzen sind nicht etwa ein spezifisches Problem der Planarbeit. Im segmentierten Lektionenunterricht fallen diese Unterschiede zeitlich einfach weniger auf, und sie werden mit unterschiedlichsten Mitteln laufend «gepuffert»: Bereits mit den Hausaufgaben beginnen, etwas anderes fertig machen, Rätselblätter lösen, etwas trödeln …

Geöffnete und mitgestaltete Lernpläne

Wahlmöglichkeiten und Mitbestimmung im verordneten Plan

Wahlpflichtaufgaben

Zur Öffnung des verordneten Lernplans können Wahlpflichtaufgaben gestellt werden. Diese orientieren sich an denselben Kompetenzen und bewegen sich im selben Ziel- und Themenrahmen, bieten aber zum Beispiel unterschiedliche Zugänge (etwas praktisch erforschen, einen Text lesen, ein Tondokument hören, ein Bild interpretieren ...) und/oder erlauben verschiedene Ausdrucksformen (einen Text schreiben, ein Objekt bauen, eine Zeichnung machen, ein Lernplakat gestalten ...).

Wahlpflichtaufgaben können sich auch auf unterschiedlichem Anforderungsniveau bewegen. Dabei stellt sich die Frage, ob sich die Lernenden für die Wahl der passenden Aufgabe richtig einschätzen können oder ob sie dabei Beratung brauchen.

Zusatzaufgaben

Der Plan kann mit Zusatzaufgaben angereichert werden, die nach Beendigung des Pflichtteils gelöst werden können.

Für leistungsstärkere Lernende müssen diese Zusatzaufgaben herausfordernd und interessant sein, damit wirkungsvolles Lernen erreicht werden kann. Reine Beschäftigungen wie Rätselblätter, Ausmalbilder und viele Lernspiele erfüllen diese Anforderungen nicht.

Für leistungsschwächere Schülerinnen und Schüler können Vertiefungen und Repetitionen bereitgestellt werden. Zu bedenken ist, dass diese Arbeiten weniger attraktiv sind als herausfordernde «Forschungsfragen».

Bewegen sich Zusatzaufgaben auf unterschiedlichem Anforderungsniveau, stellt sich auch hier das Problem, wie die Lernenden zur passenden Aufgabe finden.

Freie Tätigkeiten

Ein Zeitfenster im Plan kann für freie Tätigkeiten reserviert sein, oder Lernende, die mit dem Pflichtteil fertig sind, können sich ihrer frei gewählten Tätigkeit zuwenden. Mit Vorteil ist dies ein mittelfristiges Lernvorhaben («Das will ich jetzt lernen!») oder ein Minilernprojekt («Das will ich herausfinden, erforschen!»). Dazu erstellt die Schülerin oder der Schüler zusammen mit der Lehrperson eine Planung, in welcher der Lernweg inhaltlich und zeitlich skizziert, das angestrebte Ziel definiert und die Ergebnisform festgelegt sind.

Den allgemeinen Plan mitgestalten

Lernende bestimmen Themen

Lernende können entlang ihrer Interessen und/oder aufgrund erkannter Defizite selbst Themen für den Plan vorschlagen. Dies geschieht zum Beispiel im Klassenrat anlässlich der Reflexion der zurückliegenden Plansequenz und/oder im Ausblick auf kommende Themen im Unterricht.

Konkret schlagen die Schülerinnen und Schüler zum Beispiel vor, nochmals Übungsmaterial zum laufenden Mathematik-Thema aufzunehmen und zum folgenden NMG-Thema diesen oder jenen Teilaspekt aufzunehmen.

Wertung des Konzepts

Nutzen

Partiell geöffnete Lernpläne ermöglichen wenigstens teilweise individualisiertes Lernen und damit innere Differenzierung. Die thematische Mitgestaltung des allgemeinen Plans erfüllt diesen wichtigen didaktischen Nutzen zwar nicht, erzeugt durch die Partizipation dafür eine vertiefte Verbindung der Lernenden mit den Inhalten. Dadurch wird Unterricht wenigstens ansatzweise zur gemeinsamen Sache.

| Mängel und Risiken | Die Teilöffnung des Plans hebt die Gefahr der oberflächlichen Erledigung des Pflichtprogramms nicht auf, attraktive Zusatzaufgaben können diese gar verschärfen.
Ist der Pflichtteil des Plans überladen, kommen leistungsschwächere Schülerinnen und Schüler nie zu den Zusatzaufgaben oder zur freien Tätigkeit. |

Der selbstbestimmte, offene Lernplan

| Definition
Der Plan ist vorerst leer! | Die Schülerinnen und Schüler wählen die Arbeiten für eine Plansequenz aus einem Angebot selbst aus. Teil dieses Angebots sind auch freie Lernprojekte. Sie legen Lernziele und nächste Lernschritte fest, schreiben diese in den Plan, schätzen die aufzuwendende Zeit und legen in der Folge den Zieltag der Plansequenz fest. In der Besprechung mit der Lehrperson wird der Plan gemeinsam bezüglich Realisierbarkeit geprüft und verbindlich festgelegt. Die Lehrperson nimmt im Beratungsgespräch Einfluss auf die Planungsschwerpunkte. Sowohl die Länge der Planungssequenzen als auch der Start- und Schlusspunkt sind unterschiedlich. Erst dies erlaubt es der Lehrperson, ihre Beratungsarbeit möglichst gleichmäßig zu verteilen.
Die Lehrperson steuert in dieser Form von Lernplanunterricht über das Angebot. Dieses ist zu einem Teil konstant, andere Elemente wechseln in eher langen Zyklen.
Im Ausnahmefall können durch die Lehrperson oder die schulische Heilpädagogin Aufgaben verordnet werden. Wenn es sich aufdrängt, kann dies phasenweise auch für die ganze Klasse geschehen. Wichtig dabei ist, dass dies den Lernenden begründet erklärt wird. |
| Ziele und Nutzen | Selbstbestimmte, offene Lernpläne ermöglichen echte Individualisierung des Lernens und damit innere Differenzierung in heterogenen Lerngruppen. Dies ist besonders wichtig an integrativen Schulen. Durch die selbstverantwortliche Planung und damit Partizipation an der Unterrichtsgestaltung wird Unterricht zur gemeinsamen Sache. Die bessere Passung der Aufgaben an die Möglichkeiten der Lernenden führt zu vermehrtem Lernerfolg. Sowohl die damit verbundene Kompetenzerfahrung als auch die Autonomieerfahrung durch die selbstbestimmte Planung bilden die unentbehrliche Grundlage für die Motivation, auch externale Anforderungen zu erfüllen. |
| Grad der Offenheit | Selbstbestimmte und damit individualisierte Lernpläne sind sowohl in der organisatorischen als auch in der methodischen und inhaltlichen Dimension offen. Unter Einbezug freier Lernprojekte wird auch die partizipative Dimension erfüllt (siehe auch «Dimensionen offenen Unterrichts» in Kapitel 6 von Teil 2). |
| Mögliche Inhalte | **Selbstbestimmte Lernpläne konkret**
Die Lehrperson stellt das Angebot im Rahmen des Lehrplans der Stufe und unter Berücksichtigung des Lernstands und der Arbeitsfähigkeit der Klasse zusammen. Sie entscheidet, welche Fächer sie in welchem Umfang in das Angebot einbeziehen will. |

Beispiele für Lernangebote

	Deutsch	Mathematik	Natur, Mensch, Gesellschaft (NMG)
Eher eng geführte Angebote	• gezieltes Rechtschreibtraining • gezieltes Grammatiktraining • Diktattraining • Texte lesen und verstehen	• Trainingsaufgaben • Repetition und Vertiefungen • herausfordernde Aufgaben auf höherem Niveau	• Leitprogramme • Werkstätten
In Vorgehen und Ergebnis offenere Angebote	• Bücher lesen, der Klasse vorstellen • freie Texte schreiben	• mathematisches Knobeln und Erforschen	• experimentieren und erforschen • freie Lernprojekte (freies Forschen)

Abbildung 28: Beispiele für Lernangebote

Die Angebote bleiben über längere Zeit konstant. Sie verändern sich parallel zum Klassenunterricht (z. B. Mathematik und Deutschtraining), werden ersetzt, wenn sie von vielen Lernenden bearbeitet wurden (z. B. Leitprogramme, Werkstätten, Forschungsaufgaben) oder sind immer Teil des Angebots (z. B. freie Texte, freie Lernprojekte, Bücher lesen).

Unterrichtsorganisation

Während im Klassenunterricht das Lernen permanent über kurzschrittige Interventionen der Lehrperson gesteuert wird, brauchen alle Formen offenen Unterrichts leitende äußere Strukturen, deutliche Rahmenbedingungen, eine reibungslose Organisation und klare Regeln. Die Lehrperson muss sich von möglichst vielen organisatorischen Fragen im Alltag entlasten, damit sie Zeit für die Lernberatung hat.

Form des Lernplans

Der Arbeitsplan ist ein Leerformular, in das die Lernenden ihre Ziele und Aufgaben, die geschätzte Zeit und das Enddatum der Planungssequenz eintragen. Im Planungsformular kann auch Raum für die verbindliche Lernreflexion aufgenommen werden. Es hat sich bewährt, die Planungsformulare in einem Heft zu binden. So kann die Arbeit längerfristig betrachtet und Vorsätze können bereits provisorisch in nächste Planungen eingetragen werden.

Organisationsmittel

Neben dem Planungsformular braucht es weitere Organisationsmittel und Planungshilfen:
- Übersicht über das Angebot.
- Übersicht über die zur Verfügung stehende Zeit in der aktuellen Woche. Die Anzahl Planarbeitsstunden muss konstant sein, damit die Lernenden verlässlich ihre Zeit einplanen können.
- Übersichtliche Materialien, nach Fächern geordnet, mit Vorteil pro Fach in einer Farbe.
- Flexibler Kalender zur unterschiedlichen Zeitplanung der Lernenden, zum Beispiel in Form von zwei bis drei flexiblen Wochentafeln.

	Montag	Dienstag	Mittwoch	Donnerstag	Freitag
Diese Woche	1 2 3 4	1 Rahel 2 Leo 3 Anita 4	1 Kalo 2 Yasemin 3 Clara 4 Jonin	1 Valentin 2 Luisa 3 4	1 Ladina 2 Meret 3 Ridwan 4
Nächste Woche	1 Claudio 2 Sarah 3 Rico 4 Roger	1 Anna 2 Zülal 3 Tonja 4	1 Rahel 2 Alex 3 4	1 2 3 Daniel 4	1 Petra 2 3 4
Übernächste Woche	1 2 Jonas 3 4	1 2 3 4	1 2 3 Eliane 4	1 2 3 4	1 2 3 4

Abbildung 29: Flexibler Kalender zur Planung der Lerngespräche

Rahel kommt in der ersten Woche am Dienstag, in der zweiten am Mittwoch zum Lerngespräch. Sie zeigt dabei ihre Arbeiten, spricht mit der Lehrperson über ihre Lernreflexion, ihren Lerngewinn und ihr Schlüsse daraus und legt die neue, provisorische Planung vor. Aufgrund des geplanten Arbeitsvolumens und der zur Verfügung stehenden Zeit legen Rahel und die Lehrperson den nächsten Mittwoch als Zieltag fest. Das Namenskärtchen wird auf diesen Tag umgehängt. Ende der Woche ist die oberste Tafel leer. Sie wird ganz nach unten gehängt, und die beiden andern rutschen eine Woche nach oben. So wird die «nächste Woche» zu «dieser Woche».

Planungsablauf
- Eine Schülerin hat ihre Planarbeitssequenz abgeschlossen. Sie stellt alle ihre Arbeiten übersichtlich zusammen, wo sie das darf, bereits selbst kontrolliert.
- Sie beantwortet die Fragestellungen zur Lernreflexion schriftlich.
- Sie plant provisorisch ihre nächste Sequenz inhaltlich und schätzt für jede Arbeit die Zeit ab (mit Bleistift in den Plan eintragen).
- So vorbereitet, kommt sie zur Planungsbesprechung.
- Die Lehrperson bespricht mit ihr die Arbeiten, nimmt Einblick in die Korrekturen, und die Schülerin gibt Arbeiten zur Fremdkorrektur ab (z.B. einen freien Text ...).
- Die beiden besprechen Reflexion und Lerngewinn.
- Sie besprechen die neue Planung; die Lehrperson berät, greift allenfalls mitsteuernd ein, achtet auf Abstimmung mit der Lernreflexion.
- Der neue Planungstermin wird festgesetzt.

Regeln vereinbaren
Auch – oder vor allem – in der offenen Form des Lernplanunterrichts braucht es Regeln. Diese werden mit den Lernenden im Klassenrat immer wieder auf Tauglichkeit überprüft und angepasst.

Überprüfen der Arbeit

Einfache Trainings- und Übungsaufgaben kontrollieren die Lernenden selbst. Komplexere Arbeiten werden zur Korrektur abgegeben. Weil pro Tag immer nur wenige Kinder den Plan abschließen, hält sich der Korrekturaufwand in Grenzen. Die Arbeiten aus dem offenen Lernplanunterricht können nicht durch konventionelle Prüfungen beurteilt werden, weil die Schülerinnen und Schüler nicht gleichzeitig an denselben Zielen und Inhalten arbeiten.

Die Arbeiten können lernziel- und kriterienorientiert beurteilt werden.

Die Lernenden stellen jedes Quartal ein Portfolio ausgewählter Arbeiten zusammen, die sie in die Gesamtbeurteilung einfließen lassen wollen.

Dies ist natürlich nur eine der Möglichkeiten: Die Lehrperson kann auch entscheiden, welche Arbeiten immer beurteilt werden, oder sie kann die Planarbeit als «beurteilungsfreien Raum» definieren.

Arbeits- und Lernreflexion

In der Reflexion über die Arbeit geht es einerseits um Aspekte der Selbst- und Sozialkompetenz. Es ist wichtig, dass aus der Reflexion auch in diesen Bereichen Ziele im Hinblick auf den weiteren Kompetenzerwerb formuliert, ebenfalls in den Plan eingetragen und wiederum reflektiert werden.

Zentral ist die Frage des Lerngewinns, also einfach formuliert: Was hast du in dieser Plansequenz gelernt? Diese Frage ist ein Katalysator für interessante, horizonterweiternde Gespräche gegen die «Bewusstlosigkeit des Lernens».

Klassenrat

In allen Formen des offenen Unterrichts hat der Klassenrat eine fundamentale Bedeutung. In diesem Zeitgefäß werden Erfahrungen ausgetauscht, das Lernen und die Zusammenarbeit reflektiert, Regeln optimiert, Konflikte gelöst, Verhaltensziele gesetzt und überprüft.

Vor allem aber werden im Klassenrat auch Arbeiten vorgestellt, Texte gelesen, Kurzvorträge gehalten, Forschungsresultate gezeigt usw. Damit wird mehr Verbindlichkeit hergestellt, Arbeiten erhalten eine größere Bedeutung und werden gewürdigt, und die Lernenden können stolz auf ihre Arbeit sein.

Offene Lernpläne und Klassenunterricht

Zentral ist natürlich die Frage, woher die Zeit für die Planarbeit kommt: aus den Fächern, die im Angebot berücksichtigt werden. Konkret bedeutet dies, dass der Klassenunterricht zeitlich reduziert und dafür etwas zeitökonomischer geführt wird. Merkt die Lehrperson, dass in einem Fach aktuell mehr Zeit nötig ist, verschiebt sie entsprechend Zeit aus anderen Bereichen. Voraussetzung dafür ist, dass man sich aus dem Denken in Wochenlektionen löst und das Zeitbudget der Fächer zum Beispiel quartalsweise betrachtet.

In der mittelfristigen Gestaltung des Angebots besteht die Verbindung zum Klassenunterricht darin, dass Themen in die Planarbeit aufgenommen werden, die im Klassenunterricht bearbeitet worden sind. So erweitern sich Repetitions-, Trainings- und Vertiefungsaufgaben in Mathematik und Deutsch fortlaufend. Es ist auch möglich, aktuelle und temporäre Angebote einzubauen. Diese Themen können auch von den Schülerinnen und Schülern angeregt werden.

Die Rolle der Lehrperson

Die Lehrperson steuert den Unterricht in der Vorbereitung über das Angebot und die Lernorganisation und während der Planarbeitsphasen über die Lernberatung. Die Lehrperson muss in der Lage sein, ihre Rolle zu wechseln, indem sie sich aus dem Zentrum nimmt, Interventionen an die ganze Klasse minimiert, sich Einzelnen und Gruppen zuwendet, Lernende in ihrem Prozess und ihren Fortschritten beobachtet und dies konstruktiv in Lernberatung einfließen lässt.

Schritte in den Unterricht mit selbstbestimmten Lernplänen

Von der Freiwahlarbeit ... Ein guter Ausgangspunkt für individualisierte Lernpläne bilden Methoden wie Freiwahlarbeit, Atelierunterricht, Workshops und ähnliche Formen. Das heißt, Lernende arbeiten beispielsweise während zwei Stunden pro Woche in verschiedenen Lernangeboten, in Arbeitsateliers. Die Planung bezieht sich anfänglich nur auf diese zwei Stunden. Mit der Zeit wird der Atelierbetrieb auf vier Stunden ausgedehnt. Die Planung kann nun individuell auf zwei Stunden belassen oder auf vier Stunden ausgeweitet werden, je nach Art der Arbeit.

... zum Plan Der Atelierbetrieb wird nun in eigentliches Arbeiten nach Plan übergeführt. Dabei werden die zur Verfügung stehende Zeit auf sechs bis acht Stunden pro Woche erhöht, und die Planungszeit wird individualisiert. Die Lernenden planen ihre Arbeit immer noch innerhalb des bestehenden Angebots. Das Angebot bleibt weitgehend konstant respektive verändert sich nur langsam.

Einbezug der Eltern

Geprägt durch ihre eigene Schulzeit, stellen sich viele Eltern Unterricht gleichschrittig und gleichförmig in ordentlichen 45-Minuten-Lektionen vor. Deshalb ist es nicht weiter verwunderlich, wenn sich ein Teil der Eltern über offene Unterrichtsformen wundert.

Deshalb muss die Lehrperson den Eltern offenen Unterricht erklären. An einem Elternabend stellt die Lehrerin oder der Lehrer das Unterrichtskonzept vor, zeigt, wie es in der Praxis funktioniert, und begründet, weshalb er oder sie so arbeitet und was die Schülerinnen und Schüler dabei lernen.

Die Eltern werden zu Schulbesuchen eingeladen und können nach einer gewissen Zeit aus ihrer Sicht Rückmeldung geben.

Wertung des Konzepts

Individualisierung des Lernens Selbstbestimmte, offene Lernpläne ermöglichen Individualisierung des Lernens und damit innere Differenzierung wie wohl kein anderes Unterrichtskonzept. Die Lernenden können mit beratender Unterstützung der Lehrperson und der schulischen Heilpädagogin respektive des schulischen Heilpädagogen an Defiziten arbeiten und Ressourcen und Stärken ausbauen, und sie können teilweise ihren eigenen Lerninteressen nachgehen.

Stärkung der Selbst- und Sozialkompetenz Planungsfähigkeit, Selbststeuerung des Lernens, im weiten Sinn selbst verantwortetes Lernen und Zusammenarbeitsfähigkeit sind nicht etwa Voraussetzung für das Lernen mit offenen Lernplänen. Diese Kompetenzen werden in der Arbeit mit aufgebaut, indem auch in diesen Bereichen Ziele gesetzt, überprüft und erweitert werden.

Stärkung der Motivation Durch das verstärkte Kompetenzerleben durch Lernerfolge, durch die ausgeprägte Autonomieerfahrung und durch die soziale Eingebundenheit im «Unterricht als gemeinsame Sache» ist die Basis für eine wirkungsvolle Selbstmotivation gelegt (vgl. Deci & Ryan 1993). Dies wirkt sich erfahrungsgemäß auch auf den fremdbestimmten Klassenunterricht aus: Die Bereitschaft der Schülerinnen und Schüler wächst, sich der Fremdbestimmung in diesem Lerngefäß zu unterziehen und sich am Unterricht aktiv zu beteiligen. Klassenunterricht wird auf dieser Basis wirkungsvoller, was die an den Lernplanunterricht abgetretene Zeit bereits teilweise kompensiert.

Wirkungsvolles Lernen

Lernen ist ein aktiver und selbstgesteuerter, individuell und sozial konstruktiver und situativer Prozess (vgl. Mandl & Reinmann-Rothmeier 1998). Diese Bedingungen für effektives Lernen sind in der Arbeit mit selbstbestimmten und individualisierten Lernplänen weitreichend erfüllt.

Mängel und Risiken

Mängel und Risiken gibt es eigentlich keine. Dies sagt der Autor auf der Basis jahrelanger Erfahrung im individualisierten Lernplanunterricht mit in Selbstkompetenz und Leistungsvermögen eher schwächeren Schülerinnen und Schülern.

Wie bereits erwähnt, ist die Kehrseite eines ausgedehnten Lernplanunterrichts die verminderte Zeit für kursorischen Unterricht. Dies wird durch die verstärkte Grundmotivation der Lernenden teilweise wettgemacht. Überdies arbeiten die Lernenden in der Planarbeit ja ebenfalls an Zielen, die sich an den Kompetenzen und Kompetenzstufen der betroffenen Fachbereiche des Lehrplans orientieren. Im Weiteren können die Lernziele auf ihre Wesentlichkeit geprüft und in der Folge Inhalte des kursorischen Unterrichts gestrafft werden.

Literatur

Deci, E. & Ryan, R. (1993). Die Selbstbestimmungstheorie der Motivation und ihre Bedeutung für die Pädagogik. Zeitschrift für Pädagogik, 39 (2), S. 223–238.

Reinmann-Rothmeier, G. & Mandl, H. (1998). Wissensvermittlung: Ansätze zur Förderung des Wissenserwerbs. In Enzyklopädie der Psychologie, Themenbereich C: Methodologie und Methoden, Serie II: Kognition, Bd. 6: Wissen, hrsg. v. F. Klix und A. Spada (S. 457–500). Göttingen: Hogrefe.

Meier, A. et al. (2018). Schülerinnen und Schüler kompetent führen. Bern: hep.

THOMAS BIRRI

3 Atelierunterricht respektive Freiwahlunterricht

Im Atelierunterricht respektive in der Freiwahlarbeit können die Lernenden während zwei bis vier Stunden pro Woche ihre Tätigkeit aus einem längerfristig bestehenden Angebot frei wählen. Diese Lernform eignet sich besonders gut für den Einstieg in offenen Unterricht.

Was ist Atelierunterricht respektive Freiwahlarbeit?

Definition

Ateliers sind längerfristig bestehende «Lernorte» respektive Lernangebote, die sich in Inhalt, Tätigkeit, Wahrnehmung, Ausdruck und Sozialform unterscheiden. Die Lehrperson steuert den Unterricht inhaltlich, indem sie konzeptionell entscheidet, welche Fächer die Arbeitsstationen abdecken. Jedes Atelier hat bewusst eine begrenzte Anzahl Arbeitsplätze.

Die Schülerinnen und Schüler können für eine bestimmte Zeit im Laufe der Schulwoche, zum Beispiel während zwei bis vier Stunden, im Rahmen des Angebots ihre Tätigkeit frei wählen. Die Lerngruppe einigt sich auf die Belegung der Ateliers.

In der Unterstufe lehnen sich Ateliers an das Freispiel im Kindergarten an, greifen damit bereits aufgebaute Kompetenzen der Kinder auf und ermöglichen auch einen nahtloseren Übergang zwischen Kindergarten und Schule.

Historisch gesehen, weist der Atelierunterricht Bezüge zu den Arbeitsateliers aus der Freinet-Pädagogik auf. In der aktuellen didaktischen Landschaft sind u. a. Verwandtschaften zu selbstbestimmten, offenen Lernplänen, zum Werkstattunterricht, zum Workshopbetrieb in Konzentrationswochen und zur Projektarbeit auszumachen.

Ziele und Nutzen

Atelierunterricht ist ein didaktisches Konzept, das eine partielle Öffnung des Unterrichts erlaubt. Dies ermöglicht der Lehrperson den vorerst beschränkten und schrittweisen Einstieg in offenen Unterricht.

Ateliers sind insofern eine adaptive Lernumgebung, als sie neben dem eher instruktiven Klassenunterricht ein Lernfeld mit vermehrter Eigensteuerung der Lernenden öffnen. Die Schülerinnen und Schüler können je nach inhaltlicher Gestaltung sowohl Themen aus dem instruktiven Unterricht erweitert bearbeiten als im Hinblick auf den Kompetenzerwerb auch Lernziele unabhängig vom Klassenunterricht verfolgen. Atelierunterricht fördert sowohl das Lernen im Bereich der Sachkompetenz als auch die Selbst- und Sozialkompetenz und stärkt durch die Wahlmöglichkeit die Motivation.

Grad der Offenheit

Nach den Dimensionen der Öffnung von Unterricht nach Bohl und Kucharz (siehe Kapitel 6) kann die Arbeit in Ateliers als offener und selbstbestimmter Unterricht bezeichnet werden. Können die Lernenden eigene Atelierangebote entwickeln und/oder in selbstbestimmten Projekten arbeiten, wird auch die partizipative Dimension erreicht.

Mögliche Inhalte der Ateliers

Über die Inhalte der einzelnen Ateliers steuert die Lehrperson das Lernen im Bereich der Sachkompetenz. Die Schwerpunktsetzung richtet sich nach den Zielen, welche die Lehrperson mit ihren Schülerinnen und Schülern in diesem Lernangebot erreichen will. Zu Beginn ist dieses vielleicht konzeptionell noch nicht durchweg ausgereift, sondern richtet sich eher nach den Möglichkeiten der Lehrperson und der Schule.

Mögliche Inhalte sind:

	Deutsch	*Mathematik*	*Natur, Mensch, Gesellschaft*	*Weitere ...*
eher eng geführte Angebote	• gezieltes Rechtschreibetraining • gezieltes Grammatiktraining • Diktattraining • Texte lesen und verstehen	• Trainingsaufgaben • Vertiefungsaufgaben	• Leitprogramme • Werkstätten • Forscherateliers mit Forscherkisten, Physikkästen, Legotechnik, ...	• Kochatelier • Erlernen verschiedener Gestaltungstechniken nach Anleitung
in Vorgehen und Ergebnis offenere Angebote	• Leseecke • Geschichtenwerkstatt • Druckatelier • ein Buch schreiben	• mathematisches Knobeln und Erforschen	• experimentieren und erforschen • freie Lernprojekte (freies Forschen)	• Malatelier • Videolabor • Tonstudio • Töpferei

Abbildung 30: Mögliche Inhalte von Ateliers

Abbildung 31: Bücher lesen. Die Erstleserin liest und hört den Text

Abbildung 32: Schuldruckerei

Abbildung 33: Das Malhaus, zwei Gestelle auf Rollen

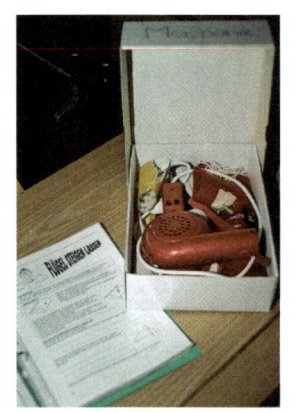

Abbildung 34: Forscherkiste

Abbildung 35: Kochatelier Buchstabensuppe

Abbildung 36: Kinder schreiben und zeichnen selbst ihr Bilderbuch

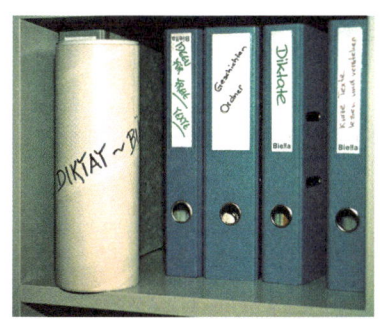

Abbildung 37: Trainings- und Lernmaterial Deutsch

Abbildung 38: Forschen zum Thema «Wärmelehre»

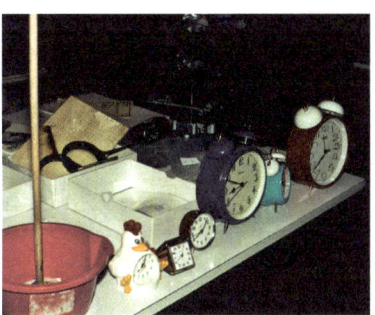

Abbildung 39: Forschen zum Thema «Zeit»

Abbildung 40: Töpferei

Organisation

Raumstruktur

Die Ateliers müssen so aufgebaut sein, dass sie schnell eingerichtet und abgebaut sind (z. B. auf fahrbaren Gestellen, die gleichzeitig als Raumteiler dienen). Die einzelnen Ateliers sollten optisch durch einfache Faltwände und Gestelle etwas getrennt sein. In Klassenzimmern, die bereits in verschiedene Arbeitsbereiche gegliedert sind, fällt das leichter.

Zeit

Für den Atelierbetrieb muss ein Zeitraum von wöchentlich zwei bis vier Lektionen zur Verfügung stehen, in großen Klassen mit Vorteil im Halbklassenunterricht.

Arbeitsplätze

Es besteht im Gesamten ein Überangebot an Arbeitsplätzen, damit eine echte Wahl möglich ist. Gleichzeitig sind die Arbeitsplätze pro Atelier beschränkt, damit Einigungsprozesse notwendig sind (soziales Lernen). Zu Beginn oder besser am Halbtag vorher reservieren sich die Schülerinnen und Schüler ihren Atelierplatz. Dazu braucht es eine Planungshilfe zum Beispiel in Form eines Plakats. Die Zahlen in Klammern bezeichnen die maximale Zahl der Arbeitsplätze.

Die Lernenden klemmen zur Reservation eine Wäscheklammer mit ihrem Namen neben das gewünschte Atelier. Hat es mehr Interessierte als Arbeitsplätze, ist eine Einigung in der Planungsrunde nötig.

Die definitive Belegung wird in die mit Datum versehenen Felder eingetragen. So kann über längere Zeit verfolgt werden, wer wie oft in welchem Atelier war.

	10.1.	17.1.	24.1.	
Freies Malen (2)				
Zeichnen (4)				
Kochen (2)				
1x1-Training (4)				
…				

Abbildung 41: Organisation eines Atelierunterrichts

Klare und attraktive Aufträge motivieren

Jedes Atelier verfügt über eine klare Anleitung. Diese deklariert das Lernziel im Hinblick auf den Kompetenzerwerb, beschreibt kurz den Inhalt, führt bei eher «geschlossenen» Aufträgen leitprogrammartig durch die Aufgabe und listet das benötigte Material auf. Die Materialien sind ansprechend gestaltet, «unverwüstlich» und übersichtlich aufbewahrt.

Arbeitsweise klären

Falls Partner- und Gruppenarbeiten eingesetzt werden, braucht es jeweils Zeit und wohl auch Moderation der Lehrperson, um die Arbeiten zu organisieren. Die Lernenden reflektieren den Arbeits- und Lernprozess einzeln (Lerntagebuch, Atelierportfolio, metakognitive Aufträge an jeder Lernstation …) und auch im Austausch mit andern, moderiert von der Lehrperson. Schlüsse aus dieser Reflexion fließen allenfalls in die Organisations- und Verhaltensregeln, sicher aber in die Gestaltung des weiteren Lernprozesses ein.

Der Unterricht konkret

Planung

Nach der vorgängigen Reservation werden die Atelierplätze in einer Planungsrunde verteilt. Bei Uneinigkeit ist das Belegungsplakat eine Hilfe. Soweit möglich, suchen die Schülerinnen und Schüler selbst nach Lösungen, respektive sie suchen selbst nach Argumenten, weshalb gerade sie heute diesen Atelierplatz belegen können: «Ich war schon lange nicht mehr im Kochatelier», «Ich will den angefangenen Text auf dem Computer fertig schreiben», «Ich möchte mit Regula arbeiten» usw.

Verlauf

Damit vertiefte Arbeits- und Lernprozesse möglich sind, arbeiten die Lernenden in der Regel die ganze Atelierzeit in ihrem Atelier. Die Ateliers müssen so angelegt sein, dass dies möglich ist. Werden Einzelne trotzdem früher fertig, können sie sich mit kleineren Arbeiten beschäftigen, anderen Kindern helfen oder die nächste Ateliersequenz planen.

Ausstellung und Vorstellrunde

Die in den Ateliers entstandenen Arbeiten können auf einem speziellen Tisch oder Gestell ausgestellt werden. Regelmäßig findet auch eine Austauschrunde statt, in der Geschichten vorgelesen, Tondokumente gehört, Produkte gezeigt, Rollenspiele vorgeführt werden usw.

Klassenrat

Arbeitet eine Klasse regelmässig in Ateliers, werden durch den offeneren Betrieb auch Reibungsflächen und Konflikte sichtbar. Das ist nicht etwa eine negative Nebenerscheinung, sondern sogar ein gewünschter Effekt, weil dies immer wieder Anlass für Lernen im Bereich der Sozialkompetenz bietet.

Im regelmässig zusammenkommenden Klassenrat werden auftauchende Probleme miteinander besprochen, Lösungen gesucht und Regeln vereinbart. Die Lernenden und die Lehrperson notieren ihre «Traktanden» auf einer Klassenratstafel. Der Klassenrat dient auch dem Austausch von Arbeitsergebnissen.

Planung und Vorbereitung

Vorbereitung

Zu Beginn kann ganz einfach folgende Frage stehen: Über welche Materialien verfüge ich oder verfügen andere im Schulhaus, aus denen ich mit wenig Aufwand ein Atelier aufbauen kann? Eine Schminkkiste für das Schminkatelier, eine Herdplatte und/oder ein mobiler Backofen ergeben das Kochatelier, der Brennofen im Keller dient der Töpferei, die Lego-Educational-Bausätze oder der Chemiekasten ergeben ein Forschungslabor, zwei Gestelle auf Rollen und ein Vorhang bilden das Malatelier, Lernkarteien und Lernsoftware heissen Mathe-Fitness usw.

Mit der Zeit kann das Angebot zielgerichteter und konzeptioneller gestaltet werden. Folgende Aspekte können dabei leitend sein:
- Lernziele, die sich an den Kompetenzen des Lehrplans orientieren, die mit dem Atelierunterricht erreicht werden sollen;
- Berücksichtigung verschiedener Sinne und Ausdrucksformen;
- eher produktorientierte Aufträge und eher prozessorientierte Ateliers;
- eher geführte Aufgaben und offene Problemstellungen oder Aufträge;
- Ateliers im kognitiven und gestalterischen, musischen Bereich;
- räumliche Möglichkeiten;
- ...

Auch die Lernenden können mit der Zeit Ideen für neue Ateliers beisteuern!

Verschiebung der Arbeitszeit

Wie im Werkstattunterricht und bei der Arbeit mit selbstbestimmten Lernplänen muss die Unterrichtsanlage im Atelierunterricht längerfristig vorbereitet sein. Dies kann gut in den Schulferien geschehen, dafür ergibt sich eine Entlastung in den Unterrichtswochen.

Zusammenarbeit

Der Aufbau von Ateliers ist je nach Inhalt recht (material-)aufwendig. Der Atelierunterricht führt zu ungewohnten Erfahrungen auch auf der Seite der Lehrperson und zu neuen pädagogischen Herausforderungen. Die Zusammenarbeit mit anderen Lehrkräften macht die Vorbereitung vielfältiger und effizienter. Im regelmässigen Gespräch können Erfahrungen ausgetauscht und Problemlösungen diskutiert werden.

Ab der Mittelstufe können die Ateliers auch gemeinsam mit den Schülerinnen und Schülern aufgebaut werden, bestenfalls in Zusammenarbeit mit der Werklehrperson: Gestelle und Kisten bauen, Faltwände herstellen und bemalen, Materialien herstellen usw.

Weiterentwicklung

Vom Atelierunterricht zum individuellen Lernplan

Der zeitliche Rahmen wird ausgedehnt. Die Lernenden arbeiten zum Beispiel vier Stunden pro Woche in den Ateliers und nehmen sich zwei bis mehrere Aufgaben vor. Dies ist bereits eine Vorstufe selbstbestimmter, offener Planarbeit. Dehnt man die Zeit noch etwas mehr und ändert den Planungsmodus, schon ist die individuelle Planarbeit verwirklicht!

Fenster zum projektorientierten Unterricht

Es gibt ein Joker-Atelier, in dem die Lernenden sich selbst ein Ziel setzen, eine Arbeit vornehmen, eine Forschungsfrage stellen können: Das will ich wissen, lernen, herstellen ... Es ist wichtig, dabei Verbindlichkeiten über das (Produkt-) Ziel, die Arbeitsschritte und die zeitliche Planung herzustellen. Dazu dient ein Arbeits- respektive Projektvertrag.

Wertung des Konzepts

Die Schülerinnen und Schüler lernen mehr

Atelierunterricht ist ein didaktisches Konzept, mit dem eine gleichzeitige und ausgewogene Förderung der Sach-, Selbst- und Sozialkompetenz erreicht wird.

Das Lernen wird durch folgende Faktoren gestärkt:

Selbstkompetenz	*Sozialkompetenz*	*Sachkompetenz*
• hoher Anteil an Selbststeuerung • wählen, entscheiden, planen • Mitverantwortung • an einer Arbeit dranbleiben • sich im offenen Betrieb konzentrieren können • Frustration aushalten, wenn das Wunschatelier nicht besucht werden kann	• sich einfügen • sich argumentativ durchsetzen • gemeinsam Lösungen finden • mit anderen arbeiten • Rücksicht nehmen • Konflikte lösen • gemeinsam Regeln entwickeln • sich an Regeln halten	• hohe Motivation durch Beteiligung, Autonomie- und Kompetenzerfahrungen • Binnendifferenzierung bezüglich Interesse, Inhalt und Anforderung • Lernen als aktiver, selbstgesteuerter, situativer, konstruktiver und interaktiver Prozess

Abbildung 42: Kompetenzorientierung im Atelierunterricht

Binnendifferenzierung

Atelierunterricht ist ein Mittel zur echten Binnendifferenzierung. Er ermöglicht ein auf die Interessen, Bedürfnisse und Möglichkeiten der Schülerinnen und Schüler abgestimmtes Lernen.

Sanfter Einstieg für die Lehrperson

Ähnlich wie der Einsatz von Werkstätten bietet der Atelierunterricht die Möglichkeit, punktuell mit erweiterten Lernformen zu arbeiten. Parallel dazu findet der gewohnte Unterricht statt. Mit zunehmender Erfahrung im individualisierenden Unterricht können andere Elemente wie selbstbestimmte Planarbeit oder Projektarbeit nach und nach ins Gesamtkonzept des Unterrichts eingebaut werden.

Nachteile und Risiken

Nachteile und Risiken gibt es eigentlich keine, es sei denn, dass die produktive Arbeit in den Ateliers bald nach mehr ruft und die Zeitbeschränkung dies verunmöglicht. Aber das eröffnet ja eine neue, attraktive Perspektive!

HANS BERNER

4 Dialogisches Lernen

Das natürliche kindliche Lernen weist im Ansatz des dialogischen Lernens dem schulischen Lernen den Weg. Die einzelnen Schülerinnen und Schüler sollen sich von Anfang an mit dem Ganzen auseinandersetzen. Die Lehrpersonen sollen zuerst geduldig zuhören, ihr didaktisches Konzept anpassen und sich von den Lernenden zeigen lassen, wie und wo sie am wirksamsten unterstützen können. Bei dieser Unterrichtskonzeption sind die persönlichen Standortbestimmungen der einzelnen Schülerinnen und Schüler von entscheidender Bedeutung. Die Lehrmeisterin dieses didaktischen Ansatzes ist die Kunst: Ein Kunstwerk – ein Bild, ein Film oder ein Gedicht – verlangt durch seine Einzigartigkeit eine ganz persönliche Antwort und vermag berührende Begegnungen auszulösen. Analog muss beim schulischen Lernen die Möglichkeit geschaffen werden, dass die ausgewählten Inhalte in einem ganz persönlichen Begegnungsprozess als attraktives Gegenüber wahrgenommen werden und dass Funken der Faszination sprühen können. Die Inhalte sollen von den Lernenden zuerst einmal betrachtet und beschnuppert werden dürfen, es soll ein offenes und unvoreingenommenes Gegenübertreten stattfinden, bei dem der Fluss der Gedanken und Ideen durch kein richtig/falsch oder brauchbar/unbrauchbar gelenkt und gehemmt wird. Entscheidend ist, was sich in der Welt der einzelnen Schülerin und des einzelnen Schülers abspielt: Das Ich muss in der Sache Fuß fassen können – und die Sache muss zu einem wirklichen Gegenüber werden können.

Unterschiedliche Unterrichts- und Lehrerbilder

Abbildung 43: Ein vertrautes Bild (Hermenegild Heuberger in Ruf & Gallin 1990, S. 154)

Die Karikatur des Unterrichtsbildes, in dem sich die alleinverantwortliche Lehrperson an für alle Lernenden verbindlichen stofflichen Zielen ausrichtet, gibt ihr alle Hände voll zu tun. Die Vorteile für die Lehrperson sind offensichtlich: Sie hat die Sache und die Lernenden jederzeit voll im Griff. Schritt für Schritt wird die Klasse in die vorbestimmte Richtung geführt. Aufforderungen wie «Mach ein bisschen vorwärts!», «Wart noch!» oder «Macht das mal alle nach!» erinnern an Exkursionen im Klassenverbund und garantieren der Lehrperson im «Idealfall» jederzeit den totalen Überblick und die Kontrolle über die Klasse und das Stoffgebiet. Dieses vielen vertraute Unterrichtsbild wird aus der Perspektive des dialogischen Lernens als «segmentierende Wissensvermittlung» charakterisiert: Das ganze Stoffgebiet wird durch die Lehrperson – oder durch das Lehrmittel – in Segmente unterteilt und in einzelnen Lektionen portionenweise vermittelt mit der Erwartung, dass sich die Lernenden das «Durchgenommene» einprägen und die einzelnen Elemente zusammenfügen. Das klingt beruhigend vertraut (vgl. Berner 2005, S. 62 f.).

Das Unterrichtsbild, das Peter Gallin und Urs Ruf in ihrem Ansatz eines dialogischen Lernens fordern, sieht ganz anders aus und erfordert eine Neudefinition der Lehrer- und Schülerrollen (vgl. Ruf & Gallin 1990, S. 156 f.). Die Maxime lautet nicht «Alle schön mir nach!», sondern «Geh ruhig voraus!». Dieses Bild orientiert sich am außerschulischen, kindlichen Lernen. Ein Kind, das etwas lernen will, kümmert sich nicht um traditionelle Fachgrenzen. Neugierde und Wissensdurst richten sich nicht auf ganz bestimmte einzelne Inhalte, sondern auf das «Ganze». Die beharrliche

Aufforderung «Erklär mir die Welt!» ist ein Ausdruck dieses kindlichen Wissens- und Erkenntnisdurstes. Es ist dieses natürliche kindliche Lernen, das im Ansatz des dialogischen Lernens dem schulischen Lernen den Weg weisen soll. Der einzelne Schüler und die einzelne Schülerin sollen sich von Anfang an mit «dem Ganzen» auseinandersetzen können und sich nicht ständig von Teilaspekten aufhalten lassen müssen. Die Lehrperson soll zuerst geduldig zuhören, ihr didaktisches Konzept anpassen und sich von den Lernenden zeigen lassen, wie und wo sie am wirksamsten unterstützen kann und soll. Das klingt interessant und ungewohnt – ist aber ohne Zweifel nicht ganz einfach umzusetzen (vgl. Berner 2005, S. 63).

Viele Jahre früher hat Martin Wagenschein, der mit seiner Unterrichtskonzeption des exemplarischen Lehrens und Lernens eine wichtige Quelle des dialogischen Lernens bildet, mit einprägsamen Bildern drei ganz verschiedene Unterrichtsbilder charakterisiert: ein in den eigenen Erkenntniswolken dozierender Unterrichtsstil, bei dem die Lehrperson von oben herab zu den mehr oder weniger aufmerksamen Schülerinnen und Schülern spricht und sagt, was sie oben sieht; ein an der Hand führender Stil, bei dem die Lehrperson die Schülerinnen und Schüler auf dem mehr oder weniger gut vorbereiteten Weg zum Gipfel der Erkenntnis führt; ein auf Selbsterkenntnis und -tätigkeit basierender Stil, bei dem alle gemeinsam beginnen, den besten Weg zu suchen, zu finden und auszubauen. Beim dritten Stil ist die Lehrperson kaum zu sehen. Sie kennt jedoch das Gelände gut und will aufgrund der Ortskenntnis den Schülerinnen und Schülern ermöglichen, dass sie ihren Berg ganz allein besteigen können – ihn überwinden lernen. Wichtig ist die Wahl des Berges und die Wahl der Route: Am gewählten Ort muss man das Bergsteigen lernen und den Verlauf der ganzen Gebirgskette gut überschauen können (vgl. Wagenschein 1975, S. 16–19).

Abbildung 44: Ein ungewohntes Bild (Hermenegild Heuberger in Ruf & Gallin 1990, S. 157)

Abbildung 45: Natur physikalisch gesehen (Wagenschein 1975)

Kernideen als ungewohnter Lernauftakt

Kernidee als Witz der Sache

Im Ansatz des dialogischen Lernens hat die Lehrperson die Aufgabe, den «Witz der Sache» in Form von Kernideen zu formulieren. Diese eröffnen allen Beteiligten einen Blick auf das Ganze des Faches oder eines größeren Stoffgebietes. Die Kinder und Jugendlichen sind aber nicht verpflichtet, die Kernidee der Lehrperson zu übernehmen. Sie dürfen und müssen – im konstruktiven Dialog mit den Kernideen der Lehrperson und denen der Mitschüler – eigene, auch widersprechende Kernideen entwickeln. Das dialogische Entwickeln und Aushandeln von Kernideen soll nicht nur den Lernenden zugutekommen, sondern auch die Lehrenden zu ungewohnten Neuinterpretationen von Bekanntem und Altvertrautem führen. Die Generierung von Kernideen und die Darlegung des Kerns der Sache lässt den Stoff in einem neuen, spannenderen Licht erscheinen. Bei dieser Arbeit kommt der Aufteilung des Stoffs eine ganz andere Aufgabe zu als bei der segmentierenden Wissensvermittlung: Die Lehrperson braucht sie für eine private Klärung und nicht als Lerninhalt für die Schülerinnen und Schüler. Die Kernideen werden den Schülerinnen und Schülern in den Lektionen vorgestellt. Diese Kernideen sind aber nicht die Inhalte des Lernens, sondern Auftakte für die individuellen Lernprozesse. Aus den Kernideen entsteht der Stoff, den die einzelnen Schülerinnen und Schüler auf individuelle Art und Weise entfalten und ausdifferenzieren. Das Entscheidende ist, dass die Sache als Ganzes den Lernenden von Anfang an in Form der Kernidee gegenübersteht und dass die Grundlage für einen Dialog der Einzelnen mit der Sache geschaffen ist. Bei diesem Lernprozess tritt die Tätigkeit des Probens an die Stelle des Übens. Die Ergebnisse der individuellen Dialoge mit der Sache werden in einem intensiven Reflexionsprozess geordnet. Diese Lernprozesse sollen die Lernenden lehrerunabhängig machen: In einem ganz persönlichen Lernprozess können die Lernenden nicht nur der Sache, sondern auch sich selbst begegnen (vgl. Ruf & Gallin 1990, S. 88f.).

Kernidee: Geteilt durch ½ gibt mehr!

Ein gelungenes Beispiel einer Kernidee betrifft das Thema «Geschwindigkeit». Als kleiner Junge durfte Peter Gallin in einem Sportwagen mitfahren – in rasantem Tempo. Auf die Frage des Jungen: «War da hinten nicht eine 60er-Tafel?», antwortete der Fahrer: «Damit sind aber 60 Kilometer in einer halben Stunde gemeint!» Dieser Scherz eröffnete dem Jungen eine völlig neue, unvergessliche Erkenntnis: Geteilt durch ½ gibt mehr!

Kernidee: Wie wirkt mein Spruch auf dem T-Shirt?

Mit ihrem Unterrichtsthema «Sprüche auf T-Shirts» hatte eine Fachlehrerin für Textiles und Technisches Gestalten unbefriedigende Erfahrungen gesammelt: Die Schülerinnen und Schüler hatten jeweils, ohne lange zu überlegen, irgendeinen aktuellen Spruch auf ihr T-Shirt gemalt. Aufgrund ihrer negativen Erfahrungen lautete die Kernidee der Lehrerin ganz trivial: Nicht mehr so wie das letzte Mal! Ihre Wunschkernidee war: Ein eigener Spruch ist viel mehr wert als irgendein fremder – lieber holprig und original als kopiert. Die Lehrerin hatte also ganz klare Vorstellungen: Auf den einzelnen T-Shirts ihrer Schülerinnen und Schüler sollte etwas Gehaltvolles – ein Satz mit Niveau – stehen. Diese unausgesprochene Erwartungshaltung der Lehrerin führte zu einem grundsätzlichen Problem: Die Schülerinnen und Schüler hätten die Aufgabe gehabt, Sprüche zu erfinden, die ihrer Lehrerin gefallen. Durch die Zusammenarbeit mit der Lehrperson für Deutsch entstand eine neue Kernidee für ein fächerübergreifendes Thema: Wie wirkt mein Spruch auf dem T-Shirt? Wie komme ich damit bei anderen Menschen an? Die Zielsetzung war, Sprüche zu erfinden und diese in der Begegnung mit anderen Menschen zu testen. Bei dieser Kernidee ging es um zentrale Fachanliegen: Kleider entwerfen und Stoffe, Farben, Formen auswählen geschieht immer im Blick auf eine Wirkung bei anderen Menschen (vgl. Ruf 2003).

Merkmale von Kernideen

Durch drei Aspekte können Kernideen charakterisiert werden:
- Biografischer Aspekt: Eine Kernidee ist eine pointiert formulierte, persönlich gefärbte Aussage über einen komplexen Sachverhalt, die den Gesprächspartnerinnen und -partnern klarmacht, was für mich der Witz der Sache ist.
- Wirkungsaspekt: Kernideen sollen das Gegenüber herausfordern, ein persönliches Verhältnis zum Stoff zu klären. Sie offerieren Sicherheit und Orientierung, ohne die Eigentätigkeit einzuschränken.
- Sachaspekt: Als Auftakt zum Lernen auf eigenen Wegen fangen Kernideen ganze Stoffgebiete in vagen Umrissen ein. Sie rücken eine provozierende Eigenheit in den Vordergrund und laden zu einem partnerschaftlichen Dialog ein.

Kernideen kreieren ist eine herausfordernd-kreative Aufgabe

Die Entwicklung von Kernideen ist zweierlei: eine faszinierende kreative Arbeit und eine schwierige. Zündende Ideen für die Darstellung des Kerns der Sache entstehen, wenn man in seiner eigenen Lernbiografie nach authentischen Begegnungen und Schlüsselerlebnissen sucht und im Dialog mit Partnern aus anderen Disziplinen, die einen fremden Blick einnehmen können, steht.

Die Auseinandersetzung mit Kernideen in Lernjournalen

Die individuellen Lernprozesse im Zusammenhang mit der Auseinandersetzung mit den Kernideen formulieren die Schülerinnen und Schüler in Lernjournalen oder Reisetagebüchern. Der generelle Auftrag lautet: Dokumentiere deinen Lernweg. Dialogisches Lernen misst der Schriftlichkeit eine sehr wichtige Rolle bei, weil sich beim Schreiben Gefühle und Gedanken verlangsamen und klären, Gestalt annehmen und zur Stellungnahme herausfordern. Ruf und Gallin sind überzeugt: «Wer schreibt, übernimmt in besonderer Weise Verantwortung für seine Position und öffnet sich der Kritik. Individualisierung ohne Aufbau einer schriftlichen Sprachkompetenz, die es dem Lernenden erlaubt, seine im Moment verfügbare Sprache als Medium des Lernens selbstständig zu nutzen, ist undenkbar» (Ruf & Gallin 1991, S. 20). Lernjournale müssen drei Anforderungen genügen: chronologisch (alles wird genau so dokumentiert, wie es sich in der Auseinandersetzung mit dem Stoff und den Lernpartnern abgespielt hat); ausformuliert (Stichwörter genügen nicht, weil sich auch die Lernpartner und Lehrpersonen zurechtfinden können müssen); unzensiert.

Leitfragen für die Dokumentation des Lernwegs

Die Schülerinnen und Schüler haben die Aufgabe, ihren persönlichen Lernweg anhand von vier Leitfragen zu dokumentieren: Wie wirkt dieser Stoff auf mich? Wie verhalte ich mich beim Problemlösen? Kann ich mit meinem Wissen und Können vor anderen bestehen? Was habe ich erreicht? Diese von der Klassenstufe und den individuellen Fähigkeiten unabhängigen Aufgaben zielen auf fächerübergreifende Sach- und Sprachkompetenzen und orientieren sich an überfachlichen Kompetenzen. Die Leitfragen, die Registern des selbstständigen Arbeitens entsprechen, beleuchten die vier Aspekte Vorschau (Wie wirkt dieser Stoff auf mich?), Weg (Wie verhalte ich mich beim Problemlösen?), Produkt (Kann ich mit meinem Wissen und Können vor anderen bestehen?) und Rückschau (Was habe ich erreicht?) (vgl. Berner 2005, S. 70).

Echte Begegnungen mit Themen statt traumatische Misserfolgserlebnisse

Traumatische Schulerinnerungen

Es gibt Menschen, bei denen ein Blick auf ein Gedicht genügt, um fast schon traumatische Reaktionen oder Erinnerungen auszulösen. Bei anderen braucht es schon mehr: die Aufforderung, ein Gedicht oder ein Lied vorzutragen oder einen Text zu schreiben oder zu veröffentlichen. In seinem Buch «Schulkummer» beschreibt Daniel Pennac die Qual der Gedichte: «Ach, diese wöchentlichen Gedichte, von denen wir nichts begriffen und deren eines das nächste unter sich begrub, als sollten wir in Wahrheit das Vergessen lernen! Gaben sie uns diese Gedichte eigentlich auf, weil sie sie mochten oder weil ihnen von ihren Lehrern eingetrichtert worden war, dass sie zum ewig-unantastbaren Kanon der unvergänglich-großen Toten gehörten?» (Pennac 2010, S. 140f.). Literatur-, Schreib-, Mathematik-, Physik- oder durch andere Schulfächer geschädigte Menschen sind nicht nur (aber auch) ein Resultat gut oder weniger gut gemeinter schulischer Bemühungen. Für dieses Leiden sind aber nicht die Sachen verantwortlich, sondern der angstbesetzte Umgang mit ihnen. Ein Grund solcher «Beschädigungen» liegt darin, dass viele Lehrpersonen den Unterrichtsstoff nicht «freigeben», bevor sie ihn didaktisch zergliedert präsentieren, das heißt, portionenweise Schritt für Schritt vom Einfachen zum Schwierigen eingeführt haben (vgl. Berner 2005, S. 71f.).

Unvoreingenommene erste Begegnungen

Der Schlüssel zu einer authentischen Begegnung mit schulischen Inhalten liegt in einer ersten Phase des Lernprozesses im vollständigen Verzicht auf fachbezogene Erwartungen an die Lernenden. Die Inhalte sollen zuerst einmal betrachtet und beschnuppert werden dürfen, es soll ein offenes und unvoreingenommenes Gegenübertreten stattfinden, bei dem der Fluss der Assoziationen durch keine Vorstellungen von richtig und falsch oder brauchbar und unbrauchbar gelenkt und gehemmt wird. Entscheidend ist, was sich in der singulären Welt des Einzelnen abspielt: Das Ich muss in der Sache Fuß fassen können, die Sache muss zu einem wirklichen Gegenüber werden. Unabhängig von Fach und Schulstufe lautet der Auftrag in der ersten Lernphase:

• •

Achte beim Lesen dieses Gedichtes, dieser Gleichung usw. auf deine Gedanken und Gefühle. Schreibe alles auf, was dir durch den Kopf geht.

• •

In dieser Phase finden alle Schülerinnen und Schüler eine Beziehung zur Sache. Es kann keine Misserfolgserlebnisse im Sinne von «Ich habe keine Ahnung» geben. Verunsicherungen und Verärgerung haben Platz. Wesentlich ist, dass diese Gefühle aufgespürt und entschlüsselt und anderen zugänglich gemacht werden können (vgl. Ruf & Gallin 2002, S. 154–164).

Verschiedene Sprachen und eine didaktische Neuorientierung

Die Sprache des Verstehens

Die persönlichen Gespräche mit dem Stoff und der erzählende Austausch dieser Erfahrungen mit anderen sind die Quellen des Verstehens; ihre Sprache ist im Fluss, sie wird erschaffen und weiterentwickelt. Dieser interne Sprachgebrauch – die Sprache des Verstehens – hat einen Werkstattcharakter; er dient der singulären Standortbestimmung und dem divergierenden Austausch. Das Gefäß ist das Reisetagebuch.

Die Sprache des Verstandenen

Die Sprache des Verstandenen ist dagegen etwas ganz anderes: Sie ist gewissermaßen die ökonomische, effiziente Schnellstraße auf dem Weg von Fragen zu Lösungen. Der Unterricht, der nur diese Straße benutzt, riskiert Unfälle mit gravierenden Sach- und Personenschäden. Eine Kultur des internen Sprachgebrauchs bildet das Fundament für überzeugende Auftritte vor Publikum. Schriftliche und mündliche Formen wie Referate, szenische Darstellungen oder Prüfungen, die den Charakter von Publikumsauftritten haben, werden Produkte genannt und orientieren sich an der Sprache des Verstandenen. Im gelungenen Produkt ist das Singuläre ins Reguläre eingebunden: Im Wir findet das Ich zu sich selbst und kann vom Du verstanden werden (vgl. Ruf & Gallin 1999, S. 160–175).

Eine grundlegende didaktische Neuorientierung

Der Ansatz des dialogischen Lernens verlangt wesentlich mehr als einige methodische Retouchen («Das wäre doch jetzt so etwas wie eine Kernidee!») und die Einführung einiger neuer Instrumentarien («Ab heute könntet ihr doch mal ein Reisetagebuch führen!»). Gefordert ist eine umfassende didaktische Neuorientierung des Unterrichts, die nicht zu unterschätzende Konsequenzen für die Unterrichtsgestaltung und die Rolle der Lehrpersonen hat. Beim Ansatz des dialogischen Lernens dreht sich alles um authentische Begegnungen: Das streng dialogische Unterrichtskonzept basiert auf den Grundbewegungen der singulären Standortbestimmung, des divergierenden Austauschs und des regularisierenden Problemlösens. Sich auf das dialogische Unterrichtsprinzip einzulassen, verlangt von den Lehrenden, sich auf eine Reise mit unbekanntem Verlauf einzulassen. Im Unterschied zu einem Unterrichtskonzept, das sich auf eine Instruktion und Einübung des Regulären beschränkt, will der dialogische Ansatz, dass das Reguläre aus Dialogen zwischen einem Ich und einem Du herauswachsen kann (vgl. Berner 2005, S. 74 f.).

Literatur
Gallin, P. & Ruf, U. (1999). Ich mache das so! Wie machst du es? Das machen wir ab. Sprache und Mathematik für das 1.–3. Schuljahr. Zürich: Lehrmittelverlag des Kantons Zürich.
Pennac, D. (2010). Schulkummer. Köln: Kiepenheuer & Witsch.
Ruf, U. (2003). «Wie wirkt mein Spruch auf dem T-Shirt?». Friedrich Jahresheft 2003, S. 82–83.
Ruf, U. & Gallin, P. (1990). Sprache und Mathematik in der Schule. Auf eigenen Wegen zur Fachkompetenz. Zürich: Verlag Lehrerinnen und Lehrer Schweiz (LCH).
Ruf, U. & Gallin, P. (1991). Aufbau von Sprach- und Fachkompetenz beim Lernen mit Kernideen und Reisetagebüchern. Schweizer Schule, 78 (9), S. 18–29.
Ruf, U. & Gallin, P. (1999). Ich mache das so! Wie machst du es? Das machen wir ab. Sprache und Mathematik für das 4.–6. Schuljahr. Zürich: Lehrmittelverlag des Kantons Zürich.
Ruf, U. & Gallin, P. (2002). Sich einlassen und eine Sprache finden. Merkmale einer interaktiven und fächerübergreifenden Didaktik. In R. Voss (Hrsg.), Die Schule neu erfinden. Systemisch-konstruktivistische Annäherungen an Schule und Pädagogik (4., überarbeitete Auflage, S. 154–178). Neuwied/Kriftel: Luchterhand.
Ruf, U. & Gallin, P. (2005). Dialogisches Lernen in Sprache und Mathematik. Band 1: Austausch unter Ungleichen. Grundzüge einer interaktiven und fächerübergreifenden Didaktik (3., überarbeitete Auflage). Seelze-Velber: Kallmeyer.
Wagenschein, M. (1975). Natur physikalisch gesehen. Didaktische Beiträge zum Vorgang des Verstehens. Braunschweig: Westermann.

Bei diesem Text handelt es sich um eine aktualisierte, überarbeitete und gekürzte Fassung von: Berner, H. (2005). Dialogisches Lernen – Persönliche authentische Begegnungen statt «So ist es recht und richtig!». In H. Berner & T. Zimmermann, Unvergessliche Lehr-Lern-Arrangements. Theoretisch geklärt, praktisch umgesetzt (S. 61–83). Zürich: Verlag Pestalozzianum. Die Karikaturen auf Seite 233/234 stammen von © Hermenegild Heuberger, CH-6133 Hergiswil am Napf.

HANS BERNER

5 Projektunterricht

Projektunterricht ist längst zu einem attraktiven Bestandteil des schulischen Unterrichts geworden. Mit dieser faszinierenden Unterrichtskonzeption verbinden viele Lernende schöne Erinnerungen an Tage und Wochen, in denen sie sich selbstbestimmt mit für sie wichtigen Themen auseinandersetzen konnten. Projektunterricht verfolgt ein ambitioniertes Ziel: Die selbstverantwortliche handlungsorientierte Auseinandersetzung der Schülerinnen und Schüler mit einer für sie wichtigen gesellschaftsrelevanten Sache soll zu Produkten führen, die einer interessierten Öffentlichkeit mit dem Ziel der Einwirkung und der Chance für echte Rückmeldung präsentiert werden. Das planvolle, selbstgesteuerte, in einer sozialen Umgebung stattfindende Handeln will die Trennung von Schule und Leben durch eine mehrfache Neuorientierung korrigieren: Lebensweltorientierung – Problemorientierung – Produktorientierung – Prozessorientierung – Gesellschaftsorientierung. Gelungener Projektunterricht, der Lernende zum Lösen komplexer Problemstellungen befähigt und sie die Ziele im Lernprozess weitgehend selbst finden lässt, leistet einen wichtigen Beitrag zur Bewältigung gegenwärtiger und zukünftiger Entwicklungs- und Bildungsaufgaben.

Eine faszinierende und irritierende Unterrichtskonzeption

Unvergesslich positive Erinnerungen und tiefe Befriedigung

Mit Projektunterricht verbinden viele Schülerinnen und Schüler unvergesslich positive Erinnerungen. Lehrerinnen und Lehrer beschreiben ihre tiefe Befriedigung über gelungene Projekte und freuen sich über Feedbacks von Schülerinnen und Schülern, die sich noch Jahre nach ihrer obligatorischen Volksschulzeit an diese ganz besonderen Lernerlebnisse zurückerinnern.

Gelungener Projektunterricht kann einen wichtigen Beitrag für den schulischen Bildungsauftrag leisten: Autonomie- und Kooperationsfähigkeit kann gefördert werden. Selbststeuerung und Selbstverantwortung einerseits und Teamwork, Toleranz und Solidarität anderseits können gestärkt werden. Aktuelles, interessantes Wissen wird erworben, und lebenswichtige Fertigkeiten können angewendet werden. Lernen kann als aktiver, selbstgesteuerter, situativer, konstruktiver, interaktiver, sozialer und emotionaler Prozess erfahren werden. Die Bedürfnisse der Schülerinnen und Schüler nach Kompetenzerleben und Selbstwirksamkeit, Autonomieerleben und sozialer Eingebundenheit können in gelungenen Projekten optimal erfüllt werden.

Fragwürdige und irritierende Projekte

Projektunterricht ist aber auch mit negativen Erinnerungen verbunden und sorgt immer wieder für gewisse Irritationen: Schülerinnen und Schüler einer Berufsschule haben im Rahmen ihres allgemeinbildenden Unterrichts ein Projekt durchgeführt, das einen Weltrekord im Rolltreppenfahren und den Eintrag ins Guinness-Buch der Rekorde anstrebte. Ein im Rahmen einer Projektarbeit realisierter Film einer Sekundarklasse entpuppte sich bei der öffentlichen Filmvorstellung als ein exklusives Lehrerprojekt: Der Lehrer war Produzent, Regisseur und Kameramann in einem – nur die verschiedenen Rollen konnte er – aus naheliegenden Gründen – nicht alle selbst übernehmen! In diesem sogenannten handlungsorientierten medienpädagogischen Projekt bestanden die Leistungen der Schülerinnen und Schüler darin, die ihnen zugewiesenen Rollen gemäß den Regieanweisungen ihres Lehrers zu spielen (vgl. Berner 2005, S. 87f.). Anhand von zwei merkwürdigen Projektarbeitsthemen hat Fritz Osterwalder auf die Grenzen des selbstgesteuerten Lernens im Projektunterricht aufmerksam gemacht: Ein Schüler wollte im Zusammenhang mit dem umfassenden Projektauftrag «Pausenplatzgestaltung als Biotop» eine Haschischpflanzung anlegen. In einem anderen Projekt wollte jemand, um das Schulzimmer und seine Schreibkunst zu üben, eine Wand des Schulzimmers mit kalligrafisch gestalteten rassistischen Sprüchen «verschönern» (vgl. Osterwalder 1998, S. 34).

Vor einigen Jahren hat ein schulisches Projekt für großes Aufsehen gesorgt: In Appenzell lösten sechs fünfzehn- bis sechzehnjährige Schüler einen Großeinsatz der Polizei aus. Sie hielten sich im Rahmen eines Auftrags aus dem Gestaltungsunterricht maskiert und mit Softairwaffen ausgerüstet in der Nähe einer Bank auf. «Das Thema der Reportage sei frei wählbar und den Lehrern nicht bekannt gewesen», heißt es in der Pressemitteilung (vgl. Tages-Anzeiger vom 3.9.2009).

Verschiedene Verständnisse von Projektunterricht

Projektunterricht verstanden als Methode

In seinem 1982 erstmals veröffentlichten Buch «Die Projektmethode» präsentierte Karl Frey sein mehrfach zitiertes und dabei oft mehr oder weniger modifiziertes Grundmuster der Projektmethode, das für beliebige Institutionen Geltung beansprucht. Als Ausgangspunkt eines Projekts im Sinne von Frey ist ganz Verschiedenes möglich: eine Idee, eine Anregung, eine Aufgabe, eine besondere Stimmung, ein Problem, ein bemerkenswertes Erlebnis, ein Betätigungswunsch. Die Initiative des Projektes kann durch den Lehrplan, die Lehrenden oder durch ein Gruppenmitglied ergriffen werden: «Grundsätzlich kann jeder Ausgangspunkt zu einem Projekt werden, die Rokoko-Häuserfront gegenüber dem Schulhaus genauso wie das Gefühl des Gruppenmitglieds M., stets ein Außenseiter zu sein. Auch das Lehrplanthema ‹Eiweiß› ist kein Hindernis, die Projektmethode einzusetzen. Selbst das klassische Kulturgut, zu dem die Kommentare schon Bibliotheken füllen, schließt die Projektmethode nicht aus» (Frey 1993, S. 149). Die wesentlichen Lernprozesse – die sogenannt bildenden Elemente der Projektmethode – liegen für Frey in der Auseinandersetzung mit der Projektinitiative, das heißt in der Auswahl des Gebiets und in der gemeinsamen Entwicklung des Betätigungsgebiets. Das Wort «Methode» verwendet Frey im Sinne des altgriechischen Ursprungs als den Weg, das anzugehen, was man sich vornimmt oder vorgenommen hat. Diese Auffassung des «Wegs der Untersuchung» soll zu einem über das Formale hinausführenden auch inhaltlichen Verständnis führen; die Konzeption des ganzen Vorhabens und die Fragestellung soll mit eingeschlossen sein. Frey betont, dass dieses Zurückgreifen auf das ursprüngliche Methodenverständnis die Trennung von Was und Wie überwinden wolle (vgl. Berner 2005).

Umfassendes Projektunterrichtsverständnis

In seinem 1986 erstmals veröffentlichten Buch «Handlungsorientiert lehren und lernen» hat Herbert Gudjons die Frage «Was ist Projektunterricht?» im Sinne einer «einkreisenden Definition» anhand von vier Schritten und neun Merkmalen beantwortet (Gudjons 2001). Die folgende grafische Darstellung stellt dieses für den schulischen Projektunterricht geeignete Projektverständnis dar, wobei anstatt von Schritten von Phasen gesprochen wird, um anzudeuten, dass es sich weniger um ein Schritt-für-Schritt-Vorgehen, sondern um Abschnitte in einem stetigen Entwicklungsprozess handelt.

Phasen und Merkmale eines Projekts

Phase 1 Auswahl einer für den Erwerb von Erfahrungen geeigneten problemhaltigen Sachlage
Merkmale:
1. Situationsbezug
2. Orientierung an den Interessen der Beteiligten
3. Gesellschaftliche Praxisrelevanz

Phase 2 Gemeinsame Entwicklung eines Plans zur Problemlösung
Merkmale:
4. Zielgerichtete Projektplanung
5. Selbstorganisation und Selbstverantwortung

Phase 3 Handlungsorientierte Auseinandersetzung mit dem Problem
Merkmale:
6. Einbeziehen vieler Sinne
7. Soziales Lernen

Phase 4 Überprüfung der erarbeiteten Problemlösung an der Wirklichkeit
Merkmale:
8. Produktorientierung
9. Interdisziplinarität

Die Vorteile dieses Projektverständnisses sind offensichtlich: Die Themenfrage erhält – und behält – eine entscheidende Bedeutung. In der ersten Phase der Projektarbeit geht es um die entscheidende Aufgabe, eine geeignete problemhaltige Sachlage auszuwählen. Es gilt, ein an den Interessen der Beteiligten orientiertes Problem, das eine Fülle von Aspekten umfasst und eine gesellschaftliche Praxisrelevanz aufweist, zum Thema der Projektarbeit «reifen» zu lassen. Das Vorgehen wird durch drei Fragen gesteuert: «Welches ist mein (respektive unser) Thema?»; «Wie gehen wir bei der Planung der Problemlösung und bei der Auseinandersetzung mit dem Problem vor?»; «Welche Ergebnisse werden wem wie präsentiert?» (vgl. Berner 2005, S. 94 f.).

Soziales Lernen als Zielsetzung

Die Merkmale «Selbstorganisation und Selbstverantwortung» sowie «Soziales Lernen» weisen auf den wichtigen Stellenwert der Lehr-Lern-Prozess-Struktur hin. Eine wichtige Zielsetzung schulischer Projektarbeit ist es, soziale Lernprozesse im Sinne eines Voneinander- und Miteinanderlernens sowie Selbstorganisation und Selbstverantwortung in den einzelnen Projektteams und in der ganzen Projektgruppe erfahrbar, diskutierbar und veränderbar werden zu lassen. Die Lehrpersonen sind sich in der Regel der Bedeutung dieser Projektzielsetzungen sehr wohl bewusst. Die Freude und Genugtuung angesichts erfolgreicher selbstgesteuerter Prozesse ist ebenso groß wie die Verunsicherung, Irritation und

Schuldgefühle angesichts misslingender sozialer Prozesse. Dass soziales Lernen primär praktiziert und erst allenfalls später thematisiert werden soll, gehört seit der lehrerbildnerischen Verbreitung von Pestalozzis «Stanser Brief» zum pädagogischen Alltagswissen (vgl. Berner 2005, S. 95).

Die Lehrerrolle im Projektunterricht

Lehrpersonen in der Rolle als Projektleitende

Mit der provozierenden Behauptung «Der Projektunterricht drängt sich als Insel der ‹Lehrer-Schüler-Symmetrie-Sehnsucht› geradezu auf!» gelingt es Johannes Bastian, ein marginalisiertes Problem des Projektunterrichts ins Bewusstsein zu rücken. Die im Folgenden vorgestellten vier pointierten Thesen zur Lehrerrolle im Projektunterricht und die kurzen Begründungen sind geeignet, das Problembewusstsein im Zusammenhang mit der Rolle als Projektverantwortlicher zu schärfen.

1. Projekte, die von der Lehrersehnsucht nach Symmetrie im Lehrer-Schüler-Verhältnis gesteuert werden, scheitern oft!
   Die unreflektierte Hingabe an die Hoffnung auf gleichberechtigte Interaktion im Projektunterricht überfordert sowohl die Lehrperson als auch die Schülerinnen und Schüler!
2. Projektunterricht hat die Überwindung der Subjekt-Objekt-Beziehung im Lehrer-Schüler-Verhältnis zum Ziel!
   Die Suche nach einer Neubestimmung der Rollen macht unsicher. Es sind idealistische Postulate von Gemeinsamkeit und Partnerschaft, die ein Problem verniedlichen, das bei dieser Wortwahl nicht einmal als Frage auftaucht!
3. Lehrer und Schüler befinden sich auch im Projektunterricht in grundsätzlich unterschiedlichen Rollen – das heißt in einer klar komplementären Beziehungsstruktur!
   Komplementarität hat einen institutionellen und einen qualifikationsbedingten Anteil. Eine genauere Bestimmung des Lehrer-Schüler-Verhältnisses mithilfe dieser Begriffe hilft, die Möglichkeiten des Projektunterrichts von den Wünschen zu trennen. Gefordert ist eine Analyse der Beziehungsstruktur und als Konsequenz daraus eine klar definierte Lehrerrolle.
4. Das Subjekt-Objekt-Verhältnis kann nur überwunden werden, wenn auch im Projektunterricht die komplementären Rollen erkannt und von beiden Seiten akzeptiert werden!
   Schülerinnen und Schüler als Subjekte des Lernprozesses ernst zu nehmen, heißt, als Lehrpersonen nicht so zu tun, als gäbe es die institutionelle Macht der Lehrerrolle nicht mehr. (Die Schülerinnen und Schüler sind für dieses Missverständnis oft viel sensibler als ihre von einem oft gutmütigen Symmetriewunsch beseelten Lehrpersonen.) Zur komplementären Rolle gehört, die qualifikationsbedingten Vorsprünge als Lehrperson so weit zur Verfügung zu stellen, wie sie die Schülerinnen und Schüler brauchen.

Vgl. Bastian & Gudjons (1991), S. 28–34

Lehrpersonen sind im Projektunterricht Mehrwissende

Ein Nachdenken über die Rollenverteilung im Projektunterricht ist unentbehrlich! Zur Phase der Projektinitiative gehört zwingend eine Phase der Rollenfindung und -klärung sowie die Transparenz in Bezug auf die definierte Projektleiterrolle. Die Forderung einer Übernahme der Verantwortung für die Projektarbeit und ein Selbstverständnis als Projektleiterin oder Projektleiter ist eine notwendige Reaktion gegenüber dem Missverständnis einer bequemen «Laisser-faire-Haltung», die mit einem Verweis auf die Schüler-Selbstorganisation und -verantwortung ein totales oder weitgehendes Sichraushalten aus der Schülerprojektarbeit postuliert. Ein Rollenverständnis als Projektleitende, das die Verantwortung für die Projektgruppe beansprucht, darf aber auf keinen Fall zu dem am Anfang erwähnten Projekt-Missverständnis des allmächtigen schulischen «Filmregisseurs» führen. Projektleitende sind keine Alles- oder Besserwissende, die über die inhaltlich richtigen Lösungen verfügen und für jede Situation das richtige Verhalten kennen, sondern Mehrwissende, die ihr Mehrwissen in inhaltlicher und formaler Hinsicht den Mitgliedern der Schüler-Projektteams im geeigneten Zeitpunkt in geeigneter Form zur Verfügung stellen (vgl. Berner 2005, S. 100f.).

Ein komplexes Projektunterrichtverständnis

Beschränkung auf Projektmethode

Ein grundlegendes Problem einer primär methodisch verstandenen Konzeption eines Projektunterrichts besteht darin, dass die Lehrerinnen und Lehrer sich zielgerichtet der sieben Projektkomponenten Projektinitiative, Projektskizze, Projektplan, Projektdurchführung, Fixpunkte, Metainteraktion und Projektabschluss und deren Hilfsmittel bedienen und dabei die Themenfrage weitgehend ausklammern. Dadurch wird nicht nur die schwierige Was-Frage, sondern auch die ebenso schwierige Warum-Frage im Sinne einer entlastenden Komplexitätsreduktion eliminiert. In noch stärkerem Maße gilt das für die komplexe didaktische Frage des «Was und Warum nicht?» (vgl. Berner 1999, S. 277f.). Aufgrund einer verbreiteten Methodiklastigkeit des Projektunterrichts können im schulischen Projektalltag Rolltreppenprojekte ihren unwidersprochenen oder zögerlich und mit schlechtem Gewissen gewährten Platz beanspruchen.

Grundlegende Fragen als Legitimations- und Reflexionshilfen

Klar ist: Schulische Projekte müssen mehreren Kriterien genügen: Sie müssen Wirklichkeit repräsentieren und subjektiv bedeutsam sein; sie müssen Selbstständigkeit fordern und gesellschaftliches Handeln herausfordern; sie müssen Produkte ermöglichen und Öffentlichkeit herstellen. Es geht um eine Aneignung, Verarbeitung und Veröffentlichung von grundlegenden Erfahrungen. Um diesen Anforderungen gerecht zu werden, darf sich der Projektunterricht den wesentlichen didaktischen Fragen nach dem Was und Warum und der Bildungsfrage nicht entziehen! Bei der Planung, Durchführung und Reflexion der Projektarbeit müssen grundlegende Fragen als Legitimations- und Reflexionshilfe gestellt und beantwortet werden. Der Projektunterricht bedarf in besonderem Maße einer kompetenten detaillierten Planung anhand der Klärungs- und Entscheidungsfelder (vgl. Zumsteg et al. 2018).

Fragen zum Projektunterricht

- In welchem Maße ist unser Projekt schülerorientiert?
- Wer ist in welchen Phasen wofür verantwortlich?
- In welchem Maße ist unser Projekt produktorientiert?
- In welchem Maße ist unser Projekt prozessorientiert?
- In welchem Maße ist unser Projekt kooperationsorientiert?

Projektunterricht ist ein komplexes Lehr-Lern-Arrangement

Dass es sich beim Projektunterricht um ein komplexes und kompliziertes Lehr-Lern-Arrangement handelt, ist deutlich geworden. Dass sich bei dieser Unterrichtskonzeption offensichtliche – und auch verborgene – widersprüchliche Ansprüche zeigen, ist klar. Dass sich Selbstorganisation und Selbstverantwortung per Definition schlecht mit noch so guten (oder gut gemeinten) Ratschlägen und Vorgaben vertragen, ist irritierend. Die paradoxen Züge sind unverkennbar: Die Lehrperson übernimmt die Verantwortung für die Selbstverantwortung der Schülerinnen und Schüler. Dieses grundlegende pädagogische Problem lässt sich nicht mit ein paar beschönigenden Worten aus der Welt schaffen. Gefordert sind persönliche Erfahrungen und eine differenzierte Reflexion dieser Erfahrungen im Sinne des leicht veränderten Sprichwortes: Durch reflektierte Erfahrungen kann man klüger werden! (siehe Teil 1, Kapitel 2).

Projektunterricht ist antinomisch zu verstehen

Für die Darstellung der unvereinbaren Gegensätze, die sich nicht in einem harmonistischen Sinne überwinden lassen, ist die Form eines Wertequadrates geeignet (vgl. Berner 2005, S. 105). Ein grundsätzliches antinomisches Verhältnis, das sich im Projektunterricht in besonderer Akzentuierung zeigt, ist das Verhältnis von Selbst- und Fremdverantwortung. Für Lehrpersonen geht es beim Projekt-

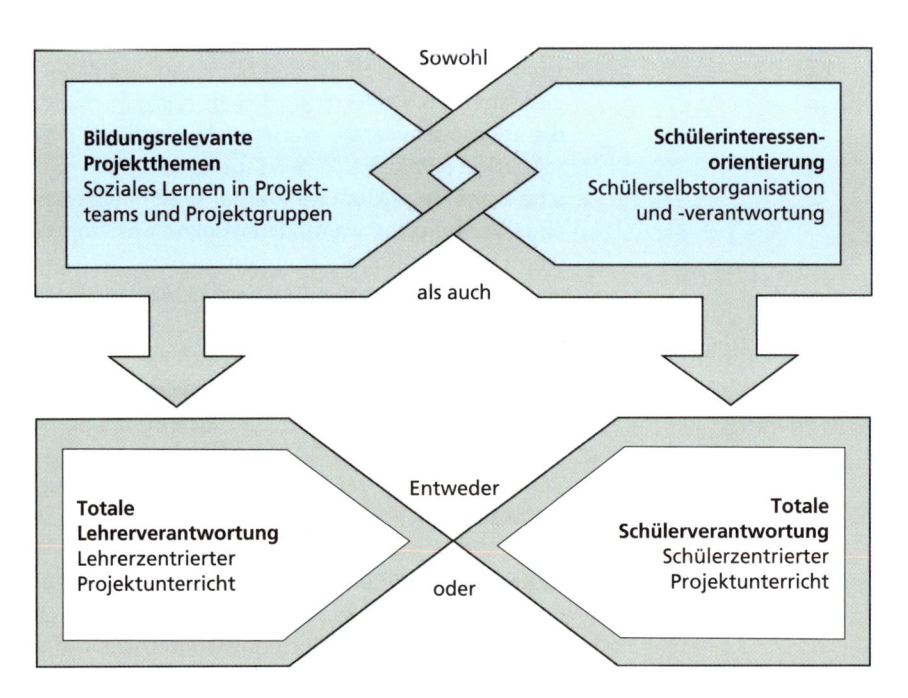

Abbildung 46: Antinomisches Verständnis des Projektunterrichts

unterricht darum, in einem antinomischen Sinne sowohl Selbstverantwortung zu fördern als auch Fremdsteuerung zu übernehmen. Die ganz einfachen Entweder-oder-Lösungen der totalen Lehrer- respektive Schülerverantwortung sind höchst problematische simplifizierende «Patentlösungen».

Projektunterricht erfreut sich großer Beliebtheit

Die faszinierende Unterrichtskonzeption des Projektunterrichts ist in den vergangenen Jahren in den meisten Schulen und auf allen Stufen Bestandteil des schulischen Unterrichts geworden. Große Unterschiede bestehen bezüglich einer überlegten und konsequenten Anwendung des Projektunterrichts. Während gewisse Projektverantwortliche ein Unbehagen spüren und es vorziehen, von projektorientiertem Unterricht oder Kurswochen zu sprechen, scheuen sich andere nicht, unterschiedlichsten schulischen Aktivitäten (vom Surf- bis zum Biokochkurs) mit der allseits beliebten Etikette Projektunterricht einen Attraktivitätsschub zu vermitteln.

Projektunterricht bleibt Sand im Getriebe

In einer sozialreformatorisch-politischen Projekttradition mit dem Fokus auf Demokratisierung und Humanisierung der Gesellschaft hat der Projektunterricht auch eine hinterfragende Wirkung, die Herbert Gudjons pointiert als «unversöhnliche Kritik am System der traditionellen Schule» (Gudjons 2008, S. 10) charakterisiert hat. Durch die Merkmale gesellschaftliche Praxisrelevanz, Interdisziplinarität, Selbstorganisation und Selbstverantwortung geprägter Projektunterricht bleibt «Sand im Getriebe» des gewohnten und gewöhnlichen Unterrichts. Deshalb ist es verständlich, dass es Schülerinnen und Schüler gibt, denen nach einem Projektunterricht-Highlight der schulische Alltag banaler und trister erscheint. Was ja nicht gegen den Projektunterricht mit seinem riesigen Potenzial für aktives, selbstgesteuertes, situatives, konstruktives, interaktives, soziales und emotionales Lernen spricht.

Literatur
Bastian, J. & Gudjons, H. (Hrsg.) (1991). Das Projektbuch (3. Auflage). Hamburg: Bergmann und Helbig.
Berner, H. (1999). Didaktische Kompetenz. Bern: Haupt.
Berner, H. (2005). Bildungsorientierter Projektunterricht. Schüler- und handlungsorientierte Auseinandersetzung mit gesellschaftlich relevanten Fragen statt «Immer schön nach Lehrmittel!» In H. Berner & T. Zimmermann, Unvergessliche Lehr-Lern-Arrangements. Theoretisch geklärt, praktisch umgesetzt (S. 85–106). Zürich: Verlag Pestalozzianum.
Frey, K. (1993). Die Projektmethode (5. Auflage). Weinheim: Beltz.
Gudjons, H. (2001). Handlungsorientiert lehren und lernen (6. Auflage). Bad Heilbrunn: Klinkhardt.
Gudjons, H. (2008). Projektunterricht. Ein Thema zwischen Ignoranz und Inflation. Pädagogik, 60 (1), S. 6–10.
Osterwalder, F. (1998). «Lehrer sye von dem Guten der Fryheit überzeugt». Freiheit in der Erziehung – ein historischer Exkurs. Pädagogik, 50 (7/8), S. 32–35.
Tages-Anzeiger vom 3.9.2009. Online-Ausgabe.
Zumsteg, B. et al. (2018). Unterricht kompetent planen. Vom didaktischen Denken zum professionellen Handeln. Bern: hep.

Dieser Text ist eine überarbeitete und aktualisierte Fassung von: Berner, H. (2005). Bildungsorientierter Projektunterricht. Schüler- und handlungsorientierte Auseinandersetzung mit gesellschaftlich relevanten Fragen statt «Immer schön nach Lehrmittel!» In H. Berner & T. Zimmermann, Unvergessliche Lehr-Lern-Arrangements. Theoretisch geklärt, praktisch umgesetzt (S. 85–106). Zürich: Verlag Pestalozzianum.

PETRA HILD

6 Kooperatives Lernen

Beim kooperativen Lernen ist die Interaktion das zentrale konstituierende Merkmal. Dahinter steht die Überzeugung, dass Lernen durch Auseinandersetzung, durch Austausch und Aushandeln sowie im Dialog geschieht. Im Unterricht kann dies mit Lernsituationen erreicht werden, die Anlass für Gespräche, Diskussionen und Entscheidungen bieten. Ein Lehr-Lern-Arrangement, das Selbstkonstruktion und Selbststeuerung betont, hat zur Folge, dass die Lehrperson die Verantwortung für die Lernprozesse und -produkte an die Gruppe und die einzelnen Lernenden abgibt und sich nicht direkt einmischt. Ganz allgemein werden mit kooperativem Lernen verschiedene Unterrichtsstrategien bezeichnet, deren Gemeinsamkeit die Gruppenarbeit ist. Kooperatives Lernen nutzt Heterogenität als Ressource und ermöglicht den Erwerb von Kenntnissen, Kompetenzen und Einstellungen durch Lernen in einer Gruppe.

Gruppenarbeit kennen wir doch ...

Und wenn sie kooperieren dürften?
«Zum Ziele einer gerechten Auslese lautet die Prüfungsaufgabe für alle gleich: Klettern Sie auf den Baum!»

Der Ansatz des kooperativen Lernens soll sichern, dass die Lernenden nicht nur zusammenarbeiten, sondern dass sie gemeinsam mehr lernen als allein. Es handelt sich um eine interaktive und strukturierte Lernform, bei der alle Lernenden sich und ihre Kompetenzen beim Bearbeiten einer komplexen Aufgabe möglichst eigenverantwortlich und gleichberechtigt einbringen, wobei die Lehrperson Führung an die Gruppe delegiert. Dadurch entstehen für Lehrerinnen und Lehrer Räume zur Beobachtung, die im herkömmlichen Unterricht meist fehlen. Das gemeinsame Lernen in heterogenen Gruppen eignet sich dazu, Wissen zu erarbeiten, Probleme kreativ zu lösen und die Kommunikation zu fördern. Besonders geeignet sind komplexe, herausfordernde Aufträge, die konzeptuelles Denken erfordern, etwa eine Satzrechnung lösen, die Funktionsweise einer Taschenlampe erkennen, den Stoffwechsel bei Pflanzen begreifen, einen Leserbrief verfassen oder eine historische Begebenheit szenisch darstellen. Solche Aufgaben erfordern unterschiedlichste Fähigkeiten. Kooperatives Lernen ist von unterschiedlichen Bedingungen abhängig, damit es lernwirksam wird.

Definition von kooperativem Lernen

Zwei oder mehr (höchstens sechs) Personen arbeiten mit dem Ziel zusammen, gemeinsam ein Problem zu lösen oder einen Lernauftrag zu erfüllen. Alle kennen das Ziel und wollen es erreichen. Die oder der Einzelne erreicht es, wenn die Gruppe es erreicht hat. Jedes Gruppenmitglied hat eine Rolle und eine Aufgabe, die seinen Fähigkeiten entspricht. Diese Rolle und diese Fähigkeiten sind notwendig zum Erreichen des Ziels. Das macht die Einzelnen zur Gruppe. Alle Mitglieder sind somit voneinander abhängig. Sie kooperieren, wenn sie einander ihr Wissen und ihre Fähigkeiten zur Verfügung stellen. Dazu müssen sie interagieren und kommunizieren. Sie müssen sich gegenseitig fragen, einander zuhören, eine Meinung vertreten, Gedanken strukturieren, den Überblick behalten und Arbeitsteilung organisieren.

Vom Lehren zum Lernen

Kooperatives Lernen ist auch Ausdruck eines Wandels der schulischen Lernkultur: weg von der Fremdsteuerung und der Nachkonstruktion durch die Lehrperson, hin zur Erkenntnis, dass das gelernt wird, was selbst (inter)aktiv angeeignet wurde. Da Wissen und Handeln kontextgebunden sind, müssen zudem Lernsituationen angeboten werden, in denen nach Konrad und Traub (2001) eigene Konstruktionsleistungen möglich sind, in denen kontextgebunden gelernt werden kann. Je mehr die Lernsituation der Anwendungssituation entspricht, umso mehr kann dieser Anspruch eingelöst werden.

Es gibt nicht nur unterschiedliche Begründungen, sondern auch verschiedene Zielebenen für kooperatives Lernen. Aus einer lerntheoretischen Perspektive wird argumentiert, dass beim Lernen durch Austausch- und Aushandlungsprozesse sowohl Wissen als auch Denkstrukturen erworben und erweitert werden. Die Pädagogik und Didaktik argumentiert mit der Mehrdimensionalität von kooperativem Lernen, da alle Lernzieldimensionen in den Fokus geraten (vgl. Zumsteg et al. 2018). Es wird – im Sinne des Erwerbs fachlicher Kompetenzen – ein Inhalt gelernt, wobei Wissen (re)konstruiert und damit gefestigt wird. Je nach Aufgabenstellung werden formale Fertigkeiten wie zum Beispiel Plakatgestaltung eingeübt. Über den Lernweg werden – im Sinne des Erwerbs überfachlicher Kompetenzen – soziale Ziele verfolgt. Haltungen wie Respekt oder Verantwortungsübernahme können sich entwickeln. Zudem müssen Lernstrategien angewendet und reflektiert werden, und weil die Lehrperson die Steuerung zu einem großen Teil abgibt, können Selbstständigkeit, Disziplin und Eigenverantwortung wachsen.

Acht Merkmale von kooperativem Lernen

Im Vergleich zur herkömmlichen Gruppenarbeit lassen sich acht spezifische Merkmale kooperativen Lernens beschreiben, die das Potenzial dieses Ansatzes für heterogene Lerngruppen verdeutlichen (vgl. Green & Green 2007; Huber 1993; Johnson, Johnson & Holubec Johnson 2002; Konrad & Traub 2001).

Jede/r kann etwas gut – keine/r ist in allem gut

1 Interventionen zum Abbau von Statusunterschieden in der Schulklasse
Die Lehrperson stellt die Aufgabe so, dass es zur Lösung oder für die Erarbeitung eines Produkts die besonderen Fähigkeiten und Fertigkeiten der einzelnen Gruppenmitglieder braucht. Auch weist sie in der Gruppe oder in der Schulklasse auf diesen Zusammenhang hin, dass niemand in der Gruppe über alle, aber jedes Mitglied über unentbehrliche Fähigkeiten und Fertigkeiten verfügt. Deshalb muss zusammengearbeitet werden. Diese Bedingung ist von größter Wichtigkeit. Es muss im Klassenzimmer ein offenes Gespräch darüber in Gang kommen, wer was gut kann. Ebenso wird offengelegt, dass nicht alle gleich schnell und in der gleichen Weise lernen. Man stellt sich auch grundsätzliche Fragen: Was bedeuten unterschiedliche Kompetenzen für unser Zusammenleben? Für mich persönlich? Was sind überhaupt Kompetenzen? Usw. Die Erfahrung zeigt, dass Lernende mit niedrigem Status oft besser und erfolgreicher mitarbeiten, wenn die Vielfalt der Kompetenzen in Bezug zur Aufgabenstellung diskutiert wird. Dass Strategien im Umgang mit Vielfalt und Verschiedenheit nur erfolgreich sind, wenn sie Statusprobleme lösen, zeigt die Forschung der Soziologin Elizabeth Cohen.

Der Status einzelner Schülerinnen und Schüler in der Lerngruppe wird aus ihrer Sicht vor allem an Leistungsfähigkeit und Beliebtheit festgemacht: «Auf Status begründete Fähigkeitszuschreibungen können zu sich selbst erfüllenden Prophezeiungen werden» (Cohen 1993, S. 51). Der Status (dazu gehört auch der Peerstatus) einzelner Lernender muss von der Lehrperson aufmerksam beobachtet werden. Es braucht gezielte Interventionen, um Fähigkeiten von Kindern und Jugendlichen mit niedrigem Status zu erkennen und für den Lernprozess in der Gruppe attraktiv zu machen. Mit wachsendem Expertenstatus und Ansehen in der Gruppe können Einfluss- und Interaktionsmöglichkeiten zunehmen. Wirksames kooperatives Lernen beruht auf einer sorgfältigen Klärung der strukturellen, sozialen und personalen Bedingungen (vgl. Zumsteg et al. 2018).

2 Sichere Lernumgebung

Jedes Gruppenmitglied hat eine Stimme

Die Grundlage für kooperative Lernprozesse bildet eine sichere Lernumgebung. Lernende müssen sich sicher, wertgeschätzt und respektiert fühlen, um effektiv zu lernen (vgl. Gibbs 1995). «Annäherung an einen Zustand, in dem man ohne Angst verschieden sein kann», nennt es Annedore Prengel (2004, S. 44). Für das Lernen heißt dies zum Beispiel ohne Angst seine Erstsprache in den Unterricht einbringen und nutzen dürfen, ohne Angst Fragen stellen, Hypothesen bilden sowie Fehler machen können. Bei der Präsentation der Ergebnisse beteiligt sich jedes Gruppenmitglied. Die zugeteilte Rolle involviert alle Mitglieder in den Gruppenprozess, sie sichert eine klare Position und ein spezifisches Aufgabenfeld.

3 Heterogene Gruppen und Ressourcenorientierung

Nicht nur die, die sich mögen ...

Beim kooperativen Lernen erfüllen heterogene Gruppen das Hauptziel, der Verschiedenheit der Lernenden gerecht zu werden. Die Aufgabe der Gruppenarbeit muss unterschiedliche Kompetenzen für die Zielerreichung vorsehen. Jede/r stellt seine besonderen Ressourcen und Fähigkeiten für das Gruppenergebnis zur Verfügung. Es ist die Aufgabe der Lehrperson, über die Gruppenzusammensetzung und über die Rollenverteilung den Zugang zu vorhandenen Ressourcen zu regeln. Je nach Fähigkeiten und Stärken teilt die Lehrperson die einzelnen Lernenden einer Gruppe mit einem bestimmten Endprodukt zu. Die eine Gruppe erstellt ein Plakat, die nächste hat den Auftrag, ein Rollenspiel zu erarbeiten. Ein Schüler, der erst seit ein paar Monaten Deutsch lernt, hat in der Rolle des Materialmanagers bereits die Möglichkeit, Verantwortung zu übernehmen. Die Aufgabenstellung selbst muss dafür sorgen, dass unterschiedliche Fähigkeiten und Fertigkeiten für die Erarbeitung von Lösungen gefragt sind. Zumindest ein Gruppenmitglied sollte die Rolle der Moderation sicher ausfüllen können.

4 Direkte Interaktion

Da bin ich anderer Meinung ...

Das Lernen, das Aushandeln, der Austausch stehen im Zentrum, nicht das Lehren. Die Lernsituation muss Möglichkeiten zu vielfältiger Interaktion bieten. Das Ausmaß an Interaktivität ist nicht an der Häufigkeit der Interaktionssequenzen zu messen, sondern der Beitrag der einen sollte auch einen Einfluss auf die Beiträge der anderen auslösen. Das, was es zu tun gibt, muss ein Miteinander- und ein Voneinander-Lernen durch gegenseitiges Verhandeln nötig machen. Die Aushandlungsprozesse über die Art und Weise des Miteinanders im Sinne einer bestimmten Aufgabe wie «Wie wollen wir vorgehen?», «Lasst uns doch erst einmal unsere Fragen zum Text gegenseitig vorstellen, und dann diskutieren wir die für uns zentralen Probleme!» spiegeln dieses Wirkungsanliegen wider. Die direkte Kommunikation und

Interaktion hängt wesentlich von der Aufgabenstellung und deren Formulierung ab. Geeignet sind zum Beispiel Aufforderungen wie «vergleicht» oder «beurteilt gemeinsam». Durch Austauschen und Aushandeln erreichen Lernende eine höhere kognitive Ebene. Sie bewerten, analysieren oder führen zusammen. Sie verstehen etwas und können es in neue Zusammenhänge übertragen. Lernende brauchen Zeit, um ihre eigenen Ideen zu formulieren. Sie müssen ihren selbst gefundenen Standpunkt verteidigen, und sie müssen erklären können. Wie aus der Kognitions- und Gedächtnisforschung bekannt, hat dieser Vorgang besonders günstige Effekte für die Erklärenden. Das Klären ungewöhnlicher Begriffe und Gedankengänge eines neuen Konzepts, zum Beispiel durch ein vorgelagertes Lehrgespräch oder Illustrationen, sowie das Übertragen in eine Sprache, die den Lernenden bekannt und vertraut ist, bieten nötige Grundlagen für nachfolgende Erklärungs- und Aushandlungsprozesse. Mit kooperativem Lernen können alle Schülerinnen und Schüler gleichzeitig produktive Gedanken haben und Gespräche führen. Ausschlaggebend ist dafür auch eine kommunikationsgerechte Sitzanordnung.

Gemeinsam sind wir stark ...

5 Gegenseitige positive Abhängigkeit

Gegenseitige positive Abhängigkeit besteht immer dann, wenn verschiedene Personen gemeinsame Ziele verfolgen und das Ergebnis der Einzelnen vom Handeln der anderen abhängt. Die Lehrperson stellt eine so spannende und komplexe Aufgabe, dass eine positive Abhängigkeit in der Gruppe entsteht, weil alle das Ziel erreichen wollen und dabei aufeinander angewiesen sind. So bekommt zum Beispiel jedes Gruppenmitglied nur einen Teil des Materials oder der Information, damit in direkter Interaktion diskutiert werden muss. In der Einführungsphase sind die Fußballmannschaft, das Theaterensemble oder das Orchester anschauliche Beispiele, um sich mit Zusammenarbeit in der Gruppe und all ihren Vorteilen und Herausforderungen zu beschäftigen. Wenn eine Gruppe für eine längere Lerneinheit zusammenbleibt, wie beispielsweise in einer Projektwoche, kann das Zusammengehörigkeitsgefühl auch durch Identitätssymbole (Entwerfen eines Logos oder Namensgebung) oder durch Rituale wie einen Song oder Slogan unterstützt werden.

Eins, zwei, drei, vier – wer drankommt, sagt der Zufall dir

6 Verbindlichkeit

Jede und jeder kann drankommen, alle müssen ihren Teil beitragen. Die Leistungen der Mitglieder sind verschieden. Im Idealfall sind die Gruppenmitglieder daran interessiert, dass die Lernresultate jedes einzelnen Mitglieds maximiert werden, dass das erarbeitete Produkt funktioniert und gefällt. Jedes Gruppenmitglied muss den Prozess und das Ergebnis der Gruppe verantworten. Jedes Mitglied tut, was seinen Möglichkeiten entspricht. Wenn diese Haltung entsteht, gibt es kein «Trittbrettfahren». Für die Präsentation wird beispielsweise zufällig ein Mitglied ausgewählt. Die sechs Mitglieder nummerieren sich von 1 bis 6. Dann entscheidet der Würfel darüber, wer für alle stellvertretend präsentiert. Bei größeren Produkten und Lerneinheiten gilt, dass alle Mitglieder für die Präsentation verantwortlich sind. Neben schwerpunktmäßig formativen, auf Selbsteinschätzung beruhenden Evaluationsverfahren existieren auch summative Bewertungsmöglichkeiten beim kooperativen Lernen. So kann es sein, dass sich das Gruppenergebnis aus individuellen Beiträgen zusammensetzt. Diese sind identifizierbar, indem zum Beispiel unterschiedliche Farben für die einzelnen Mitglieder genutzt werden. Durch eine Lernkontrolle am Ende einer kooperativen Phase können alle Lernenden zeigen, wie sie die geforderten Lernziele im Hinblick auf den Kompetenzerwerb erreicht haben. Und aufgrund der Vergabe von Punkten nach individuellem Leistungszuwachs können individuelle Lernfortschritte Berücksichtigung finden.

Ich habe eine Idee – wie findet ihr die?	**7 Lernprozessorientierung: soziale Kompetenz und Metakognition** Kooperationsfähigkeit, Initiative und Verantwortungsbereitschaft im Team sind einerseits wichtige Kompetenzen, die nur in und mit Gruppen gelernt werden können. Und andererseits verlangt Kooperation von allen Beteiligten erhebliche soziale und kommunikative Fertigkeiten, die entwickelt, angewendet und reflektiert werden müssen. Dazu gehört, Verantwortung für sich selbst und für das Wohl anderer zu übernehmen ebenso wie fair teilen zu können, Führung zu übernehmen oder sich führen zu lassen. Die Schüler und Schülerinnen lernen, wie sie mit Niederlagen umgehen oder wie sie sich angemessene Ziele setzen können. Auch Rollen übernehmen und zuteilen braucht Übung und Anwendung. Soziale Fähigkeiten sind vorwiegend dann Teil der Aufgabenstellung, wenn ihnen im Vor- und Rückblick besondere Aufmerksamkeit geschenkt wird. Durch die Betonung des Lernwegs rücken neben sozialen Lernzielen im Sinne überfachlicher Kompetenzen auch metastrategisches Können und Wissen in den Vordergrund. Lehrpersonen unterstützen den Aufbau und die Nutzung von metastrategischem Wissen, indem sie die Aufgaben so stellen, dass die Anwendung bestimmter (meta)kognitiver Strategien nahegelegt wird. So kann beispielsweise eine Mindmap mit unterschiedlicher Rollenverteilung in der Gruppe diskursiv erstellt werden. Dies ist ein weiterer Grund, weshalb kooperatives Lernen als tragfähige Brücke ins selbstgesteuerte Lernen bezeichnet werden kann.
Was haben wir getan, um gut zu sein?	**8 Reflexion** Die Reflexion, die möglichst nach jedem Gruppenlernen erfolgt, ist eine zentrale Schaltstelle. Hier wird Bewusstheit für das Wie von Lernprozessen geschaffen. Durch das Aufzeigen von Stärken und Schwächen und das Bearbeiten von Problemen wächst die Gewissheit bei Lernenden, selbst etwas bewirken zu können. Die anderen in der Klasse hören zu, fragen und beobachten. Die Lehrperson gibt Feedbacks zur Art und Weise der Zusammenarbeit. Sie kann dabei auf Notizen zurückgreifen, die sie sich während der Gruppenarbeitsphase gemacht hat. Die Reflexionsphase ist auch dazu da, um über die Resultate und Lösungen der Gruppen hinauszugehen und die Ergebnisse in größere Zusammenhänge einzuordnen sowie Verbindungen zwischen den Gruppenresultaten herzustellen. Der erste Schritt ist meist die individuelle Reflexion der Qualität des eigenen Beitrags zum Gruppenergebnis. Hier muss zwischen individuellen Zielen und Gruppenzielen unterschieden werden. Dann besprechen die Gruppenmitglieder innerhalb der Gruppe, abhängig von der Zielsetzung und je nach Prozessstand, folgende Elemente: Art und Weise der Zusammenarbeit; Rollenübernahme; Einhalten von Regeln; Kooperations- und Kommunikationsverhalten; Klärungen oder Fragen zum Lernstoff; Beurteilung des Endprodukts. Falls die Gruppe zusammenbleibt, erfolgt auch eine möglichst konkrete Planung der Weiterarbeit. Regelmäßig, aber nicht immer wird in der Großgruppe über Qualität und Vorgehensweise der Teamarbeit berichtet und reflektiert. Diese Reflexionen ergänzen das Überdenken in den einzelnen Lerngruppen.
Vier Leitfragen für die Reflexion	• Wie hat das Team die gemeinsame Aufgabe gelöst)? (Prozess) • Wie gut ist die gemeinsam erarbeitete Lösung? (Produkt) • Welchen individuellen Beitrag an das Resultat haben die einzelnen Gruppenmitglieder geleistet? • Welche individuellen Lernfortschritte haben die Einzelnen erreicht?

Kompetenzen von Lehrenden und Lernenden

Kooperatives Lernen ist mehr als eine nützliche Methodensammlung. Grundlegend für die Qualität ist das Bewusstsein vom Beziehungsgeflecht zwischen Status und Fähigkeiten der Lernenden, dem Arbeitsauftrag, den Prozessen und der Dynamik der Lerngruppen sowie der Intervention der Lehrperson. Die Lehrperson teilt die Verantwortung für das Lernen mit den Lernenden, was eine Spannung zwischen Kontrolle und Freiheit bewirkt. Bereits die Vorbereitung von kooperativen Lerneinheiten ist eine Herausforderung. Die Lehrperson muss eine komplexe Aufgabenstellung formulieren, die die Fähigkeiten und Fertigkeiten der Lernenden berücksichtigt. Auch gilt es, eine optimale Zusammenstellung von möglichst heterogenen Lerngruppen inklusive Rollenzuteilung zu finden, was wiederum Kenntnisse zu individuellen Kompetenzen und Interessen der Lernenden voraussetzt. Kooperatives Lernen verlangt Know-how, wie Gesprächsfertigkeiten, kooperatives Verhalten und soziale Kompetenzen eingeübt werden können. Dazu gehört auch die Kompetenz, die Interaktion zu regeln, zum Beispiel durch gezielte Fragen und Feedbacks. Die Fähigkeit zur Beobachtung von Interaktion ist wiederum Voraussetzung für eine lernförderliche Anleitung zur Prozessreflexion. Zudem braucht es Wissen und Erfahrung, wie Lernen gelernt wird. Getragen wird der Prozess des kooperativen Lernens von einer Grundhaltung der Lehrperson, welche die Delegation von Führung und die Abgabe des Wissensmonopols an die Lernenden zulässt. Wie der Projektunterricht (siehe Kapitel 4, Basics 5) bedarf auch kooperatives Lernen in besonderem Maße einer kompetenten und detaillierten Planung anhand der Klärungs- und Entscheidungsfelder (vgl. Zumsteg et al. 2018).

Wo beginnen, was tun?

Kooperatives Lernen ist zwar ein anspruchsvoller Ansatz, aber einer mit Perspektiven. Wichtig ist, dass kooperative Strategien und Taktiken in unterschiedlichen Fächern und Situationen zur Anwendung kommen. In der Anfangsphase legt die Lehrperson mehr Aufmerksamkeit auf die Entwicklung der Qualität der Zusammenarbeit als auf das Lernprodukt. Bedeutung, Funktion und Sinn von kooperativem Lernen muss den Lernenden einsichtig werden. Sie verstehen zum Beispiel den Mehrwert im Vergleich zum selbstgesteuerten Lernen. Die Lehrperson beginnt etwa damit, die Klasse erst einmal Vorteile von Teams und erfolgreicher Kooperation erarbeiten zu lassen. Die Lernenden erfahren und reflektieren, dass eine komplexe Aufgabe unterschiedliche Fähigkeiten erfordert, und erkennen, wie wertvoll das unterschiedliche Können und Wissen jedes Gruppenmitglieds ist.

In einer nächsten Phase setzen sich die Lernenden mit Merkmalen, Elementen, Taktiken und Strategien auseinander. Die Schülerinnen und Schüler lernen Basiselemente des kooperativen Lernens und Formen der Zusammenarbeit kennen. Erste Regeln werden gemeinsam diskutiert, festgehalten und reflektiert. Auf der Unterstufe beschäftigen sich Lehrpersonen sinnvollerweise vertiefter mit Rollen. Jede neu eingeführte Rolle wird in ihrer Bedeutung, Dimension und Funktion besprochen. Beobachtbarkeit ist für jüngere Lernende zentral. Durch zunehmend anspruchsvollere und länger dauernde kooperative Lerneinheiten kristallisieren sich notwendige kooperative und kommunikative Fähigkeiten heraus, die während der Gruppenarbeit fokussiert und im Anschluss reflektiert werden. Die Lernenden beginnen, ihr Lernergebnis immer häufiger selbst zu evaluieren, und die Lehrperson kann auch dazu übergehen, dies zu beurteilen. Bei jeder kooperativen Lerneinheit wird bei der Planung und Durchführung auf die beschriebenen acht zentralen Elemente für effektive Kooperation geachtet. Die Lehrperson befragt sich regelmäßig selbst: «Wie gut sind meine Fragestellungen?», «Eignet sich dieses Thema für kooperatives Lernen?», «Welche Art von Rückmeldung gebe ich?», «Wie überprüfe ich, ob meine Arbeitsanweisungen verstanden wurden?», «Wie stelle ich die Lerngruppen optimal zusammen?».

Der Aufwand lohnt sich, denn kooperatives Lernen hat Effekte, die in heterogenen Klassen sonst nur schwer zu erreichen sind. Es involviert alle Schülerinnen und Schüler, ermöglicht aktive Beteiligung und schafft Lernsituationen zur Kommunikation und Interaktion. Kooperatives Lernen ermöglicht die Erfahrung, dass der Umgang mit Differenz durch Kommunikation konstruktiv wird. Ebenso berücksichtigt kooperatives Lernen die unterschiedlichen Fähigkeiten, Kenntnisse und Erfahrungen der Kinder und Jugendlichen. Es lehrt den Einzelnen, sich selbst auf konstruktive Weise zu behaupten, und ermöglicht, sich ein breites Spektrum an schulischen Denk- und Lernwerkzeugen anzueignen.

Literatur
Cohen, E. (1993). Bedingungen für produktive Kleingruppen. In G. L. Huber (Hrsg.), Neue Perspektiven der Kooperation. Bd. 6 (S. 45–53). Baltmannsweiler: Schneider Verlag Hohengehren.
Gibbs, J. (1995). Tribes – A New Way of Learning and Being Together. Sausalito, CA: CenterSource Systems.
Green, N. & Green, K. (2007). Kooperatives Lernen im Klassenraum und im Kollegium. Das Trainingsbuch (3. Auflage). Seelze-Velber: Kallmeyer/Klett.
Huber, G. L. (Hrsg.) (1993). Neue Perspektiven der Kooperation. Band 6. Baltmannsweiler: Schneider Verlag Hohengehren.
Johnson, D. W., Johnson, R. T. & Holubec Johnson, E. (2005). Kooperatives Lernen – Kooperative Schule. Mülheim an der Ruhr: Verlag an der Ruhr.
Konrad, K. & Traub, S. (2001). Kooperatives Lernen. Theorie und Praxis in Schule, Hochschule und Erwachsenenbildung. Baltmannsweiler: Schneider Verlag Hohengehren.
Prengel, A. (2004). Spannungsfelder, nicht Wahrheiten. Heterogenität in pädagogisch-didaktischer Perspektive. In: Heterogenität. Unterschiede nutzen – Gemeinsamkeiten stärken. Friedrich Jahresheft 2004, S. 44–46.
Zumsteg, B. et al. (2018). Unterricht kompetent planen. Vom didaktischen Denken zum professionellen Handeln. Bern: hep.

Bei diesem Text handelt es sich um eine überarbeitete und leicht gekürzte Fassung von: Hild, P. (2009). Kooperatives Lernen. In S. Fürstenau & M. Gomolla (Hrsg.), Migration und schulischer Wandel: Unterricht (S. 85–102). Wiesbaden: VS Verlag für Sozialwissenschaften.

Kapitel 5   Beurteilen

Beurteilen steht überwiegend im Dienste des Lernens; das heißt, die Beurteilung soll von allen Lernenden als Unterstützung erlebt werden können. In diesem Beitrag steht die Beurteilung im Hinblick auf das Zertifizieren des Lernstands im Zeugnis im Zentrum. Jeden Tag sind unzählige informelle und in jedem Semester auch formelle Beurteilungen vorzunehmen. Es versteht sich von selbst, dass die Lehrperson allen Lernenden unvoreingenommen, interessiert und vertrauensvoll begegnet, dass sie keine leichtfertigen Einschätzungen vornimmt und die Fähigkeiten der Lernenden für veränderbar hält, dass sie nicht stur an einmal vorgenommenen Einschätzungen festhält und darauf achtet, dass sich ihre Beurteilungen positiv auf alle Schülerinnen und Schüler auswirken.

Dies sind sehr hohe, nicht immer einlösbare Ansprüche. Zeugnisse und Noten sind in ihrem Motivierungs- und Deklassierungspotenzial kaum zu unterschätzen. Zu Recht werden sie sehr ernst genommen und immer wieder heftig debattiert. Leicht verliert man sich im Irrgarten der unterschiedlichen Ansprüche, setzt Akzente falsch und handelt pädagogisch unklug, weil man das Wünschbare mit dem Praktikablen verwechselt. Das Verfügen über eine professionelle pädagogische Perspektive für Beurteilungsaufgaben, die durch Erfahrungen fortlaufend intelligent angepasst wird, gehört zu den grundlegenden Kompetenzen einer Lehrperson.

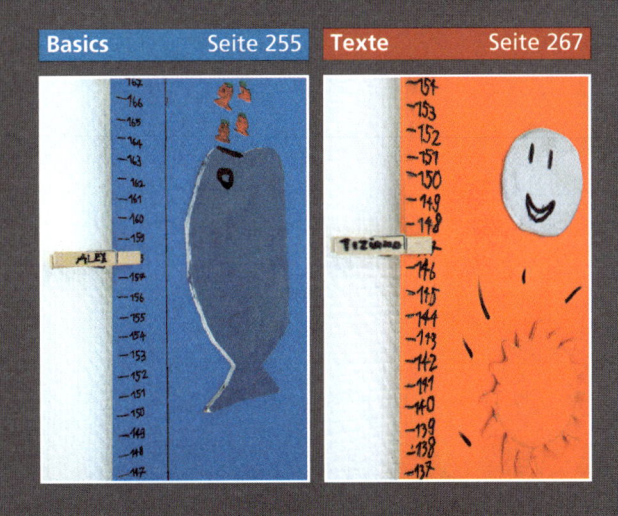

Basics Beurteilen

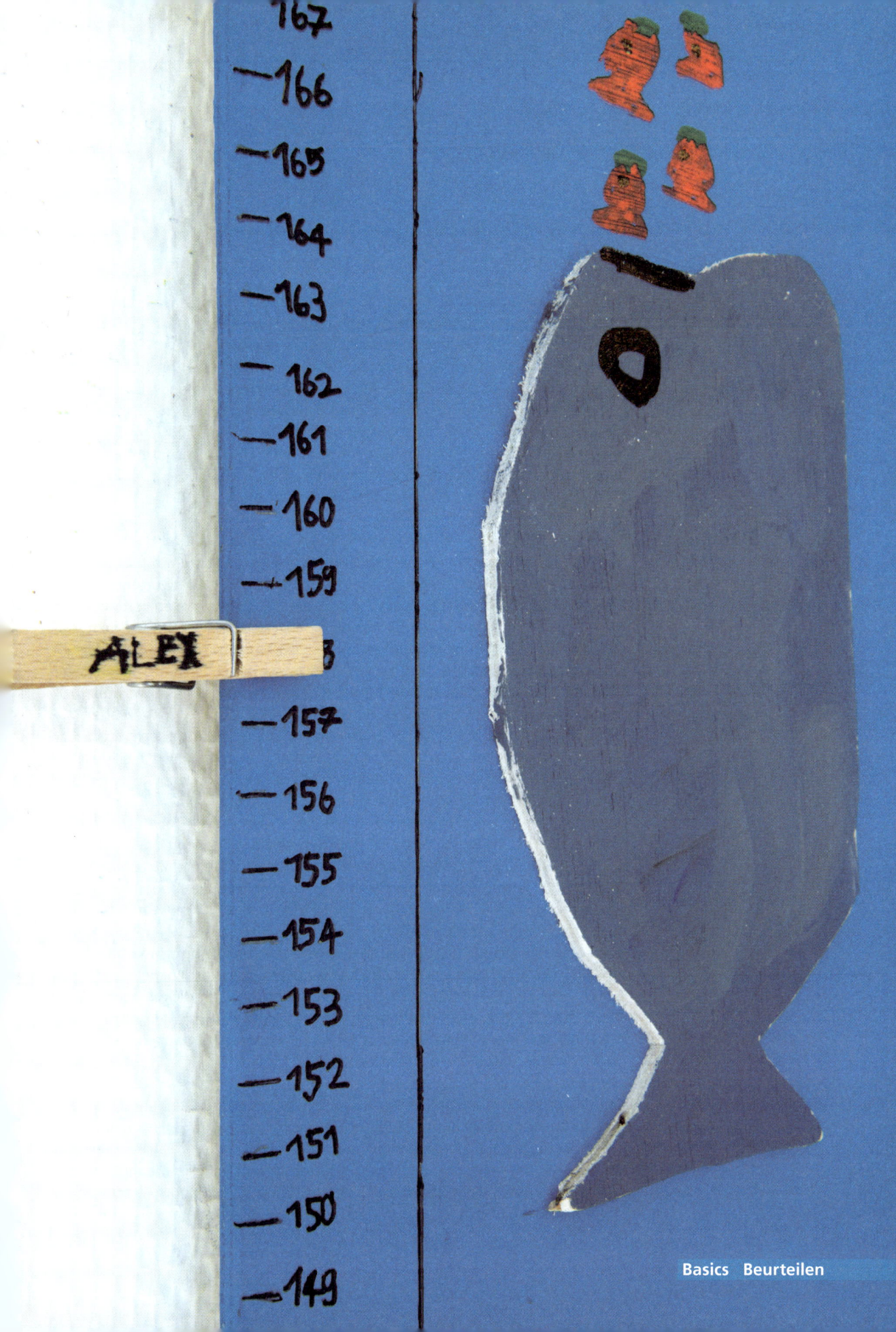

CHRISTOPH SCHMID

Beurteilung des Gelernten und Beurteilen für das Lernen

Die Schülerinnen und Schüler nach ihren Leistungen zu rangieren und zu klassifizieren, ist seit vielen Jahren geübte Praxis, die bis in die Antike zurückreicht. Schulprüfungen sind auch im Spätmittelalter bekannt, und im 18./19. Jahrhundert schufen die Jesuiten ein Notensystem, das unserem nahekommt (vgl. z. B. von Hohenzollern & Liedtke 1991). Ab Mitte des vorletzten Jahrhunderts gewannen Noten an Bedeutung für den individuellen Bildungsweg und für den sozialen Aufstieg der Einzelnen. Im letzten Jahrhundert ist Ingenkamps (1971) Kritik an der Notengebung in weiten Kreisen bekannt geworden. 2006 stellen Birenbaum et al. den gängigen Praktiken der Beurteilung eine schlechte Diagnose aus: «The need for fundamental change in current assessment practices» (a. a. O. S. 63).

Beurteilungen erzeugen Emotionen

Die in Bewertungskulturen realisierten Werte, Einstellungen und Haltungen haben eine lange Konstanz und verändern sich nicht von heute auf morgen. Angemessenes Beurteilen ist keine rein wissenschaftlich zu beantwortende Frage. Beurteilen ist eine Form des Umgangs miteinander. Lehrpersonen erziehen und fördern damit. Sie sind nicht nur Trainerinnen, sondern auch Schiedsrichterinnen. Sie sind verpflichtet, gegenüber dem Individuum und gegenüber dem Gemeinwesen Verantwortung zu übernehmen. Unmut ist bei den Betroffenen keine Seltenheit. Mit ihren Bewertungen sind Schülerinnen und Schüler nicht immer zufrieden: «Warum habe ich für diese Lösung nur einen halben Punkt erhalten?» – «Warum habe ich die gleiche Note wie er erhalten, obwohl ich doch viel besser bin?» – «Der Lehrer mag mich nicht leiden, deshalb hat er mir eine schlechte Note gegeben.» – «In dieser Prüfung habe ich schlecht abgeschnitten, weil wir einige Aufgaben in der Schule gar nie richtig besprochen haben.» Manche Eltern ziehen die Beurteilungen stark in Zweifel: «Bei Herrn X hätte meine Tochter auch eine Fünf oder Sechs in Mathematik.» – «Frau Y setzt meinen Sohn mit Überraschungsprüfungen ständig unter Stress, und deshalb schreibt er in letzter Zeit so schlechte Prüfungen.» – «Herr Y kann nicht zugeben, dass er meinem Kind eine zu tiefe Note gegeben hat.» – «Dieses Zeugnis akzeptiere ich nicht. Ich muss mich für mein Kind dringend bei der Schulleiterin oder Schulpflege wehren.» – «Diese Noten versteht ja kein Mensch!» Auch Lehrpersonen klagen und kämpfen mit Unzulänglichkeiten: «Soll ich ihm oder ihr nur eine Vier geben?» – «Bei den meisten meiner Schülerinnen und Schüler kann ich das Hörverstehen gar nicht richtig beurteilen.» – «Mir fehlt die Zeit, alle Kinder gerecht und objektiv zu beurteilen.» Schließlich stehen die Zeugnisse bei Behörden in der Kritik: «Es wird viel zu uneinheitlich beurteilt.» – «Die Noten sind zu wenig aussagekräftig.»

Grenzen der Messbarkeit

Kann man die Erwartungen in diesem sehr wichtigen Aufgabenbereich als Lehrer oder Lehrerin überhaupt erfüllen? Nein – sie sind eindeutig zu hoch gesteckt, und ihnen liegen falsche Annahmen zur Messbarkeit und Vergleichbarkeit von Lernentwicklungen zugrunde. Genaue Messungen für alle im Zeugnis aufgeführten Rubriken überschreiten die Grenzen des Möglichen und Vernünftigen.

Längst nicht alles Wichtige ist messbar, und das Gemessene ist nach relativ kurzer Zeit nicht mehr interessant, wenn neue Kompetenzen erworben worden sind. Man sollte sich vor Vermessenheit hüten. Wer meint, genau zu messen, kann sich leicht vermessen. Klug zu handeln, heißt, nicht zu versuchen, das Unmögliche zu messen. Beim Beurteilen in der Volksschule geht es nicht um Messungen, wie wir sie in den Naturwissenschaften kennen, sondern um mehr oder weniger grobe Einschätzungen – dies immer im Hinblick auf genau definierte Zwecke. Viele Lehrpersonen setzen zu viel Arbeitszeit ein, um die Leistungen möglichst objektiv im Zeugnis zu benoten. Diese Zeit fehlt ihnen für die Vorbereitung des Unterrichts und für Elterngespräche. Auch wird mancherorts zu viel Unterrichtszeit für das «Messen» der Lernleistungen aufgewendet, die auf Kosten der Lernzeit geht. Um sich nicht in einem Irrgarten des Beurteilens zu verlieren, werden im Folgenden einige grundlegende Sachverhalte und pädagogische Grundsätze im Sinne von Reflexionshilfen für die Schulpraxis kurz dargestellt.

Beurteilungsfunktionen und Beurteilungsformen

Multifunktionale Noten

«Die letzten vier Sätze hast du sehr deutlich, fehlerfrei und fließend vorgelesen», lobt die Lehrerin. Wer lobt, der beurteilt. Hoffentlich kommt das Lob in der Schule nicht zu kurz und wird so erteilt, dass es allen die nötige Lernmotivation dauerhaft sichern hilft. Das Beurteilen in der Schule erschöpft sich allerdings nicht darin. Das Motivieren ist nur eine Funktion. Daneben erfüllen Beurteilungen und Noten seit Längerem diverse Zwecke, die nicht alle unter einen Hut zu bringen sind (Schmid 2000):
- Feedback für die Lernenden: Den Lernenden Auskunft über das Erreichen wichtiger Lernziele und Kompetenzen geben.
- Lernsteuerung: Schwerpunkte für künftiges Lernen festlegen.
- Bericht für Erziehungsberechtigte: Eltern über den Leistungsstand ihres Kindes orientieren.
- Rückmeldung für die Lehrperson: Unterrichtserfolge bestimmen.
- Anerkennung: Lernende auszeichnen.
- Bestrafung und Disziplinierung: Mangelhafte Leistungsanstrengungen ahnden. Schulische Leistungsanforderungen durchsetzen.
- Sozialisation: Leistungsnormen der Gesellschaft anerkennen.
- Zertifizierung: Lernenden die Qualität des Erreichens wichtiger Lernziele bestätigen und bestimmte Kompetenzen bescheinigen.
- Selektion und Rangierung: Lernende rangieren. Schülerinnen und Schüler für bestimmte Schullaufbahnen und Berufsausbildungen auswählen.
- Klassifikation: Lernende in Gruppen einteilen.
- Berechtigung und Chancenzuteilung: Lernchancen zuteilen. Lernende berechtigen, weiterführende Lernangebote wahrzunehmen.
- Prognose: Prognosen für künftige Lernerfolge und Lernfähigkeiten stellen.
- Mitteilung für die Behörden: Der Schulpflege einen Überblick über die Leistungen der einzelnen Schulklassen geben.

Drei wichtige Zwecke

Argumentationen und Beurteilungen gewinnen an Rationalität, wenn die Funktionen entflochten werden. Nicht auf jeder Schulstufe haben Beurteilungen und Noten alle diese Funktionen. Zudem haben die Funktionen nicht alle dasselbe Gewicht. Vor allem drei Zwecke sind deutlich auseinanderzuhalten:

1. Lernprozesslenkung (formative Beurteilung): Bei einzelnen Lernenden, einer Lerngruppe oder Klasse die Voraussetzungen und Bedingungen für weiterführende Lernprozesse erfassen und analysieren. Dies dient ausschließlich dem Lernen («Lernprozesssteuerung») und orientiert sich am Lehrplan, am Kompetenzerwerb, an den Lernzielen, Bildungs- und Qualifizierungsbedürfnissen der Lernenden (siehe Teil 1, Kapitel 6).
2. Leistungsbescheinigung (summative Beurteilung): Die Lernergebnisse der Lernenden zuverlässig und fair erfassen und definierten Standards (Kompetenzstufen, Noten) zuordnen. Gegen Ende des Semesters steht diese Funktion im Zentrum, wenn der Lernstand der Einzelnen benotet und im Zeugnis dokumentiert wird. Damit werden zuhanden Dritter erreichte Lernziele sowie erworbene und über längere Zeit verfügbare Kompetenzen schriftlich bestätigt und zertifiziert. Am Ende der Primarschule und in der Oberstufe gewinnt diese Funktion an Bedeutung, wenn die Schülerinnen und Schüler in verschiedene Niveaus der Oberstufe eingeteilt werden oder sich für bestimmte Berufslehren bewerben.
3. Unterrichtsführung: Den Zusammenhang zwischen Aspekten des Unterrichts (Unterrichtsgestaltung) und dem Fortschritt der Lernenden einschätzen und erhellen. Dabei geht es ausschließlich um die Veränderung und Verbesserung des Unterrichts, um günstige Unterrichtsbedingungen für alle Schülerinnen und Schüler.

Fördern oder bewerten

Bezogen auf die einzelnen Lernenden, kann man grundsätzlich zwischen dem Beurteilen für das Optimieren des Lernens («assessment for learning») und dem Beurteilen des Gelernten («assessment of learning») unterscheiden (Birenbaum et al. 2006; Gardner 2010). Je nach Beurteilungszweck müssen die Beurteilungen anders gestaltet und andere Maßstäbe verwendet werden. Im Schulbereich haben sich in den letzten Jahren die Unterscheidungen formative, summative und prognostische Beurteilung etabliert.

- *Formativ:* Optimierung des Lernens, Förderorientierung, didaktisch-pädagogische Maßnahmen, individuelle Entwicklung und Lernfortschritte; Beurteilungen während eines Lernprozesses
- *Summativ:* Feststellung des Lernstands, Summe des Gelernten (erworbene und verbesserte Kompetenzen), Standortbestimmung; Beurteilungen am Ende einer Lernperiode oder eines Schuljahres
- *Prognostisch:* Zukunftsorientierung, Prognosen für Schulaufbahnen

Die ersten beiden Unterscheidungen sind im Gegensatz zur Unterscheidung des «assessment of/for learning» irreführend, da auch summative Beurteilungen das Lernen fördern und so eine formative Funktion haben können.

Beurteilungsmaßstäbe

Verschiedene Bezugsnormen

Menschen vergleichen sich im Alltag mit anderen, mit ihren gesetzten Zielen und mit ihren früheren Verhaltensweisen. Diese Bezüge spielen auch in der Pädagogischen Diagnostik (Ingenkamp & Lissmann 2008) eine wichtige Rolle. Die Beurteilung und Benotung der Leistungen kann grundsätzlich nach drei verschiedenen Bezugsnormen erfolgen: der individuellen, sachlichen (kriterienorientierten, kriterialen, kompetenz- und lernzielorientierten, lehrzielorientierten, curricularen, institutionellen) und sozialen Bezugsnorm. Bei der Beurteilung nach der *individuellen* Bezugsnorm werden die aktuellen Leistungen eines Lernenden mit seinen früheren Leistungen verglichen. Das, was für eine wenig fortgeschrittene Schülerin eine gute Leistung ist, kann für eine fortgeschrittenere eine schwache Leistung sein. Bei dieser Bezugsnorm wird der Lernzuwachs offensichtlich. Man erfährt, dass man dazulernen kann, wenn man sich anstrengt. Man wird aber nicht gewahr, in welchen Kompetenzbereichen man andere übertrifft oder in welchen Gebieten andere mehr leisten. Bei der Verwendung einer sachlichen Bezugsnorm werden die Leistungen eines Lernenden mit einem vorgegebenen Lernziel oder Kompetenzniveau in Beziehung gesetzt. Diese Beurteilungsnorm liegt der *kompetenz-* oder *kriterienorientierten* Beurteilung zugrunde. Wer bestimmte Aufgaben oder Anforderungen bewältigt und über bestimmte Kompetenzen verfügt, erhält die entsprechende Note. Die Beurteilung ist unabhängig davon, welche Leistungen andere erbringen. Für die sachliche Bezugsnorm ist der Lehrplan maßgebend. Die Beurteilung gibt darüber Aufschluss, welche Kompetenzen jemand erworben hat. Will man mehr als erreichte Kompetenzen bescheinigen, müssen Niveaus definiert werden. Wenn die Leistungen eines Lernenden mit den Leistungen anderer verglichen werden, wird eine *soziale* Bezugsnorm genutzt. Hier wird ein Bezug zu einer Durchschnittsleistung einer bestimmten Gruppe, Klasse oder Altersstufe hergestellt. Dabei wird deutlich, wer in einem bestimmten Fachgebiet zu den weniger und wer zu den weiter fortgeschrittenen Schülerinnen und Schülern gehört. Allerdings kann je nach verwendeter Bezugsgruppe dieselbe Leistung als mangelhaft oder gut erscheinen. Der Lernzuwachs wird ausgeblendet. Lernende können fortwährend tiefe Beurteilungen erhalten, obwohl sie Lernfortschritte machen.

Vor- und Nachteile der Bezugsnormen

Jede Bezugsnorm hat ihre Vor- und Nachteile. Deshalb muss stets sorgfältig überlegt werden, in welcher Situation welche Vergleichsgrößen herangezogen werden sollen. Die Schülerinnen und Schüler müssen im Unterricht lernen, sich mithilfe verschiedener Bezugsnormen zu bewerten. Die negativen Auswirkungen der sozialen Bezugsnorm auf Selbstwertgefühl und Selbstkonzept bei schwächeren Schülerinnen und Schülern sind empirisch gut belegt (Rheinberg 2008). Die Einordnung der individuellen Leistung eines Kindes aufgrund der Leistungen, die von den anderen Kindern in der Klasse erbracht worden sind, erfreut sich im Schulalltag trotzdem großer Beliebtheit. Die häufige Wahl dieser sozialen Bezugsnorm liegt darin begründet, dass klar operationalisierte fachliche Kriterien für die einzelnen Notenwerte fehlen und die individuellen Unterschiede zwischen den Lernenden auf einfache Art erfasst werden wollen. Viele Lehrpersonen sind immer wieder darauf aus, die Lernenden ihrer Klasse in eine Rangreihe einzuordnen. Diese Vergleiche sind auf den klasseninternen Bezugsrahmen beschränkt, und wenn die Noten darauf basieren, so sind sie nicht klassenübergreifend interpretierbar.

Kompetenzorientierte Beurteilung und Noten

Wenn Lernleistungen am Ende eines Schuljahres oder für ein Zeugnis beurteilt werden müssen, so ist die kompetenz- und kriterienorientierte Beurteilung die angemessene Beurteilungsform. «When feedback about academic achievement is the primary goal, comparison with established standards is the method of choice» (Borich & Kubiszyn 1995, S. 301). Die Anforderungen für die einzelnen Notenwerte sind möglichst schon bei der Semesterplanung festzulegen und an den Kompetenzen des Lehrplans auszurichten.

Note	6	5	4	3	2 und 1
	sehr gut	gut	genügend	ungenügend	(sehr) schwach
Kriterium	Die Schülerin oder der Schüler ...				
Erreichen der Lernziele des Unterrichts	erreicht anspruchsvolle Lernziele in den meisten Kompetenzbereichen sicher	erreicht die Lernziele in allen Kompetenzbereichen und teilweise auch anspruchsvollere Lernziele	erreicht grundlegende Lernziele in den meisten Kompetenzbereichen	erreicht grundlegende Lernziele in mehreren Kompetenzbereichen noch nicht	erreicht grundlegende Lernziele in den meisten Kompetenzbereichen nicht
Lösen von Aufgaben (Performanz)	löst Aufgaben mit erhöhtem Schwierigkeitsgrad durchweg erfolgreich	löst Aufgaben mit erhöhtem Schwierigkeitsgrad teilweise erfolgreich	löst Aufgaben mit Grundansprüchen zureichend	löst Aufgaben mit Grundansprüchen unzureichend	löst keine Aufgaben mit Grundansprüchen

Abbildung 47: Codierungssystem der Noten im Zeugnis (Bildungsdirektion Kanton Zürich 2017, S. 7)

Konkret heißt dies, dass zu Beginn einer längeren Lernsequenz, bei der Hinwendung zu einem neuen Thema, die Anforderungen für die verschiedenen Notenwerte formuliert und mit möglichen Aufgabenbeispielen operationalisiert werden. Diese Standards sind mit den Schülerinnen und Schülern zu besprechen, und die Bedeutung der Zeugnisnoten ist verständlich zu machen. Manchmal empfiehlt es sich, die Lernenden beim Zusammenstellen des Aufgabenpools zu beteiligen. Die Note ergibt sich aus dem Erreichen eines mehr oder weniger anspruchsvollen Lernziels in einer leicht überschaubaren Zahl größerer Lerneinheiten. Für die Festsetzung einer Zeugnisnote ist das erreichte Leistungsniveau am Ende des Schul(halb)jahres maßgebend. Eine künstliche Vergrößerung des Notenspektrums einer Schulklasse muss vermieden werden.

Die von Lehrkräften beurteilten Leistungen (mündliche und schriftliche Arbeiten, Prüfungen) werden in der Umgangssprache als Lernleistungen der Schülerinnen und Schüler bezeichnet. Dies ist aber nicht korrekt, denn auch Lehrpersonen (ihr pädagogisch-didaktisches Geschick) und verschiedene Größen des Lernumfeldes tragen Wesentliches zur Leistung der Kinder und Jugendlichen bei. Die den Lernenden zugeschriebenen Leistungen sind also nicht ausschließlich ihre Leistungen.

Systematische Beobachtung und verbale Beurteilung

Beobachten statt interpretieren

Im Alltag sind wir uns gewohnt, Personen mit Eigenschaften zu charakterisieren. Eine Reihe von Beobachtungen fassen wir dabei in wenigen Merkmalen zusammen. Gerade weil Interpretationen rasch zur Hand sind, müssen sich Lehrpersonen davor hüten, voreilig Schlussfolgerungen zu ziehen. Vorher sind systematische Beobachtungen vonnöten, und Beobachtungen sind in einer adäquaten Sprache festzuhalten und zu vermitteln. Dies ist längst nicht immer zu leisten, aber bei Kindern und Jugendlichen, deren Entwicklung gefährdet ist, notwendig.

Bei der Beschreibung ist darauf zu achten, dass Wertungen nicht unbemerkt Eingang finden. Bewusst müssen verschiedene Beschreibungsarten (vgl. Graumann 1960) unterschieden werden. Der verbale Stil kommt einer «reinen» Beschreibung am nächsten. Er nennt beobachtbares Verhalten und verzichtet auf Wertungen (z. B.: Der Schüler bewegt den Oberkörper dreimal vor- und rückwärts, während er an einem Bleistift kaut). Interpretationen finden sich schon bei der Verwendung von Adverbien (z. B.: Er greift ängstlich nach der Hand der Kindergärtnerin). Um die Eigenart eines Verhaltens erkennen und einschätzen zu können, muss man andere Verhaltensweisen und das Verhalten anderer als Vergleichsgrößen kennen. Beim adjektivischen Stil stehen nicht mehr Beschreibungen, sondern Interpretationen im Vordergrund (z. B.: Sie ist sehr schüchtern und am Thema interessiert). Aus dem Verhalten X einer Person in der Situation Y wird auf ein oder gleich mehrere Personenmerkmale geschlossen. Vollends im Medium der Interpretation bewegt man sich bei der Verwendung von Substantivierungen. Konstrukte werden Personen zugeschrieben oder als Ursachen für bestimmte Verhaltensweisen interpretiert (z. B.: Seine Intelligenz ist sehr hoch, doch seine Unbeherrschtheit macht seinen Mitschülern stark zu schaffen). In ihrer substantivischen Form werden die Eigenschaften (Dispositionen, Fähigkeiten, Vermögen) zu «Subjekten». Wird wenig interpretiert, so spricht man von niedrig inferenten, und wenn viel interpretiert wird, von hoch inferenten Aussagen.

Systematisch beobachten

In Einzelfällen (bei Kindern mit spezieller Förderung) sind sorgfältig geplante Beobachtungen notwendig. Will man sich orientieren, welche Phänomene auftreten, so kann die unsystematische Beobachtung das Mittel der Wahl sein (unstandardisierte, unkontrollierte oder unstrukturierte Beobachtung), zum Beispiel wenn im Kindergarten ein Kind ohne spezielle Fragestellung beobachtet wird. Systematisch wird die Beobachtung dann, wenn man beispielsweise speziell darauf achtet, wie häufig ein Kind mit anderen Kindern in freien Spielphasen Kontakt aufnimmt (gezielte Beobachtung, spezifische Vorgehensweise). Im Voraus ist zu überlegen, ob man mehr durch eine teilnehmende oder nichtteilnehmende Beobachtung erfährt. Bei der teilnehmenden Beobachtung beteiligt sich die Lehrperson an den Handlungsabläufen, die sie beim Kind beobachtet, sie spielt zum Beispiel mit oder hilft bei einer Werkarbeit. Im Schulalltag steuert die Lehrperson oft das Verhalten der Schülerinnen und Schüler, und diese Dominanz kann leicht dazu führen, dass sie nur beobachten kann, was sie provoziert. Zudem wird hierbei ihre Wahrnehmungskapazität durch das Unterrichten eingeschränkt, und detaillierte Beobachtungen sind kaum mehr möglich. Deshalb empfiehlt es sich, von der nichtteilnehmenden Beobachtung Gebrauch zu machen. Zufälligkeiten können minimiert werden, wenn im Voraus bestimmt wird, ob ein Verhalten eher in seiner Gesamtheit oder ob Verhaltensaspekte nur zu bestimmten Zeitpunkten beobachtet werden. Im ersten Fall spricht man von einer Ereignisstichprobe, zum Beispiel wenn auf die Reaktion eines bestimmten Schülers auf eine schlechte Note geachtet wird. Im zweiten Fall spricht man von einer Zeitstichprobe, zum Beispiel wenn in bestimmten Intervallen oder zu bestimmten Zeitpunkten das Verhalten registriert wird. Je nach interessierendem Verhalten kann auch eine Situationsstichprobe Sinn ergeben. Dann wird das Verhalten in genau umschriebenen Situationen beobachtet. Die Aufzeichnungen gewinnen an Präzision, wenn Kategoriensysteme, Schätzskalen und Beobachtungsbögen verwendet und wenn freie Beschreibungen möglichst unmittelbar festgehalten werden. Stets sollte man sich wahrnehmungsverzerrender Tendenzen und Beurteilungsfehler bewusst sein (siehe Teil 1, Kapitel 2).

Selbstbestimmung und Lerndokumentationen

Selbstbeurteilung

Die Selbstbeurteilung ist für die Entwicklung zur Autonomie und zum mündigen Gesellschaftsmitglied ebenso wenig wegzudenken wie für die Entwicklung des selbstständigen Lernens und Denkens. Schülerinnen und Schüler müssen lernen, ihre Lernleistungen und Lernfortschritte, ihre Lern- und Denkstrategien zu beurteilen (Metakognition). Der Selbstbeurteilung wohnt ein großes Potenzial für die Persönlichkeitsentwicklung inne. Sie ist in der Schule sehr ernst zu nehmen und stellt mehr dar als eine Ergänzung und Korrektur der Fremdbeurteilung.

Portfolio

Mithilfe sogenannter Portfolios können Lernende Selbsteinschätzungen einüben und bei der Beurteilung systematisch einbezogen werden (Mitbeurteilung), auch wenn die Verantwortung für die Zeugnisnoten ganz bei der Lehrperson bleibt. Im Wesentlichen sind Portfolios «a systematic way of collecting and reviewing samples of work that illustrate personal accomplishments, processes, and styles» (Paris & Ayres 1994, S. 167). In Portfolios werden im Sinne eines externen Gedächtnisses Spuren des eigenen Lernens und Kompetenzerwerbs periodisch (z. B. wöchentlich) dokumentiert, dies ganz, um längerfristige Lernerfolge wahrscheinlicher zu machen. Der Vielfalt und Individualität im praktischen Vorgehen sind keine Grenzen gesetzt. Die lernende Person kann beispielsweise Lernanstrengungen, Lernfortschritte, Erkenntnisse, Erfahrungen, Reaktionen, Ziele, Pläne, Selbst- und Fremdbeurteilungen festhalten. Damit Portfolios die Selbstständigkeit, die Lernmotivation, ein positives Fähigkeitsselbstkonzept, die Lernprozessreflexion und das gezielte Lernen stützen, sind Portfolioaktivitäten gut in den Unterricht zu integrieren. Alle Lernenden müssen individuelle Hilfen und Anregungen für die Dokumentationstätigkeit erhalten, und zwar zum einen von den Mitlernenden und zum anderen von ihren Lehrpersonen. Hilfreiche Anregungen betreffen Fragen oder Rubriken wie: «Das kann ich jetzt.» – «Das kann ich immer noch.» – «Da habe ich gut überlegt.» – «Da habe ich gut gelernt.» – «Ich habe eine neue Lernstrategie entdeckt.» – «Ich habe X beim Lernen helfen können.» – «Ich habe einen Fehler entdeckt, und das hat mir beim Lernen weitergeholfen.» – «Das lerne ich bis (Datum).» – «Das wiederhole ich (Datum).» – «Daran arbeite ich weiter (Datum).» – «Das macht mir Schwierigkeiten.» Nützlich können auch einfache Reflexionsschemen sein: 1) «Was habe ich gelernt?» 2) «Wie habe ich das gelernt?» «Was genau habe ich dabei getan?» 3) «Hatte ich Probleme beim Lernen?» 4) «Wie habe ich versucht, diese zu lösen?»

Für den Fremdsprachenunterricht gibt es eine praktische Vorlage, das Europäische Sprachenportfolio (ESP). Darin werden individuelle Sprachkenntnisse sowie Erfahrungen mit anderen Kulturen und Sprachen kontinuierlich aufgezeichnet und mit ausgewählten Arbeiten belegt, um das eigene Sprachenlernen bewusst wahrzunehmen, einzuschätzen und zu überdenken, sich Ziele zu setzen, zu planen und Lernstrategien zu optimieren – aber auch um das eigene Sprachniveau Dritten zu präsentieren. Damit ist dieses Portfolio nahe beim Vorzeigeportfolio (Präsentationsportfolio, Beurteilungsportfolio, Bewerbungsportfolio). Diese Variante konzentriert sich darauf, die besten Arbeiten vorzustellen, während für das oben dargestellte Entwicklungsportfolio (Prozessportfolio, Arbeitsportfolio) Arbeiten ausgewählt werden, die Lernschwierigkeiten überwinden helfen und Lernfortschritte zeigen.

Lerndokumentation

Lehrpersonen können vorbildlich wirken, indem sie selbst eine Kurzlerndokumentation für die einzelnen Lernenden anlegen. Dort finden sich Noten, Lerntests, Kompetenznachweise, spontane und systematische Beobachtungen, Fragen, Interpretationen, Abmachungen mit den Eltern und dem Kind, Kopien einiger aussagekräftiger Arbeiten aus den Portfolios der Lernenden, Belege über Lernfortschritte und Lernstand in den zentralen Kompetenz-, Fach- und Bildungsbereichen, Förderhypothesen und Angaben über die spezielle Förderung. Mithilfe eines solchen Überblicks lassen sich Förderfragen besser beantworten, zum Beispiel: Liegen die Anforderungen in der Zone der nächsten Entwicklung (Vygotsky 1930/1978)? Lässt die Lernorganisation erwarten, dass die Anforderungen bewältigt werden?

Sieben pädagogische Grundsätze zum Schluss

Ohne reflektierte pädagogische Perspektive, die sich permanent durch praktische Erfahrungen, Diskurse mit anderen und die Auseinandersetzung mit der Fachliteratur nährt, kann verantwortungsvolles, kluges pädagogisches Beurteilungshandeln nicht entstehen. Wo Gelassenheit fehlt, trübt sich der Blick für das Wesentliche schnell, und es werden Prüfungen ohne Notwendigkeit veranstaltet. Abschließend werden sieben weitere pädagogische Grundsätze zur Diskussion gestellt, die die obigen Hinweise ergänzen.

1. In erster Linie sollte das Beurteilungssystem helfen, die Schülerinnen und Schüler zu fördern und ihre Leistungen zu verbessern. Lehren, Lernen und Beurteilen sind deshalb so zu integrieren, dass sie sich gegenseitig befruchten. Das «assessment of learning» soll das «assessment for learning» stützen. Diese Empfehlungen beruhen auf weit anerkannten Prinzipien: «Assessment of any kind should ultimately improve learning» (Gardner 2010, S. 2). – «Assessment should be part of a process of teaching that enables students to understand the aims of their learning and how the quality of their achievements will be judged» (Harlen 2010, S. 39). – «Students are provided with feedback in a form that helps them engage with further learning» (Harlen & Gardner 2010, S. 20).
2. Mit transparent kriterienorientierter Beurteilung und Benotung sind Eltern und anderen Personen, die erzieherische Verantwortung übernehmen, wichtige Informationen über erreichte Lernziele sowie erworbene und über längere Zeit verfügbare Kompetenzen bereitzustellen. Diese Informationen sind im Hinblick auf Selektionsentscheide für weiterführende Schulen und für anschließende Ausbildungswege mit normorientierten Beurteilungen zu ergänzen, die sich auf eine repräsentative Auswahl Lernender abstützen.
3. Zwischen dem Lernen und Prüfen ist klar zu trennen. Gesamtbeurteilungen sind mit Bedacht vorzunehmen: Mündliche Noten und die Beurteilung der Mitarbeit im Unterricht führen leicht dazu, dass ständig geprüft wird. Intensive Lernsituationen sollen die Schulzeit prägen und nicht Prüfungssituationen. Überraschungsprüfungen sind unfair.
4. Prüfungssituationen müssen entspannt werden. Dem Leistungsstand angepasste Prüfungen sowie individuelle Prüfungstermine und Prüfungswiederholungen helfen, Hilflosigkeitsorientierung und Misserfolgsängstlichkeit zu vermeiden. Dazu können auch unbenotete Lernkontrollen zur Verbesserung der Lehr-Lern-Prozesse beitragen, ebenso das positiv erfahrene Lernen aus Fehlern. Emotional stark belastende Wettbewerbssituationen sind zu vermeiden. Wenn bei einer Leistung die Zeit eine Rolle spielt, muss der Zeitdruck gut dosiert werden. Der Zone der nächsten Entwicklung (Vygotsky 1930/1978) ist Rechnung zu tragen. Vorwiegend mittelschwere Aufgaben oder anspruchsvolle, herausfordernde, mit dem verfügbaren Wissen und Können noch lösbare Aufgaben stimulieren die Leistungsentwicklung positiv.
5. Die gegenseitige Hilfe und Unterstützung darf durch individuelle Benotung nicht weniger attraktiv werden. Die Anforderungen für die Noten müssen mit den Schülerinnen und Schülern möglichst schon zu Beginn einer Lernsequenz besprochen werden. In einem Klima, in dem alle ihre Lernziele erreichen können, entstehen Lerngemeinschaften leichter. Anstrengungen sind positiv zu bewerten und nicht als Zeichen mangelnder Intelligenz oder Begabung zu interpretieren.

6. Die Beurteilungen sind gut zu legitimieren: Wer soll was, wann, wie und wozu oder weshalb beurteilen? Schülerinnen und Schüler müssen eine aktive Rolle beim Beurteilen einnehmen können und verschiedene Formen der Lernerfolgskontrollen nutzen lernen.
7. Die Beurteilungen müssen angemessen beurteilt werden (Metabeurteilung): Die im Zeugnis fixierten Beurteilungen beruhen auf sorgfältigen, reflektierten, aber immer groben Einschätzungen. Die vielfältigen Leistungen, die ihnen zugrunde liegen, entziehen sich objektiven, zuverlässigen und gültigen Messungen. Sie bleiben nicht fix, sondern werden Tag für Tag und Woche für Woche gesteigert und erweitert. Darüber hinaus lassen sich die Leistungen der Schülerinnen und Schüler nicht unabhängig von den Leistungen der Schule, der Lehrperson, der Eltern, der Mitschülerinnen und Mitschüler und anderer Akteure definieren.

Bildung und Selektion

Nicht immer lassen sich für alle Lernenden gleichermaßen befriedigende Lösungen finden. Auch sorgfältiges Abwägen der verschiedenen Ansprüche beim Beurteilungshandeln kann strukturelle Widersprüche nicht auflösen. Schule als öffentlich-staatliche Institution ist dem Individuum und der Gesellschaft verpflichtet. Bestmögliche individuelle Entwicklung, Bildung, Qualifizierung, gesellschaftliche Integration und Transfer soziokultureller Werte, Platzierung, Selektion und Allokation sind legitime Anliegen und gehen nicht einfach Hand in Hand. Das im Zuge der Demokratisierung entwickelte gesellschaftliche Leistungsprinzip widerspiegelt sich in den Zeugnissen, die der Selektion dienen, für weiterführende Bildungsgänge berechtigen und Lebenschancen beeinflussen. Spannungen liegen in der Natur der Sache und verlangen ein kluges Dilemmamanagement.

Literatur

Bildungsdirektion Kanton Zürich (Hrsg.) (2017). Kompetenzorientiert beurteilen. Zürich: Lehrmittelverlag des Kantons Zürich.

Birenbaum, M., Breuer, K., Cascallar, E., Dochy, F., Dori, Y., Ridgway, J., Wiesemes, R. & Nickmans, G. (2006). A learning integrated assessment system. Educational Research Review, 1 (1), 61–67.

Borich, G. & Kubiszyn, T. (1995). Grading and evaluating students. In L. W. Anderson (Hrsg.), International encyclopedia of teaching and teacher education (2. Auflage, S. 299–303). Oxford: Elsevier Science.

Gardner, J. (2010). Developing teacher assessment: an introduction. In J. Gardner, W. Harlen, L. Hayward & G. Stobart (Hrsg.), Developing teacher assessment (S. 1–11). Berkshire: Open University Press.

Graumann, C. F. (1960). Eigenschaften als Problem der Persönlichkeits-Forschung. In P. Lersch & H. Thomae (Hrsg.), Persönlichkeitsforschung und Persönlichkeitstheorie (2. Auflage, S. 87–154). Göttingen: Hogrefe.

Harlen, W. (2010). What is quality teacher assessment? In: J. Gardner, W. Harlen, L. Hayward & G. Stobart (Hrsg.), Developing teacher assessment (S. 29–52). Berkshire: Open University Press.

Harlen, W. & Gardner, J. (2010). Assessment to support learning. In J. Gardner, W. Harlen, L. Hayward & G. Stobart (Hrsg.), Developing teacher assessment (S. 15–28). Berkshire: Open University Press.

Hesse, I. & Latzko, B. (2009). Diagnostik für Lehrkräfte. Opladen: Budrich.

Hohenzollern, J. G. P. von & Liedtke, M. (Hrsg.) (1991). Schülerbeurteilungen und Schulzeugnisse. Historische und systematische Aspekte. Bad Heilbrunn: Klinkhardt.

Ingenkamp, K. (Hrsg.) (1971). Die Fragwürdigkeit der Zensurengebung. Texte und Untersuchungsberichte. Weinheim: Beltz.

Ingenkamp, K.-H. & Lissmann, U. (2008). Lehrbuch der Pädagogischen Diagnostik (6. Auflage). Weinheim: Beltz.

Langfeldt, H.-P. (2006). Psychologie für die Schule. Weinheim: Beltz.

Paris, S. G. & Ayres, L. R. (1994). Becoming reflective students and teachers with portfolios and authentic assessment. Washington, DC: American Psychological Association.

Rheinberg, F. (2008). Bezugsnormen und die Beurteilung von Lernleistung. In: W. Schneider & M. Hasselhorn (Hrsg.), Handbuch Pädagogische Psychologie (S. 178–186). Göttingen: Hogrefe.

Schmid, C. (2000). Beurteilen und Benoten. Zürich: Primarlehrer/innenseminar des Kantons Züürich.

Schmid, C., Wiher, P. & Egloff, B. (1997). Zielorientierte Unterrichtsplanung ZUP 7. Lernerfolge. Zürich: Primarlehrer/innenseminar des Kantons Zürich.

Vygotsky, L. S. (1978). Mind in society. The development of higher psychological processes. Cambridge, MA: Harvard University Press (Russ. Original: 1930).

Texte Beurteilen

1 Prüfungssituationen

❮ Manche Menschen werden ihr Leben lang von Albträumen über schulische Grenzerfahrungen gequält. Nicht selten sind es Prüfungen, bei denen sie entweder splitternackt vor einem strengen Tribunal stehen und vor Scham im Boden versinken oder mit unerwarteten Fragen als ahnungslose Hochstapler blamiert und in Verzweiflung gestürzt werden. Kaum jemand, der nicht auch von erschreckenden, grotesken oder witzigen Prüfungssituationen zu erzählen weiß, die sich tatsächlich zugetragen haben. Aus ihnen ergeben sich oft tiefe Einsichten über das Wesen von Prüfungen, aber auch über mehr oder weniger utopische Alternativen. Hier sind einige prominente Beispiele.

Der Kybernetiker Heinz von Foerster erwähnt in einem seiner Bücher ein Erlebnis beim Besuch einer befreundeten Familie:

Der kleine Bub kommt und kommt nicht von der Schule nach Hause. Schließlich erschien er doch: «Ich musste nachsitzen! Die Lehrerin hat mich in der Ecke stehen lassen!» Er erzählte, dass die Lehrerin gesagt habe, er habe freche Antworten gegeben. «Sie hat mich gefragt, wie viel ist 2 x 3? Und ich habe ihr gesagt: Das ist 3 x 2! Alles hat gelacht, und die Lehrerin hat mich in der Ecke stehen lassen.»

Ich habe diesen kleinen Buben gefragt: «Kannst du deine Antwort beweisen?» Da nimmt er Papier und Bleistift, zeichnet drei Punkte und darüber nochmals drei Punkte. Er sagt: «Das ist 3 x 2!» Und dann dreht er das Papier um 90 Grad und meint: «Siehst du, Heinz, das ist 2 x 3!»

Dieser kleine Bub, der sieben Jahre alt war, hat auf die ihm eigene Weise das kommutative Gesetz der Multiplikation bewiesen: A x B ist B x A. Dass die Lehrerin diese Einsicht nicht als großartig erkannte, ist sehr traurig. Sie hat von ihm erwartet, dass er auf die Frage, was ist 2 x 3 «sechs» antwortet. Da er dies nicht tat, erschien seine Antwort als falsch, frech und aufsässig. Das nenne ich die Trivialisierung junger Menschen (Foerster & Pörksen 1998, S. 66 f.).

Ein Witz kursiert seit einigen Jahren unter Physikern. «Die Prüfungsfrage lautet: Nehmen Sie an, Sie haben ein Barometer und sollen damit die Höhe eines Hochhauses bestimmen. Wie würden Sie vorgehen?» Der Student antwortet, ohne zu zögern: «Ganz einfach. Ich klettere auf das Dach, werfe das Barometer hinunter und messe die Zeit bis zum Aufprall. Die Fallstrecke ist dann das Quadrat der Fallzeit mal der halben Erdbeschleunigung. Das ist die Gebäudehöhe.» «Na ja, aber kennen Sie auch eine Methode, bei der das Barometer ganz bleibt?» – «Aber sicher. Ich messe den Durchmesser des Barometers. Dann stelle ich es auf den Boden des Gebäudes im Erdgeschoss und markiere das obere Ende mit einem Stift. Dort lege ich das untere Ende an und mache oben wieder einen Strich. Ich gehe über die Stiegen bis zum Dach und lege immer wieder das Barometer an und markiere mit einem Strich. Wenn ich die Zahl meiner Striche mit dem Durchmesser des Barometers multipliziere, erhalte ich die Höhe des Hochhauses.»

«Ginge das nicht vielleicht auf eine intelligentere und weniger zeitraubende Weise?» – «Selbstverständlich. Ich stelle das Barometer senkrecht in die Sonne und messe die Höhe und die Schattenlänge. Dann messe ich die Schattenlänge des Hochhauses. Da das Verhältnis von Höhe und Schattenlänge für das Haus und das Barometer gleich ist, kann ich daraus die Höhe des Hauses sofort ausrechnen.» – «Können Sie mir noch eine Methode nennen?» – «Ja, warum nicht?

Ich könnte zum Portier gehen und ihm das Barometer als Geschenk anbieten, wenn er dafür im Grundbuch für mich nachschaut, wie hoch dieses Haus ist.» – «Und wie wäre es mit einer Methode, aus der man erkennen kann, dass Sie etwas von Physik verstehen?» – «Kein Problem. Ich könnte das Barometer an eine ein Meter lange Schnur binden und am oberen Ende befestigen. Dann lasse ich es pendeln und messe die Schwingungsdauer. Dasselbe mache ich auf dem Dach. Wegen der größeren Entfernung zum Erdmittelpunkt schwingt das Pendel oben etwas langsamer. Daraus kann ich mit der Pendelgleichung errechnen, um wie viel kleiner die Erdbeschleunigung oben ist als unten. Daraus ergibt sich dann die Gebäudehöhe.» Jetzt platzt dem Professor endgültig der Kragen, und er bricht die Prüfung ab. Als er verärgert einem Kollegen von der Prüfung erzählt, meint dieser, dass alle Antworten richtig seien und ihm nichts anderes übrig bleibe, als die Prüfung positiv zu bewerten. Am nächsten Tag knurrt der Professor den Studenten an und sagt, dass seine Antworten zwar nicht falsch, aber läppisch seien und er mit Nachsicht aller Taxen die Prüfung bestanden habe. Jetzt war die Reihe am Studenten, verärgert zu sein, und er meint: «War nicht in Wirklichkeit die Frage läppisch? Um von mir etwas über Boltzmanns barometrische Höhenformel zu hören, gibt es doch einfachere Wege!»

Diese beiden Anekdoten zeigen, dass es ein Fehler ist, Prüflinge zu unterschätzen und nur genau eine Antwort auf eine Frage zuzulassen. Gerade unkonventionelle, überraschende, originelle Antworten können viel über ihre Fähigkeiten verraten.

Frank McCourt, Bestsellerautor der irischen Kindheitsbiografie «My Mother's Ashes», schreibt in seinem Buch «Teacher Man» (2005) über seine Jahre als Lehrer in New York, wie schwer es ihm gefallen ist, Schülerinnen und Schülern in einem Slumbezirk Freude an sprachlichen Feinheiten zu vermitteln. Voll Ärger über fadenscheinig gefälschte elterliche Entschuldigungen bei Absenzen forderte er seine Schülerinnen und Schüler auf, einmal zu zeigen, was sie können und glaubhafte und überzeugende schriftliche Ausreden zu formulieren. Die Ergebnisse waren überwältigend. Die meisten Schülerinnen und Schüler, die sonst kaum einen geraden Satz schrieben und denen er schon lange nichts mehr zugetraut hatte, erfanden nun im Namen ihrer Eltern herzzerreißende und großartig poetische Geschichten, warum ein Schulbesuch ihrer Kinder absolut nicht möglich gewesen sei.

Wenn Schüler/innen motiviert sind, wenn ihnen die Aufgabe Spaß macht und mit ihrem Leben zu tun hat, sind sie zu Leistungen fähig, die sie in einem normalen Test niemals zustande bringen. ›

Auszug aus: Stern, T. (2010). Förderliche Leistungsbewertung. Wien: Österreichisches Zentrum für Persönlichkeitsbildung und soziales Lernen ÖZEPS.

2 Kompetenzorientierung statt Mängeldiagnosen

« Schülerinnen und Schüler, die dem Unterricht der Regelschule ohne spezifische Unterstützung nicht folgen können, werden heute vermehrt in Regelklassen integriert und durch schulische Heilpädagoginnen und Heilpädagogen unterstützt. Zur konkreten Umsetzung von integrativer Schulung wurde in letzter Zeit viel Unmut gerade auch von Lehrpersonen geäußert. Dieser betrifft in den wenigsten Fällen die Grundidee der Integration an sich, sondern deren Umsetzung bzw. Aspekte wie ungenügende Ressourcen, mangelnde Unterstützung oder ungünstige Rahmenbedingungen wie etwa fehlende Gruppenräume.

Lernberichte statt Noten

Erfahrungen mit Integration gibt es in der Schweiz schon seit den 1980er-Jahren, und in vielen Kantonen wurden seither Konzepte für eine verbreitete Umsetzung von Integration erarbeitet. Dennoch stellen sich in der Praxis immer noch und immer wieder Probleme und Herausforderungen, die nicht leichtfertig übergangen werden dürfen. Dazu gehört auch die Frage nach der Beurteilung und Leistungsbewertung. Wie sollen Schüler, die mit individuellen Lernzielen arbeiten, beurteilt werden? In welchem Verhältnis steht diese Bewertung zur gängigen Beurteilungs- und Selektionspraxis? Und welche Aufgaben stellen sich hier für die Lehrpersonen?

In integrativen Schulmodellen gibt es meistens zwei verschiedene Beurteilungssysteme: eines für Schülerinnen und Schüler mit besonderem Bildungsbedarf und eines für Lernende, die nach dem Regel-Curriculum unterrichtet werden. Letztere werden in der Regel mit Noten beurteilt und unterstehen der aktuellen Promotionsordnung. Lernende, die an Lernzielen arbeiten, die von der Klassennorm abweichen, unterstehen explizit nicht diesen Promotionsregeln. Im Zeugnis steht anstelle einer Note oft ein entsprechender Vermerk (z. B. «individuelle Lernziele», «individuelle Förderung», «reduzierte individuelle Lernziele»), und dem Zeugnis wird ein Lernbericht beigelegt, in dem der Lernstand und die Fortschritte des Schülers beschrieben werden.

Gefahr der Beliebigkeit

Solche Lernberichte haben gegenüber Noten Vorteile: Die Eltern und die Lernenden erhalten Informationen, die ausführlicher und differenzierter sind als nackte Zahlen. Zudem weisen Forschungsergebnisse darauf hin, dass sich solche Rückmeldungen im Vergleich zu Noten positiv auf das schulische Selbstkonzept, d. h. auf das Vertrauen in die eigenen Leistungen von leistungsschwächeren Lernenden, auswirken. Es muss jedoch auch bedacht werden, dass verbale Lernberichte nicht an sich eine fördernde Funktion haben. Sie können auch allgemeine «Mängeldiagnosen» («Das Rechnen im Zahlenraum bis 100 gelingt Max erst in Ansätzen») oder stigmatisierende Sätze («Laura gehört immer noch zu den leistungsschwächsten Schülern») enthalten. Zudem stellt sich oft das Problem, dass nicht transparent wird, nach welchen Kriterien die Leistungsbewertung erfolgt bzw. dass diese stark von der subjektiven Einschätzung der Lehrperson abhängt. Wann kann beispielsweise bei einem Kind, das mit individuellen Lernzielen unterrichtet wird, von Fortschritten gesprochen werden? Wann sind Fortschritte als klein und wann als groß einzustufen? Verbale Leistungsbeurteilungen unterliegen noch stärker als Noten der Gefahr der Beliebigkeit.

Integration contra Selektion

Es gibt einige Kantone, in denen auch Lernende, die an individuellen bzw. reduzierten Lernzielen arbeiten, benotet werden, zusätzlich zur verbalen Beurteilung. Die Noten beziehen sich dann nicht auf das Regel-Curriculum, sondern allein auf die individuellen Lernfortschritte. Sie sollen die Schülerinnen und Schüler motivieren und ihnen helfen, die eigenen Leistungen einzuschätzen. Solche Benotungen sind kritisch zu betrachten. Noten geben nachweislich ganz allgemein nur unzuverlässig Auskunft über die tatsächlichen Leistungen, und wenn sie sich an der Individualnorm orientieren, verlieren sie jegliche Aussagekraft.

Was bedeutet dies nun für die Leistungsbeurteilung von Schülerinnen und Schülern mit besonderem Bildungsbedarf? Eine Beurteilung mit Noten ist aus den genannten Gründen in diesen Fällen nicht sinnvoll, wichtig sind differenzierte verbale Leistungsbeurteilungen in Form von Lernberichten. Diese sollen Aussagen darüber enthalten, was Schülerinnen und Schüler können und was nächste Lernziele und Entwicklungsschritte sind. Solche Einschätzungen können jedoch nur sinnvoll vorgenommen werden, wenn den Lehrpersonen Beurteilungskriterien zur Verfügung gestellt werden, die sich am Aufbau der Lerninhalte und an den damit verbundenen Lernprozessen orientieren. Dazu braucht es differenzierte inhaltliche Beschreibungen verschiedener Kompetenzbereiche sowie geeignete Diagnoseaufgaben. Kompetenzmodelle, wie sie im Rahmen von HarmoS erarbeitet worden sind, könnten dazu einen Beitrag leisten.

Die Thematik der Leistungsbeurteilung zeigt auf, mit welchen sich widersprechenden Zielsetzungen Lehrpersonen umgehen müssen, wenn Integration in einem gegliederten und selektiven Schulsystem umgesetzt wird: Eine «Schule für alle» hat den Anspruch, dass Schüler unabhängig von ihren Leistungen gemeinsam den Unterricht besuchen und dass die individuellen Lernfortschritte kompetenzorientiert betrachtet und bewertet werden. Die gängigen Beurteilungssysteme mit Noten stellen dagegen ein Mittel zur Selektion und zur Einteilung von Lernenden in verschiedene Leistungsgruppen dar und laufen den integrativen Bestrebungen zuwider. Diese Situation und die genannten Widersprüche gilt es im Schulalltag auszuhalten.

Ressourcen und Kriterien

Umso wichtiger ist deshalb, dass die Lehrkräfte im Umgang mit qualifizierter, kompetenzorientierter Leistungsbeurteilung unterstützt werden. Beispielsweise muss die Thematik in der Aus- und Fortbildung intensiv behandelt werden. Weiter sollten geeignete und praxisnahe Diagnoseinstrumente und Beurteilungskriterien zur Verfügung gestellt werden. Und selbstverständlich sind auch die zeitlichen Ressourcen für diese Aufgabe zu gewähren. Das Verfassen von Lernberichten und verbalen Leistungsbewertungen ist nicht nur äußerst anspruchsvoll, sondern auch sehr zeitaufwendig. Lehrpersonen dürfen mit diesen komplexen Aufgaben und dem Umgang mit den genannten Widersprüchen nicht alleingelassen werden. ❯

Auszug aus: Moser Opitz, E. (2010). Kompetenzorientierung statt Mängeldiagnosen. Leistungsbewertung und schulische Integration. NZZ, 30.6.2010, S. 66.

Kommentierte Literaturhinweise

Bohl, Thorsten (2009) — **Prüfen und Bewerten im Offenen Unterricht (4. Auflage)**. Weinheim: Beltz.
Stellt kenntnisreich und praxisbezogen das leistungsdiagnostische Handeln der Lehrpersonen im offenen Unterricht dar. Viele Beispiele illustrieren die gut begründete Bewertungspraxis für die gängigen offenen Unterrichtsformen wie Freiwahlarbeit und Projektunterricht auf der Mittelstufe und Sekundarstufe I.

Easley, Shirley-Dale & Mitchell, Kay (2004) — **Arbeiten mit Portfolios. Schüler fordern, fördern und fair beurteilen.** Mülheim: Verlag an der Ruhr.
Ein praktischer Ratgeber für alle Schulstufen, der Schritt für Schritt in die Arbeit mit Portfolios im Unterricht einführt. Viele Beispiele, Checklisten und Kopiervorlagen illustrieren, wie Schülerinnen und Schüler in den Prozess der Bewertung einbezogen werden können, und erleichtern die Umsetzung in die Praxis.

Ingenkamp, Karlheinz & Lissmann, Urban (2008) — **Lehrbuch der Pädagogischen Diagnostik (6. Auflage)**. Weinheim: Beltz.
Ein Klassiker, der kompetent über zentrale diagnostische Konzepte in der Schule informiert. Lehrpersonen erhalten fundierte Antworten auf viele Fragen des Beurteilens. Ingenkamp hat sich im deutschen Sprachraum pionierhaft mit Fragen der Notengebung auseinandergesetzt.

Jäger, Reinhold S. (2007) — **Beobachten, beurteilen und fördern! Lehrbuch für die Aus-, Fort- und Weiterbildung.** Landau: Verlag Empirische Pädagogik.
Vermittelt ein großes Spektrum relevanten Wissens für die Diagnostik und das Benoten in der Schule. Im Lehrbuch finden sich theoretisch gehaltvolle ebenso wie praktisch nützliche Informationen zum Beobachten, Beschreiben und Interpretieren. Mündliche und schriftliche Prüfungen, Testverfahren, Portfolio und Lerntagebuch werden diskutiert und kritisch durchleuchtet. Wiederholungen, Übungen und Beispiele zur Veranschaulichung verbessern Lernerfolge und erleichtern den Transfer in die Praxis.

Lueger, Dagmar (2007) — **Beobachtung leicht gemacht. Beobachtungsbögen zur Erfassung kindlichen Verhaltens und kindlicher Entwicklungen.** Berlin: Cornelsen.
Gibt praktische Hinweise zur Beobachtung und Einschätzung des kindlichen Entwicklungsstandes in Kindergarten und Grundstufe. Das Buch geht auf die Bereiche Motorik, Wahrnehmung, Sprache, Denken sowie soziales und emotionales Verhalten ein. Thema ist auch die Dokumentation von Förderaktivitäten.

Woolfolk, Anita (2014) — **Pädagogische Psychologie (12. Auflage)**. München: Pearson.
Ein modernes Lehrbuch, das in zwei Kapiteln leicht verständlich testpsychologische Grundlagen, standardisierte Tests, neue Ansätze in der Leistungserfassung, die Thematik Noten und Zeugnisse, motivationale Aspekte sowie die formative Beurteilung darstellt. Das Lehrbuch behandelt auch Alternativen zur traditionellen Leistungserfassung (Aufführungen, Portfolios) und enthält wertvolle Internetlinks für Theorie und Praxis. Im Lehrbuch finden sich viele Ideen für eine moderne Beurteilungskultur.

Kapitel 6   Zusammenwirken von Fremd- und Selbststeuerung

Dieses Kapitel geht der Frage nach, wie Lehrpersonen in Kenntnis verschiedener Lernarrangements ihren Unterricht planen und gestalten können. Dabei sollen alle zentralen Bildungsziele wirkungsvoll verfolgt werden. Je nach Kompetenzen, die im Zentrum stehen, muss eine entsprechende Lernumgebung gestaltet werden. Dabei spielen sowohl Formen des angeleiteten, instruktionalen Lehrens, das auf die Lernenden abgestimmt ist, eine wichtige Rolle als auch Lernumgebungen, die Selbstständigkeit und Kooperation unter den Lernenden fordern und fördern.

Fremd- und selbstgesteuerte Lernanlagen müssen sinn- und wirkungsvoll über längere Zeit ineinandergreifen, sodass für alle Lernenden eine klare Struktur entsteht. Diese Struktur soll auch leistungsschwächeren Kindern und Jugendlichen Sicherheit geben. Eine solch längerfristig angelegte und ausbaubare Unterrichtskonzeption ermöglicht auch den Lehrpersonen, den Aufwand überschaubar zu halten und den Kompetenzaufbau der Schülerinnen und Schüler über einen längeren Zeitraum zu verfolgen.

Begriffe wie «offener Unterricht», «Freiarbeit» usw. sind unscharf definiert. Es lohnt sich daher, genauer darüber nachzudenken, welches die Spielräume der Lernenden wirklich sind und wo sie mitbestimmen können und sollen, damit das Ziel der Selbstständigkeit nachhaltig verfolgt werden kann.

Realisierungschancen und Schritte in Richtung Öffnung des Unterrichts und innere Differenzierung werden beschrieben und mit Anschauungsbeispielen, Umsetzungshilfen und Erfahrungsberichten illustriert.

| Basics | Seite 275 | Texte | Seite 283 |

Basics Zusammenwirken von Fremd- und Selbststeuerung

BARBARA ZUMSTEG

Verschiedene Bildungsziele erfordern unterschiedliche Unterrichtsmethoden

Anbindung an Ziele

In verschiedenen Kapiteln dieses Studienbuchs werden unterschiedliche Lernarrangements und Methoden beschrieben: von der Individualisierung zum kooperativen Lernen – und von stärker angeleitetem Lehren zu Formen des selbstständigen Lernens. Lehrpersonen, die ihren Unterricht längerfristig planen wollen, stehen immer wieder vor folgenden Fragen:
- Welche Lernarrangements eignen sich für welche Ziele?
- Wie kann eine Lehrperson ihren Unterricht über längere Zeit planen und die unterschiedlichen Ziele im Hinblick auf den Kompetenzerwerb der Schülerinnen und Schüler sowohl über längere Zeit verfolgen als auch miteinander in Verbindung bringen?
- Wie kann Unterricht schrittweise weiterentwickelt und eine zunehmende Öffnung in Richtung Selbststeuerung durch die Lernenden erreicht werden?

Das Ziel von Schule und Unterricht ist der Erwerb fachlicher und überfachlicher Kompetenzen: inhaltliches Wissen, anwendungsfähiges Können, Lernkompetenzen, Sozialkompetenzen und Wertorientierungen.

Weinert (2000) hat mit Nachdruck darauf hingewiesen, dass unterschiedliche Bildungsziele ganz unterschiedliche Lehr- und Lernarrangements erfordern. Jegliche Monokultur, jegliche Verabsolutierung eines bestimmten Unterrichtsstils bezeichnet er deshalb als unangemessen. Er nennt fünf fundamentale Bildungsziele.

Erwerb intelligenten Wissens

1. Intelligentes Wissen zu erwerben, ist gemäß Weinert die wichtigste Aufgabe des Bildungssystems. Es gibt keine herausragende Kompetenz auf anspruchsvollen Gebieten ohne ausreichendes inhaltliches Wissen. Mit intelligentem Wissen ist aber nicht nur reines Faktenwissen gemeint. Darunter wird auch ein wohlorganisiertes, disziplinär und interdisziplinär und lebenspraktisch vernetztes System von flexibel nutzbaren Fähigkeiten, Fertigkeiten, Kenntnissen und metakognitiven Fähigkeiten verstanden. Dieser Wissenserwerb muss in systematischer Weise erfolgen und verlangt die Verantwortlichkeit aufseiten der Lehrperson. Er erfordert Unterrichtsmethoden, die zwar lehrergesteuert, aber schülerorientiert sind; das heißt, die Lehrperson muss die Lernvoraussetzungen ihrer Schülerinnen und Schüler kennen und ihre Lernumgebung darauf aufbauen. Dabei hilft eine Kombination von instruktionalen und stärker selbstgesteuerten Trainings- und Vertiefungsphasen.

Erwerb anwendungs-fähigen Wissens	2. Ein System von Wissen im Kopf zu haben, garantiert noch nicht dafür, dass dieses Wissen auch in unterschiedlichen Situationen angewendet werden kann. Schülerinnen und Schüler müssen gezielt lernen, ihr Wissen in unterschiedlichen Anwendungssituationen zu nutzen. Diese Anwendungssituationen haben ihre eigenen Regelhaftigkeiten, die in Verbindung gebracht werden müssen mit dem erworbenen Wissen. Dies wird erleichtert durch Projektunterricht, in dem sinnvolle, für die Kinder und Jugendlichen bedeutsame, komplexe und transdisziplinäre Probleme bearbeitet werden: vom Kindergarten bis zur letzten Klasse der Oberstufe.
Erwerb von überfachlichen Kompetenzen	3. Das Ziel von Schule und Unterricht ist der Erwerb fachlicher und überfachlicher Kompetenzen, die in unterschiedlichen Fächern, Berufen und Tätigkeiten anwendbar sind und in verschiedenen Situationen zum Tragen kommen. Dazu gehören einerseits konkrete Kompetenzen wie beispielsweise methodisches Wissen wie Informationen suchen und bewerten, der mündliche sprachliche Ausdruck, Fremdsprachenkompetenzen und Medienkompetenz. Andererseits gehören zu den überfachlichen Kompetenzen aber auch abstrakte Qualifikationen wie Selbstorganisation und Selbstregulierung. Diese Qualifikationen können nur aufgebaut werden, wenn Lernarrangements, angepasst an Alter und Vorwissen, diese Kompetenzen auch fordern. Es braucht also Formen, die Selbststeuerung bedingen wie zum Beispiel Arbeit mit Lernplänen, Werkstätten, dialogisches Lernen, Ateliers usw.
Erwerb des Lernen-Lernens	4. Schülerinnen und Schüler sollen im Verlauf ihrer Schulzeit lernen, wie sie selbstständig kompetent lernen können. Sie sollen Expertinnen und Experten ihres eigenen Lernens werden. Dieses Ziel bedingt Lernformen, bei denen die Schülerinnen und Schüler, ihrem Entwicklungsstand und ihren Kenntnissen entsprechend, über Inhalte, Ziele, Lernwege und Arbeitsformen mitbestimmen können. Weiter müssen die Lernprozesse selbst zum Gegenstand des Unterrichts werden durch Reflexionen über gemachte Lernschritte und durch den gezielten Einsatz von unterschiedlichen Lernstrategien. Dazu gehört Offenheit in mehreren Dimensionen (siehe «Dimensionen offenen Unterrichts», S. 280).
Erwerb sozialer Kompetenzen	5. Soziale Kompetenzen sind einerseits wichtig für die Teamarbeit, wie sie im heutigen Berufsleben gefordert wird. Andererseits ermöglicht Lernen in Gruppen auch eine vertiefte inhaltliche Auseinandersetzung, indem individuelle Konstruktionen ausgetauscht und verifiziert oder andere Perspektiven übernommen werden. Dies kann gestützt und gefördert werden durch Formen wie das dialogische Lernen, kooperative Lernformen, Klassenrat usw.

Es zeigt sich also, dass die Wahl von Lernarrangements von den angestrebten Lernzielen abhängig ist. Da alle oben aufgeführten Bildungsziele wichtige Ziele der Volksschule sind, ist Methodenpassung ein klarer Anspruch an guten Unterricht. Diese Vielfalt muss aber strukturiert und aufbauend im Rahmen einer Unterrichtskonzeption über längere Zeit erfolgen, wie dies im nächsten Abschnitt beschrieben wird.

Der Vielfalt Struktur geben

Struktur gibt Sicherheit

Die ganzheitlichen Bildungsziele müssen mit wirkungsvollen Lehr-Lern-Arrangements verbunden werden. Dabei stellt sich die Frage, wie die verschiedenen Unterrichtsformen über eine längere Zeiteinheit wirkungsvoll verbunden werden können.

In Anlehnung an Achermann (2009) kann eine solche Kombination beispielsweise mit vier Unterrichtsbausteinen gestaltet werden.

Unterrichtsbausteine

Thema
Lernen in der Klassengemeinschaft und in kleinen Gruppen an einem gemeinsamen Thema während mehrerer Wochen täglich oder mehrmals pro Woche: Hier arbeiten die Lehrpersonen im direkt geführten Unterricht mit allen Kindern an einem Thema aus der Lebenswelt der Kinder und ermöglichen anschließend individuelle Vertiefung und Erweiterung. Überlegungen zur Findung von solchen Themen werden in Kapitel 2 ausführlich dargestellt.

Freie Tätigkeit
Lernen in kleinen Gruppen und allein durch selbst gewählte Tätigkeiten: Hier forschen, lesen, gestalten, schreiben, bewegen sich und spielen, rechnen und musizieren Kinder nach ihren Interessen und Bedürfnissen, je nach Kind täglich oder mehrmals pro Woche. Dies kann zum Beispiel in Form von Ateliers, wie in Kapitel 4 (Basics 3) beschrieben, gestaltet werden. Hier können aber auch Projekte (siehe Kapitel 4, Basics 5) oder Werkstätten (siehe Kapitel 4, Basics 1) ihren Platz finden.

Kurs
Bewusstes, systematisches Lernen und angeleitetes Üben und Reflektieren mit einer Lehrperson in einer lernstandsähnlichen Gruppe. Hier bauen Kinder systematisch Wissen und Können auf. Lehrpersonen setzen die Gruppen auf Zeit zielbezogen zusammen und leiten sie. Lehrpersonen lehren direkt, üben mit den Kindern und reflektieren mit ihnen Lernprozesse, Lernergebnisse und Arbeitsweisen, während mehrerer Wochen ein- bis dreimal pro Woche. Hier können kooperative Lernformen, dialogisches Lernen (siehe Kapitel 4, Basics 4) oder auch Werkstätten eingesetzt werden.

Training / Plan
Bewusstes individualisiertes Lernen und Üben allein, zu zweit oder in kleinen Gruppen an vorgegebenen Aufgaben: Jedes Kind bekommt spezifische Aufträge, die seinem Lern- und Entwicklungsstand entsprechen. Die Schülerinnen und Schüler arbeiten selbstständig, die Lehrperson berät und unterstützt individuell, je nach Kind täglich oder mehrmals pro Woche. Dieser Unterrichtsbaustein hat eine enge Verwandtschaft mit verordneten Lernplänen wie in Kapitel 4 (Basics 2) beschrieben.

Die folgende Wochenstrukturierung stellt eine mögliche Kombination von Unterrichtsbausteinen dar, die sich besonders gut in Grundstufe und Primarstufe umsetzen lässt.

Montag	Dienstag		Mitwoch	Donnerstag		Freitag	
Arbeit an einem Thema	Kurs	Training	Arbeit an einem Thema	Kurs	Training	Kurs	Training
Freie Tätigkeit	Arbeit an einem Thema		Freie Tätigkeit	Arbeit an einem Thema		Arbeit an einem Thema	
Kurs	Training	Sport		Sport			
Mittagspause							
Kurs	Training	Freie Tätigkeit		Freie Tätigkeit		Klassenrat	

Abbildung 48: Mögliche Wochenstrukturierung für den Kindergarten oder die Primarstufe / den 1. und 2. Zyklus (Achermann 2009, S. 91)

Auf der Oberstufe kann eine Wochenstruktur beispielsweise so aussehen:

Montag	Dienstag	Mitwoch	Donnerstag	Freitag
Einstieg, Übersicht und Planung				
Kursorischer Fachunterricht				
Training				
	Individuelle Planarbeit			
				Präsentationen, Reflexion und Abschluss

Abbildung 49: Mögliche Wochenstrukturierung für die Oberstufe bzw. den 3. Zyklus

Individuelle Planarbeit

Individuelles Lernen allein oder in kleinen Gruppen. Auswahl aus vorgegebenen, eher offenen Lernangeboten oder Arbeit an selbst gewählten Kompetenzen, Lernzielen und Inhalten (auch freie Projekte möglich).

Kursorischer Fachunterricht

Lernen in der Klassengemeinschaft und in kleinen Gruppen an gemeinsamen Themen und Inhalten. Die Lehrpersonen strukturieren und leiten den Unterricht und ermöglichen anschließend individuelle Vertiefung und Erweiterung.

Training

Gezieltes individualisiertes Lernen, Vertiefen und Üben allein oder zu zweit an vorgegebenen Inhalten (aus Fachunterricht) oder an selbst gesteckten Zielen (z. B. aufgrund des Stellwerktests und der Berufswahl).

Auf der Oberstufe ist die Zusammenarbeit der beteiligten Lehrpersonen unabdingbar, aber auch auf den anderen Stufen lässt sich der Aufwand durch gemeinsame Kooperation massiv reduzieren.

Neben der Anbindung an Kompetenzen und Lernziele sowie der Unterrichtsstrukturierung spielt es auch eine Rolle, was die einzelnen Lernarrangements in der Umsetzung tatsächlich ermöglichen. Wie viel Offenheit besteht für die Lernenden in welchen Dimensionen? Im nächsten Abschnitt wird über den Grad der Offenheit nachgedacht.

Dimensionen offenen Unterrichts

Lehr-Lern-Arrangements wie Lernpläne, Ateliers, Werkstätten, Projektunterricht, die in diesem Band beschrieben sind, zählen in der gängigen Literatur zu Methoden des offenen Unterrichts. Der Begriff des offenen Unterrichts geht aber weit über die Frage nach der methodischen Gestaltung hinaus. Peschel (2009, S. 77) listet folgende grundlegende Dimensionen auf:

Organisatorische Öffnung	Bestimmung der Rahmenbedingungen: Raum/Zeit/Sozialformwahl usw.
Methodische Öffnung	Bestimmung des Lernwegs aufseiten der Lernenden
Inhaltliche Offenheit	Bestimmung des Lernwegs innerhalb der offenen Lehrplanvorgaben
Auf Klassen- und Schulebene partizipative Offenheit	Bestimmung von Entscheidungen bezüglich der Klassenführung, der (langfristigen) Unterrichtsplanung, des konkreten Unterrichtsablaufs, gemeinsamer Vorgaben usw. Bestimmung des sozialen Miteinanders bezüglich der Rahmenbedingungen, des Erstellens von Regeln und Regelstrukturen usw.
Persönliche Offenheit	Beziehung zwischen Lehrperson/Lernenden und den Lernenden untereinander

Abbildung 50: Dimensionen offenen Unterrichts

Auf der Grundlage dieser Dimensionen definiert Peschel offenen Unterricht folgendermaßen: «Offener Unterricht gestattet es dem Schüler, sich unter Freigabe von Raum, Zeit und Sozialform Wissen und Können innerhalb eines ‹offenen Lehrplanes› an selbst gewählten Inhalten auf methodisch individuellem Weg anzueignen. Offener Unterricht zielt im sozialen Bereich auf eine möglichst hohe Mitbestimmung bzw. Mitverantwortung des Schülers bezüglich der Infrastruktur der Klasse, der Regelfindung innerhalb der Klassengemeinschaft sowie der gemeinsamen Gestaltung der Schulzeit ab» (Peschel 2009, S. 78). Die Volksschule ist an die Lehrpläne gebunden. Diese sind oft offener, als man denkt. Mitbestimmung und Mitverantwortung durch die Schülerinnen und Schüler lässt sich immer wieder realisieren, wie dies auch der Auftraggeber im Schulgesetz unter dem Begriff «Schülerpartizipation» einfordert.

Nach Peschel ist Unterricht dann offen, wenn Entscheidungen im methodisch-organisatorischen Bereich uneingeschränkt, im inhaltlichen Bereich lediglich begrenzt durch einen offenen Rahmenplan und im sozialen Bereich eingeschränkt freigegeben werden.

Die persönliche Offenheit im Sinne eines positiven Beziehungsklimas mit einem respektvollen Umgang zwischen allen Beteiligten ist grundlegend für jede Art von Unterricht, unabhängig vom jeweiligen Lehr-Lern-Arrangement.

Offenheit analysieren

Für die Analyse der Offenheit von Unterricht schlägt Peschel (2009) folgende Fragen vor:
- Inwieweit können die Lernenden Rahmenbedingungen ihrer Arbeit selbst bestimmen? (organisatorische Dimension)
- Inwieweit können sie ihren eigenen Lernwegen folgen? (methodische Dimension)
- Inwieweit können sie über ihre Lerninhalte selbst bestimmen? (inhaltliche Dimension)
- Inwieweit können sie in der Klasse über Regeln und Unterrichtsablauf mitbestimmen? (partizipative Dimension)
- Inwieweit besteht zwischen Lehrperson und Lernenden und unter den Lernenden ein positives Beziehungsklima? (persönliche Offenheit)

Mitbestimmung ist ausschlaggebend

Als «offener Unterricht» werden aktuell Konzepte bezeichnet, die eine Mitbestimmung der Schülerinnen und Schüler in inhaltlicher und partizipativer Hinsicht ermöglichen. Dieses Verständnis verweist auf den Begriff der Selbstbestimmung. Eine Beteiligung in organisatorischer und methodischer Hinsicht stellt eine Öffnung, jedoch keinen offenen Unterricht dar und verweist auf die Begriffe Selbstorganisation und Selbstregulierung.

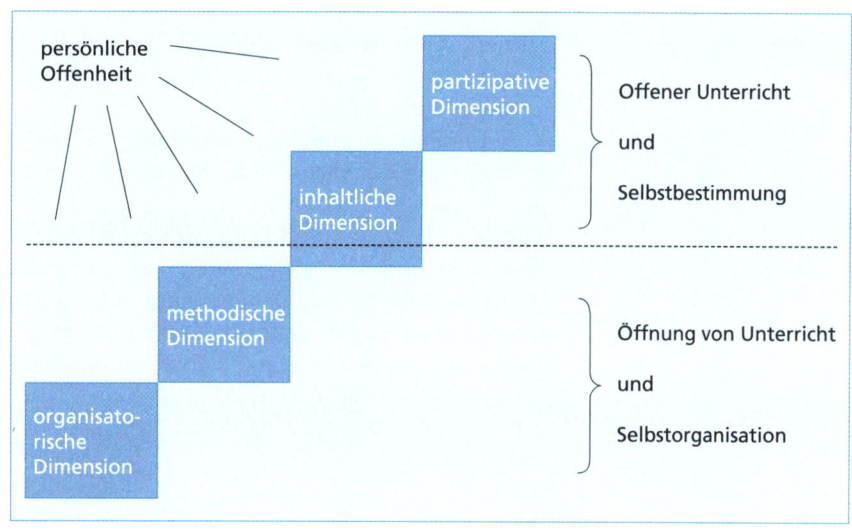

Abbildung 51: Dimensionen der Öffnung (nach Bohl & Kucharz 2010, S. 19)

Der ausschlaggebende Übergang von der Öffnung zur Offenheit ist in der inhaltlichen Dimension enthalten. Hier sind folgende Stufen denkbar:
1. Die Lehrperson gibt genau vor, welcher Schüler, welche Schülerin welches Thema, welche Aufgabe bearbeitet.
2. Die Schülerinnen und Schüler wählen ein Thema oder eine Aufgabe aus mehreren anspruchsvollen Angeboten aus.
3. Die Schülerinnen und Schüler bestimmen selbst ein Teilthema aus einem vorgegebenen Rahmenthema.
4. Die Schülerinnen und Schüler entscheiden frei, welches Thema sie bearbeiten.

Vor allem die Stufe 2 ist von großer Bedeutung. Wenn das Angebot umfangreich und anspruchsvoll ist, geht es klar in Richtung Selbstbestimmung und damit zu offenem Unterricht.

Auch die in diesem Band vorgestellten Lehr-Lern-Arrangements lassen sich mithilfe des Rasters analysieren, wobei aber immer die konkrete Umsetzung beachtet werden muss. So sind beispielsweise verordnete Lernpläne und Trainingswerkstätten oft nur in der organisatorischen Dimension offen, während das dialogische Lernen die methodische Dimension favorisiert. Hingegen können selbstbestimmte Lernpläne kombiniert mit Projekten und Klassenrat in allen Dimensionen eine große Offenheit erzeugen.

Es lohnt sich also, darüber nachzudenken, welche Unterrichtformen welche Dimensionen von Öffnung wirklich erreichen und wie Unterricht in Richtung Offenheit weiterentwickelt werden kann.

Offenheit bedeutet noch nicht Qualität

Dabei ist jedoch immer in Betracht zu ziehen, dass «Öffnung von Unterricht» allein noch kein Qualitätskriterium im Sinne eines guten und damit wirkungsvollen Unterrichts ist. Dazu müssen zusätzlich die Unterrichtsqualitätskriterien aus Kapitel 1 in diesem Teil 2 hinzugezogen werden.

Der Bildungsauftrag bedingt Offenheit

Der Bildungsauftrag gemäß Volksschulgesetz und Lehrplan lässt sich mit den Stichworten zusammenfassen:
- fachliche und überfachliche Kompetenz (Wissen, Fertigkeiten, Anwendung, Wissen zu lernen);
- Autonomiefähigkeit (Selbststeuerung und Selbstverantwortung);
- Kooperationsfähigkeit (Zusammenarbeit, Solidarität, Toleranz).

Autonomiefähigkeit und Kooperationsfähigkeit lassen sich nur erlernen, wenn Lernumgebungen Selbststeuerung und Kooperation verlangen. Das heißt, entsprechende Aufgabenstellungen müssen so gestaltet sein, dass sie ohne Selbststeuerung und ohne echte Kooperation nicht gelöst werden können – so gesehen, ist Offenheit nicht nur wünschbar, sondern eine Voraussetzung.

Literatur

Achermann, E. (2009). Der Vielfalt Raum und Struktur geben. Unterricht mit Kindern von 4 bis 8. Bern: Schulverlag plus.

Bohl, T. & Kucharz, D. (2010). Offener Unterricht heute. Konzeptionelle und didaktische Weiterentwicklung. Weinheim: Beltz.

Peschel, F. (2009). Offener Unterricht. Idee – Realität – Perspektive und ein praxiserprobtes Konzept zur Diskussion. Teil 1: Allgemeindidaktische Überlegungen. Baltmannsweiler: Schneider Verlag Hohengehren.

Weinert, F. E. (2000). Lehren und Lernen für die Zukunft – Ansprüche an das Lernen in der Schule. Vortragsveranstaltungen mit Prof. Dr. Franz E. Weinert, Max-Planck-Institut für psychologische Forschung, gehalten am 29. März 2000 im Pädagogischen Zentrum in Bad Kreuznach.

Texte   Zusammenwirken von Fremd- und Selbststeuerung

1 Binnendifferenzierung – eine Utopie?
Pädagogischer Anspruch, didaktisches Handwerk, Realisierungschancen

In seinem Text zu Binnendifferenzierung geht Hans Werner Heymann der Frage nach, wie Unterricht den sehr unterschiedlichen Begabungen, Lernbedürfnissen und Interessen aufseiten der Lernenden gerecht werden kann, ohne die Lehrenden zu überfordern. Er klärt Binnendifferenzierung begrifflich und formuliert realistische Erwartungen.

« Warum ist Binnendifferenzierung für viele Lehrerinnen und Lehrer ein Reizwort? Handelt es sich dabei um einen in der Praxis kaum einlösbaren Anspruch? Wie kann Unterricht sehr unterschiedlichen Begabungen, Lernbedürfnissen und Interessen aufseiten der Schüler gerecht werden, ohne die Lehrenden hoffnungslos zu überfordern? Ein Versuch, begrifflich zu klären und Erwartungen realistisch zurechtzurücken.

Ein Blick 15 Jahre zurück: Was hat sich geändert?

Im Jahre 1995 habe ich eine Stichprobe praktizierender Lehrerinnen und Lehrer befragt, wie sie es in ihrem eigenen Unterricht mit Binnendifferenzierung halten. Dabei handelte es sich durchweg um engagierte Vertreter ihres Berufs, die sich freiwillig zur Teilnahme an dieser Befragung bereit erklärt hatten. Die Ergebnisse – wenn sie auch nicht als statistisch repräsentativ gelten können – erhellten blitzlichtartig überwiegend skeptische, im Einzelfall allerdings stark voneinander abweichende Einstellungen zur inneren Differenzierung; zudem spiegelten sie sehr unterschiedliche Praxen wider, sowohl zwischen als auch innerhalb der gängigen Schultypen.

«Innere Differenzierung gibt es nicht, außer in den Köpfen von Hochschullehrern» – so die Aussage eines Gesamtschullehrers, Inhaber einer Funktionsstelle als Didaktischer Leiter. Eine Klassenlehrerin von gymnasialen Fünftklässlern äußerte sich: «Für innere Differenzierung sehe ich keine Notwendigkeit. Ich will doch die Unterschiede zwischen den Kindern nicht noch vergrößern, die sollen am Gymnasium doch alle das Gleiche lernen!» Eine Realschullehrerin gab als Grund für ihre Ablehnung binnendifferenzierender Maßnahmen an: «Ich hoffe, ich sag das für viele: Die Angst des Lehrers, den großen Zügel zu verlieren, ist wahrscheinlich unendlich groß!»

Natürlich gab es auch andere Stimmen – vornehmlich von Grund- und Hauptschullehrpersonen, teilweise auch von Lehrern an Schulen mit besonderem pädagogischem Anspruch, wie etwa der Bielefelder Laborschule. Mit aller Vorsicht habe ich die damals erhaltenen Informationen zu folgendem Gesamtbild verdichtet:
- An vielen Grundschulen finden sich Unterrichtsphasen mit Binnendifferenzierung als gängige Praxis. Dabei wird häufig auf Formen «Freier Arbeit», u. a. auf Tagesplan- oder Wochenplanarbeit, zurückgegriffen. Die Lehrerinnen, die dies praktizieren, kennen diese Verfahren nur selten aus ihrer akademischen Ausbildung, eher aus praxisorientiert gestalteten Lehrerfortbildungsveranstaltungen und durch den Erfahrungsaustausch mit Kolleginnen.
- An Realschulen und Gymnasien ist Binnendifferenzierung die große Ausnahme; gegenüber freien Arbeitsformen gar herrscht tiefe Skepsis.
- An Haupt- und Gesamtschulen ist das Bild uneinheitlich: Häufig wendet man sich erst unter äußerem Problemdruck, wenn alle herkömmlichen Mittel der

Motivierung und Disziplinierung nicht mehr greifen, von einem durchgängig gleichschrittigen Unterricht ab und experimentiert mit binnendifferenzierenden Verfahren.
- Die Lehrerinnen und Lehrer, die Binnendifferenzierung praktizieren, berichten einerseits zwar über erhöhte Arbeitsbelastung, andererseits aber auch mehrheitlich über größere Zufriedenheit – bei den Schülern und in der Folge bei sich selbst. Als hinderlich werden empfunden: zu große Klassen, Zeitnot, üblicher 45-Minuten-Takt, zu wenig Austausch und Unterstützung von außen. Außerdem werden fach- und themenspezifische Unterschiede gesehen.

Zweierlei hat sich seit 1995 allerdings geändert, weniger die Praxis als die Rahmenbedingungen betreffend:
1. Es gibt – ausgelöst durch PISA – in unserer Gesellschaft eine neue bildungspolitische Debatte: einerseits generell über die Leistungen unserer Schulabgänger, andererseits speziell über soziale Benachteiligungen im deutschen Bildungssystem (mit besonderem Fokus auf Kinder und Jugendliche mit Migrationshintergrund). Eine Folge ist, dass der «individuellen Förderung» ein hoher Stellenwert beigemessen wird bis hin zur expliziten Verankerung in den Schulgesetzen der Länder und den Vereinbarungen der Kultusministerkonferenz.
2. Was die praktischen Möglichkeiten methodischer «Instrumentierung» von Binnendifferenzierung angeht, gibt es eine Reihe neuer Konzepte, die es erlauben, Einzelmethoden sinnvoll aufeinander zu beziehen und für Binnendifferenzierung und individuelle Förderung im Unterricht fruchtbar zu machen – ein Beispiel dafür ist etwa das Konzept des «kooperativen Lernens».

Vor allem auf Punkt zwei werde ich noch genauer eingehen. Um für die nachfolgenden Überlegungen eine tragfähige Basis zu schaffen, nehme ich zunächst eine begriffliche Klärung des oft diffus verwendeten Begriffs der Binnendifferenzierung vor.

Der Begriff «Binnendifferenzierung» (synonym: «innere Differenzierung») hat eine *deskriptive* und eine *normative* Komponente. Beide Bedeutungsebenen sind für die begriffliche Klärung zu berücksichtigen.

Deskriptiv fungiert «Binnendifferenzierung» als ein Sammelbegriff für alle didaktischen, methodischen und organisatorischen Maßnahmen, die im Unterricht innerhalb einer Schulklasse (allgemeiner: einer Lerngemeinschaft) getroffen werden können, um der Unterschiedlichkeit der Schüler – vor allem im Blick auf ihre optimale individuelle Förderung – gerecht zu werden. Genauer noch müsste man sagen: um ihrer Unterschiedlichkeit besser gerecht zu werden als in einem vorwiegend gleichschrittigen, tendenziell «uniformierenden» Unterricht. Uniformierend in diesem Sinne können übrigens nicht nur die üblichen frontalunterrichtlichen Phasen sein, sondern auch Einzel- oder Gruppenarbeitsphasen mit undifferenzierten, für alle Schüler gleichen bzw. wenig individuelle Spielräume eröffnenden Aufgabenstellungen.

Binnendifferenzierung ist damit weder eine Unterrichtsmethode (bzw. Sozialform) – wie etwa «Lehrervortrag», «fragend-entwickelndes Unterrichtsgespräch» oder «Gruppenarbeit» – noch ein Unterrichtskonzept – wie etwa «handlungsorientierter Unterricht», «forschend-entdeckender Unterricht» oder «kooperatives Lernen».

Normativ ist Binnendifferenzierung als Unterrichts*prinzip* zu verstehen, das fall- und situationsbezogen didaktisch und methodisch zu instrumentieren ist. Als Appell für Lehrer könnte man dieses Prinzip etwa so formulieren: *Gestalte deinen Unterricht so, dass er möglichst vielen deiner unterschiedlichen Schüler für ihr Lernen geeignete Zugänge bietet!*

Im Blick auf die didaktisch-methodische Gestaltung des Unterrichts wird durch die vorgeschlagene Arbeitsdefinition noch nichts vorab festgelegt. Binnendifferenzierung ist nicht zwangsläufig an bestimmte Methoden, Sozialformen und Unterrichtskonzepte gebunden; sogar ein Lehrervortrag kann Differenzierungsqualitäten aufweisen, wenn nämlich die thematisierten Gegenstände so vielperspektivisch, facettenreich und bildhaft dargeboten werden, dass sich für unterschiedliche Schüler ganz unterschiedliche Zugänge anbieten. Umgekehrt tritt Binnendifferenzierung nicht automatisch ein, wenn Frontalunterricht durch Gruppen- oder Einzelarbeit ersetzt wird. Das in der obigen Arbeitsdefinition zum Ausdruck kommende Verständnis von Binnendifferenzierung öffnet den Weg dafür, die bei Lehrern so verbreiteten Überforderungskonnotationen durch eine realistischere Perspektive abzulösen: Wenn mir etwas an Binnendifferenzierung liegt, muss ich nicht von heute auf morgen alles anders machen, sondern ich kann mich ihr auch in kleinen Schritten nähern.

Das Spektrum der Unterschiede, die man als Lehrer mittels binnendifferenzierender Maßnahmen bedienen könnte, ist enorm breit. Im schlichtesten Fall reagiert man zunächst auf unübersehbare Leistungsunterschiede – in einem Fach oder einem konkreten Stoffgebiet: Ayla fällt das Lösen von linearen Gleichungen anscheinend leichter als Tobias, Rebecca hat einen viel größeren Englisch-Vokabelschatz als Maria ... Eine naheliegende Frage wäre dann: Wie kann ich meinen Unterricht so gestalten, dass Tobias bzw. Maria nicht überfordert sind, sondern ihre (vergleichsweise geringen) Kompetenzen ausbauen können – und so, dass zugleich Ayla bzw. Rebecca ihre (vergleichsweise gut entwickelten) Kompetenzen einbringen können und sich nicht gelangweilt fühlen? Ein weitergehendes Ziel wäre, genauer herausfinden, wo die Schwächen von Tobias, Maria und anderen liegen – hier ist also von mir als Lehrer gefordert, was man seit einigen Jahren «Diagnosekompetenz» nennt. Und im Idealfall würde ich dann Angebote machen, die auf ganz unterschiedliche Begabungen, Fähigkeiten und Intelligenzen zugeschnitten sind, ich würde unterschiedliche Interessen berücksichtigen und entsprechende Wahlmöglichkeiten einräumen, ich würde für unterschiedliche Kinder und Jugendliche unterschiedliche Förderschwerpunkte festlegen und ihnen unterschiedliche Ziele setzen, die sie ganz individuell erreichen können.

Spätestens an diesem Punkt gerate ich als Lehrer in eine Überforderungsfalle. Wenn ich mehrere Klassen mit 20 bis über 30 Schülern zu unterrichten habe, wird es mir nur in Ausnahmefällen gelingen, auf jeden Einzelnen derart intensiv individuell einzugehen und mit meinem Unterricht seinem ganz spezifischen Bedarf gerecht zu werden. Die skizzierte *Falle* ergibt sich u. a. aus einer verabsolutierten Übertragung des «Diagnose-Behandlungs-Modells», das in medizinischen und psychologischen Zusammenhängen durchaus sinnvoll ist, auf pädagogisches Handeln: Wenn sich jemand krank fühlt oder Symptome zeigt, die auf eine Krankheit hinweisen, sollte sehr sorgfältig nach den Ursachen geforscht werden (Diagnose), bevor mit einer Behandlung (Therapie) begonnen wird. Auch in pädagogischen Beratungssituationen ist ein solches Vorgehen im Prinzip sinnvoll. Doch das Diagnose-Behandlungs-Modell versagt (bzw. führt zur heillosen Überforderung der Lehrpersonen), wenn es als Standard-Modell für

Binnendifferenzierung, d. h. für individuelle Förderung im Unterricht zugrunde gelegt wird (vgl. Heymann 2009, S.6 ff.).

Wie aber kann man dem aufgezeigten Dilemma entgehen, ohne den Anspruch auf individuelle Förderung durch Binnendifferenzierung preiszugeben?

Geschlossene und offene Formen von Binnendifferenzierung
Um den Möglichkeitsraum für binnendifferenzierendes Lehrerhandeln realistisch zu erweitern, ist es hilfreich, zwischen mehr «geschlossenen» und mehr «offenen» Formen der Binnendifferenzierung zu unterscheiden: Jede konkrete Maßnahme, die der Binnendifferenzierung dient, lässt sich idealtypisch auf einer Skala mit den Polen *Geschlossenheit* und *Offenheit* einordnen.

Dass man individuellen Voraussetzungen, Begabungen, Kompetenzen, Eigenarten, Interessen, Stärken und Schwächen der Schüler gerecht zu werden versucht, ist beiden Formen gemeinsam.

Und was ist der Unterschied? Im Falle «geschlossener» Differenzierungsformen wird das angestrebte Ziel dadurch zu erreichen gesucht, dass man den Schülern, auf der Basis eines vorgegebenen («geschlossenen») Curriculums, individuelle Lernwege zuweist. Die Zuweisung erfolgt möglichst auf der Grundlage einer individuellen Diagnose; Kriterium ist hier zumeist die kognitive Leistung des Schülers auf dem vorangehenden Lernwegabschnitt – weitere Kriterien können zusätzlich mit einbezogen werden.

Im Falle «offener» Differenzierungsformen strebt man an, die Schüler in einer adaptiven, anregungsreichen Lernumgebung, aber innerhalb eines klaren Rahmens – der etwa durch verabredete Regeln, Arbeitsaufträge und Aufgabenstellungen abgesteckt wird – ihre individuellen Lernwege selbst finden zu lassen. Der Lernweg des Einzelnen ergibt sich, unter aktiver Mitbestimmung des Lernenden und im Austausch mit anderen, im Prozess selbst.

Selbstverständlich wird man in der Praxis häufig Mischformen finden, die sich zwischen den beiden Idealtypen ansiedeln lassen. Das oben kritisierte Diagnose-Behandlungs-Modell ist auf unserer hypothetischen Skala am Pol *Geschlossenheit* anzusiedeln. Es setzt streng genommen Curricula voraus, in denen die zu erreichenden Lernziele für jeden Schülertyp und jede Begabungsausprägung ausformuliert sind. Die Grundvorstellung dabei ist, etwas vereinfachend formuliert, jedem Schüler das für ihn optimale Curriculum, den auf ihn passenden Lernweg von außen zuzuweisen. Die Verantwortung dafür, dass jeder Schüler seinen idealen Lernweg durchläuft, liegt beim Lehrer.

Im Falle offener Differenzierungsformen verzichtet der Lehrer ein Stück weit auf die Kontrolle der individuellen Lernwege. Stattdessen kümmert er sich um die Bereitstellung einer Lernumgebung, die so reichhaltig ist, dass jeder Schüler etwas in ihr findet, das zu ihm passt, an das er anknüpfen kann. Unter der Voraussetzung, dass der Schüler prinzipiell daran interessiert ist, etwas für ihn Wichtiges zu lernen (leider ist diese Voraussetzung keineswegs immer erfüllt – darauf gehe ich noch ein!), kann der Lehrer dann auch einen großen Teil der Verantwortung für das Gelingen des Lernens an die Schüler delegieren. Hinter der Konzeption der offenen Binnendifferenzierung steht nicht zuletzt die Idee, in das schulische Lernen wieder etwas von dem «natürlichen», nichtinstitutionalisierten Lernen hineinzuholen, das von Kindern außerhalb der Schule ganz selbstverständlich, ohne viel Reflexion und meist sehr erfolgreich praktiziert wird.

In zweierlei Hinsicht sind offene Differenzierungsformen anspruchsvoller als geschlossene:
1. Die geforderte Selbständigkeit des Arbeitens ist für die Schüler zunächst ungewohnt und steht zu ihren Erfahrungen mit herkömmlichen Unterrichtsformen im Widerspruch. Offene Differenzierungsformen bedürfen einer langfristig zu entwickelnden Lern- und Unterrichtskultur und einer Methodenkompetenz auf Schülerseite, die sich nicht von heute auf morgen einstellen kann.
2. Von den Lehrern verlangen offene Differenzierungsformen ein anderes Rollenverständnis; die Rolle des Wissensvermittlers und Belehrers tritt in den Hintergrund gegenüber der Rolle des Beraters und Ermutigers sowie des Organisators und Strukturierers von anregungsreichen Lernumgebungen. Diese Tätigkeiten verlangen außer pädagogischem Einfühlungsvermögen, didaktischer Sensibilität und methodischem Geschick auch persönliche Merkmale wie Offenheit und Mut, und sie lassen sich zweifellos besser im Team als im Alleingang bewältigen.

Leitlinien und Umsetzungsmöglichkeiten
Generell kommt es bei innerer Differenzierung darauf an, die unterschiedlichen Ausgangskompetenzen, das Lernvermögen, die Lernbereitschaft (Motivation) und die Verstehensprozesse der Schüler realistisch einzuschätzen (diagnostische Kompetenz im weitesten Sinne) sowie Aufgabenstellungen, Fragen und Unterrichtsmaßnahmen auf die unterschiedlichen Lernvoraussetzungen und -bedürfnisse der Schüler möglichst passend abzustimmen (didaktisch-methodische Kompetenzen). Diagnosen in diesem Sinne sind dabei weniger als *Feststellungen* zu betrachten denn als prozessbegleitende, im Prozessverlauf durchaus korrigierbare Einschätzungen. Je mehr die Binnendifferenzierung dem «offenen» Typus entspricht, desto weniger notwendig sind Diagnosen im klassischen Sinne, und desto bedeutsamer wird die vom Lehrer einfühlsam begleitete Selbstregulation der Schüler. Eine wichtige Leitlinie für einen eher offen gestalteten binnendifferenzierenden Unterricht ist es, unterschiedliche Lernwege zuzulassen bzw. anzuregen. Dazu gehört im Einzelnen:
- Aufgaben so gestalten, dass unterschiedliche Bearbeitungswege und Lösungsniveaus möglich sind;
- Aufgaben so stellen, dass die Potenziale von Lerngruppen genutzt werden können – im Sinne wechselseitiger Unterstützung und Ergänzung;
- Lernumgebungen durch eine Vielfalt (nicht: Überfülle) von Arbeitsmaterialien, Lernwerkzeugen und Hilfen anregend gestalten;
- durch Methodenwechsel unterschiedlichen Bedürfnissen und Ansprechbarkeiten gerecht werden; insbesondere Methoden aus dem Fundus des «kooperativen Lernens» bieten Spielräume, die sich differenzierungsfreundlich nutzen lassen.

Weitere beachtenswerte Gesichtspunkte sind die folgenden:
- Der Orientierung an individuellen Bezugsnormen muss gegenüber der üblichen an sozialen und sachlichen Bezugsnormen besondere Aufmerksamkeit geschenkt werden; der Unterricht sollte möglichst so angelegt sein, dass jeder Schüler seine Lernfortschritte kontinuierlich erfahren kann. Vom Einzelnen wird dabei oft als sehr hilfreich erlebt, wenn die Mitschüler regelmäßig faires Feedback geben (was natürlich geübt werden muss).
- Zusammen mit ihren Methodenkompetenzen sind die Selbsteinschätzungskompetenzen der Schüler zu entwickeln – eine Voraussetzung dafür, dass sie zumindest ansatzweise Verantwortung für den eigenen Lernprozess übernehmen können.

- Ein individuell fördernder Unterricht setzt einen Wechsel der Blickrichtung voraus. Im Vordergrund steht nicht mehr die Frage: «Welcher Stoff ist laut Lehrplan dran?», sondern in Anbetracht angestrebter und in den Lehrplänen ausgewiesener Kompetenzen: «Was braucht der/die Einzelne?». Besonderes Augenmerk ist darauf zu richten, beim Eindringen in neue Gebiete für jeden Einzelnen die Anfänge zu sichern und Lücken, wo sie erkennbar werden, rasch zu schließen.

Zwei Anregungen, wo sich mit Binnendifferenzierung beginnen lässt:
- Alle projektartigen Aktivitäten bieten vorzügliche Möglichkeiten, in (vorwiegend offene) Binnendifferenzierung einzusteigen: von der Planung und Durchführung naturwissenschaftlicher Beobachtungsreihen über die Vorbereitung einer Theateraufführung im Deutschunterricht bis hin zu ökologischen oder kommunalpolitischen Initiativen.
- Wenn im fragend-entwickelnden Unterrichtsgespräch die Schüler nicht in erster Linie als zufällige Repräsentanten der gesamten Lerngruppe und als Informanten über einen unterstellten kollektiven Lernstand angesprochen werden, sondern als individuelle Schülerpersönlichkeiten mit Stärken und Schwächen, die dem Lehrer bewusst sind, kann auch einem solchen Unterrichtsgespräch Differenzierungsqualität zugesprochen werden.

Abschließend noch der Hinweis auf ein Faktum, das man nicht aus dem Blick verlieren sollte – und sei es nur, um sich gegen unumgängliche Enttäuschungen zu wappnen.

Kein Schüler kann durch Binnendifferenzierung gefördert werden, der nicht von sich aus bereit ist, sich auf ein entsprechendes Angebot einzulassen und aktiv mitzuarbeiten. Gewiss lässt sich von Lehrerseite einiges dafür tun: Schüler werden sich eher auf individuelle Unterstützungsangebote einlassen, wenn sie eine persönliche Wertschätzung durch den Lehrer erkennen können, wenn die Beziehung zu ihm von wechselseitigem Vertrauen getragen ist, wenn es eine gute Passung zwischen Angebot, tatsächlichem Förderbedarf und den Möglichkeiten des Schülers gibt und wenn der Schüler ehrlich daran interessiert ist, etwas zu lernen und Fortschritte zu machen. Doch eine Garantie bietet das alles nicht.

Was deutlich geworden sein sollte: Bei Binnendifferenzierung geht es nicht um «alles oder nichts». Jede Lehrerin und jeder Lehrer kann, wenn an der grundsätzlichen Notwendigkeit der Binnendifferenzierung kein Zweifel besteht, mit kleinen Schritten beginnen. ❯

Literatur
Heymann, H.W. (2009). Lernen verstehen, anleiten und begleiten. Diagnostizieren und Fördern als schulische Handlungsfelder. PÄDAGOGIK, 61 (12), S. 6–9.

Bei diesem Text handelt es sich um einen Auszug aus: Heymann H. W. (2010). Binnendifferenzierung – eine Utopie? Pädagogischer Anspruch, didaktisches Handwerk, Realisierungschancen. Zeitschrift Pädagogik, 62 (11), S. 6–11 © Pädagogische Beiträge Verlag, Hamburg.

Kommentierte Literaturhinweise

Achermann, Edwin (2007)
Unterricht gemeinsam machen. Ein neues Modell für den Umgang mit Heterogenität (2. Auflage) Bern: Schulverlag plus.
Im Modell für den erfolgreichen Umgang mit Heterogenität begegnen die Lehrpersonen den Schülerinnen und Schülern mit einer Pädagogik der Vielfalt, gestalten den Unterricht auf der Basis eines kognitiv-konstruktivistischen Lernverständnisses und arbeiten in Unterrichtsteams zusammen. Das fiktive Fallbeispiel Schulhaus Moos illustriert u. a. den Unterricht, die Unterrichtsorganisation und -planung im Team. Der Theorieteil beschreibt die lerntheoretischen und pädagogischen Grundlagen.

Achermann, Edwin (2015)
Der Vielfalt Raum und Struktur geben. Unterricht mit Kindern von 4 bis 8 (3. Auflage). Bern: Schulverlag plus.
Edwin Achermann zeigt in seinem Buch auf, wie Lehrpersonen der Heterogenität der Kinder Raum geben und sie für die Entwicklung und das Lernen der Kinder nutzbar machen können. Er beschreibt, wie Strukturen es den Lehrpersonen erleichtern, auf die Interessen, Lernweisen und Entwicklungsstände der Kinder einzugehen. Theoriegestützte Begründungen und erprobte Praxisumsetzungen geben Orientierungshilfen, wie der Unterricht in einer Grundstufe oder in Primarstufenklassen geplant und gestaltet werden kann. Eine integrierte DVD zeigt Einblicke in den konkreten Unterrichtsalltag von zwei Klassen.
Speziell geeignet für Kindergarten- und Primarlehrpersonen.

Berlinger, Donatus, Birri, Thomas & Zumsteg, Barbara (2006)
Vom Lernen zum Lehren. Ansätze für eine theoriegeleitete Praxis. Bern: hep.
Die Publikation beschreibt die Zusammenhänge zwischen theoretischem Wissen und dem Handeln von Lehrpersonen. Bedingungen für die Professionalisierung im Lehrberuf sind die Explizierung der eigenen subjektiven Theorien und die Anreicherung mit handlungsrelevanten Theorien aus der Wissenschaft. Wichtige theoretische Erkenntnisse zu Lehren und Lernen werden in diesem Buch kompakt und verständlich dargestellt und mit Praxisumsetzungen illustriert. Vor diesem Hintergrund können Lehrpersonen ihr Praxishandeln in Bezug auf die Balance von Instruktion und Konstruktion begründet planen, erklären, reflektieren und weiterentwickeln.

Bohl, Thorsten & Kucharz, Diemut (2010)
Offener Unterricht heute. Konzeptionelle und didaktische Weiterentwicklung. Weinheim: Beltz.
Die beiden Autoren zeigen, wie offener Unterricht heute aussehen kann: offen ergänzend als Alternative zum stärker angeleiteten Lehren. Sie tragen neueste empirische und theoretische Erkenntnisse aus verschiedenen Disziplinen zusammen und beschreiben deren Konsequenzen für eine Weiterentwicklung des offenen Unterrichts. Auf der Basis von Forschungsbefunden werden praxistaugliche Vorschläge für einen qualitativ hochwertigen Unterricht vorgestellt.
Ein unabdingbares Grundlagenwerk für alle Stufen.

Bönsch, Manfred (2018)
Selbstgesteuertes Lernen in der Schule (6. Auflage). Braunschweig: Westermann.
In diesem Buch wird eine systematische Begründung für selbstgesteuertes Lernen gegeben. Praxisberichte aus verschiedenen Stufen und Fächern illustrieren die Vielfalt der Gestaltungsmöglichkeiten von Lernumgebungen, die Offenheit und Differenzierung beinhalten.

Anhang

Anhang

In diesem Anhang finden sich Auszüge aus dem Planungsinstrument, auf das in den verschiedenen Kapiteln dieses Buches vertiefend Bezug genommen wird.

Der erste Anhang zeigt das ganze Instrument anhand einer schematischen Planungsübersicht mit den vier Elementen Klärungsfelder, Entscheidungsfelder, Verlaufsplanung und Evaluieren des Unterrichts.

Der zweite Anhang stellt das Evaluieren des Unterrichts im Zusammenhang mit Kapitel 2 in Teil 1, «Unterricht beobachten – Feedback geben – reflektieren», detaillierter vor.

Planungsübersicht (rechte Seite)

Zumsteg et al. (2018). Unterricht kompetent planen: Vom didaktischen Denken zum professionellen Handeln. Bern: hep, S. 11.

Klären

Die Sache klären

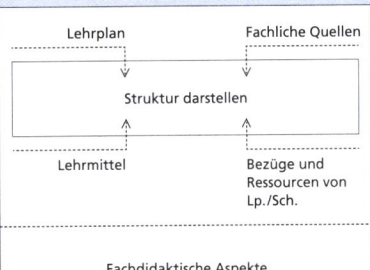

- Lehrplan
- Fachliche Quellen
- Struktur darstellen
- Lehrmittel
- Bezüge und Ressourcen von Lp./Sch.
- Fachdidaktische Aspekte (Prinzipien, Konzeptionen)

Die Bedingungen klären

Strukturelles

- Soziokultureller Hintergrund, Heterogenität
- Material, Räume, Zeiten
- Medien
- Klassenregeln
- Inhaltliche Vorgaben
- Schüler/-innen: Individ. Wissen, Interessen, Fertigkeiten, Bedürfnisse
- Lehrplan
- Lehrmittel
- Lehrpersonen: Wissen, Interessen, Voraussetzungen
- Vorwissen und Lernstand der Klasse

Personales/Soziales — *Fachliches*

Bedeutungen und Sinn klären

Einfluss auf Themenwahl und Sinngebung: groß — klein

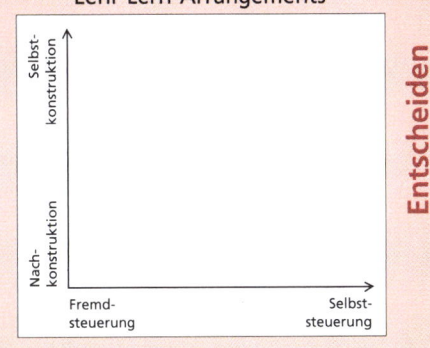

Verantwortung: Lehrperson — gemeinsame — Schüler/-in

Thematik

Entscheiden

Entscheid für Lernziele im Hinblick auf die zu erwerbenden Kompetenzen

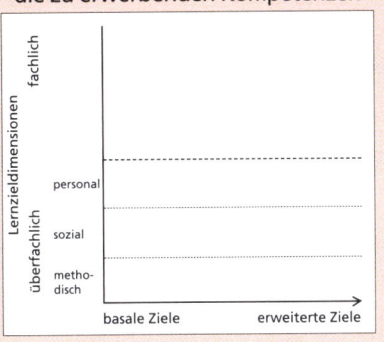

Lernzieldimensionen: fachlich, personal, sozial, überfachlich, methodisch

basale Ziele — erweiterte Ziele

Entscheid für Formen der Lern-Evaluation

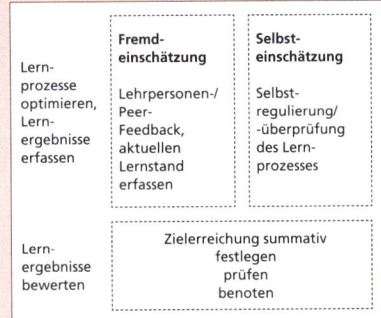

- Lernprozesse optimieren, Lernergebnisse erfassen
  - **Fremdeinschätzung**: Lehrpersonen-/Peer-Feedback, aktuellen Lernstand erfassen
  - **Selbsteinschätzung**: Selbstregulierung/-überprüfung des Lernprozesses
- Lernergebnisse bewerten
  - Zielerreichung summativ festlegen, prüfen, benoten

Entscheid für Lehr-Lern-Arrangements

Selbstkonstruktion ↔ Nachkonstruktion
Fremdsteuerung ↔ Selbststeuerung

Gestalten von Lehr- und Lern-Prozessen — Verlaufsplanung

Phasen	Aktivitäten Lehrperson		Aktivitäten Schüler/-innen	Medien
Zeitbedarf für die Phase — Teilschritte benennen, die sich aus den Zielen und den L-L-Arrangements ergeben	Organisieren, Informieren, Aktivieren: Ziele transparent machen, Vorwissen aktivieren, Interesse wecken, Informationen anbieten, erklären, zum Denken/Handeln anregen, mit Situationen konfrontieren, Classroom-Management, Klima, Umgang mit Störungen ...	Lernprozesse begleiten: Diagnostizieren, Schwierigkeiten erkennen, Feedback geben, Unterstützung anbieten, Lernwege erkennen und ind. Aktivitäten vorschlagen, Lernstand messen und zurückmelden ...	Lerntätigkeiten/Sozialformen für Klasse, Gruppen, Schüler/-innen: Mitdenken, ausprobieren, gestalten, Zusammenhänge erkennen, formalisieren, durchdenken, eigenes Lernen reflektieren, austauschen, kooperieren, festhalten, üben, variieren, anwenden, darstellen, vernetzen, Wissen teilen, lernen durch lehren, vortragen ...	Lehrmittel, audiovisuelle Medien, Computer, Software, Arbeitsblätter, Bilder, Versuchsmaterial, Objekte, didaktische Hilfsmittel ...

Evaluieren des Unterrichts

Den Unterricht evaluieren, reflektieren und weiterentwickeln

- Didaktische Entscheidungen reflektieren, Zielerreichung analysieren, Optimierungsbedarf benennen und begründen
- Planung und Durchführung vergleichen und Abweichungen differenziert begründen
- Eigenes Handeln als Lehrperson im Hinblick auf das Lernen der Schülerinnen und Schüler reflektieren, Handlungsalternativen entwickeln und begründen
- Entwicklungsziele und nächste Schritte formulieren und begründen
- Den Unterricht systematisch evaluieren

Unterricht evaluieren, reflektieren und weiterentwickeln

Worum geht es?
Nach Abschluss einer Unterrichtseinheit bzw. Sequenz/Lektion ist eine individuelle oder gemeinsame Evaluation und Reflexion der Themenwahl, der Bedeutungsbeimessung, der sachlichen Angemessenheit, der Lernziele, der Lernzehr-Lern-Arrangements und des Entscheids für Formen der Lern-Evaluation von großer Bedeutung. Ausgangspunkt der Evaluation und Reflexion ist das Lernen der Schülerinnen und Schüler.

Eine reflektierte differenzierte Unterrichtsevaluation bildet die Basis für eine erfolgreiche Entwicklung des Unterrichts. Dies umfasst einerseits die Detailplanung folgender Lektionen und andererseits eine umfassend verstandene Planung der Weiterentwicklung des Unterrichts (im Sinne von systematischen und gemeinsamen Anstrengungen der am Unterricht Beteiligten, die zur Verbesserung des Lehrens und Lernens und der schulischen Bedingungen beitragen).

Entscheidend ist, Evaluation und Reflexion als einen natürlichen, im Alltagshandeln verankerten Schritt zu verstehen, d.h. der Planung und Durchführung folgt das Interesse an der Frage, ob das Ziel der Arbeit erreicht wurde und welche Verbesserungen notwendig sind.

Was ist zu tun

Didaktische Entscheidungen reflektieren, Zielerreichung analysieren, Optimierungsbedarf benennen und begründen
Stellen Sie Beziehungen zwischen Ihren Planungsabsichten und der konkreten Durchführung her. Formulieren Sie die entscheidenden Übereinstimmungen und Abweichungen. Begründen Sie Abweichungen differenziert.

Planung und Durchführung vergleichen und Abweichungen differenziert begründen
Überprüfen Sie rückblickend, inwieweit die Inhalte für die Schülerinnen und Schüler versteh- und lernbar wurden und ob Darstellung und Vermittlung fachdidaktisch angemessen waren. Analysieren Sie das Erreichen der fachlichen und überfachlichen (personalen, sozialen, methodischen) Lernziele. Überprüfen Sie, ob die gewählten Lehr-Lern-Arrangements die erwünschten Wirkungen auf das Lernen der Schülerinnen und Schüler hatten oder nicht, und benennen Sie den Optimierungsbedarf.

Eigenes Handeln als Lehrperson im Hinblick auf das Lernen der Schülerinnen und Schüler reflektieren, Handlungsalternativen entwickeln und begründen
Reflektieren Sie die Wirkungen Ihres Handelns in Bezug auf kognitive Aktivierung, Motivierungsfähigkeit, Orientierung der Schülerinnen und Schüler, individuelle Lernunterstützung, effiziente Klassenführung sowie ein lernförderliches und wertschätzendes Unterrichtsklima.

Entwicklungsziele und nächste Schritte formulieren und begründen
Schätzen Sie Ihre eigene Leistung realistisch und differenziert ein und begründen Sie diese. Leiten Sie fachliche, didaktische, erzieherische und organisatorische Entwicklungsziele ab und formulieren Sie diese in Form von konkreten Umsetzungsvorschlägen für weiteres Planen und Handeln.

Theoriebezüge herstellen und Fachsprache verwenden
Achten Sie darauf, vielseitige und passende Theoriebezüge herzustellen und eine differenzierte Fachsprache mit treffenden Fachausdrücken zu verwenden.

Den Unterricht auch systematisch evaluieren
Überlegen Sie sich nach mehrwöchigen Unterrichtsphasen, wie Sie Ihre persönlichen Eindrücke mit systematischer Evaluation ergänzen können. Teil der systematischen Evaluation sind Rückmeldungen von Schülerinnen und Schülern sowie von Fachpersonen und weiteren Beteiligten.

Auszug aus: B. Zumsteg et al. (2018). Unterricht kompetent planen: Vom didaktischen Denken zum professionellen Handeln. Bern: hep, S. 28 f. © hep verlag, Bern.

Autorinnen und Autoren

Hans Berner
Dozent für Bildung und Erziehung an der Pädagogischen Hochschule Zürich.
hans.berner@phzh.ch

Urban Fraefel
Leiter Berufspraktische Studien Sek I an der Fachhochschule Nordwestschweiz.
urban.fraefel@fhnw.ch

Dorothea Tuggener Lienhard
Dozentin für Bildung und Erziehung an der Pädagogischen Hochschule Zürich.
dorothea.tuggener@phzh.ch

Regula von Felten
Dozentin für Bildung und Erziehung an der Pädagogischen Hochschule Zürich.
regula.vonfelten@phzh.ch

Barbara Zumsteg
Dozentin für Bildung und Erziehung an der Pädagogischen Hochschule Zürich.
barbara.zumsteg@phzh.ch

Thomas Birri
Bildungs- und Organisationsberater. Dozent in der Weiterbildung von Schulleitungspersonen an der aeB Schweiz und der Pädagogischen Hochschule Zentralschweiz. Schulleiter.
t.birri@bluewin.ch

Petra Hild
Dozentin für Bildung und Erziehung an der Pädagogischen Hochschule Zürich, Weiterbildung und Nachdiplomstudien.
petra.hild@phzh.ch

Rudolf Isler
Dozent für Bildung und Erziehung an der Pädagogischen Hochschule Zürich, Abteilung Sekundarstufe I.
rudolf.isler@phzh.ch

Christoph Schmid
Dozent für Bildung und Erziehung an der Pädagogischen Hochschule Zürich, Abteilung Primarstufe.
christoph.schmid@phzh.ch